Dr. Heinrich Kruparz

Atlantis und Lemuria

Mit besonderer Freude übergebe ich dieses Buch einer interessierten Leserschaft, da es sich aus der Flut der Atlantis-Literatur durch eine Besonderheit auszeichnet: Das Fachwissen des Autors als Geologe wird mit mystischen und spirituellen Erkenntnissen zur Beweisführung vereint.

Herbert Weishaupt, Verleger

Schutzumschlagkarte, Vorsatzkarte und Karte auf Seite 260 aus:
Österreichischer Atlas für höhere Schulen, © Ed. Hölzel, Wien, 1973.

ISBN 978-3-7059-0278-7
4. Auflage 2015

Tel.: 03151-8487, Fax: 03151-84874
e-mail: verlag@weishaupt.at
e-bookshop: www.weishaupt.at

Druck und Bindung: Druckerei Theiss GmbH, A-9431 St. Stefan.
Printed in Austria.

Baffin Land
Hudson-Bai
257
3809
K. Farewell
Gr. Shaven-S.
Labrador
NORD-AMERIKA
Winnipeg
Große Seen
St. Lorenz-Strom
Neufundland
Nordamerikanische Kordilleren
Rocky Mountains
Great Plains
Appalachen
New York
Vancouver
San Francisco
Los Angeles
Colorado
Mississippi
New Orleans
Rio Grande
Florida
Bermuda-In.
6535
5673
6997
6220
6221
Golf v. Mexiko
4024
Nördl. Wendekreis
Große Antillen
Karibisches Meer
Revilla Gigedo-In.
Clipperton
Zentral-Amerika
5720
Cocos-I.
5495
Aquator
4504
Galapagos-In.
6310
5851
SÜD-AMERIKA
Marañon
Amazonas
Marquesas-In.
Tuamotu-In.
Ostpazifische Schwelle
5298
Peru-Chile Becken
Lima
7014
6768
6215
Anden
Atacama-Graben
952
Südl. Wendekreis
Mangarewa
Pitcairn
Tubuai-In.
Rapa
Sala-y-Gomez
Oster-I.
San Felix
San Ambrosio
Juan Fernández-In.
Santiago
Aconcagua
6958
Buenos Aires
La Plata
5051
5331
109
6488
Falkland-In.
Pazifisch-Antarktisches Becken
Magellan-Str.
Feuerland
1
2
3
4
5
6
7

Dr. Heinrich Kruparz

Atlantis und Lemuria

Legenden und Mythen
oder
versunkene Hochkulturen
der Vergangenheit?

Neue Beweise – es gibt sie!

Weishaupt Verlag

Dem Gedächtnis der Forscher gewidmet:
Georges Cuvier – Katastrophenlehre (1769–1832)
Edgar Dacqué – Naturphilosophie (1878–1945) und
Alfred Wegener – Idee der Kontinentaldrift (1880–1930)

Leitmotiv:

Die Welt ist Gottes unausdenklicher Gedanke
und göttlich der Beruf zu denken ohne Schranke.
Nichts auf der Welt, das nicht Gedankenstoff enthält,
und kein Gedanke, der nicht mitbaut an der Welt.
Drum liebt mein Geist die Welt, weil er das Denken liebt
und sie ihm überall so viel zu denken gibt!

(Friedrich Rückert, 1788–1866, deutscher Philosoph und Sprachgelehrter, Kinder- und Liebesgedichte sowie Übertragungen aus dem Orient, besonders aus dem Indischen)

Hinweis:

Die Hochkulturen von Atlantis und Lemuria versanken in den Wogen der Weltmeere. Die Kultur der deutschen Sprache droht in der Flut von Anglo-Amerikanismen, dem Verlust des Genitivs und dem Computer-Jargon unterzugehen. Das Hochdeutsch dieses Buches versucht diesem Niedergang zu trotzen.

Inhalt

Liste der Abkürzungen

M-E: Menschheits-Epochen als Begriff für den heute unzeitgemäß gewordenen Ausdruck „Sieben Wurzelrassen“, eingeführt von HPB.

HPB: Die Abkürzung des Namens Helena Petrowna Blavatsky, der deutsch-russischen Okkultistin, der Begründerin der Theosophischen Gesellschaft und – unter vielen anderen Werken – Verfasserin des Buches „Die Geheimlehre“.

MAR und **MOR**: Der Boden der Weltmeere ist von Zonen dauernden Vulkanismus geprägt, an denen sich ein tätiger Vulkan an den anderen reiht. Dies findet im Sinne der „Plattentektonik“ zwischen auseinander-driftenden Erdkrusten-Fragmenten des Ozeanbodens statt, wo ständig Basaltschmelze in der Meerestiefe austritt. Dieser Vorgang bildet die sogenannten „Mittelozeanischen Rücken“ (MOR), wobei der „Mittelatlantische Rücken“ (MAR) einen Teil dieses weltweiten Systems darstellt.

Ztw. steht für die „Zeitenwende“ in unserer Zeitrechnung, die sich entweder auf, vor oder nach der Geburt Christi bezieht: v.d.Ztw. oder n.d.Ztw. In diesem Sinn von „Christi Geburt“ zu sprechen ist meines Erachtens lächerlich, da ein hoher Himmelsfürst nie in unserem Sinn „geboren“ wurde! Ein einmal geschenktes Leben ist ewig – und dies gilt für uns alle!

Einleitung

PLATON, der große Geist aus Athen, versuchte, in einem seiner Werke den idealen Staat darzustellen. Darin findet sich der Dialog „Kritias und Timaios“, der bekanntlich die älteste Quelle jeglicher Atlantis-Forschung darstellt. Doch vielleicht ist dieses Gespräch zwischen den beiden Genannten nur einer dichterischen Laune des Philosophen entsprungen – ein bloßes Spiel der Phantasie Platons?

In den folgenden Abschnitten gehe ich dieser Frage nach:

- Entscheiden wir uns für oder gegen Atlantis?
- Folgen wir der Herausforderung, das Atlantis-Thema aus den verschiedensten Blickwinkeln zu betrachten?
- Die Große Pyramide bei Kairo: Ich möchte diese als Beweis für das Bestehen einer Hochkultur vor unserer Zivilisation heranziehen.

Das Vedische, also das alt-indische Weltbild, bekennt sich zu der Auffassung, daß der Gott des indischen Pantheons sich mit seinen Getreuen in der Gotteswelt (Satya Loka) immerwährend an Spielen erfreut, womit er ständig neue Ideen in seine Schöpfung einbringt. Diesen Lichtwesen in der Umgebung des Allerhöchsten ist die Liebe zu allem Geschaffenen gegeben sowie die Freiheit des Willens, selbst zu gestalten. Sie sind, wie alle mit dem Gottesfunken ausgestatteten Wesen, mit Vernunft begabt, um selbst entscheiden zu können, ob sie sich an die vorgegebenen Spielregeln Gottes halten wollen oder nicht. Eine inhaltlich gleiche Darstellung findet sich bei W. Kienzler, „Die Schöpfung“:

„Es ist die Lehre der Meister aller Zeiten, die besagt, daß Gott-Vater seine Besten aussendet, um die jeweils bestimmten ‚markierten‘ Seelen in die Heimat zurückzuführen.

Es ist dies das Grundkonzept der Schöpfung als göttliches Spiel, daß zwei verschiedene Mächte um den Menschen werben, gewissermaßen ein ‚oberer‘ und ein ‚unterer Gott‘. Obwohl alles, was letztlich geschieht, von Gott-Vater bestimmt wird, erfordert es doch die Entscheidungsfreiheit des Menschen, daß ihm tatsächlich jederzeit zwei Möglichkeiten offenstehen.“ „Līlā“, das göttliche Spiel von Liebe und Hingabe.

Wir heutige Menschen haben diese Spiele zu Kämpfen jeder

gegen jeden pervertiert. Kein Wunder, daß die Folgen uns immer wieder auf den Kopf fallen, zumindest seit Atlantis!

Anschließend an diesen Abstecher in das Vedische, das tatsächlich die Möglichkeit kennt, die sieben höheren als auch die sieben unteren Welten zu wählen, möchte ich kurz mein eigenes Weltbild skizzieren.

Das vorliegende Werk hat die folgenden Annahmen, Erkenntnisse, Glaubenssätze, Hoffnungen und Wünsche zur Grundlage:

1) Eine tief empfundene Gläubigkeit an die Zielsetzungen des irdischen Daseins mit Blickrichtung auf „religare“: Wieder eingebunden zu werden in die Göttliche Heimat im Sinne des undogmatischen Urchristentums.

2) Eine (vage) Erinnerung an frühere Leben in Atlantis (Flugwesen), Ägypten (Priesterschaft), Indien und Tibet (Weitergabe von Wissen) und Portugal (Seefahrt).

3) Eine profunde Liebe zu Mutter Erde: Geologie als Studien-Hauptfach, Beruf und Berufung.

4) Das intuitive Wissen, daß es Atlantis, Lemuria und Rutas Mu tatsächlich einst als Hochkulturen gegeben hatte.

5) Die Erkenntnis, daß unsere Epoche, nämlich die Zivilisation, wie wir sie kennen, zu Ende geht – jetzt!

6) Die Gewißheit, daß danach eine Neue Erde kommt, getragen von geistigem Aufstieg, denn wir sind spirituelle Wesen, die eine jahrtausende-lange grobstoffliche Erfahrung hinter uns gebracht haben.

7) Die Annahme, daß sich diese Vervollkommnung der Menschheit durch sieben Menschheits-Epochen vollzieht, und zwar: Auf eine Involution in die immer gröber werdende Materie folgt der Ausstieg aus derselben: Die Evolution im geistigen Sinn.

8) Die Auffassung, daß die Menschheit nicht allein an unserer heutigen Misere Schuld trägt, sondern daß egoistische Gruppierungen Außerirdischer zu einem erklecklichen Teil mitverantwortlich sind.

9) Die Tatsache, daß die soeben genannten als auch irdische Dunkelmächte aufgrund ihrer karmischen Verstrickung letztlich die eigentlichen Leidtragenden sein werden, wenn die bevorstehende Höherschwingung des Planeten und seiner Bewohner (also von uns selbst!) einsetzt.

10) Daher sollten wir allen, die sich irreführenderweise „Illuminati“ nennen, Licht und Liebe senden!

In der Flut der Atlantis-Literatur ragt ein Buch dadurch heraus, daß es von einem Geologen verfaßt wurde, der aufgrund fundierten Wissens nachweist, daß es Hochkulturen gegeben hat, die Vorläufer unserer Zivilisation sind: Atlantis und Lemuria!

Dieser Geologe, Dr. Heinrich Kruparz, ist der Autor des mit reichlichem Bildmaterial ausgestatteten vorliegenden Buches. Dr. Kruparz kennt viele der in Frage kommenden Gebiete persönlich, wo diese versunkenen Kulturen beheimatet waren. Bis heute sind deren Spuren nachweisbar: Mohenjo Daro, eine atomar zerstörte Stadtkultur im Industal, oder die Steinskulpturen auf der Osterinsel u.v.m.

Der Verfasser flicht in seinem Text aber auch Erkenntnisse ein, die er durch Studien diesbezüglicher Wissenszweige gewonnen hat, z. B. den Bau der Großen Pyramide oder Mythen vieler Völker betreffend, welche aussagen, Mensch und Saurier lebten gemeinsam...

Es handelt sich um Tatsachen, von denen der Leser höchstwahrscheinlich noch nie gehört oder gelesen hat und welche die Existenz der genannten verschwundenen Kontinente beweisen!

Der Autor hielt sich aus beruflichen Gründen in den entlegendsten Teilen der Welt auf, wo er relevante Informationen sammeln konnte. Daher überschreitet er in diesem Buch das heute gängige Weltbild der Schulwissenschaft bei weitem, wenn er von einer ungeahnt spannenden Vergangenheit der Menschheit spricht. Alle an Atlantis Interessierten werden aus diesem Buch endlich erfahren, wie, wann und wo sich diese Kulturen der Vorzeit in Wirklichkeit entwickelten und versanken...

Eine geologisch-archäologische und mythologische Beweisführung!

1. Das Spiel beginnt

Hat es Atlantis je gegeben?

Ihre Meinung bitte! NEIN ( ) JA ( ); Zutreffendes bitte anzukreuzen!
Liebe Leserin, lieber Leser!

Mit Ihrer geschätzten Meinung NEIN haben Sie kundgetan, daß Sie überzeugt sind, das ganze Atlantis-Thema sei ein Hirngespinst, das nun schon so um die 2.400 Jahre den Verstand der Menschen umnebelt. Daher sollten Sie jetzt

a) dieses Buch sofort weglegen, um sich glaubwürdigeren Themen zuzuwenden;

b) in diesem Buch blättern, um gegebenenfalls vielleicht doch auf Interessantes zu stoßen;

c) sich in das Buch vertiefen; es ist nicht ganz ausgeschlossen, daß Sie hiemit doch noch von der seinerzeitigen Existenz von Atlantis und Lemuria Kenntnis bekommen.

Für den unwahrscheinlichen Fall, daß Sie, irregeleitet durch irgendeinen Spinner, doch dem Aberglauben anhängen sollten, Atlantis etc. habe es irgendwann irgendwo gegeben, sitzen Sie in dem gleichen Boot wie ich in jungen Jahren: Denn mein Wissen über das Atlantis-Thema war gleich null, und die Wissenschaft besaß (was bis heute gültig ist!) keine akzeptierten Beweise bezüglich dessen vormaligen Bestehens; ja, sie leugnet sogar, daß es solche je gegeben habe, gäbe und atlantische Artefakte in Zukunft gefunden werden könnten. Denn Atlantis gab es einfach nicht, zumindest nicht in den Köpfen der Hochgelehrten. So verbrachte ich mein Studium, um mit einem Doktorat abzuschließen, das mir meine Unwissenheit bezüglich Atlantis und Lemurias bescheinigte.

Doch ich hatte Glück: Meine Fachausbildung umfaßte Geologie und Paläontologie, betraf also den Bau und die Entwicklung der Erde, sowie die Lebewesen, welche diesen herrlichen, blauen Planeten vor Millionen Jahren bewohnt hatten. Mit diesen Kenntnissen ausgestattet, stellte ich mich zunächst in den Dienst von Bergbaufirmen, die darauf aus waren, der Erdkruste ausbeutbare Bodenschätze zu entreißen, gewinnbringend, versteht sich! Als ich nach heißen

Jahren auf südlichen Kontinenten zu der Einsicht gekommen war, daß das Buch von H. Gruhl („Ein Planet wird geplündert") eher meine „Bibel" werden sollte, als Fachliteratur bezüglich der Gewinnung mineralischer Rohstoffe, wechselte ich mein Metier und vertauschte die Lagerstätten-Exploration mit dem Hörsaal einer Universität, um über „metallogenetische Prozesse" selbst zu unterrichten.

Brasilien war/ist ein schauriges Beispiel der Hochfinanz-gesteuerten Umweltzerstörung (Desenvolvimento d. Amazonia!)[1], was in mir die Erkenntnis reifen ließ: So geht es nicht! Doch wie war das früher, viel früher? Hatte es schon Zivilisationen auf Erden gegeben, die sich mit derselben Entschlossenheit wie wir heute der Vernichtung ihrer Lebensgrundlagen befleißigt haben?

Wieder hatte ich Glück: Die damals soeben aufkommende Flut an (pseudo-)esoterischem Schrifttum lieferte hie und da Stichworte, die mich aufhorchen ließen: Atlantis, Lemuria usw. Auch einen Band von EvD hatte ich im Koffer nach Rio d.J. mitgenommen, mit dem Ansinnen zu prüfen, ob das, was er über „Sete Cidades" im Amazonasbecken schrieb („das Magma hat gekocht"), einer fachlichen Begutachtung standhielte. Es erwies sich als purer Unsinn: Eine Schichtfolge von Sedimenten zeigte etwas eigenartige Verwitterungsspuren (wie der Sphinx in Ägypten!), nichts weiter! Doch die Denkanstöße des weltbekannten Schweizers aus Däniken blieben mir bewußt.

Als ich nach Jahren des brasilianischen „vamos deixar para amanha!" – verschieben wir's auf morgen – überdrüssig war, suchte ich mir andere Ziele meiner weitgespannten Interessen, und meine Wahl fiel vorerst auf die Zeugnisse der rätselhaften Hochkultur Ägyptens. Dort traf ich einen Amerikaner: „Was", fragte er ungläubig, „Sie haben HPB noch nicht gelesen, ‚Isis entschleiert!'"

Zerknirscht wagte ich in das steinerne Antlitz von Ramses II. zu blicken, doch nicht in das forschende Gesicht des Mannes aus den USA; zu groß war meine Schande, ohne die Kenntnis der Schriften von HPB nach Ägypten gekommen zu sein! „Nein, erwiderte ich, aber bitte schicken Sie mir auch noch das andere Werk dieser Helena Petrowna Blavatsky: ‚Die Geheimlehre!'" (HPB, eine der außergewöhnlichsten Frauengestalten der Geschichte; siehe Seite 87)

1 „Brasiliens Schande", National Geographic, Deutschland-Heft, Jänner 2007, S. 66–97.

Damit war der Würfel gefallen: Das Konzept der „sieben Wurzelrassen“ aus dem genannten Buch faszinierte mich als Geologen, der naturgemäß an Vergangenem interessiert ist. Ließen sich die Lebensräume dieser Wesenheiten früherer Menschheits-Epochen erdgeschichtlich nachweisen? Und bezüglich der Darstellung des Philosophen aus Hellas über Atlantis: Lag es wirklich – versunken – vor den Toren des Herakles/Herkules, also vor Gibraltar im Nordatlantik? Somit wußte ich mein neues Reiseziel. Platon hatte es mir gewiesen!

Die Suche nach Atlantis bescherte mir eine Liebe zu der Inselgruppe der Azoren und der interessierten Menschheit meinen Bildband „Azoren – Paradies an den Toren Europas“ (Weishaupt Verlag, Graz – Gnas, 2001).

Aber da gab es noch Hinweise auf eine Hochkultur, die schon vorher bestanden haben sollte: Lemuria im Indischen Ozean. Damit nicht genug, stieß ich während meines mehrjährigen Aufenthaltes im Pazifik u.a. auf die Mythen der Polynesier, betreffend ein ehemaliges Reich in diesem Stillen Ozean: das „Rutas Mu“ der Sanskrit-Schriften. Doch wie war all dies zu erklären? Die Lehrmeinung der Geologie, gestützt auf die Bohrproben aus allen Weltmeeren im Zuge der Erforschung des Ozeanbodens während des Geophysikalischen Jahres (1957)[2], kennt keine versunkenen Kontinente (im Sinne kontinentaler Erdkruste); und dies weder im Pazifik, noch im Atlantik oder Indik. Die Annahme von Landmassen inmitten der genannten Meeresbecken stand in krassem Widerspruch zu den Aussagen aller bisherigen „Schulweisheit“, was Geowissenschaften, Völkerkunde/Ethnologie und z.T. auch die Darwin-geprägte Paläontologie betraf. Wo also lag die Wahrheit, wie diese finden und noch dazu beweisen? Pech gehabt: Erklärungsnotstand!

Und wieder hatte ich Glück: Vor Jahren nahm ich die umfangreichen Schriften Rudolf Steiners zur Hand, sie jedoch alsbald aufatmend (diese komplizierten Sätze!) wieder zur Seite gelegt. Jedoch da kamen mir Querverbindungen, mögliche Analogien, in den Sinn! Ließ sich den Trägern der verstaubten Doktorhüte nicht etwa doch ein Schnippchen schlagen?

Lebten Dinosaurier und der Mensch zur gleichen Zeit? Ketzerischer Unsinn, oder? Wer oder was sprach für obige Annahme?

---

2 Reports Deep Sea Drilling Project, siehe Seite 152.

HPB als Theosophin: „Woher besäßen die Völker sonst die Kenntnis über Drachen, überliefert durch Drachensagen und Darstellungen?"

R. Steiner als Anthroposoph: „In Lemuria waren Mensch und Saurier Zeitgenossen."

E. Dacqué: Seinerzeit Professor für Paläontologie an der Universität München: „Mensch und Saurier lebten gleichzeitig im Mittelalter der Erdgeschichte, dem Mesozoikum." Aufgrund dieser Aussage wurde er dann seines Lehramtes enthoben, stand jedoch zu seiner Anti-Darwin-Meinung!

W. Julsrud war seinerzeit Farmer im Staate Guanajuato in Mexiko. Auf seinem Anwesen wurden abertausende Darstellungen von Mensch und Saurier gefunden, gebrannte Tonplastiken, die sich heute in einem Museum im Städtchen Acámbaro befinden (siehe Abb. Seite 267).

J. Cabrera, ehemals Arzt in Ica südlich der Hauptstadt von Peru, war Schöpfer eines Museums in dem genannten Ort, das ebenfalls tausende der berühmt-berüchtigten Steingravuren aus der Umgebung des nahen Dorfes Ocucaje beherbergt. Diese sind, so Cabrera „die Botschaft einer anderen Menschheit!", die offensichtlich – so zeigen es die Darstellungen – mit Sauriern in Kontakt gekommen war.

Das intensivere Studium der Geisteswissenschaft Rudolf Steiners gab mir den Rest – wollte sagen, nahm mir den Rest an Zweifel: Das schillernde Genie Steiners führte schließlich auch mich zu der Überzeugung, daß die Menschheitsgeschichte neu zu schreiben sei. Denn diese beginnt nicht mit ein paar Ziegenhirten im Niltal, denen plötzlich eingefallen war, die Große Pyramide – das rätselhafteste Bauwerk auf diesem Planeten – zu errichten, sondern ... wir werden es in der Folge sehen!

Die oftmals schwierig zu fassenden Aussagen Steiners unterzog der Berliner Geologe D. Bosse dankenswerter Weise einer fachlichen Deutung im Sinne der Anthroposophie, worauf noch ausführlich zurückzukommen sein wird. Doch da die orthodoxe Wissenschaft wohl über Kenntnisse verfügt, jedoch nicht über Erkenntnisse, bleibt ihr Geistiges verschlossen! (D. Bosse, „Die gemeinsame Evolution von Erde und Mensch", Verlag Freies Geistesleben, Stuttgart, 2002).

Liebe Leserin, lieber Leser, nehmen jedoch Sie, die Sie bezüglich Atlantis und Lemuria bereits im Prinzip informiert sind oder manches einfach intuitiv erahnen, den Inhalt meines Buches nun wohlwollend zur Kenntnis. Viel Vergnügen!

Die geistige Herausforderung

Seit Äonen driftet ein Körnchen Materie durch Raum und Zeit, wobei kosmische Kräfte es in bestimmte Bahnen lenken. Uns Menschen ist dieses Staubkorn als Planet Erde bekannt, nämlich unsere Heimat Mutter Erde, die von manchen Außerirdischen „Terra Gaia" genannt wird.

Sie haben richtig gelesen, verehrte Leserschaft, Außerirdische, Extraterrestrische, ETs; sie besuchen diesen Planeten seit urdenklichen Zeiten! Und warum tun sie dies? Weil die Erde, zusammen mit ähnlich schwingenden Himmelskörpern, eine ganz bestimmte Stellung im Kosmos einnimmt. Zufolge der alten Überlieferung des nachatlantischen indischen Kulturkreises, befinden wir Erdenbewohner uns in einer galaktischen Zone, von der aus die planetaren menschlichen und menschenartigen Wesen Zugang sowohl zu den „Höheren Welten" besitzen, jedoch auch nach unten, in die tieferen Bewußtseinssphären absteigen können. Dies spielt sich sozusagen seit eh und je ab, zufolge der Phasen, in der sich das jeweilige Zeitalter befindet: Im Goldenen, Silbernen, Kupfernen/Bronzenen oder Eisernen Zeitwandel. Im letzteren ist das Bewußtsein der Menschheit (um nur die Erde zu betrachten) so tief in das Materielle abgesunken, daß dies eine direkte Einladung für die Unwesen der lichtlosen Sphären darstellt, uns so tief wie nur möglich in die Stofflichkeit zu verstrikken, um ihre Macht zu stärken. Dies kann als das Wirken Satans verstanden werden.

Währenddessen unternehmen die „Guten Geister" der lichtvollen Seite alles, um die inkarnierten Seelen (die „Jivas") für ihre Gott zugewandte Welt zu gewinnen. Doch hiebei sind ihnen Grenzen gesetzt, da sie – sehr zum Unterschied von den „Bösen" – den freien Willen des Menschen achten. So tobt der (ewige?) Kampf der Polarität Licht – Dunkel besonders hier an der Schnittstelle vom Oben und Unten, d.h. zwischen den sieben höheren und sieben niederen Planetensystemen, wie die Veden berichten. Kein Wunder, daß besonders unser schöner Planet das Ziel der verschiedensten Gruppierungen von ETs ist: als Helfer, Beobachter oder auch als gewalttätige Entführer und im schlimmsten Fall als Besitzergreifer von Mutter Erde – die sogenannten „Reptiloiden". Wenn das nicht eine geistige Herausforderung ist, sich diesem Kampf in uns selbst – Aufstieg ins Licht – zu stellen?! Noch ist etwas Zeit für diese endgültige Entscheidung; laut Maya-Kalender bis zum Jahresende zweitausendundzwölf.

Der Zahl sieben werden wir noch ganz besonders begegnen, nämlich in dem bereits erwähnten planetaren Entwicklungsschema der Theosophin HPB (von ihr „Wurzelrassen“ benannt, hier: Menschheits-Epochen). Dieses wurde vom Gründer der Anthroposophischen Gesellschaft, Rudolf Steiner, übernommen. Demnach durchläuft die Menschheit während ihres irdischen Daseins (von Wiedergeburt zu Wiedergeburt) insgesamt sieben Involutions- und Evolutionsstufen. Diese Seelenwanderung begann mit unserem Abstieg als Geist-Seele-Wesen in die Materie, also der Involution bis zum tiefsten Punkt und der darauffolgenden Evolution, also der Entwicklung aus der Grobstofflichkeit zurück ins rein Geistige. Aus dem Gesagten folgt, daß der Homo sapiens sapiens (wie die Wissenschaft die Spezies Mensch hochtrabend bezeichnet) einst tatsächlich zur Weisheit aufsteigen wird, bzw. sich zur Vollkommenheit entwickeln muß (zwangsläufig!), und dies unter Zurücklassung des darwinschen Schwachsinns von sich selbst programmierender Materie!

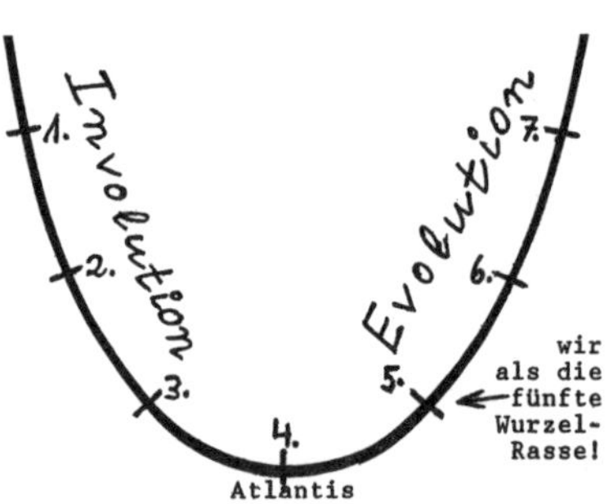

Es entsteht die Frage, welches war nun dieser tiefste Fall durch Nichtbeachtung der Gesetze des Kosmos, ja die bewußte Übertretung derselben mittels Manipulation der Naturkräfte durch die Eingeweihten? Es war Atlantis!

Doch war Atlantis die einzige Hochkultur, die unserer Zivilisation voranging? Keineswegs! Wie gesagt, es sind insgesamt sieben Menschheits-Epochen, die ich tieferstehend der Reihe nach kurz skizziere; – Atlantis war die vierte. Jedoch ist eine Vorbemerkung unerläßlich, um meinen Standpunkt als Außenseiter unter den Geowissenschaftlern klar darzulegen.

(1) Der Mensch ist ein spirituelles Wesen, das in die Materie hinabstieg (aus welchem Grund auch immer), um grobstoffliche Erfahrungen zu sammeln. Er kehrt, bereichert mit diesen, in ferner Zukunft wieder in das Reich des ausschließlich Spirituellen zurück.

(2) Der Mensch ist somit nicht ein Produkt der Entwicklung des

Tierreiches im Sinne des Darwinismus, von dem ihn der Besitz des Gottesfunkens trennt.

(3) Dieser Prozeß der Menschwerdung umschloß die Ausbildung eines funktionsfähigen Modells eines grobstofflichen Körpers, wie er sich den Lebensbedingungen auf verschiedenen planetaren Welten anpassen kann: Eine Schöpfung dazu berufener Geistwesen (Elohím).

(4) Dem Axiom „Geist über Materie" gehorchend, war das Geist-Seele-Wesen des erst Äonen später körperhaft werdenden Menschen bereits vorhanden, als der Planet sich noch im Zustand gasfömiger Solarmaterie befand. Mittels der genannten Geisteskäfte begann sich der Menschenkörper auszuformen. Daher:

(5) Wir sind nicht das Produkt von Gen-Experimenten, weil herrschsüchtige ETs sich eine Sklavenrasse schaffen wollten, aber doch das Opfer von Bewußtseins-mindernden Gen-Veränderungen.

(6) Jetzt, an der Wende von der fünften zur sechsten Menschheits-Epoche, mehren sich die Anzeichen, daß sich wenigstens ein Teil der Erdbevölkerung ihres spirituellen Ursprungs entsinnt und bereit wird, den Rückweg in ihre göttliche Heimat anzutreten.

(7) Die Dunkelmächte – wer jene auch immer sein mögen, irdischer und außerirdischer Herkunft – werden diesmal den Kampf verlieren, denn jetzt läuft es nicht so wie in Atlantis, als sie die „Gewinner" waren! Das Weltenjahr geht in der Tat zur Neige und nach dem Eisernen Zeitalter der Kriege folgt unweigerlich die lang ersehnte Goldene Zeit des Friedens zwischen den Menschen auf Erden!

Und nun zur ersten Kenntnisnahme bezüglich der sieben Menschheits-Epochen:

Die erste oder polare Menschheits-Epoche verliert sich in der Nacht einer fernsten Vergangenheit. Von einer Seelenhülle umgebene Geistwesen schwebten zur gasförmigen Erde herab, um diese von nun an als ihre Urmutter zu akzeptieren.

Die zweite oder hyperboräische Menschheits-Epoche: Gleich der ersten M-E vollzog sich das Dasein der nach wie vor feinstofflich umkleideten Geistwesen in einer fluidalen Sphäre, welche die sich allmählich verdichtende Erde umgab. Schauplatz dieser Szene war die „Kopfregion" des Erdkörpers, d.h. der heutige hohe Norden, der damals, wie gesagt, gleich der gesamten Erde von einer feuchtheißen Atmosphäre umgeben war. Dieses Gebiet versank (wohl nach einer globalen Katastrophe) in Schnee und Eis, was im sogenannten Azteken-Kalender seinen Ausdruck findet: Eisige Stürme fegten diese zweite Menschheit von der Erde.

Die dritte oder lemurische Menschheits-Epoche: Gleich vorweg muß hier festgestellt werden, daß wir diese lemurische Epoche der Menschheit in zwei verschiedenen Gebieten anzusiedeln haben: Im Indischen Ozean (dem „Indik“) und im pazifischen Raum. Wie dies geologisch vorzustellen ist, davon ausführlich im entsprechenden Textabschnitt.

In dieser Epoche erfolgte die erste grobstoffliche Ausbildung des Menschenkörpers, was die Trennung in die Geschlechtlichkeit von Mann und Frau nach sich zog. So unakzeptabel dies für die (Hoch-) Schulwissenschaft klingen mag, haben wir es hier mit einem absoluten Höhenflug sich geistig-seelisch weiterentwickelnder Wesen zu tun, die Zeitgenossen der Dinosaurier waren. Das Ende kam mit weltweitem Vulkanismus, d.h. einem globalen magmatischen Entgasungsvorgang (Giftgase!), der dieses „Paradies unter der goldenen Sonne“ im Pazifik versinken ließ. Die aztekische Version: Untergang im Zeichen der „Feuersonne“.

Die Geschichte von Lemuria im Indik vollzog sich etwas anders – doch gleichermaßen geprägt von Flutbasalten (das sind dünnflüssig wie Öl austretende und riesige Flächen bedeckende Lava-Ergüsse). Diese erdgeschichtlichen Ereignisse erfordern jedoch eine ausführliche geologische Erklärung im Sinne der Platten-Tektonik – an anderer Stelle.

Die vierte oder atlantische Menschheits-Epoche: Mit Hilfe von Flüchtlingen aus Lemuria im Indik und Rutas Mu (im Pazifik), die über ein hohes Wissen verfügten, sowie der Eingeweihten von Atlantis selbst, wurde die atlantische Hochkultur alsbald zu höchster Blüte entwickelt. An zivilisatorischen Errungenschaften verfügten die Atlanter – Menschen bereits ähnlich unseren heutigen Menschenrassen – über Flugkörper verschiedenster Art, sowie Unterwasser-Fahrzeuge, wobei auch Anlagen am Meeresboden installiert wurden. Doch war die damalige Technologie in ihrer Endphase durch schwarzmagische Praktiken geprägt, nachdem in die Naturgeheimnisse eingeweihte Meister der Machtgier verfallen waren, was auch die endgültige Katastrophe bezüglich der letzten Inseln von Atlantis heraufbeschwor, wie in der Darstellung Platons nachzulesen ist.

Einschalten möchte ich hier die Antwort auf eine offensichtliche Frage: Warum fand man bisher (fast) nichts von Atlantis? Die

Antwort ist einfach: Selbst im Zweiten Weltkrieg in den Meeresfluten versunkenes Kriegsmaterial ist dermaßen Algen-überwuchert und bis zur Unkenntlichkeit überkrustet, daß es schon nach dieser verhältnismäßig kurzen Zeitspanne kaum vom umgebenden Meeresboden zu unterscheiden ist!

Bereits die vorhergehenden Untergangsphasen betreffend dieses Inselreich im Nordatlantik hatten die kriegerischen Atlanter zu Eroberungszügen veranlaßt, um dem Meer zum Opfer gefallenes Mutterland zu ersetzen. Abgesehen von Hellas (dem Griechenland der Antike), wurde das einstige indische Rama-Reich das Ziel atlantischer Aggression, wovon die vedischen Epen heute noch in märchenhafter Form berichten. In diesem Zusammenhang wäre auch das atomar verstrahlte Gebiete von Mohenjo Daro im Industal zu nennen.

Atlantis ging durch eine Meeresflut zugrunde, der „Wasser-Sonne" der Azteken. Organisierte Flüchtlingsströme schufen rechtzeitig an verschiedenen Orten der Welt, besonders jedoch in Ägypten, neue Kulturzentren. Wer sonst hätte den Pyramiden-Komplex in Giza bei Kairo geschaffen?

<u>Die fünfte Menschheits-Epoche – das sind wir!</u>

Geführt von weisen Eingeweihten, hatten Gruppen ausgewählter Flüchtlinge die dem Untergang geweihten restlichen Inseln von Atlantis verlassen. Diese einzelnen Kontingente standen unter den Aspekten verschiedener Planeten, nämlich: Diejenigen, welche gewisse Teile Afrikas aufsuchten (z.B. die damals noch fruchtbare Sahara!), waren vornehmlich vom Planeten Merkur beeinflußt, daher mobil, leichtblütig, fröhlich und sangesfreudig; mit einem Wort: temperamentvoll-sanguinisch! Es handelt sich offensichtlich um die dunkelhäutigen Bantu-Stämme, die sich im mittleren und südlichen Afrika niederließen.

Was das heutige meeresumspülte Gebiet von Malaysia und Insulinde betrifft, so wurde es im Zuge der genannten Wanderungen die Heimat brauner Menschen, die vor allem von der Einstrahlung des Planeten Venus betroffen waren: Schöpfer von Kunstwerken aller Art (Indonesien!), doch auch phlegmatisch und schicksalsergeben.

Das wohl ausgeprägteste Temperament findet sich bei der Mars-dominierten „gelben" Menschenrasse, den Mongolen: kriegerisch-cholerisch!

Die „Rothäute" der Neuen Welt weisen in einem gewissen Hochland der Erde die unleugbar typischen Merkmale einer Saturn-

Prägung auf: Die Indios des Planalto Boliviano, angepaßt an ihre mehr als karge Umwelt in rund viertausend Metern Meereshöhe!

Schließlich wir „Weiße", die Jupiter-Rasse, die ein strahlendes Juwel unter den genannten Menschenrassen hätte werden sollen – sich jedoch leider zum vornehmlichsten Zerstörer unseres Planeten entwickelt hat, den Schöpfern der vielgepriesenen „Westlichen Zivilisation", deren selbstzerstörerischen Tendenzen Mutter Erde einfach nicht gewachsen ist!

Mit den genannten fünf Unterrassen unserer fünften Menschheits-Epoche will ich weder einer von ihnen den Vorrang einräumen, noch damit die Vielfalt der Völkerschaften der nach-atlantischen Zeit voll erfaßt haben. Die kosmischen Beeinflussungen erfolgten nicht zuletzt auch durch die sogenannten „Weltenmonate", wie ich nun skizzieren möchte.

Zwölf Monate vollenden bekanntlich ein Jahr, desgleichen ebensoviele Weltenmonate ein sogenanntes „Weltenjahr", oder „Platonisches Jahr". Dieses wird in der Astronomie durch die Zeitspanne definiert, welche unser Sonnensystem für einen Umlauf um die Zentralsonne (Alcyone im Sternbild der Plejaden) benötigt, so etwa 25.776 Jahre; geteilt durch 12 ergibt 2.160 Jahre für einen Weltenmonat. Jeder dieser Weltenmonate erfährt seinerseits eine Prägung durch das jeweilige Tierkreiszeichen, in dem unser Sonnensystem während dieser 2.160 Jahre steht. Daraus ergeben sich die Charakteristika dieser rund 2.000-jährigen Zeitabschnitte, und wir finden diese eingeordnet in das kosmische Gesamtgeschehen eines Weltenjahres, wie folgt.

Die Sonne steht in einem der genannten Tierkreiszeichen, womit sie dem betreffenden Weltenmonat eine ganz spezifische Schwingung verleiht:

Löwe . . . . .Ende von Atlantis.
Krebs . . . . .Alt-Indien; Beginn der Zeit der Rishis.
Zwilling . . . . .Alt-Persien und Zweistromland: Sumer etc.
Stier . . . . .Alt-Ägypten (Apis-Stier!).
Widder . . . . .Alt-Griechenland/Hellas (Goldenes Vlies!).
Fische . . . . .Zeitalter des Christentums (das Symbol der Urchristen!).
Wassermann . . . .Zeitalter, in das wir jetzt eintreten: Ausschüttung des Wissens!

Unsere jetzige Stellung bezüglich des Weltenjahres ist durch zweierlei gekennzeichnet: Erstens die Wissensflut, welche unseren Planeten wie eine Woge umbrandet, in der Darstellung des Wassermanns durch einen Mann symbolisiert, der ein Wassergefäß ausschüttet. Es ist das Zeitalter, in das wir gegenwärtig mit Riesenschritten hineingehen! Zweitens: Wir befinden uns genau gegenüber der letzten Untergangsphase von Atlantis. Wir stehen sozusagen Auge in Auge mit Atlantis!

Die beigefügte Darstellung des Weltenjahres soll dies bildlich vergegenwärtigen (modifiziert nach H. Sterneder, „Der Wunderapostel", siehe Seite 130). Und nicht zu vergessen: Das Ganze wird noch von dem alt-indischen Konzept der vier Yugas überprägt, was dann in Hellas als das Goldene, Silberne, Kupferne/Bronzene und Eiserne Zeitalter bekannt war. Der Quantensprung vom jetzigen Ende des Eisernen ins Goldene Zeitalter steht unmittelbar bevor: Glück auf!

In dem Roman des genannten esoterischen Schriftstellers H. Sterneder: „Der Wunderapostel" (Esotera Taschenbuch, H. Bauer-Verlag, Freiburg, 1991), der auch verfilmt wurde, finden wir die Kernaussage zu obigem (S. 448).

Die große Weltenstunde: Die Stunde des Übergangs vom Fisch in den Wassermann ist diesmal keine gewöhnliche Stunde, sondern die diesmalige Stunde ist **die ungeheuerliche Stunde der Weltenwende, der furchtbarsten Erschütterung der Erde und der ganzen Menschheit!**

Die Pyramiden von Giza: Bezug zum Kosmos!

Den bedeutendsten und zugleich bekanntesten Kulturkreis, der auf atlantischen Erkenntnissen fußt, stellt zweifellos das alte Ägypten dar. Generationen von Ägyptologen haben vor Ort geforscht und Berge von Wissen zusammengetragen, doch in den Bereich von Weisheit sind sie nie vorgedrungen! Dies gilt vor allem für die sogenannte Große Pyramide, die für die Wissenschaft nach wie vor das Grabmal des Pharaos Cheops darstellt und bezüglich derer kein Fachgelehrter schlüssig erklären kann, wie sie errichtet wurde. Warum kann die

Annahme der Fachwelt: Große Pyramide – Mausoleum des Cheops – nicht stimmen?

1) Es gibt keine Inschriften, weder in der Kammer, noch am Sarkophag. Die eigentlichen Grabkammern der Pharaonen zeigen immer Inschriften!

2) Tote atmen nicht! Wozu dann die „Entlüftungsschächte"?

3) Warum sind alle drei Pyramiden von Giza auf den Orion ausgerichtet (siehe Abb. Seite 143)?

4) Warum zeigten ein oder zwei dieser vier Schächte genau auf das Sternbild des Orion- oder die Venus-Konstellation? Und dies vor etwa 12.000 Jahren!

5) Keine uns bekannte Technologie könnte heute eine Große Pyramide bauen! Damals?

6) Die ältesten Bauwerke Ägyptens sind die am besten ausgeführten. Es ist keine Entwicklung zur Hochkultur erkennbar – sie ist einfach plötzlich da!

7) Zeugnisse einer bis heute unübertroffenen Megalithkultur gibt es weltweit, z.B. in Mittel- und Südamerika.

8) Warum sind in der Großen Pyramide gar manche mathematische und astronomische Daten in Stein verewigt? Für den Pharao?

9) Warum spricht der berühmte amerikanische Hellseher E. Cayce von der Großen Pyramide als einem Bauwerk, das vor rund 12.000 Jahren errichtet wurde, von einer früheren Zivilisation?

10) Können die Ägyptologen auch nur einen einzigen Beweis dafür erbringen, daß die Große Pyramide ein Grabmal sei?

Heutzutage in Ägypten Beweise für bestimmte Annahmen aufzuspüren, dürfte schwierig geworden sein. Ich denke da u.a. an eine Probenahme von einem Gesteinssplitter der Bausteine der Großen Pyramide, um der Frage nachzugehen: Sind diese Baublöcke vielleicht doch (wie manche meinen) vor Ort „gegossen worden", so wie man es im heutigen Bauwesen kennt?

Oder welche Spuren der Oberflächenbearbeitung weisen die spiegelglatten Flächen der Obelisken auf?

Dem deutschen Elektronik-Experten Dipl.-Ing. R. Gantenbrink war es 1994 untersagt worden, weitere Experimente anzustellen, nachdem er am 21.3.1993 einen kostspieligen, selbstgebauten Miniroboter in einem der „Sternenschächte“ hatte hinaufkriechen lassen: Er hätte ja etwas Neues entdecken können (was gegen die etablierte Lehrmeinung gewesen wäre!) – so der damalige Leiter des Deutschen Archäologischen Instituts in Kairo ...

Des weiteren frage ich mich, ob man heute die spirituellen Erfahrungen machen könnte, wie diese noch „zu meiner Zeit“ (also vor etwa zwanzig Jahren) möglich waren? Sicherlich nicht! Dem Engländer Paul Brunton wurde es seinerzeit gestattet, eine ganze Nacht in der Königskammer der Großen Pyramide in Meditation zu verbringen. Wieviel Bakschisch würde das heute wohl kosten? Als ich nach einer Nacht auf dem Gipfel-Plateau der Großen Pyramide im ersten Licht der aufgehenden Sonne heruntergestiegen war, bedrängten mich die Einheimischen mit der Frage, wieviel ich dem „Bergführer“ bezahlt hätte. Daraufhin umarmte ich diesen ostentativ mit der Feststellung: „Er ist mein Freund!“ Nur so konnte ich relativ ungeschoren entkommen!

Die Verhältnisse scheinen sich ganz drastisch zum Unguten verändert zu haben. Eine hohe Mauer umgibt den gesamten Pyramiden-Komplex von Giza! Doch darüber zum Schluß dieses Abschnitts. Was bleibt, ist die Möglichkeit, die bekannten Tatsachen bezüglich Alt-Ägyptens und seiner Monumente einer Begutachtung zu unterziehen, denn in dem Ergebnis steckt Weisheit, die Weisheit der Atlanter!

Ägypten ist das klassische Land einer Megalithkultur. Jedoch Steinmonumente, die von einem Geschlecht der Riesen zeugen, gibt es weltweit. (Ich wage es hinzuzufügen, daß auch Menschenskelette von einstigem Riesenwuchs bekannt sind!) Die bekanntesten Gebiete Europas, wo solche steinerne Anlagen meist gigantischen Ausmaßes anzutreffen sind, umfassen vornehmlich die Länder an der Atlantikküste mit ihren Menhiren (unbehauene Steinsäulen), Dolmen (Steintische) und Kromlechs (kreisförmige Steinsetzungen). Dieser nach-atlantisch-steinzeitliche Kulturkreis erstreckte sich von Portugal und Spanien über die Pyrenäen, Frankreich und die Britischen Inseln bis nach Skandinavien.

Auch im Mittleren Osten stößt der Kenner alter Kulturen auf steinerne Reste megalithischer Größe. Der indische Subkontinent ist voll wunderbarer Baudenkmäler, den Zeiten-überdauernden Schöpfungen der ersten nach-atlantischen Zivilisation. Allein im Dekkan finden sich um die 2.300 Megalith-Steinsetzungen! Nach Überspringen des Fernen Ostens finden wir den unermeßlichen pazifischen Raum voll von rätselhaften Tempelplattformen, behauenen Steinsäulen und Skulpturen. Das bei weitem bekannteste Beispiel ist hier die Osterinsel mit ihren „Moais".

Gingen wir noch weiter nach Osten, über Amerika hinaus, so fänden wir, versunken in den Fluten und im Bodenschlamm des Atlantiks, die Bauten der Atlanter. Die im Gebiet Bimini und dem Bermuda-Dreieck im seichten Flachwasser der Küsten entdeckten Spuren megalithischer Strukturen lassen erahnen, wie zyklopisch die Architektur von Einst-Atlantis war.

Bei weiterem Fortschreiten gegen Sonnenaufgang schließt sich der Kreis und wir sind in Ägypten angekommen. Da fällt mir ein persönliches Erlebnis ein: Ich saß in Theben-West (Der-el-Bahri), hoch über der Tempelanlage der Königin Hatschepsut und blickte auf die grüne Schlange des Nils, die sich durch die Wüste windet. Da erinnerte ich mich plötzlich: Ich bin ja angekommen, dies ist mein alt-ägyptisches Hier und Jetzt; wohin will ich noch? – Ein Déjà-vu-Erlebnis? Eine romantische Erinnerung?

Auf diesen Wachtraum folgen nun die nüchternen Tatsachen.

Der erstaunlichste Beweis für die Unmöglichkeit, es mit heutiger Technik den Atlantern (oder sonstigen Bauherren) gleichzutun, findet sich in Assuan, Ober-Ägypten. Jeder Tourist kann ihn besichtigen, im Steinbruch darauf entlanggehen und das Gewicht annähernd im Kopf ausrechnen. Es handelt sich um den „unvollendeten Obelisken", glattflächig herausgehauen aus dem ornamentalen Assuan-Granit (eigentlich ein Quarz-Syenit, dessen Farbe das Gestein den großen, fleischroten Kalifeldspat-Kristallen verdankt). Die Maße dieses noch nicht ganz aus dem Fels geschlagenen (und daher unvollendet gebliebenen) Steinquaders sind: Länge 41,75 Meter, Breite 4,2 Meter und Höhe 2,5 Meter, woraus sich ein Volumen von 451,5 Kubikmetern errechnet. Bei einem angenommenen spezifischen Gewicht dieses Tiefengesteins von 2,8 (g/cm^3) errechnet sich daraus ein Gewicht von 1.264,2 Tonnen (siehe Seite 272)!

Es ergeben sich mehrere Fragen, die sich an obige Tatsachen knüpfen:

1) Wie hätte man im alten Ägypten solch einen Koloß wegbewegen und an Ort und Stelle aufrichten wollen?
2) Wie hätten zu diesem Zweck auch noch so viele „Sklaven" eingesetzt werden können? Denn wieviele Hände hätten an den 43 Metern dieses Quaders zum Anfassen Platz gehabt?
3) Worauf hätte man den Brocken zwecks Transportes legen wollen, um ihn dann auf eines der gebrechlichen Boote am Nil zu verladen? Unter solch einem Gewicht zersplittern Baumstämme wie Zündhölzer!
4) Fakt ist, daß unsere heutige Technik, wie gesagt, überfordert wäre, müßte sie solch ein Ungetüm auch nur einen Meter weit in einem Stück vom Fleck rücken! Und die alten Ägypter, die konnten dies?

Ich möchte hinzufügen, daß ich nicht (mehr) an den Weihnachtsmann glaube, auch nicht an die Märchen der orthodoxen Ägyptologen!

Wer auch immer diesen Obelisken widmungsgemäß einsetzen wollte, der mußte wissen, wie dies zu bewerkstelligen wäre! Und es gibt nur eine Lösung des Problems: Levitation, die Beherrschung der Schwerkraft! In Tibet wurde das vor wenigen Generationen noch praktiziert und ich werde dieses Geheimnis an anderer Stelle lüften (Seite 254).

Langsam arbeiten wir uns an die Große Pyramide und deren verschlüsseltes Wissen heran, doch da steht noch etwas im Weg: Der Sphinx.

Stellen Sie sich vor, Sie säßen in der „Millionen-Show" und hätten die letzte Hürde zu nehmen, bevor Sie diesen enormen Betrag einstreichen könnten. Die Frage lautet: „Wer hat das wahre Alter des Sphinx enträtselt?" Wie üblich, stehen vier Antworten zur Wahl: 1) Ein Außenseiter, 2) ein Archäologe, 3) ein Geologe, 4) ein Fachgelehrter der Ägyptologie?

Mir ist bewußt, daß die Frage aus dem Allgemeinwissen heraus nicht zu lösen ist, da zu speziell. Also sollte es einen anderen Zugang geben.

Glückwunsch, meine Damen und Herren! Sie haben haarscharf kombiniert und daher die Antwort spielend gefunden, nämlich durch die Anwendung von Psychologie! Mir als Geologen steht ein Fachkollege am nächsten; daher richtig: Ein Geologe war es, worüber gleich zu berichten sein wird.

Der Sphinx ist eine Skulptur, die aus dem Sedimentgestein des Giza-Plateaus (nämlich eozäner Nummuliten-Kalk und Sandsteinschichten, beides marine Seichtwasser-Ablagerungen) herausmodelliert wurde. Dessen Maße: Länge 57 m zuzüglich 15 m langer Vorderpfoten; Höhe beim Kopf: 20 m. Die Lage des Sphinx in Bezug zu den drei Pyramiden von Giza ist aus der Abbildung auf Seite 143 ersichtlich.

In der Fachwelt galt dieses Steinmonument m.W. als gleichaltrig mit der Großen Pyramide, daher zur Zeit des Pharaos Cheops während der 4. Dynastie (2.840 bis 2.680 v.d.Ztw.) geschaffen. Dann kam Anfang der neunziger Jahre ein Professor von der Universität Boston aus USA, der Fachmann für Erosion und Verwitterungsspuren, Dr. R. Schoch, und mit ihm fiel Regen in die ausgedörrten Hirne der Ägyptologen.

Der Genannte untersuchte den Körper des Sphinx wie ein Arzt einen hautkranken Patienten. Dr. Schoch veröffentlichte seine Forschungsergebnisse 1992 auf der Geologen-Tagung in San Diego, was wie folgt zusammengefaßt werden kann: Er wies mit wissenschaftlicher Akribie nach, daß die Verwitterungsspuren am Leib des Sphinx von Niederschlägen herrühren, und weder von Nil-Überschwemmungen, noch durch Winderosion verursacht worden sein können; eine Auffassung, der sich auch andere Fachkollegen anschlossen.

Um obige Erkenntnis auszuwerten, müssen die (heute viel strapazierten) Klimaforscher zu Rate gezogen werden: Wann in der Vergangenheit herrschte in Nordafrika das letzte Mal ein Regenklima, wie auch die Sahara-Felszeichnungen mit der dargestellten Fauna und Flora implizieren? Die letzte Pluvialzeit bescherte dem nördlichen Afrika ein grünes Pflanzenkleid mit entsprechendem Tierleben vor rund 10–15.000 Jahren. Der Sphinx (siehe Seite 143) wurde also <u>vor</u> der Zeit dieses Regenklimas skulpturiert, d.h. <u>vor den besagten 10–15.000 Jahren aus dem anstehenden Fels herausgemeißelt</u>.

Das Alter des Sphinx findet sich in noch einem Zusammenhang als wahrscheinlich richtige Zeitangabe, wenn wir dessen Löwengestalt als Symbol für den Weltenmonat im Sternbild des Löwen betrachten. Dieser währte von 10.970 bis 8.810 v.d.Ztw.

Was bedeutet dies nun für den Pyramiden-Komplex von Giza; läßt sich für ihn ein ähnliches Alter erschließen?

Um mich nun der Großen Pyramide zuzuwenden, möchte ich vorerst den Rahmen hiezu abstecken. Welche schöpferischen Kräfte mögen am Wirken gewesen sein, um solch ein absolut einmaliges Bauwerk zu errichten? Gleichzeitig mit dem Herannahen der letzten Atlantis-Katastrophe (Platon!), strömten Flüchtlinge nach Ägypten, dem Land einer einfachen Bauernbevölkerung. Zufolge ihres hohen Wissensstandes nahmen die Neuankömmlinge sofort eine rege Aufbautätigkeit in Angriff; – mit Hilfe Außerirdischer? Vor allem wurden errichtet:

Die Bibliothek des späteren Alexandrien;
die „Tempel des Opfers“ und „der Schönheit“
sowie die Große Pyramide als der „Tempel der Isis“.

Der weit über die Grenzen der USA hinaus bekannte Hellseher E. Cayce gibt die Bauzeit für diese bedeutendste aller Pyramiden an mit 10.490 bis 10.390 Jahre vor der Zeitenwende.

Bezüglich der Errichtung einer Pyramide möchte ich an dieser Stelle das japanische Pyramiden-Experiment von 1978 erwähnen. Es sollte mit den Mitteln, wie sie den damaligen Erbauern der klassischen Auffassung zufolge zur Verfügung gestanden haben mögen, eine zwanzig Meter hohe Pyramide in der Nähe des Pyramiden-Komplexes errichtet werden. Die Gesteinsblöcke wurden aus dem 15 km von Giza entfernten Steinbruch vom Ostufer des Nils herbeigeschafft, gelegen in den Muqattam-Bergen[3]. Doch schon diese Bausteine von einer Tonne Gewicht konnten nicht mit einer gewöhnlichen Barke verschifft werden! Auch die Gruppen von je 100 Arbeitern waren nicht in der Lage, die Blöcke durch den Wüstensand zu ziehen, geschweige denn, über eine geringe Höhe zu heben.

Die Große Pyramide ist das älteste und monumentalste Bauwerk, das je von heutigen Menschen, Atlantern oder Außerirdischen auf Erden errichtet wurde! Mit einer durchschnittlichen Seitenlänge von 230 Metern beläuft sich die Abweichung dieser Längen untereinander auf den Bruchteil eines Prozentes. In Bezug auf die Rechtwinkeligkeit des Basisquadrates ist die Abweichung beinahe null. Die Ägyptologen schulden uns bis heute eine Erklärung dafür, wie es den Erbauern gelang, eine derartige Genauigkeit zu erreichen! Hinter einer solchen architektonischen Leistung muß eine Jahrtausende-

3 Der Dschebel Muqattam ist ein etwa 200 m hoher Tafelberg südöstlich von Kairo, der aus eozänem Nummulitenkalk besteht. Als guter Baustein fand er zur Errichtung der Pyramiden reichlich Verwendung!

alte Erfahrung stehen. Aber in ganz Ägypten lassen sich keinerlei Hinweise auf einen derartigen Entwicklungsprozeß finden!

Das Plateau von Giza erfüllt die Voraussetzungen, solch ein Bauwerk von über sechs Millionen Tonnen zu tragen. Doch der Pyramiden-Komplex greift weit über sein näheres Umfeld hinaus. Die drei Pyramiden von Giza lassen sich nämlich mit ihren Spitzen auf einer sogenannten Fibonacci-Spirale (Mathematiker in Pisa, 1.180–1.250) aufreihen, deren Zentrum sich 2,5 km von den Pyramiden entfernt befindet. Aber wir müssen nach den Sternen greifen, um auf das astronomische Geheimnis der Giza-Pyramiden zu stoßen!

Die drei Pyramiden von Giza sind ein genaues Abbild der drei Sterne des Orion-Gürtels am Firmament. Sie deuten durch ihre Maße sogar deren unterschiedliche Größe an. Hiezu die Berechnungen des Belgiers R. Bauval (Bauval & Gilbert: „Das Geheimnis des Orion“, List-Verlag München, 1994). Dieses Buch wurde ein großer Verkaufserfolg, doch die Ägyptologen weigerten sich allesamt, die Bedeutung dieser Entdeckung zur Kenntnis zu nehmen! Übrigens ist der erstgenannte Autor in Ägypten geboren und aufgewachsen. Solch eine bahnbrechende Erkenntnis bezüglich der Pyramiden bei Kairo fällt nicht von ungefähr auf den richtigen Mann. Diese lautet:

Die Anordnung der Pyramiden von Giza spiegelt nicht den Himmel zur Zeit der 4. Dynastie wider, sondern ausschließlich den des Jahres 10.450 vor der Zeitenwende.

Die Pyramiden von Giza gehören zu den frühesten, die in Ägypten errichtet wurden. Dennoch hatte man danach nie wieder vergleichbar vollendete Bauwerke dieser Art geschaffen! Auch im Detail zeigt sich eine unübertroffene Perfektion, die heute nicht nachvollziehbar wäre! Hiezu zwei Beispiele: In der sogenannten „Königskammer“ der Großen Pyramide befindet sich bekanntlich der „Einweihungssarg“, eine Steintruhe, in die sich ein Mensch hineinlegen kann, wie für die alt-ägyptischen Einweihungen gefordert. Dessen Aushöhlung wurde -mittels eines diamantbesetzten Bohrers ausgebohrt, der unter großem Druck in den Granitblock eindrang, wobei das steinharte Material wie Butter durchbohrt wurde! Dies ist an den verbliebenen Spiralrillen feststellbar.

Es wurden Gefäße aus anderem Hartgestein gefunden (feinkörnigem Granit, Diorit und Basalt): Tadellos bearbeitete Amphoren, Schalen und Vasen. Letztere weisen z.T. dünne Hälse mit engem Durchgang auf, wobei der Vasenbauch auf der Außen- wie Innenseite gleichermaßen hochglänzend poliert ist. Eine solche Bearbeitung ist heute nicht (mehr) möglich! Auch die großen Spiegelflächen an den Obelisken können nur mittels des Einsatzes besonderer Maschinen auf Ebenheit und Hochglanz geschliffen worden sein und niemals durch den Einsatz auch noch so vieler Arbeitskräfte an ein und demselben Gesteinsblock! Der Transport mancher der verwendeten Gesteinssorten erfolgte von weither, z.B. betreffs des genannten Assuan-Granites („Rosengranit") aus dem eintausend Kilometer entfernten Assuan/Syene.

Wollen wir jetzt gedanklich in die Große Pyramide hineingehen. Hiezu läßt sich ganz allgemein feststellen, daß sich im Untergrund einiger dieser Pyramiden meisterhaft konstruierte Kammern megalithischer Bauweise und Größenordnung befinden. Es besteht dann immer ein großer Unterschied zwischen diesem megalithischen Altbau und den darüber errichteten Grabhügeln aus Stein oder Ziegeln. All dies wirft für die orthodoxe Archäologie unlösbare Probleme auf, wie:

1) Die Heranschaffung der tonnenschweren Gesteinsblöcke und deren paßgenaues Einfügen in ein Bauwerk.

2) Es gibt fertig bearbeitete Blöcke aus Naturstein, die größer sind als die Zugangsschächte des Gebäudes, z.B. die genannte Granittruhe in der Königskammer der Großen Pyramide.

3) Megalithbauten sind weltweit verbreitet. Ägypten ist lediglich die Hochburg dieser Kultur!

Aus den Außenmaßen der Großen Pyramide (Basislänge in Metern):

Nordseite 230,328	Ostseite 230,369
Südseite 230,372	Westseite 230,372

(Mittelwert 230,360) kann das komplexe „Innenleben" dieses Weltmonuments erschlossen werden. Die Große Pyramide, das „Haus der Isis" (der Göttin der Erde, die vom Sonnengott das Horus-Kind empfängt), wies ursprünglich eine Gesamthöhe von 146,649893 Metern auf. Der Neigungswinkel ihrer vier Seitenflächen beträgt 51°51'13,05" (in Bogengraden)[4].

Nur die Große Pyramide besitzt aufgrund dieses Neigungswinkels die einzigartige Eigenschaft, daß ihre Höhe zu ihrem Umfang im gleichen Verhältnis steht, wie der Radius zum Umfang eines

4 Obige Werte alle nach A. Klitzke (Buchhinweis siehe Seite 35).

Kreises: die Zahl Pi (3,14159...). Und der Kreis steht symbolisch für Ewigkeit ...

Der Bauplan der Großen Pyramide beruht auf dem sogenannten „Goldenen Schnitt". Das heißt, daß dieses Monument des Ewigen im Schnitt ein Dreieck des Seitenverhältnisses 3:4:5 ergibt.

Hiemit läßt sich aus der Geometrie dieser Pyramide zuzüglich die folgende Symbolik herauslesen: Das Dreieck als Sinnbild des Göttlichen, das Viereck vergegenwärtigt das Irdische und das Fünfeck als Pyramidenspitze (Pyramidion) steht für die Quinta Essentia – das Wesentliche.

Mit obigen Feststellungen nähern wir uns den esoterischen, also bisher eher verheimlichten, Aspekten dieses großartigen „Tempels der Isis". Es ist das Buch von J. Hurtak „Die Schlüssel des Enoch" (Akademie für die Wissenschaft der Zukunft in Europa, 2001), das m.E. mehr verschlüsseltes Wissen enthält, als einen verständlichen Schlüssel zur Weisheit in die Hand zu geben! Ich greife daraus in knapper Darstellung das Folgende heraus:

- Die Große Pyramide als der in das Zentrum der Erde gesetzte Grundstein.
- Die Große Pyramide wurde <u>vor</u> der letzten Erdkatastrophe (Atlantis) gebaut.
- Die Große Pyramide als das präziseste Gitter heiliger Geometrie, das jemals in Stein kodiert wurde.
- Die Große Pyramide als Brennpunkt für die kosmische Energie-Übertragung.
- Die Große Pyramide als Kalender der großen geophysikalisch-geologischen Veränderungen auf Erden.
- Im pyramidalen Gitter von Giza befinden sich die Schlüssel zu allen physischen Konstanten des Sonnensystems.

H. Ilg schreibt über „Die Bauten der Außerirdischen in Ägypten", (Bergkristall-Verlag):

- Das Zerschneiden von Gestein zu Blöcken erfolgte mit einer Art Laserstrahl.
- Deren Transport wurde durch Levitation bewerkstelligt.
- Wie wurden fertig bearbeitete Gesteinsquader in Räumlichkeiten gebracht, deren Zugänge zu eng und zu schmal waren? Diese Gesteinsblöcke wurden dematerialisiert, um vor Ort dann rematerialisiert zu werden.

Zum Abschluß der Mitteilungen der wichtigsten Daten bezüglich des Pyramiden-Komplexes von Giza, die „Chronologie des Manetho", eines ägyptischen Geschichtsschreibers aus dem 3. Jh. v.d.Ztw., die er in altgriechischer Sprache verfaßte (entnommen aus H. Rauprich „Cheops", Aurum-Verlag, Freiburg, 1982). Diese Genealogie wurde seit nicht weniger als 341 Generationen überliefert (sämtliche Daten v.d.Ztw.):

Dynastien der Götter	Beginn 30.544
Dynastien der Halbgötter	Beginn 16.644
Erste Linie der Könige	Beginn 15.380
Die Zeit der 30 Könige	Beginn 13.572
Die 10 Könige der Thiniten	Beginn 11.782
Die Spiriti mortui	Beginn 11.432
1. Dynastie Menes	Beginn 5.619
2. Dynastie Boethos	Beginn 5.367
3. Dynastie Necherofes	Beginn 5.065
4. Dynastie Snofru; 1. König	Beginn 4.851
4. Dynastie Cheops; 2. König	Beginn 4.829
4. Dynastie Chephren; 3. König	Beginn 4.766
4. Dynastie Mykerinos; 4. König	Beginn 4.700

Vor Jahren hielt ich im Auditorium Maximum der Universität Wien einen Vortrag mit dem Titel „Esoterisches Ägypten". Die Vorbereitung hiezu ergab einen Wust an Informationen aus einer Unzahl von verschiedensten Veröffentlichungen. Diese sind – soweit für unsere Themen wichtig – im Literaturverzeichnis angegeben, aber ich führe sie hier nicht im einzelnen an, was mir die betreffenden Autoren verzeihen mögen! In der genannten verbalen Darstellung sprach ich u.a. über drei Fragen, die sich logischerweise ergeben:

- Wann wurde die Große Pyramide erbaut?
- Wie wurde sie errichtet?
- Und zu welchem Zweck?

Für uns bleibt also lediglich zu erörtern, welches die Hauptaufgaben dieser Datenbank in Stein gewesen sind. Die praktische Verwendung der Großen Pyramide war folgende:

1) Die spirituelle Bedeutung als Einweihungsstätte, wobei besonders die „Königskammer" mit dem „Einweihungssarg" zu erwähnen ist.

2) Das Horten von Wissen, höchstwahrscheinlich mittels Kristallen.
3) Das Anzapfen kosmischer Energie durch einen von den Eingeweihten besonders präparierten Kristall an der Pyramiden-Spitze, dem Pyramidion. Diese wurde im untersten Teil des Bauwerks gespeichert. Eine Pyramide (des richtigen Neigungswinkels!) bündelt nämlich kosmische Energie gleich einer riesigen Linse.

In Zusammenhang mit dem Letztgenannten ist dreierlei zu bemerken:

• E. Haich beschreibt in ihrem Klassiker („Einweihung", Aquamarin-Verlag), wie die Große Pyramide auch als „Wettermacher" eingesetzt werden konnte. Sie schreibt, wobei sie sich ihres Lebens als Pharaonen-Tochter entsinnt:

„Wir können auch das Wetter auf der Erde regulieren und einen kristallklaren Himmel oder – wenn notwendig – Wolken und Regen machen. Die Menschensöhne sehen die Blitze, hören den Donner aus der Pyramide und sind glücklich, weil sie wissen, daß dies den segenbringenden Regen bedeutet. Sie leben in der Sicherheit, daß der Tempel für alles sorgt: für ihre Gesundheit, für den Segen des Regens, für ihren Wohlstand und auch für ihr Seelenheil." Der österreichische Elektroingenieur H. Waldhauser wies schon in den 1970er Jahren nach, daß die Große Pyramide wie eine riesige Wasser-Pumpanlage funktionieren könnte.

• Obige Aussagen der genannten Autorin sind nicht ohne Analogie zu neueren Forschungen. Ich beziehe mich hiebei auf Wilhelm Reich, dem es mit seinen Experimenten ebenfalls gelang, das Wetter seiner Umgebung zu beeinflussen. Mehr über diesen Psychiater auf Seite 78.

• E. Cayce, der „schlafende Prophet", spricht in seinen „Readings" immer wieder von der freien Energie, welche mittels Kristallen in ganz bestimmten technischen Einrichtungen eingefangen wurde und mittels deren in Atlantis Transporte aller Art bewerkstelligt wurden.

Fruchtbarkeit im Niltal (dem heute durch den Hochdamm, errichtet 1971, ein jährlicher Verlust an natürlichem Nildünger von 100 Millionen Tonnen entsteht!), Fruchtbarkeit entlang des „Pyramiden-Gürtels"! So wird ein Band einander ähnlicher Bewässerungs- und Pyramiden-Kulturen genannt, das sich in etwa 30° nördlicher Breite erstreckt. Das mutmaßliche Gebiet von Atlantis lag genau im Bereich dieses sich Ost-West-erstreckenden Landstriches, wie auch die Große Pyramide!

Nicht nur das genannte Ausbleiben des Nilschlammes ist bedauerlich und auf die Dauer katastrophal, sondern auch einen ganz anderen Totalverlust hat Ägypten, ja sogar die gesamte Menschheit, sehr wahrscheinlich zu beklagen! Es wird berichtet, die „Halle der Aufzeichnungen“ sei bereits im Jahre 2002 durch die Dunkelmächte geplündert worden! Und wieder war es E. Cayce, der wiederholt von dieser Halle redete, in der das atlantische Wissen eines Tages in Form entzifferbarer Mitteilungen aufgefunden werden sollte. Aber doch nicht so, daß negative, egoistische Wesen Hand an brisante, kriegstechnisch verwertbare Informationen legen können sollten! Die relative Genauigkeit der Durchgabe läßt das Schlimmste befürchten:

In 152 Metern unter der Basis der Großen Pyramide wurde angeblich eine Metalltür entdeckt. Dahinter befand sich ein Raum mit über 30.000 Aufzeichnungen auf „Platten“, deren Schrift entschlüsselt werden konnte! Es soll sich um die Chronologie der letzten 100.000 Jahre der Menschheit und des Kosmos handeln. Diese Mitteilungen werden bis heute geheim gehalten. Sie befinden sich – so der Text – in einem Geheimarchiv in der Kirtland Air Force Base in New Mexico. Soweit die wenig frohe Botschaft!

Bringt man diese Angaben mit der Tatsache in Verbindung, daß das ganze Pyramiden-Plateau und darüber hinaus schon längst von einer unübersteigbar hohen, massiven Betonmauer eingeschlossen ist, so erhält die Frage nach dem Wozu eine bestürzende Antwort! Übrigens ist Ägypten längst total von den USA abhängig: Ernährung – Bevölkerungsexplosion – Fehlspekulation Hochdamm! Und daher erpreßbar!

Ist dies das Ende der Erlebens-Möglichkeit des vielleicht wertvollsten Kulturerbes der Menschheit? Hoffen wir, daß dem nicht so sei! Jedenfalls ist es der Schluß unserer Exkursion nach Ägypten, der Tochtergründung von Atlantis. Also fasse ich zusammen.

Die Ägyptologie verfügt über keinerlei Beweise für ihre Darstellung Ägyptens als einem Kulturprodukt, das unbekannte Nomadenstämme in einem Anfall von Erleuchtung aus dem Wüstensand gestampft haben sollen! Die stümperhafte Fälschung des englischen Oberst R. H. Vyse von 1837 kann man ja nur am Rande als schlechten Witz erwähnen. Hiezu lesen wir bei Z. Sitchin „Stufen zum Kosmos“ (Edition Sven Erik Bergh, Zug/Schweiz, 1982, S. 300):

„Wer immer die von Vyse gelieferten „Texte“ mit roter Farbe

aufgetragen hat, der Betreffende benutzte Schreibweisen, Schriften und Titel aus unterschiedlichen Perioden – aber keine aus der Zeit von Chufu, sondern alle aus späterer Zeit. Der Hersteller war auch des Schreibens nicht sehr kundig: Viele seiner Hieroglyphen waren entweder unklar, unvollständig, fehl am Platz, falsch angewendet oder waren ganz und gar unbekannt."

Soweit das Zitat des Alt-Philologen aus USA, der durch seine zahlreichen Ägypten und das Zweistromland betreffenden Sachbücher auch bei uns im deutschen Sprachraum bekannt ist. Es drehte sich hier um einen mißlungenen Versuch, der Großen Pyramide den Stempel „Grab des Cheops" (auch Chufu genannt) aufzudrücken. Und die klassische Ägyptologie hält nach wie vor an dieser Fehlinterpretation fest!

Das Alter der Baudenkmäler des Giza-Plateaus bei Kairo in Ägypten: Wenn auch die Ägyptologie ihre Behauptungen nicht untermauern kann, hier sind die Auffassungen von uns allen, die sich – ohne Dogmen nachzubeten – ernsthaft und ehrlich mit dem Thema Große Pyramide befaßt haben:

Die Annahme, daß das Alter der drei Pyramiden und das Mindestalter des Sphinx von Giza (siehe Abb. Seite 143) zeitlich in etwa knapp vor der letzten Untergangsphase von Atlantis anzusetzen ist – also vor rund einem halben Weltenjahr –, wird durch folgende Erkenntnisse sehr glaubwürdig:

(1) Der Sphinx: Alter der Verwitterung.
(2) Der Sphinx: Sinnbild des Löwen-Zeitalters.
(3) Die Große Pyramide: Der Bezug zum Sternbild des Orion.
(4) Die Große Pyramide: Die Aussagen von Edgar Cayce.

Vergessen wir nicht: Die Wissenschaft besitzt Kenntnisse, jedoch keine Erkenntnisse! Und die einstige Existenz von Atlantis ist solch eine Erkenntnis, wie im Folgenden nachzulesen ist.

Der Schlüssel zur Großen Pyramide

Den Beweis für die Tatsache, daß vor allem die Große Pyramide niemals von den alten Ägyptern errichtet worden sein kann, erbrachte jüngst der Verfasser des Buches „Pyramiden – Wissensträger aus

Stein“ (Govinda-Verlag, Zürich, 2006). Dipl.-Ing. Axel Klitzke, selbst Techniker des Bauwesens, legt in einer Kombination von brillanter Mathematik mit spirituellem Wissen dar, daß der Schlüssel zur Entzifferung der Geheimnisse der Großen Pyramide (und analoger Bauten Ägyptens und Mittelamerikas) in einer Wechselbeziehung der Maßeinheiten Meter, Urzoll und Königselle zu suchen ist. Die genannten Maße sind zufolge des Autors extraterrestrischen Ursprungs und wurden von Außerirdischen auf der Erde eingeführt. Auf diesen fußt die sogenannte „Heilige Geometrie“ als kosmisches Bezugssystem: Die Große Pyramide wurde mittels „Sternenwissens“ erbaut, was bedeutet, daß eine Pyramidenstruktur die Grundform allen Seins der Schöpfung darstellt. Und weiters führt Klitzke aus:

Die Präzision, mit der die Große Pyramide konstruiert wurde, ist so „als hätte ein Feinmechaniker in riesigem Maßstab gearbeitet. Jeder der Bausteine – ein Unikat!“ In diesem Sinn berechnet der Mathematiker und Bauingenieur die Maße der Großen Pyramide auf eine Genauigkeit, wie sie bisher unbekannt war! Ich gab die wichtigsten Meßwerte auf Seite 29 wieder. Ein Beispiel für solche „Zahlenmagie“ findet sich auf Seite 149 des genannten Buches, wie folgt:

Umfang der Königskammer dividiert durch 10 ergibt: 3,1416
Umfang der Königinkammer dividiert durch 7 gleich: 3,1416
Große Galerie, Summe der Breite an Basis und Decke: 3,1416
(gemessen in Metern, entspricht der Zahl Pi!)

Somit ist in der Geometrie dieses Bauwerks ein Wissensschatz verborgen, den die heutige Ägyptologie überhaupt noch nicht erkannt hat, stellt Klitzke fest. Den Zweck der Errichtung der Großen Pyramide sieht der Genannte im Aufbau eines energetischen Gitternetzes um die Erde, wobei diese Pyramide auf den wichtigsten Gitterpunkt unseres Planeten gesetzt wurde – eine Aussage, die wir sinngemäß auch in dem viel diskutierten Werk „Die Schlüssel des Enoch“ von J. Hurtak lesen, wie tieferstehend angeführt ist. In der Folge gebe ich eine Zusammenfassung der Kernaussagen der beiden zitierten Autoren über die Funktionen der Großen Pyramide wieder:

A. Klitzke: Die Königinkammer diente der Einweihung von Neophyten in den 32. Grad. In der Königskammer wurde diese Prüfung durch einen Aufenthalt des Einzuweihenden im sogenannten „Sarkophag“ abgeschlossen. Schon den Weg bis dorthin zu bewältigen setzte voraus, Levitation zu beherrschen, um mittels Geisteskraft/

Gedankenkraft die drei Fallsteine zu heben, die in der Vorkammer den Zugang zur Königskammer versperrten. Gleichermaßen mußte auch der an die zwei Tonnen schwere Sargdeckel durch Telekinese gehoben und wieder vorsichtig aufgelegt werden, worauf der Adept in dem nunmehr versiegelten Sarg 66 Stunden (!) meditierend zu verweilen hatte – ein Vorgang, der über Leben oder Tod entschied, denn Atmung und Herzschlag waren hiebei zum Stillstand zu bringen! Wer diese Prozedur beherrschte und die auftauchenden Visionen verschiedener Leben (vergangener und zukünftiger) als Bilder einer dreidimensionalen Welt erkannte, war höchstwahrscheinlich frei vom Rad der Wiedergeburt und damit ein Eingeweihter des 33. Grades. Er verfügte über kosmisches Bewußtsein und ein bleibend geöffnetes Drittes Auge (bezüglich Wiedergeburt von mir ergänzt).

J. J. Hurtak: Professor Hurtak teilt hauptsächlich folgendes über die Große Pyramide mit, wie in seiner lexikonhaften Darstellung zu finden ist:

- Die Große Pyramide ist der in das „Zentrum der Erde" gesetzte Grundstein.
- Die Geometrie der Großen Pyramide vereinigt Raum, Zeit und Materie. Sie ist ein Brennpunkt für Stern-Energie-Übertragung.
- Die Große Pyramide stellt das präziseste Gitter Heiliger Geometrie dar, das jemals in Stein kodiert wurde. In ihr sind zahllose Codes in Bezug auf die Wechselbeziehungen zwischen dem Menschen und unserem Planeten, unserem Sonnensystem und der Gesamtheit der Galaxie enthalten! Einer hievon ist ein besonderer Code: Das Maß des „Christus-Winkels", gebildet vom „Aufsteigenden Gang" und der Ebene der Königinkammer; er mißt 26°18'9,7".

Hiemit ist wohl eindeutig bewiesen, daß die Annahme, die Große Pyramide sei ein Grabmal, nämlich das Mausoleum des Pharaos Cheops, jeglichen Sinns entbehrt, also Unsinn ist, den sich die Ägyptologen in ihrer Unwissenheit zurechtgelegt haben.

Wer also hat die Große Pyramide erbaut? Es ist eine Konstruktion Außerirdischer, so behaupten nicht nur die genannten Buchautoren. Doch auch die Atlanter verfügten über ein hohes Wissen, weshalb sie in der Lage waren, über Pyramiden und speziell geschliffene Kristalle (E. Cayce!) kosmische Energie anzuzapfen. „Freie Energie" nennen wir es heute, während wir uns – unbewußt – in steigendem Maß an atlantisches Wissen erinnern. Hoffentlich gebrauchen wir es diesmal im guten Sinn!

Im ersten Abschnitt des vorliegenden Werkes hatte ich mir die Aufgabe gestellt, nachzuweisen, daß unsere gegenwärtige Menschheits-Epoche nicht die erste auf Erden gewesen sein kann. Dagegen sprechen die ältesten steinernen Zeugen besonders in Ägypten. Ob meine Beweisführung kommenden Erkenntnissen standhalten wird, bleibt zukünftigen Forschungen vorbehalten. Für meine weiteren Ausführungen stellt dies, nämlich das bisher Erarbeitete, die Grundlage dar: Vor der ägyptischen Hochkultur gab es die von Atlantis!

Atlantis: Alte Weisheit – neues Wissen

Abgesehen vom Christus-Mysterium ist die Atlantis-Legende die Überlieferung, welche das Abendland seit jeher am meisten fasziniert hat. Sollte dies nicht zu denken geben? Ist die Atlantis-Katastrophe nicht eine im Unterbewußtsein schlummernde Urerinnerung der Menschheit? Wäre diese in unserem Tagesbewußtsein gegenwärtig, wahrlich, wir würden anders handeln! Aber so rennen wir blinden Auges neuerlich in den schon längst sichtbaren, sicheren Abgrund! Doch genug des Grübelns über das Schicksal, das sich die Menschheit (zum wievielten Mal?) selbst bereitet. Laßt uns dennoch geruhsam in diese atlantische Vergangenheit blicken, vielleicht lernen wir doch noch daraus. Hoffnung ist immer!

Die erste Frage, die sich stellt, ist die nach den Quellen der Atlantis-Überlieferung. Und da erscheint leuchtend ein Name in unserer vagen Erinnerung: **Platon, der Philosoph aus Hellas** (siehe Abb. Seite 141), dem heutigen Griechenland. Wann wandelte dieser „hochwohlgeborene Mensch“ an den Küsten des Lichts? Um dies zu ergründen, möchte ich die Geschichte von damals in folgende Betrachtungen aufgliedern:

a) Das Umfeld Platons.
b) Dessen soziale Stellung.
c) Sein Charakter und somit die Glaubwürdigkeit des Atlantis-Berichtes aus seiner Feder.

Unser Held Platon, geboren und gestorben in Athen (427–347 v.d.Ztw.), konnte sich der Kultur des alten Hellas erfreuen, die von Wesenheiten geprägt war, die sich – von der Venus kommend – auf unserem Planeten inkarniert hatten. Hier begegnen wir der Hochblüte der Jupiter-Rasse in allen Sparten von Kunst und Wissenschaft sowie sportlichen Wettbewerben, was diese adonischen Körper hervorbrachte. Ich denke da an die klassischen Beispiele, wie den „Altar von Pergamon" mit seinem marmornen Hochrelief von Kampfszenen der Götter gegen die Giganten (heute in einer eigenen Kunsthalle in Berlin zu bewundern). Oder an die Dichtkunst am Beispiel Homers („Ilias" und „Odyssee"). Was Wissenschaften und Philosophie betrifft, sind Namen wie Pythagoras (Mathematik und Geometrie), Archimedes (Physik), aber auch Philosophen wie Aristoteles und Sokrates wohl jedermann (?) geläufig. Doch es wurde nicht nur der Geist und das Schöne gepflegt, selbst das rein Körperhafte kam keineswegs zu kurz, wie die Olympischen Spiele seit etwa 468 v.d.Ztw. beweisen.

Übrigens möchte ich in Hinblick auf Hellas bemerken, daß mich heutige „Kunstwerke", besonders was die meisten „Gemälde" betrifft, so anmuten, als hätte man einem Affen Pinsel und Farben und eine beklecksbare Fläche zur Verfügung gestellt.

Platon (siehe Abb. Seite 141) entstammte einer alten Adelsfamilie und genoß eine sorgfältige Erziehung. Schon in jungen Jahren verfaßte er Tragödien, bis ihn ab dem 20. Lebensjahr Sokrates beeinflußt. Die nun folgenden Werke waren Dialoge, in denen der Dichter philosophische Fragen behandelt. Nach dem erzwungenen Tod des Sokrates (Athen, 469–399) verfaßt Platon Schriften, die sich mit der Rechtfertigung des Dahingegangenen befassen. Danach beginnt sich der Dichter-Philosoph mit der Darstellung des idealen Staates zu beschäftigen. Auch eine Weltreise (nach den damaligen Möglichkeiten!) unternimmt Platon, die ihn ua. nach Ägypten führt. Mit 40 Jahren wieder in Athen, gründet Platon die erste Philosophen-Schule, die Akademie. Das Hauptfach an dieser akademischen Lehranstalt war „Ideen-Erkenntnis", worauf ich etwas näher eingehen möchte, die Gedanken Platons wiedergebend, da sie seinen Charakter reflektieren.

Ideen sind die Wiedererinnerung der Seele an Erkenntnisse aus einer anderen, idealen Welt. Die Seele hat Ideen, sie weiß um das Schöne an sich, die Gerechtigkeit an sich, die Frömmigkeit an sich. Die Seele ist unsterblich und, wie die Ideen selbst, ewig. Der Philosoph (mit obigem Wissen!) wird sich von allem Körperlichen abwenden, um seine Seele aus dieser Welt zu lösen, bis die Seele im Tode in diese Ideenwelt eingeht, aus der sie gekommen ist. Dort erreicht die Seele die Vollendung ihres sittlichen Strebens, ebenso wie das vollkommene Wissen.

Das Konzept eines idealen Staates begleitet Platon offenbar zeitlebens. Das Erstaunliche hiebei ist die Analogie zum vedischen Kastensystem des alten Indien, wo es allerdings vier Bevölkerungsschichten gab, bei Platon drei: den Nährstand, den Wehrstand und den Lehrstand. Letzterer ist durch die Herrscher-Weisen (sehr zum Unterschied von heute!) verkörpert.[5]

Platons letztes Ziel war die Abfassung eines Werkes über die Entstehung der Welt, in das die Erkenntnisse der damaligen Naturwissenschaft eingearbeitet wären. Hierin ist auch die Darstellung von Atlantis enthalten.

Die Bewertung eines Charakters, wie er sich aus dem Streben Platons erschließen läßt, erübrigt sich fast – zu edel ist das Profil dieses Mannes, dessen Zielsetzungen die höchsten Ideale beinhalten, wie tieferstehend angeführt. Für unsere Studie über Atlantis schlage ich vor, daß wir der Legende Platons im großen und ganzen vertrauen: ich sage, sie ist glaubwürdig!

Die klassischste Legende des klassischen Altertums

Platon begegnet uns somit als Denker und Philosoph, aber auch als Eingeweihter der ägyptischen Mysterien. Die Maximen seines Weltbildes sind von der Suche nach dem Wahren, Guten und Schönen geprägt. Mit dieser Wertschätzung des berühmten Mannes aus Hellas können wir uns getrost an das Studium seiner Darstellung von Atlantis begeben.

Die deutsche Ausgabe der Übersetzung von Platons Dialogen erschien im Felix Meiner-Verlag in Leipzig im Jahre 1922 (Nachdruck: Hamburg 1988, Übersetzung von O. Apelt, zusammengefaßt in Band 6).

5 Eine ähnliche Hierarchie bestand außer in Indien auch in Polynesien, wie noch gezeigt werden wird.

Das Atlantis-Thema findet sich in den beiden Dialogen des Inhalts:

Kritias: Die Beschreibung von Atlantis.

Timaios: Nur die Erzählung vom Kampf und Untergang von Atlantis. Hier wird kurz der Angriffskrieg gegen Hellas erwähnt, der mit dem berüchtigten Ereignis endet und in dem Ausspruch gipfelt: „An einem einzigen schrecklichen Tag und während einer einzigen schlimmen Nacht versank Atlantis in den Fluten des Ozeans!“

Wie wir gleich genauer sehen werden, beschreibt Platon im „Kritias“ ein Atlantis, das bereits seine Hoch-Zeit weit überschritten hatte und in primitive Kriegsgelüste analog des europäischen Mittelalters zurückgefallen war. Im „Timaios“ geht es dann um die Auseinandersetzung mit Hellas. Solch einen Eroberungsfeldzug zu führen, sahen sich die Atlanter veranlaßt, seit ihr Inselreich längst begonnen hatte, Eiland um Eiland ein Opfer des Meeres zu werden. Von der einstigen Weltmacht Atlantis ist bei Platon also keine Rede mehr! Um dieser nachzuspüren, müssen wir uns weit in die atlantische Vergangenheit zurückversetzen. Doch zunächst begnügen wir uns mit der Rückschau auf die letzten 12–13.000 Jahre.

Die in den zwei Dialogen wichtigen Mitteilungen beginnen mit dem Gespräch des weisen Gesetzgebers aus Athen namens Solon mit den beiden ägyptischen Priestern zu Saïs, Psenophis und Sanchis. Solon (638 bis 559 v.d.Ztw.) lebte in den Jahren 571 bis 561 in Ägypten und verfaßte seinen Bericht über die obige Unterredung im Jahre 560 v.d.Ztw. Nun ist die Reihung der Weitergabe der Legende folgende:

1. Solon erfährt die Atlantis-Geschichte von den genannten Priestern zu Saïs in Ägypten.
2. Solon kehrt nach Athen zurück, wo er den Atlantis-Bericht an Kritias, den „Großvater“, weitergibt.
3. Kritias, der Alte, gibt diese Erzählung an seinen Enkel, also Kritias den Jüngern, weiter.
4. Dieser Enkel Kritias berichtet die Atlantis-Überlieferung im Gespräch mit Sokrates und Platon.

Der Schlußsatz dieser Atlantis-Geschichte lautet sinngemäß: Der Ruf nach Bestrafung der dekadent gewordenen Atlanter durch den obersten Gott. Daher erfolgte die Einberufung der Götterversammlung ... Hiemit bricht die Legende von Atlantis unvermittelt ab.

Ein Atlantis-Bericht, der nicht auf die ursprüngliche Schilderung Platons zurückgreift, wäre unvollständig. Daher bringe ich diese langatmige Darstellung so, daß ich das für unsere Betrachtungen Wichtigste herausgreife und es in frei übersetzter Form wiedergebe. Der Übersicht halber, gliedere ich die Erzählung folgendermaßen:

1. Die ägyptischen Priester, Inschriften und eine Zeitangabe.
2. Die Säulen des Herakles; Beschreibung der Inseln.
3. Die fruchtbare Ebene und deren Umgebung; Maße des Ackerlandes; das Kanalsystem.
4. Die Königsherrschaft; die Hauptstadt mit ihren Hafenanlagen.
5. Die Kriegsmacht, Bewaffnung und Flotte.
6. Die anfangs edle geistige Haltung; die Entartung; der Rat der Götter; der endgültige Untergang.

Zu Punkt 1:

Platon vermittelt das Atlantis-Geschehen in Form von Monologen, die Kritias der Jüngere hält. Dieser berichtet, was der griechische Staatsmann Solon bei seinem Aufenthalt in Unterägypten (im Nildelta) von den Priestern zu Saïs hörte:

„Schon manchmal und auf vielerlei Art ist die Menschheit vernichtet worden und wird auch wieder vernichtet werden. Das alles ist hier von alters her in unseren Tempeln aufgezeichnet worden und daher erhalten geblieben."

„Es sind ganze 9.000 Jahre her, seit der Krieg ausgebrochen war zwischen den Menschen, die außerhalb der Säulen des Herakles und all denen, die innerhalb von ihnen wohnten." (Hinweis: Die „Säulen des Herakles/Herkules" als die Meerenge von Gibraltar.)

Zu Punkt 2:

Atlantis im Atlantik:

„Vor den Säulen des Herakles lag eine Insel, und diese war größer als Libyen und Kleinasien zusammen. Von ihr gab es damals einen Zugang zu den anderen Inseln, und von diesen auf das ganze Festland gegenüber (Amerika!) rings um jenes Meer, das man wahrhaft so bezeichnen darf (Atlantik!). Denn alles, was innerhalb der erwähnten Mündung liegt (Gibraltar), erscheint wie eine Hafenbucht mit einer engen Einfahrt (Mittelmeer und Gibraltar). Jenes aber kann man wohl wirklich als ein Meer (Atlantik) und das darum herumliegende Land (Nord- und Südamerika) in Wahrheit als ein Festland bezeichnen."

Zu Punkt 3:

Die fruchtbare Ebene, Landwirtschaft und Kanalsystem.

(Hinweis: Es gibt verschiedene Angaben für das altgriechische Längenmaß „Stadion". Hier wurde der Einfachheit halber der abgerundete Wert von 180 Metern für ein Stadion angenommen. Bei Verwendung des hellenischen Maßes von 185 Metern für ein Stadion würden sich die Längenangaben um fast 3% erhöhen.)

Die drei Wasserringe (siehe Abb. Seite 142), welche die Hauptstadt umgaben: Unter Verwendung des genannten Wertes für ein Stadion, hatten diese ringförmigen Kanäle folgende Maße:

Innerer Ring: 180 Meter oder ein Stadion breit; mittlerer Ring: 360 Meter oder zwei Stadien breit; äußerer Ring: 540 Meter oder drei Stadien breit.

Die zwischen diesen Wasserringen befindlichen Erd- oder Steinwälle besaßen jeweils dieselbe Breite, wie die Wasserringe selbst, die durch vier Kanäle mit dem offenen Meer verbunden waren.

Die fruchtbare Ebene inmitten der Insel Atlantis:

„Nicht allzu weit vom Meer, etwa in der Mitte der ganzen Insel, lag eine Ebene; man sagt, sie sei die schönste aller Ebenen gewesen und von reichlicher Fruchtbarkeit. Am Rande dieser Ebene erhob sich ein durchwegs niedriges Gebirge."

„Das ganze Land soll mäßig hoch gelegen, doch vom Meer steil aufsteigend gewesen sein. Nur um die Stadt herum habe sich eine große Ebene befunden und diese rings umgeben. Sie war ihrerseits wieder rundum von Bergen umkränzt, die sich bis zum Meer erstreckten ... Eine flache und gleichmäßige Ebene von länglicher Form."

Bei einer Zugrundelegung ein Stadion gleich 180 m ergeben sich folgende Maße: Größe der Ebene: 540 x 360 km; daraus errechnet sich die Fläche dieses Ackerlandes zu fast 200.000 km^2. Bezüglich des Klimas der Ebene heißt es:

„Dieser Teil der ganzen Insel lag etwas gegen Süden zu, gegen den Nordwind abgeschirmt."

Und bezüglich der Umgebung genannter Landwirtschaftsfläche informiert uns Platon:

„Von den umgebenden Bergen rühmt man, daß sie an Schönheit alle heutigen übertroffen hätten und es habe auf ihnen viele reiche Dörfer der rundherum wohnenden Bevölkerung gegeben. Es gab Flüsse und Seen, Wiesen mit genügend Nahrung für alle Haustiere, ferner alles Wild und einen Waldbestand mit seinen mannigfachen Holzarten."

Die Nutzung des Agrarlandes: Die genannte Ebene war auf folgende Weise ausgestaltet worden: Im großen und ganzen bildete sie ein langgestrecktes Rechteck, umgeben von einem künstlich angelegten Graben. Dessen Breite betrug überall ein Stadion bei einer Länge von 10.000 Stadien (gleich 1.800 Kilometern). Er nahm alle Wasserläufe, die von den Bergen herabkamen, in sich auf. In die Ebene waren Kanäle in einem Abstand von 18 Kilometern eingeschnitten; diese mündeten in den großen Graben. Auf diesen Zubringern flößten sie das Holz aus den Bergen in die Stadt, aber auch die übrigen landwirtschaftlichen Erzeugnisse brachten sie auf ihren Kähnen zur Erntezeit in die Metropole. Die Atlanter konnten auf ihrem Land zweimal im Jahr Ernte halten, zur schlechteren Jahreszeit dank des Winterregens, im Sommer zufolge der Bewässerung mittels der Kanäle.

Abschließend zu diesem Teil von Platons Rückblick auf Atlantis, die Zahlen bezüglich des Landbaugebietes, fußend auf einem Stadion gleich 180 Metern. Der große „Ringsherum-Graben" wies die folgenden Maße auf: Länge 1.800 km, Breite 180 m, Tiefe 30 m.

Die Landzuteilung an die Einwohner, „deren Zahl unermeßlich gewesen sei", errechnet sich folgendermaßen: Die Größe eines Landloses belief sich auf ungefähr 10 x 10 Stadien, deren es insgesamt 60.000 gegeben habe. Eine Überprüfung der Angaben ergibt deren Stimmigkeit, soweit man dies von einer so alten Legende erwarten kann: Pro Landparzelle 3,24 km^2 mal 60.000 gleich 194.400 km^2, was der Gesamtfläche der besagten Ebene entspricht.

Zu Punkt 4:

Die sinngemäße Übertragung von Platons Text ergibt des Weiteren folgende Themenkreise im Rahmen dieses Punktes über dic Königsherrschaft: Die Aufteilung der Erde – „Göttersöhne – Menschentöchter" – die fünf Zwillingspaare – das schöne Land – die Stadt und der Königspalast – die Hafenanlagen – schließlich der Stierkult.

Bei der Verlosung unter den Göttern, um die ganze Erde unter sich aufzuteilen, fiel Poseidon[6] durch das Los die Insel Atlantis zu. Dort siedelte er seine Nachkommen, die er mit einem sterblichen Weibe (namens Kleito) gezeugt hatte, an einer bestimmten Stelle der Insel an. Was männliche Nachkommen betrifft, zeugte er fünf Zwillingspaare und zog sie auf. Er teilte die ganze Insel Atlantis in zehn Teile und gab dem älteren des ersten Zwillingspaares das mütterliche

6 Poseidon: Gott des bewegten Wassers (griechisch), Neptun: (römisch).

Anwesen mit Umgebung als den größten und besten Anteil. Auch setzte er ihn zum König über die anderen ein; Atlas war sein Name.

König war stets der älteste. An Reichtum besaßen sie eine solche Fülle, wie es diese früher noch nie in irgendwelchen Königshäusern gegeben hatte. Dank ihrer Herrschaft flossen ihnen große Einkünfte von den auswärtigen Gebieten zu; das meiste zum Lebensunterhalt lieferte indes Atlantis selbst. Wald brachte die Insel in reichlichem Maße hervor, und weiters ernährte sie ausreichend wilde und zahme Tiere. Sogar Elefanten waren hier besonders zahlreich. Die Bewohner nahmen das alles von der Erde in Empfang und bauten Heiligtümer, königliche Paläste, Häfen und Schiffswerften. Sie verschönten auch das gesamte übrige Land.

Zunächst überbrückten sie die Wasserringe um die alte Mutterstadt herum und bahnten damit einen Zugang (zu Lande und zu Wasser) zum Königspalast. Jeder, der diesen sah, wurde von dessen Größe und Herrlichkeit überwältigt! Auch die größten Schiffe konnten in einen der Hafen einlaufen.

Die Wasserringe: Der größte Ring war der, zu welchem dem Atlantik ein Meereskanal geöffnet war. Dieser Ring maß drei Stadien (540 m) in der Breite, wobei der anschließende Erd- oder Steindamm ebenso breit war.

Der nächste Wasserring war zwei Stadien breit (360 m), ebenso der Erd- oder Steindamm daneben. Ein Stadion maß schließlich der innerste Ringkanal sowie der schmalste Erd- bzw. Steinwall (180 m). Die Insel, auf der sich der Königspalast befand, hatte einen Durchmesser von fünf Stadien, was 900 Metern entspricht.

Das Baumaterial brachen sie ringsum von der Königsburg als auch an den Abhängen der Insel. Zum Teil war dieses Gestein weißlich, schwarz und auch rot. Die Docks für die Schiffe waren vom Fels selbst überdacht.

Die um den äußersten Ring herumlaufende Befestigungsmauer umkleideten sie mit „Erz“; den inneren Wall übergossen sie mit Zinn; die Wehranlagen um die Burg selbst krönten sie mit „Gold-Kupfer-Metall“ (Oreichalkos), was auch immer diese Legierung gewesen sein mag!

Der Königspalast mit dem Heiligtum des Poseidon lag innerhalb des Burggeländes, wo sich auch der heilige Hain befand. Die genannte Gottheit selbst war als Wagenlenker eines Gefährtes dargestellt, gezogen von sechs geflügelten Pferden. Umgeben war dieses Monumental-Standbild von einhundert Meernymphen, auf Delphinen reitend. Die Gemächer des Palastes waren mit Edelmetallarbeiten und Elfenbein verziert. Springbrunnen sprudelten und die königlichen Bäder wurden von zwei Quellen gespeist, von denen die eine kaltes, die andere warmes Wasser spendete. Diese Gesundbrunnen standen auch der Allgemeinheit zur Verfügung, getrennt für Frauen, Männer und Haustiere. Pferde wurden als Zugtiere gehalten, aber auch für Rennzwecke gezüchtet.

Werften, Hafenanlagen und Schiffe: Dieser ganze Küstenstrich wurde auch von vielen, dichtgedrängten Häusern eingenommen. Der größte Hafen war mit Schiffen überfüllt, die u.a. Kaufleute aus allen Weltgegenden brachten.

Der Stierkult: Alle fünf bis sechs Jahre hielten die zehn Könige Gericht übereinander. Hiezu wurden im heiligen Hain des Poseidon einige Stiere freigelassen. Die Könige machten auf die Tiere Jagd, und zwar ohne eiserne Waffen, nur mit Knüppeln und Schlingen bewaffnet. Schließlich erfolgte das Stieropfer als sakrale Handlung, das der Gerichtssitzung vorausging. (Anmerkung: Bekanntlich hat sich dieser Kult des Stierkampfes bis heute besonders auf der Iberischen Halbinsel erhalten!)

Zu Punkt 5:

Die Kriegsmacht: Nun kommt wieder Platon zu Wort, wobei er einen der beiden Priester zitiert:

„Auf dieser Insel Atlantis gab es ein großes und bewundernswertes Königreich, das sowohl die ganze Insel als auch viele andere Inseln und Teile des Festlandes beherrschte. Zudem regierten diese Könige über Libyen bis Ägypten, sowie über Europa bis nach Tyrrhenien. Diese ganze Macht versammelte sich einst zu einem Heereszug und machte den Versuch, sich das gesamte Gebiet bei euch (Hellas) und bei uns (Ägypten), sowie alles was diesseits der Mündung liegt (im Mittelmeerraum), in einem einzigen Ansturm zu unterjochen."

Soweit die Aussage des ägyptischen Priesters. Die Streitmacht, über welche die Atlanter zu diesem Zeitpunkt verfügten, gebe ich lediglich in Stichworten wieder. Zur Zeit der Hochblüte von Atlantis sah dies ganz anders aus, wie noch darzustellen sein wird.

Die Kriegsmacht, über die allein die Königsstadt bzw. Hauptstadt verfügte, hat folgende Waffengattungen umfaßt: 10.000 Kampfwagen, außerdem Zweigespanne mit Pferden, Bogenschützen und

Schleuderer, Speerschützen, Krieger mit leichtem Schild sowie 1.200 Schiffe mit entsprechender Besatzung.

Zu Punkt 6: Die ursprünglich edle Gesinnung der Atlanter wird wie folgt beschrieben:

„Während vieler Menschenalter, solange nämlich die göttliche Natur in ihnen wirksam war, blieben sie (die herrschende Schicht von Atlantis) den Gesetzen gehorsam und dem Göttlichen, das ihnen verwandt war, freundlich gesinnt. Denn ihr Denken war aufrichtig und in allen Dingen großzügig, indem sie gegenüber allem, was ihnen das Schicksal brachte, und auch in ihren gegenseitigen Beziehungen eine mit Klugheit verbundene Milde walten ließen; denn neben der menschlichen Tüchtigkeit achteten sie alles andere gering und machten sich wenig aus dem vorhandenen Besitz. Mit Gleichmut nahmen sie die Masse ihres Goldes und der übrigen Kostbarkeiten hin, als wären sie eher eine Last. Von der üppigen Fülle ließen sie sich nicht berauschen und verloren auch nicht wegen des Reichtums die Herrschaft über sich selbst und wären so zu Fall gekommen ..."

Die Entartung: „Als aber der Anteil am göttlichen Wesen dahinschwand, weil es immer wieder mit vielem Irdischen vermischt wurde (die „Göttersöhne" nahmen sich Menschentöchter zu Frauen!) und so die menschlichen Wesenszüge die Oberhand gewannen, da vermochten sie ihren vorhandenen Reichtum nicht mehr zu ertragen und entarteten ... Ein tüchtiges Geschlecht war in eine üble Verfassung geraten!"

Der Rat der Götter: „Gott-Vater, Zeus, beschloß, sie zu bestrafen, damit sie zur Besinnung kämen und sich besserten. Deshalb rief er alle Götter zusammen ... und als sie versammelt waren, sprach er ..."

Hiemit endet der Dialog im Timaios. Jetzt fehlt uns noch das denkwürdige Zitat bezüglich des eigentlichen Untergangs, der nach dem moralischen Verfall kommen mußte, denn in Gottes Schöpfung kann auf die Dauer nichts Sinnloses bestehen (Grüße von unserer Konsum-Gesellschaft!). Platon abschließend:

„In der darauffolgenden Zeit (nach dem Angriff auf Hellas) gab es gewaltige Erdbeben und Überschwemmungen; es kam ein schlimmer Tag und eine schreckliche Nacht, da eure ganze Streitmacht (von Athen) mit einem Mal in der Erde versank, und ebenso versank auch die Insel Atlantis ins Meer und verschwand darin." Soweit der Priester aus Saïs.

Das war die Schilderung Platons, des großen Eingeweihten von Eleusis, dem Weisen dessen einziges Lebensziel es war, wirkliche Erkenntnis zu erlangen! In der auszugweise wiedergegebenen Atlantis-Überlieferung überschreitet er eindeutig das Weltbild Alt-Griechenlands, wenn er sagt:

„Vor den Säulen des Herakles ..." Denn an diesen Säulen (Gibraltar) endete nämlich die Welt des alten Hellas, wo die Erde als Scheibe aufgefaßt wurde.

Als Argument für die prinzipielle Richtigkeit des Inhalts von Platons Atlantis-Bericht möchte ich noch folgende Überlegung ins Treffen führen: Falls Platons Atlantis wirklich nur in seinem Kopf entstanden wäre, sei er doch sicherlich in der Lage gewesen, eine bessere Geschichte zu erfinden, als den Untergang einer Zivilisation! Und doch enthält Platons Darstellung von Atlantis ein oder die andere Stelle, die mir zu denken gibt. Somit wirft das Studium der beiden Dialoge „Kritias und Timaios" mehrere Fragen auf, zu denen ich Stellung nehmen möchte.

Da findet sich zunächst einmal die Aussage des einen ägyptischen Priesters bezüglich der zeitlichen Einordnung des Atlantis-Ereignisses, das sich 9.000 Jahre vor dem Besuch des weisen Gesetzgebers Athens, Solon, vor den Toren des Herakles zugetragen haben soll. Hiezu wurden dem Athener die entsprechenden Tempel-(In-)Schriften zu Saïs im Nildelta gezeigt. Solon lebte von 640–559 v.d.Ztw., wobei er seine zehnjährige Reise im besten Mannesalter von etwa 40 Jahren gemacht haben könnte, die ihn vor allem in Ägypten Aufenthalt nehmen ließ. Somit wären wir bei etwa 600 Jahren v.d.Ztw. angelangt. Eine einfache Kopfrechnung zeigt daher, daß sich diese 9.000 Jahre auf 9.000 plus die genannten 600 Jahre auf 9.600 Jahre v.d.Ztw. zusammenzählen lassen.

Obige Zeitangabe entspricht jedoch weder der astrologisch-astronomischen Deutung des Weltenjahres noch der Bauzeit der Großen Pyramide etwa zur Zeit des Unterganges von Atlantis vor rund 12.500 Jahren vor der Gegenwart, noch dem Orion-Bezug allzu genau! Ich mache jedoch keinen Versuch, diese Unstimmigkeit aufzuklären, da sie nicht von so großer Bedeutung ist. Wir können trotzdem sicher sein: Atlantis ging „damals" unter! Viel bedeutsamer ist m.E. die Auslegung der Feststellung Platons, die sich unter dem Titel „Göttersöhne und Menschentöchter" zusammenfassen läßt.

Bei Platon fällt also an einer Textstelle auf, daß er von „göttlichen Wesen" spricht, welche durch die Vermischung mit Menschen degeneriert sind. Er bekommt Schützenhilfe von der erwähnten Elisabeth Haich, die in ihrem esoterischen Klassiker „Einweihung" ebenfalls zwischen den langschädeligen Hochentwickelten (der Familie des Pharaos) und den „gewöhnlichen Menschen" unterscheidet. Und in noch einem Buch lesen wir ähnliches, nämlich im Alten Testament (Gen. 6,1–6,4):

„Als sich die Menschen über die Erde hin zu vermehren begannen und ihnen Töchter geboren wurden, sahen die Gottessöhne, wie schön die Menschentöchter waren, und Sie nahmen sich von ihnen Frauen, wie es ihnen gefiel ... In jenen Tagen gab es auf der Erde die Riesen, und auch später noch, nachdem sich die Gottessöhne mit den Menschentöchtern eingelassen und diese ihnen Kinder geboren hatten. Das sind die Helden der Vorzeit, die berühmten Männer."

Dieses Kapitel im Alten Testament ist betitelt: „Die Bosheit der Menschen!" Ich frage Sie: Was hat das Gesagte mit „Bosheit" zu tun? Was ist dieses „Alte Testament" für ein Buch, in dem solch ein Un-Sinn steht?

Uns liegen somit drei Zitate ähnlichen Inhalts vor: bei Platon, E. Haich und im Alten Testament. Mich irritieren diese Aussagen, denn ich halte dafür: Die Erde ist ein Schulungsplanet für die Menschheitsentwicklung und nicht ein Spielplatz für gefallene „Unsterbliche", „Gottessöhne" und andere ETs! Auf Außerirdische wird noch zur Genüge zurückzukommen sein, wenn wir die „Draco-Rassen" betrachten werden. Im Zuge meiner Ausführungen über die Dinosaurier und deren Weiterentwicklung wird sich daraus die Notwendigkeit ergeben.

In Platons Erzählung findet sich eine weitere Stelle, die mit den Aussagen anderer Atlantis-Forscher unvereinbar ist. Dies betrifft Ägypten, bis an dessen Grenzen sich das atlantische Königreich erstreckt haben soll, Libyen inbegriffen; so Platon. Doch Ägypten war schon vor dem Untergang von Atlantis das ganz besondere Ziel atlantischer Flüchtlinge und Kolonisten, die mit ihrem hohen Wissen den ägyptischen Kulturkreis ins Leben riefen.

Schließlich findet sich noch ein Passus in Platons Legende, die eines der großen Rätsel betreffs vergangener Hochkulturen anklingen läßt.

Da ist von Zinn die Rede, mit dem die Atlanter die „Burgzinnen" und Außenmauern, welche die Hauptstadt umgaben, überzogen hätten. Nun ist bezüglich dieses Schwermetalls der Erklärungsnotstand noch nicht so groß, denn Zinnerz fand sich, den Berichten zufolge, bereits im frühesten Altertum in Cornwall, worauf der Name von Zinnstein (SnO_2) zurückzuführen ist: Kassiterit von „Cassiterides", der Zinn-Halbinsel und vorgelagerten Inseln im Südwesten Englands.

Schwierig wird der Nachweis der Herkunft von Edelmetallen, sowie des Buntmetalls Kupfer, die wir alle im Text der Atlantis-Legende erwähnt finden, z.B. „Gold-Kupfer-Erz" („Oreichalkos"). Doch dieses Thema möchte ich, da es einen Teil des geologischen Wissensgebietes (nämlich der Lagerstättenlehre) darstellt, unter Geologie betrachten.

Platon veröffentlichte seinen Atlantis-Bericht 347 v.d.Ztw. Nun ergibt sich die Frage, ob zu späterer Zeit nicht noch andere, ähnliche Schriften aufgetaucht sind, die sich mit dem Atlantis-Thema und der Atlantis-Version Platons befassen? Eine analoge Darstellung würde der Atlantis-Theorie sicherlich wesentlich helfen, als wahre Begebenheit auch von den bisherigen Skeptikern ernst genommen zu werden! Und es existieren tatsächlich fragmentarische Mitteilungen, welche die platonische Atlantis-Legende bestätigen.

Da ist vor allem ein anderer Philosoph zu nennen, der an einer Akademie lehrte, wie sie ursprünglich von Platon gegründet worden war:

Proklos (410–485 n.d.Ztw.) war ein hochgeachteter neu-platonischer Philosoph und bekleidete die Position des Leiters der neoplatonischen Akademie in Athen. Er verfaßte einen Kommentar zum Timaios-Dialog. In diesem erwähnt er, daß 300 Jahre nach Solon der Hellene Krantor (340–275 v.d.Ztw.) nach Saïs gekommen sei, wo er im Tempel der Neith („upt-uaut", die Pfadöffnerin und Kriegsgöttin zu Saïs) jene mit Hieroglyphen beschriftete Säule gesehen habe, auf der die Geschichte von Atlantis verzeichnet war. Schriftkundige hätten sie ihm übersetzt. Was er hörte, habe vollinhaltlich mit der Atlantis-Erzählung Platons übereingestimmt.

Es besteht eine weitere, von Platon unabhängige Atlantis-Überlieferung! Dies in Form von Papyri der einstigen Bibliothek von Alexandria. Darin wird von einer Zeit berichtet, zu der die Sahara noch eine grüne Wald- und Steppenlandschaft bzw. Wildnis war.

Diodorus Siculus lebte während der Herrschaft von Kaiser Augustus (63 vor bis 14 n.d.Ztw.) in Rom, wo er seine „Historische

Bibliothek" in 40 Büchern verfaßte, von denen leider nur 15 erhalten sind. Darin schreibt er wörtlich (aus dem Lateinischen übertragen): „Die Atlanter waren die kulturell am höchsten stehenden Menschen jener Gegend, die ein glückliches Land bewohnten und große Städte besaßen. Ihrer Mythologie zufolge wurden die Götter entlang der Küste des „Okeanos" (des Atlantiks) geboren, was mit den Sagen der Griechen übereinstimmt!" Weiter heißt es:

Damals gab es mächtige Könige von Atlantis, im großen Westmeer. Diese unternahmen siegreiche Vorstöße bis in den nahen Orient und in die Inselwelt Griechenlands. Dort kam es dann zur Niederlage, welcher der Untergang folgte. Es ist dies die gleiche Erzählung wie in Platons Timaios: Debakel im Kampf gegen Athen, Erdbeben und Flutkatastrophe!

Mit obigem ist die Atlantis-Literatur des klassischen Altertums, so hoffe ich, abgehandelt, womit wir uns dem neuen Wissen um Atlantis zuwenden können. Wenn ich nun schreibe:

„Atlantis ging mehrmals unter!", so hat dies eine doppelte Bedeutung. Da gibt es die Darstellung von Edgar Cayce, die von drei Untergangsphasen des Inselreiches von Atlantis spricht. Aber noch eine Woge kam, sich lawinenartig über die heutige Menschheit ergießend: Eine Flut von Veröffentlichungen, die – gekonnt oder dilettantisch – über uns Atlantis-Forscher hereinbrach! Allein die E. Cayce-Nachfolge-Stiftung soll über 25.000 Titel unter dem Stichwort „Atlantis" beherbergen![7]

All diesen Wust durchzusehen, um nur das Wichtigste davon zu studieren, würde die Lebensspanne eines Menschen überfordern. Daher greife ich die bedeutendsten Werke heraus, um sie in der Folge zu besprechen. Die Zitate erfolgen in chronologischer Reihenfolge.

Nach Jahrhunderte-langem Schlummer erwachte das Interesse an Atlantis wieder, und zwar durch einen Amerikaner. Doch zuvor ist ein Jesuit zu erwähnen, Athanasius Kirchner, der in seinem Buch „Mundus subterraneus" die Azoren als Platons legendäre Inseln, also Atlantis, namentlich hervorhebt. Diese Schrift wurde 1666 veröffentlicht.

7 Association for Research and Enlightenment, Inc., P.O.Box 595, Virginia Beach, Virginia 23451, USA. – „Earth Changes update", 1980 – E. Cayce: Das Atlantis-Geheimnis, Heyne-Verlag, München 1988 u. 1990.

Ignatius Donnelly (1831–1901) war der angekündigte Mann aus USA, Gouverneur von Minnesota, später Abgeordneter in Washington. Sein weltbewegendes Buch hieß: „Atlantis, The Antediluvian World" („Atlantis – die vorsintflutliche Welt"), erschienen 1882 (Harper & Row, San Francisco). Es wurde über Nacht eine Sensation und erlebte gleich mehrere Auflagen hintereinander! In diesem umfangreichen Werk stellt der Autor 13 Thesen auf, die ich auf 15 ergänze:

1. Atlantis lag im Atlantik.
2. Platons Schilderung entspricht der Wahrheit!
3. Atlantis als die erste Zivilisation der Menschheit.
4. Atlantis wurde eine Weltmacht.
5. Atlantis war die „echte" vorsintflutliche Welt.
6. Die Götter des alten Griechenland als Könige und Helden von Atlantis.
7. Sonnenverehrung als die Religion von Atlantis, die nach Ägypten und Peru verpflanzt wurde.
8. Die ägyptische Hochkultur als Ableger von Atlantis. (Zusatz: Es gibt keinen Hinweis, daß diese Zivilisation in Ägypten selbst entstanden sei!)
9. Das Bronze-Zeitalter Europas gründet auf atlantischer Handwerkskunst.
10. Das Alphabet der Phönizier stammt aus Atlantis und verbreitete sich in der Folge in ganz Europa sowie bei den Mayas.
11. Atlantis als Stammland der Arischen oder Indogermanischen Völkerfamilie.
12. Atlantis ging während einer schrecklichen Naturkatastrophe unter.
13. Die Atlantis-Katastrophe: Die Sintflutsagen weltweit.
14. Die Azoren als der Rest von Atlantis. Atlantis hatte ein „Azoren-Klima".
15. Das Problem der Pyramiden ist nicht lösbar ohne Atlantis.

Wenn man die Fülle der oben genannten Erkenntnisse überblickt, so wundert es einen nicht, daß das Buch des Genannten damals ein Welterfolg wurde!

Die Persönlichkeit Rudolf Steiners kommt an anderer Stelle zur Sprache, denn dessen geisteswissenschaftliche Sicht verdient eine ganz besondere Würdigung, wie auch immer man über seine intuitiv gewonnenen Aussagen denken mag (siehe ab Seite 92).

Edgar Cayce, das amerikanische Tief-Trance-Medium, ist uns schon begegnet. Während seines Lebens (1877–1945) in eher bescheidenen Verhältnissen, gab er fast 43 Jahre hindurch sogenannte „Readings“, deren Zahl mit 14.246 angegeben wird. Dies bedeutet, daß er sich in einen schlafähnlichen Zustand versetzen konnte, während dessen ihm hellseherisch empfangene Einsichten zugänglich waren, deren Inhalt und Bedeutung ihm im Tagesbewußtsein unbekannt war. So sprach er über Atlantis und Wiedergeburt, ohne je von diesen Themen gehört oder gelesen zu haben.

Atlantis-bezogene Durchgaben (672 insgesamt) wurden später von seinem Sohn zusammengestellt, um als Taschenbücher der Öffentlichkeit zugänglich gemacht zu werden, wie z.B: „Cayce on Atlantis“ (Warner Books Edition, N. Y., Neudruck 1988) oder: „Atlantis & Lemuria“ (herausgegeben von der genannten Cayce-Nachfolge-Stiftung. Die deutsche Übersetzung des Erstgenannten wurde schon zitiert: „Das Atlantis-Geheimnis“).

Cayce war ein erstaunlich genauer medialer Diagnostiker, ein Medium für Gesundheits-Readings. Der eigentliche Sinn seines sich telepathisch in andere Personen Hineinversetzen-Könnens war also das Verifizieren von Krankheitssymptomen und deren Heilung. Andere Erkenntnisse waren lediglich zusätzliche Informationen über Lebensumstände, wie z.B. in Atlantis oder in dieser und jener Inkarnation, wobei er von karmischen Verhaltensweisen aus früheren Erdenleben sprach. Schauen wir nun, was uns dieser berühmte Mann in Hinblick auf die versunkenen Hochkulturen von Ägypten, Atlantis und Lemuria mitzuteilen hat. Sämtliche Daten sind angegeben als vor der Zeitenwende (v.d.Ztw.):

10.600: Auswanderung gewisser Gruppen von Atlantis nach Yucatán.

10.500: Blütezeit von Sumer im Zweistromland.

10.490: Gründung der Bibliothek im späteren Alexandria in Ägypten.

10.490–10.390: Bau der Großen Pyramide in Ägypten.

10.000: Einwanderer aus Lemuria als Begründer einer hohen Kultur in der heutigen Wüste Gobi (siehe auch Seite 181) mit der „Stadt des Goldes“ (Funde von Goldmünzen!).

Cayces Durchgaben beinhalten noch weitere Zahlenangaben, die – je weiter diese Daten zurückliegen – ich mit größtem Vorbehalt wiedergebe: Atlantis erlebte seine Hochblüte durch 200.000 Jahre hindurch. Lemuria existierte gleichzeitig mit Atlantis, vor allem jedoch vor Atlantis: Lemuria versank noch vor Atlantis im Pazifik.

Hinweis: Im Abschnitt über geologische Beweise werde ich zeigen, daß es sehr wohl ein Lemuria gab, das aber im Indischen Ozean (Indik) lag, während die von Cayce genannte Landmasse im Pazifik zufolge der vedischen Literatur als „Rutas Mu" zu bezeichnen ist.

Nun möchte ich die eigentliche Ursache des bitteren Endes von Atlantis gleich vorweg nehmen, wozu ich Cayce wörtlich wiedergebe: „Trotz der Bemühungen der ‚Kinder des Gesetzes des Einen', schienen die Atlanter und ihre Kultur zur endgültigen Selbstvernichtung durch die zunehmend zerstörerischen Umtriebe der ‚Söhne Belials' verdammt!" Ist dies nicht unser Spiegel von heute?

Auf obiges möchte ich noch näher eingehen, doch vorerst die zeitliche Einordnung des Atlantis-Geschehens Cayce zufolge:

Die erste Atlantis-Katastrophe wird in Zusammenhang mit der Bekämpfung „wilder Tiere" genannt. Hiezu war eine Konferenz einberufen worden, um die notwendig gewordenen Maßnahmen zu besprechen, was im Jahre 50.722 v.d.Ztw. stattgefunden haben soll. Sofort fällt die genaue Zeitangabe auf, wobei zu bemerken ist, daß Cayce solche Zahlen während vieler Jahre immer gleich wiedergegeben hat, was sehr für deren Glaubwürdigkeit spricht! Wenn ich sein Zeitschema in Zweifel ziehe, so nur bezüglich weitgespannter Angaben, wie die genannten 200.000 Jahre für die dauernde Blütezeit von Atlantis. Bei R. Steiner werden wir dann ganz andere Zeitbegriffe kennenlernen und das Konzept „Zeit" unter völlig neuem Blickwinkel betrachten (siehe Seite 80f).

Was diese rätselhafte Feststellung Cayces bezüglich „wilder Tiere" betrifft, so begeben wir uns bei Erklärungsversuchen sofort auf eine Ebene, die mit der herkömmlichen Wissenschaft bisher unvereinbar ist. Das sogenannte „gesicherte Wissen" der Gelehrten und die oftmals rein intuitiv erlangten Erkenntnisse mancher Autodidakten (Beispiel Heinrich Schliemann) stehen nach wie vor gegensätzlich im Raum, was uns bezüglich der Zeitfrage noch Kopfzerbrechen bereiten wird! Betreffs dieser gefährlichen Viecher sehe ich zwei Möglichkeiten des Verstehens des Geschehens: Es handelt sich um die von Platon erwähnten Elefanten, die tatsächlich auf den Feldern stehende Ernten vernichten können, jedoch m. W. niemals den Menschen ohne Herausforderung angreifen. Da erinnere ich mich, wie ich während geologischer Geländearbeit in Kenia auf einen Felsen kletterte und mich unvermutet Aug' in Aug' mit einem einsamen Elefantenbullen befand. Er hatte mich nicht wahrgenommen, und so sprach ich ihn an: Wie der Reißaus nahm!

Der andere Erklärungsversuch setzt das Haarsträubende voraus, vor dem sich der „moderne Naturwissenschaftler" in Ekel schüttelt: Es gab Saurier bis in die jüngere Vergangenheit der Erdgeschichte! Der „Overkill", verursacht durch den End-Kreidezeit-Impakt, hat sowieso nicht alle ausgelöscht, und wenn sie nicht gestorben sind, dann leben sie heute noch! Unsinn? Nicht unbedingt! Ich zitiere hiezu gleich mehrere Veröffentlichungen bzw. Hinweise (um nicht vom Thema abzukommen, im Telegrammstil):

• H. Hausdorf: „Die Rückkehr der Drachen." (Herbig-Verlag, München, 2003). Der Verfasser berichtet von den Sümpfen im Kongo-Becken Afrikas: Wegloser Morast, auf keiner Karte verzeichnete und sich ständig ändernde Wasserläufe, unbekanntes Getier, laut der Aussagen der Eingeborenen auch Saurier bzw. deren Riesenspuren! Und erfolglose Expeditionen.

Im Gegensatz hiezu gibt es diese märchenhaften Tepuis an der Grenze zwischen Venezuela und Brasilien, sozusagen Inseln im Meer des Regenwaldes. Welche Fauna und Flora hatte sich dort durch die Jahrmillionen der Isolation erhalten?

• Die Sammlung des Farmers Waldemar Julsrud, heute im Museum der mexikanischen Kleinstadt Acámbaro: Über 32.000 gebrannte Tonfiguren, z. T. Saurier zusammen mit Menschen darstellend.

• Die Gesteinsgravuren von Ica in Peru: Unter den verschiedensten Motiven auch einige Darstellungen von Angriffen hominider Wesen auf Saurier von Flugmaschinen aus! (Eines der ungelösten Rätsel, auf das ich bei der Betrachtung der Dinosaurier noch zurückkommen werde; siehe auch die Abb. Seite 267–269.)

• Nun kommt eine Professorin zu Wort, die Mikro-Paläontologin Dr. Mary Schweitzer mit ihren mikroskopischen Untersuchungen des Knochenmarks eines fossilen, jungen Tyrannosaurus rex. In dessen Oberschenkelknochen fanden sich intakte Blut- und Knochenzellen! Meine Frage: Siebzig Millionen Jahre altes Weichgewebe hätte sich unverändert erhalten! Wieviele Fragezeichen soll ich jetzt setzen? Die genannte Wissenschaftlerin ist selbstverständlich eine eingefleischte Darwinistin, sonst wäre sie schon längst weg vom Fenster!

• Zum Abschluß das Wort eines Professors, Edgar Dacqué, auch ein Paläontologe, der es schon vor Jahrzehnten gewagt hatte, in seinen Vorlesungen gegen den Darwinismus aufzutreten! Seine Kernaussage: „Die erdmittelalterlichen (also mesozoischen) Vorfahren der Menschheit haben im Schatten der Riesenechsen ihr Dasein gefristet!" (München, 1924). Er wurde – wohl im Sinne der „Freiheit der Wissenschaft" – entlassen!

Und wenn Sie, verehrte Leserschaft, mich fragen: Cayce spricht von genau diesen Sauriern, mit denen die damalige Menschheit knapp vor der ersten Untergangsphase von Atlantis zu kämpfen hatte!

Die zweite Atlantis-Katastrophe vor 30.000 bis 28.000 Jahren betraf laut Cayce drei Inseln, da die übrige Landmasse im Kampf mit diesen bedrohlichen Monstern durch unverhältnismäßigen Einsatz von Vernichtungswaffen bereits versunken war. Poseidia/ Poseidonia, Aryan und Og waren die Namen der drei restlichen Teile von Atlantis. Hiebei stellte der Erstgenannte das Zentrum der Entwicklung dar, besonders was die Nutzung der Kristallkraft betraf. Die atlantische Zivilisation war hochentwickelt und verfügte über Kraftstationen, die das Land mit Energie belieferten. Fortbewegungsmittel konnten so drahtlos durch Leitstrahlen mit der nötigen Antriebskraft versorgt werden.

Es war diese Kristallkraft, welche zu stark eingestellt war, was die Zerstörung der atlantischen Hochkultur dieser Periode durch entfesselte Naturgewalten nach sich zog. Schon vorher hatte es einen andauernden Kampf zwischen den beiden genannten Gruppen gegeben: Den „Kindern des Einen" und den „Söhnen des Belial"; es waren letztere, welche die zu hohe Einstellung der Kristallkraft veranlaßt hatten: Mißbrauch kosmischer Energie! Diese zweite Phase des Untergangs von Atlantis brachte einen gewaltigen Rückgang der Technologie!

Die dritte Atlantis-Katastrophe ist uns von Platons Schilderung her bekannt. Eingeweihte erahnten das Herannahen neuerlichen Unheils, weshalb das Wissen in Ägypten aufbewahrt werden sollte. Die Baupläne zur Verwendung der Kristallkraft befinden sich in der „Halle der Aufzeichnungen" (Anmerkung: Innerhalb der Großen Pyramide oder im Bereich des Körpers des Sphinx?). In der Folge wurde also der Kulturkreis am Nil ins Leben gerufen, wobei die uns schon bekannten Bauten errichtet wurden, einschließlich der Tempel des Opfers und der Schönheit zur Reinigung von Körper, Seele und Geist.

Abgesehen von Ägypten, waren die folgenden Gebiete das Ziel atlantischer Kultur-Verpflanzungen: Das Bermuda-Dreieck mit dem Inselchen Bimini, die Halbinsel Yucatán sowie die Pyrenäen, wo die heute berühmten Höhlenzeichnungen des Magdalénien (19.000 bis 13.000 Jahre vor der Gegenwart) geschaffen wurden. Ein ferneres Ziel sei das damals noch feuchte Territorium der jetzigen Wüste Gobi gewesen. Atlantische völkische Splittergruppen, wie die Basken, Berber und Ureinwohner der Kanaren, werden uns noch beschäftigen.

Zusammenfassend machte Cayce die folgenden Aussagen: Die Atlanter verfügten über eine Technologie, die der unseren weit überlegen war! Doch deren Anwendung erfolgte letztlich für egoistische und daher zerstörerische Zwecke. Daher auf den Punkt gebracht: Höherer Aufstieg – tieferer Fall! Die Causa finalis hiefür: Sonnenenergie wurde mittels besonders präparierter Kristalle angezapft und im Übermaß für dunkle Machenschaften (aufgrund „schwarzer Forschungen") verwendet. Daher floß diese Kristallkraft in das ewige Feuer des Erdinneren, was die schließlich endgültige Zerstörung durch die in Aufruhr geratene Natur auslöste.

Den heutigen Homo ludens (den „Spielenden") interessiert selbstverständlich diese Kristallkraft als geballte Sonnenenergie. Was wußte Cayce darüber? Die sachgemäße Bearbeitung der Kristalle oblag nur Eingeweihten. Diese Riesenkristalle waren prismatisch, wobei die geschliffenen Flächen derart angeordnet waren, daß die gebündelte Energie zwischen den beiden Enden des Kristalls polarisiert wurde. Die fertig vorbereiteten Kristalle gelangten in Sternwarte-ähnlichen Domen zum Einsatz. Die drahtlose Energieübertragung erfolgte auf die ganze Palette von Transportmitteln wie wir sie auch heute kennen: Landgebundene Fahrzeuge, Schiffe und U-Boote, als auch Flugzeuge verschiedenster Art. Diese in Kristallen fokussierte und transformierte Sonnenenergie stellte also die technische Grundlage der atlantischen Zivilisation dar! Doch die Atlanter besaßen noch andere Kenntnisse, wie diese heutzutage auch uns geläufig sind: Atomkraft, Elektrizität, Laserstrahlen. Und wie wir vom Beispiel Ägypten her wissen: Es gab auch Anti-Gravitationstechniken in Atlantis, die z.B. beim Bau der Großen Pyramide zur Anwendung kamen – Levitation! Da wird die ägyptische Urbevölkerung (Hirten und Nomaden!), die mit den atlantischen Zuwanderern (fast) nichts gemeinsam hatte, aber gestaunt haben! Hochtechnologie einerseits, nicht allzuweit von der Steinzeit andererseits!

Da der Gegensatz zwischen der jetzigen Menschheit und den negativen, geheimen Mächten nach wie vor besteht (Inkarnationen der letzteren!), möchte ich Cayces Aussagen bezüglich der beiden atlantischen Gegenpole nochmals klarstellen:

Die Machenschaften der „Söhne des Belial" führten zwangsläufig zur völligen Zerstörung des Inselreiches. Sie waren bar jeder Moral, ohne Selbstschätzung und hatten nur materielle Wünsche. Dadurch kam das Negative in die damalige Welt: Der Haß, das Blutvergießen, der Egoismus ohne jegliche Achtung der Freiheit des Mitmenschen. All dies bewirkte die Trennung der Geister im alten Atlantis!

Die „Kinder des All-Einen" hingegen besaßen den Glauben an die Geist-Seele als von Gott gegeben, die in einen menschlichen Körper geschlüpft war. Sie fanden durch Meditation Zugang zur vierten Dimension der außerkörperlichen Erfahrung. Übrigens bekannte sich Cayce am 10.8.1923 durch seine Trance-Erfahrung zur Lehre der Wiedergeburt. Hiezu ließ er verlauten: Das Erreichen des Zustandes einer gewissen Vollkommenheit erfordert mindestens 30 Inkarnationen in einem grobstofflichen Körper!

Abschließend zum Phänomen Cayce will ich auf dessen Glaubwürdigkeit hinweisen, nämlich die Treffsicherheit seiner medizinischen Diagnosen, die er in abertausenden Readings bewies! Seine Aussagen über Atlantis stellten hiebei immer nur den Rahmen dar, in den er die diagnostizierte Person gestellt sah.

Otto Muck (1892–1956), ein Wiener Dipl.-Ing., verfaßte mit der Genauigkeit und Ideenfülle des Technikers (2.000 Patente) eine Arbeit, die den Titel trägt: „Alles über Atlantis" (Knaur, Lizenz Econ-Verlag, Wien, 1976). Tatsächlich schien diese Auseinandersetzung mit der Atlantis-Problematik alle diesbezüglichen Fragen zu beantworten. Seine Atlantis-Theorie fußt auf der Tatsache, daß sich im US-Bundesstaat Süd-Carolina in der Umgebung der Stadt Charleston ein Trichterfeld befindet, das etwa 3.000 ovale Löcher aufweist, die einen Durchmesser von rund 500 Metern besitzen. Diese eigenartigen Geländeformen wurden durch einen kosmischen Körper in die Erdoberfläche gestanzt, als dessen Steinmantel in der Atmosphäre aufglühte, zerplatzte und die Trümmer auf die Erde stürzten. Der Kern dieses Himmelsvagabunden fiel in den Nordatlantik, wie zwei Tiefseelöcher beweisen sollen; so behauptet jedenfalls Ing. Muck.

Um dieses Geschehen nachzuweisen, stellte der Ingenieur folgende Behauptungen auf:

Durch diesen Einschlag am Ozeanboden riß der gesamte MAR auf, was ein globales Inferno auslöste (Hinweis: In der Folge werde ich für den Mittelatlantischen Rücken immer nur die Abkürzung MAR verwenden! Analog hiezu: Mittelozeanischer Rücken – MOR).

- Magma und Meer wurden in einen vernichtenden Kampf der Elemente geworfen.
- Kochendes Meer – Sintflutregen!
- Vulkanismus und Erdbeben.
- Flutwelle mit dem Untergang von Atlantis!

Der erstgenannten Feststellung möchte ich gleich entgegenhalten:

Inzwischen wissen wir durch Unterwasser-Filmaufnahmen vor der Küste Hawaiis, daß die Begegnung glühender Lava mit dem Meerwasser lediglich Dampfentwicklung verursacht, jedoch keine gewaltigen Dampfexplosionen. In tieferem Wasser kommt es dann nicht einmal mehr zur Dampfbildung, da der überlastende Wasserdruck dies verhindert.

O. Muck folgert: Mit dem Versinken von Atlantis fiel der „Sperrriegel“ mitten im Nordatlantik weg, worauf der Golfstrom freien Zugang zu den nördlichen Breiten bekam. Damit war für die Nordhalbkugel das abrupte Ende der Eiszeit angebrochen, was besonders Nordeuropa, die USA und Kanada betraf. So geschehen vor etwa 12.000 Jahren, was Muck an Hand des Maya-Kalenders auf den Tag, ja auf die Stunde genau berechnete: Es war der 5.6.8498 vor unserer Zeitrechnung, 13 Uhr mittags!

Der Golfstrom (siehe Abb. Seite 140):
In seinem Ursprungsgebiet, dem Golf von Mexiko, besitzt er eine Oberflächenwasser-Temperatur von 30° C. Mineralreiche Nährstoffe bezieht diese Meeresströmung aus Sahara-Sand, den die Winde herüberwehen. Dies läßt trotz der hohen Wassertemperatur reichlich Plankton gedeihen. Den Eingang in den Golf findet der Strom zwischen Yucatán und Kuba. Den Ausgang bildet die Florida-Straße zwischen Kuba und Florida. Nun folgt der Strom der Küste Floridas bis hinauf zum Kap Hatteras, wo nach 1.600 Kilometern der Reise eine starke Verwirbelung des Meerwassers stattfindet. Hier quert der Golfstrom den Atlantik, wobei er über dem MAR weitere Wärme

tankt. Über die Azoren gelangt er an Europas Westküsten, beladen mit der Energie von einer Million Kernkraftwerken!

Ein Teil zweigt in den Ärmelkanal ab, während der Hauptstrom westlich von England nach Nordosten zieht, wo er die Küste Skandinaviens bestreicht, während ein Seitenarm gegen Island zieht. Vor Norwegens Küste läßt er an den Hängen der Lofoten-Inseln Korallenstöcke wachsen! Und weiter zieht der Strom, wobei er in arktischen Gewässern beide Küsten von Grönland bestreicht.

Der Hauptstrom zieht zwischen Grönland und Spitzbergen durch, abgekühlt durch arktische Polarwinde. Es ist hier, wo der nunmehr kalte Golfstrom bis auf den über 2.000 m tiefen Meeresboden absinkt. Dies ist eine Art „Wasserfall“, bewirkt durch die gewaltige Wärmepumpe, welche den Golfstrom in Gang hält!

Der Rückweg erfolgt in etwa der genannten Tiefe nach einer Wegstrecke von rund 10.000 Kilometern Länge. Dieser nunmehrige Tiefenstrom umrundet die Antarktis und vereinigt sich mit den Meeresströmungen des Pazifiks, bevor er wieder in den Atlantik eintritt – nach nicht weniger als eintausend Jahren!

In letzter Zeit ist der Golfstrom durch den Zufluß von Schmelzwasser bedroht, welches durch das Abschmelzen der Eisdecke Grönlands in den Nordatlantik einströmt. Dieser Vorgang liefert Süßwasser, welches das erkaltete salzigere und daher dichtere Wasser des Golfstroms „verdünnt“. Doch damit der Golfstrom zirkulieren kann, muß kaltes, salzreiches, dichteres und daher schwereres Meerwasser auf den Grund des Nordatlantiks absinken, um südwärts in das Gebiet der Subtropen zurückzuströmen. Erst dadurch ist für warmes Wasser aus dem Golf von Mexiko der Weg nach Norden frei, womit der Kreislauf seinen Fortgang nimmt.

Inzwischen fehlt es nicht an Argumenten gegen O. Muck, wie sie besonders der Prager Geologe Z. Kukal („Atlantis in the Light of Modern Research.“ Elsevier-Verlag, Amsterdam, 1984) vorgebracht hat. Die stichhältigsten hievon sind:

1) Die schlagkräftigste Beweisführung gegen Mucks Thesen ist wohl folgende: Der nach dem Untergang von Atlantis freigewordene Weg des Golfstroms in den Nordatlantik bewirkte das plötzliche Ende der Eiszeit in weiten Teilen der nördlichen Hemisphäre. Was verursachte jedoch das Ende der Vereisung auf der Südhalbkugel? Dem möchte ich in Hinblick auf das weltweite Verbundnetz der

Meeresströmungen entgegenhalten, daß der Golfstrom ja kein auf den Mittel- und Nordatlantik beschränktes System darstellt, sondern in ein globales Netzwerk ozeanischer Wasserzirkulationen eingebunden ist. Somit könnte eine Warmwasserströmung auch auf der Südhalbkugel wirksam gewesen sein (siehe Abb. Seite 140)!

Trotzdem weist Mucks interessante Annahme der Ereignisabfolge – a) Atlantis versunken – b) Golfstrom nach Norden – c) Ende der Eiszeit – eine sehr bedenkliche Schwachstelle auf: Es gab vier Eisvorstöße mit vier Zwischeneiszeiten, d.h. Warmzeiten zwischendurch. Somit müßte sich obige Reihung des Geschehens viermal wiederholt haben! Die ganze Geschichte wäre glaubwürdig, könnte man beweisen, daß diese geforderten vierfachen Untergänge von Atlantis sich mit den von Cayce gegebenen Daten zur Deckung bringen ließen, demzufolge Atlantis dreimal teilweise bzw. schließlich ganz unterging.

2) Kukal entgegnet weiter: Es konnte kein „Katastrophen-Horizont“ im Nordatlantik nachgewiesen werden. Es gibt keinen Ausfluß von gewaltigen Lavamassen, die plötzlich den nordatlantischen Ozeanboden überschwemmt hätten! Hiezu möchte ich bemerken: Meine Ansprüche bezüglich Atlantis sind bescheidener, ich brauche nicht den ganzen Nordatlantik, um Atlantis zu lokalisieren! Mir genügt das versunkene Azoren-Plateau mit 135.000 km^2, womit ich mit Kollegen Tollmann übereinstimme (siehe unter Geologie, Seite 155)! Im Vergleich: Österreich weist eine Fläche von etwas über 80.000 km^2 auf.

3) Die geomagnetischen Streifenmuster bezüglich der Zuwachsstreifen an ozeanischer Kruste zu beiden Seiten das MAR zeigen ein ganz „normales“ Muster, so argumentiert Kukal weiter. Dem halte ich entgegen: Dies betrifft nicht das genannte Azoren-Plateau, wo ich Atlantis ansiedle!

4) Weiters führt Kukal das urplötzliche Mammutsterben ins Treffen: Es gäbe eine sehr plausible Erklärung hiefür, ohne Zuhilfenahme so gewaltiger Weltkatastrophen, wie den Untergang von Atlantis. Muck spricht nämlich, was Atlantis und Tiere betrifft, auch von der Wanderung der Aale, die nach wie vor Atlantis suchen, jedoch an Stelle von dessen versunkenen Küsten das Sargasso-Meer (20–40° N, 35–60° W mit einer Ausdehnung von 2.000 x 5.000 km) als Laichplätze aufsuchen.

Was die Mammuts betrifft, ist die Deutung des Naturgeschehens ambivalent. Es gab einerseits die im Stehen erfrorenen Giganten im Gebiet des Flusses Ob in Sibirien (Beresowska?), also eines friedlichen Todes umgekommene wollhaarige Eiszeittiere. Andererseits sind die Tierfriedhöfe in Alaska und auf den Neusibirischen Inseln bekannt, wo eiszeitliche Großsäugetiere offensichtlich von einem urgewaltigen Tsunami hinweggerafft wurden und mit verrenkten Gliedern ihr Ende fanden. Was also kann hiemit bewiesen werden, wenn nicht beides: Sanfter Erfrierungstod, aber auch eine Totalkatastrophe im Sinne von Mucks Atlantis-Thesen! Doch Kukal ist gegen die Auffassung des einstigen Bestehens von Atlantis. Dies erklärt alles! Ein anderer Naturwissenschaftler spricht sich für Atlantis aus:

Nikola Zhirov: Man müßte diesen russischen Chemiker eigentlich zum Vater der modernen Atlantisforschung ernennen, wenn er im Vorwort zu seinem Buch „Atlantis“ (in der englischen Ausgabe) wörtlich schreibt: „My prime objective is to raise Atlantology to the status of a recognised science!“ So bereits gesagt in Moskau, 1970!

Also erheben wir **„Atlantologie“** in den Status einer anerkannten Wissenschaft und fassen zusammen, was Zhirov uns nach dem Studium von 825 (!) Atlantis-Schriften mitzuteilen hat. Der Übersichtlichkeit wegen gebe ich dessen gewonnene Erkenntnisse nach Themen geordnet wieder. (Hinweis: Hiemit greife ich unserer Thematik „Atlantis“ weit vor, sowohl was Geologie betrifft als auch bezüglich des Übergriffs auf Lemuria und den pazifischen Raum. All diese Themenkreise werden in den betreffenden Abschnitten ausführlich dargestellt.)

1) Atlantis und die Azoren: Zhirov stimmt mit Platon überein: Die Inselgruppe der Azoren stellt die über den Meeresspiegel herausragenden Reste von Atlantis dar. Ich möchte erwähnen, daß ich intuitiv seit geraumer Zeit derselben Ansicht bin. Nur so ist meine ungestillte Sehnsucht nach diesen Inseln verständlich, was ja auch in meinem Text-Bildband über die Azoren seinen Ausdruck findet.[8]

2) Atlantis und die Eiszeiten: Zhirov zitiert die Arbeit eines schwedischen Geologen, der die größte flächenmäßige Ausdehnung von Atlantis weit über das Azoren-Plateau hinaus in den Beginn der Mindel-Eiszeit verlegt. Dies mit der klimatischen Implikation: Die Ostküste des atlantischen Inselreichs wurde von einer kalten Mee-

8 H. Kruparz, „Azoren – Paradies an den Toren Europas“, Weishaupt Verlag, Gnas, 2001.

resströmung heimgesucht (Mindel-Eisvorstoß!), während sich die Westküste des warmen Golfstroms erfreute. (Daß dies mit der Vereisung des nordamerikanischen Kontinents in Einklang zubringen sei, bleibt hier zunächst unwidersprochen!) Die Größe von Atlantis schrumpfte gegen Ende der letzten Eiszeit beträchtlich!

3) Atlantis aus geologischer Sicht: Atlantis sieht Zhirov als mehr oder weniger große Landmasse, die nur in Zusammenhang mit dem MAR zu denken ist, wozu er auf Seite 318 wörtlich schreibt:

„Wir haben jedes Recht, dies einen Basalt-Kontinent zu nennen!"

4) Lemuria als Rest von Gondwanaland: Eine Kontinentalscholle (eben Lemuria) als Rest des einstigen Großkontinents (nämlich Gondwanaland) verschwand ganz einfach, und dies sogar aus der Sicht der Geologen! Um diese wieder ins Blickfeld zu bekommen, empfehle ich, sich in die Abbildung auf Seite 132 zu vertiefen. Für die Fachwelt wäre dies ein Hinweis, um endlich Geologie und Menschheits-Entwicklung als untrennbare Einheit zu verstehen, die seit Äonen parallel verläuft!

5) Versunkene Landmassen im Pazifik; hiezu Zhirov auf den Selten 150–152 (der englischen Ausgabe seines Werkes) bezüglich eines Kontinents in geologischer Vergangenheit im Pazifik: Es gibt eine ganze Reihe von Tatsachen zu Gunsten der Annahme, daß einst eine große Landmasse im Pazifik bestanden hat.

6) Mythologie in Indien und Polynesien: Die Legenden der dravidischen Ureinwohner Indiens sprechen von einem mystischen Südkontinent. Das polynesische Gegenstück hiezu sind die Erzählungen über eine im Stillen Ozean versunkene Landmasse namens Hawaiki.

Zu den angeführten Aussagen von Dr. Zhirov ist hinzuzufügen, daß sie bereits 1970 veröffentlicht wurden, weshalb sie nicht mehr dem neuesten Stand der Geowissenschaften entsprechen können! Nehmen wir sie cum grano salis, und wir werden im geologischen Abschnitt sehen, was davon heute noch Bestand hat. Außerdem ist bei Publikationen in der ehemaligen UdSSR die Gefahr gegeben, daß vom Regime vorgegebene Tendenzen in den „wissenschaftlichen Erkenntnissen" zum Tragen kamen!

Wir werden noch einem russischen Atlantisforscher begegnen, einem Augenarzt, der über seine Fachpraxis zu ganz besonders ungewöhnlichen Einsichten über Atlantis und Lemuria gekommen ist. Seien Sie gespannt!

Doch aus Gründen der chronologischen Reihenfolge zunächst nach USA:

Charles Berlitz ist ein weltbekannter Erfolgsautor. Seine Veröffentlichungen sind so abgestimmt, daß sie möglichst weit oben auf der Liste der Verkaufserfolge stehen. Betrachten wir sie aus diesem Blickwinkel, so können wir nur versuchen, den einen oder anderen wahren Kern herauszulösen, was bei Themen wie Atlantis gar nicht so einfach ist!

In seinem Buch „Der achte Kontinent“ (Zsolnay-Verlag, Wien, 1984) spricht der Autor von untermeerischen Plateaus mit Sandstränden in 1.500 Metern Tiefe, die sich in den Azoren-Gewässern befinden sollen. Gibt es Seekarten, die solche Einzelheiten so genau zeigen? In gleich fragwürdiger Weise heißt es auf Seite 189: „Seit langem werden in der Umgebung der Azoren von Flugzeugen aus untermeerische Bauten sowie ganze Stadtanlagen gesichtet. Dies besonders vor der Insel Faial!“ Nun habe ich im Zuge der Arbeit an meinem Azoren-Bildband die Inselgruppe durch Jahre hindurch immer wieder aus der Luft betrachten können, ohne je etwas in diesem Zusammenhang selbst gesehen noch im Gespräch gehört zu haben. Ich halte diese Aussage von Berlitz daher für pure Phantasie, und zwar vor allem aus folgendem Grund: Die einzelnen Inseln sind fast durchwegs von Steilküsten umgeben, sodaß die Gestade um die Eilande herum fast senkrecht in die Tiefe abfallen, weshalb das Meer alles in einem dunklen Abyssus verbirgt. Anders hingegen im Bermuda-Dreieck, wie ich gleich erwähnen werde.

Das sogenannte „Bermuda-Dreieck“ umfaßt das Meeresgebiet zwischen den gleichnamigen Inseln (annähernd 32° N und 65° W), der Küste Floridas und den Großen Antillen. Die Inselgruppe der Bahamas erstreckt sich von Florida bis vor die Küste von Kuba. Die Biminis sind winzige Inselchen direkt vor Miami in Florida. Die ungeklärten Ereignisse (ebenfalls von Berlitz beschrieben), die sich in dem genannten Meeresdreieck immer wieder ereignen, sind nicht das Thema unserer Betrachtungen, doch die Funde in der Flachsee um die Bahamas und Bimini sehr wohl. Hiefür ist ein kurzer Blick auf die Geologie dieses Gebietes nötig: Eine Kalksteinformation der Kreidezeit bildet die sich senkende Bahama-Plattform; Karsthöhlen finden sich hier.

Über dieser Sedimentgesteinsbank hat sich während der Eiszeit windverblasener Sand, erodiert von dem kalkigen Untergrund, angesammelt, sowohl zu Land als auch im Flachwasserbereich des Meeres. Diese Gegebenheiten sind für das Verständnis des Folgenden von Bedeutung. Weitere Informationen entnehme ich den beiden Darstellungen: Ch. Berlitz: „Das Bermuda-Dreieck" (Zsolnay-Verlag, Wien, 1975) und auch: D. Zink: „The Stones of Atlantis" (Prentice-Hall, New Jersey, 1978).

Die Bahama-Bänke lagen während der letzten Eiszeit über dem Meeresspiegel, was durch die Berichte von Tauchern bewiesen ist: Es wurden Kalksteinhöhlen entdeckt, die sogenannten „blauen Löcher". Sogar ganze Höhlensysteme sind bekannt, die sich in tieferen Meeresbereichen befinden. Hier konnten die „Scuba"-Schwimmer Tropfsteine bewundern, die vom Boden nach oben (Stalagmiten) bzw. von der Decke herab (Stalaktiten) gewachsen waren. Solche Gebilde können sich nur über Wasser geformt haben, wo das stark kalkhaltige Wasser verdunsten konnte, während die Kalziumkarbonat-Ablagerung zurückblieb.

In der Nähe Biminis und an anderen Stellen der Inselgruppe der Bahamas wurde ein großer Gebäudekomplex auf dem Meeresgrund entdeckt, Reste einer Hochkultur, die hier vor vielen Jahrtausenden bestand; so jedenfalls interpretiert es Berlitz. Es handelt sich um die „Bimini-Straße" – eine Megalithstruktur aus atlantischer Zeit, damals entsprechend hoch über dem Meer gelegen, bis der steigende Wasserspiegel des Eiszeit-Endes auch sie verschlang. Auch eine Pyramide soll gesichtet worden sein, die der Schwemmsand des Ozeanbodens manchmal freigibt, meist jedoch nicht ...

Getrost würde ich die Berlitz-Literatur jetzt aus der Hand legen, wäre da nicht noch eine wunderliche Geschichte. Diese ist einerseits unglaubwürdig, da plötzlich aus dem Meer aufsteigende Vulkaninseln nicht unbedingt Artefakte auf ihren Hängen herumliegen haben, sogar wenn sie sich auf ehemaligem atlantischem Boden befinden! Andererseits ist die Fülle der geschilderten Einzelheiten bestechend! Urteilen Sie, liebe Leserschaft, selbst. Den folgenden Beitrag entnehme ich dem Inhalt nach aus: „Der 8. Kontinent" (Seite 102ff): Die abenteuerliche Atlantik-Überquerung des Schiffes „S. S. Jesmond".

Ein Schiff von 1.495 Bruttoregistertonnen war unter dem Kapitän David Robson im März 1882 mit Trockenfrüchten aus Messina unterwegs nach New Orleans. Es passierte Gibraltar am 1. März genannten Jahres, worauf sich im Atlantik dann folgendes ereignete.

Auf der Position 28° West und 31° Nord, also westlich von Madeira und südlich der Azoren, stieß man auf schlammiges Meerwasser, in dem tote Fische schwammen. Eine Rauchfahne wurde gesichtet sowie eine Insel genau im Westen. (Anmerkung: Die gesichtete Insel lag also östlich des MAR). Die Jesmond lief auf diese Insel zu und warf Anker in 13 Metern Tiefe. An Land gegangen, befand man sich auf nacktem Boden mit einem rauchenden Vulkan in einiger Entfernung. In ebenem Gelände fanden sich Artefakte, worauf Grabungen durchgeführt wurden, die das Folgende erbrachten:

Einen Steinsarg mit einer Mumie darin, einen völlig erhaltenen Schädel, Krüge mit Knochenfragmenten, Tierfiguren sowie Hämmer und Bronzeschwerter u.a.m. Sämtliche Funde wanderten nach Beendigung der Fahrt schließlich in das Britische Museum, wo sie verschollen sind ... Das Zeugnis des Logbuches der Jesmond ging im Krieg in der Reederei Watts & Co. verloren. So geschehen in London 1940.

Es gab einen Zeugen: Die erwähnte Insel wurde auch von dem Dampfer „Westbourne" gesichtet, darunter von dem Kapitän James Newdick, der auf dem Weg von Marseille nach New York war; Position: 24° W, 25° N. Ausgemacht wurde eine Insel von etwa 30 x 50 km Größe. Auch dieser Besatzung waren die Unmengen toter Fische aufgefallen, die frisch gekocht im Meer schwammen.

Mir liegt die Ablichtung des Originals einer englischen Zeitung vor (aus Essex, Datum?), worin der Schreiber verspricht, der Angelegenheit im Britischen Museum in London nachzugehen; Ergebnis unbekannt! Diesem Artikel entnehme ich weitere Details: Die genannten Artefakte wurden unter einer Schicht vulkanischer Brekzie gefunden, die durch den Stoß eines Boots-Enterhakens ein oder das andere (Stein-)Werkzeug freigab. Daraufhin wurde weitergegraben und die erwähnten Gegenstände traten zutage. Manche dieser schienen einer Art Bronzezeit-Kultur zu entstammen. (Letzte Phase von Atlantis, würde ich sagen.) Eine Mumie in einem Steinsarg war offenbar die spektakulärste Entdeckung!

All diese Gegenstände wurden an Bord des Schiffes gebracht, das zufolge aufziehenden Schlechtwetters die genannte Position verlassen mußte. Der Kapitän meinte hiezu, diese Koordinaten seien im Bereich des MAR gelegen, der damals schon als untermeerischer Rücken bekannt war. (Meine Überprüfung bestätigte dies insofern, als es sich um eine ostsüdost-weisende Parallelkette zu den Azoren handeln könnte.)

Im Zielhafen New Orleans wurden die Funde stolz präsentiert, worüber u.a. ein aus Iowa herbeigeeilter Journalist berichtete, was auch erhalten ist. Doch die Artefakte sollten in das Britische Museum nach London gebracht werden, was auch geschah – und wo sie seither verschollen sind – spurlos!

Dieser Beschreibung des Zeitungsmannes läßt sich wenigstens das Allerwichtigste entnehmen. Unter den Exponaten erregten modellierte Köpfe typisch alt-ägyptischen Stils besonderes Interesse, sowie Urnen und Vasen, die mit Hieroglyphen beschriftet waren. Die Mumie in dem Sarkophag war kaum als solche zu erkennen, so sehr war sie mit Lockermaterial überkrustet: Auswurfprodukte des Vulkans.

Je genauer man die Sache begutachtet, desto glaubwürdige wird sie. Es handelt sich nämlich nicht um ein Geisterschiff (wie so manches im Bermuda-Dreieck angetroffen wurde, so ohne Besatzung, doch mit dem Essen noch am Tisch und dem Papagei im Käfig!), sondern sämtliche Daten sind bekannt: Die S. S. Jesmond (S. für Segel, S. für „Steam“, also ein Dampfer, der zusätzlich Segel setzen konnte) war bei Watts & Watts in London registriert, hatte Ende Februar bis Anfang März vor der besagten Insel Anker geworfen, begann am 2. April in New Orleans seine Ladung zu löschen und hatte diesen Hafen am 6. April verlassen, um am 19. Mai 1882 in der Themse einzulaufen. Auch die „Bio-Daten“ von David Robson sind bekannt mitsamt der Nummer seines Kapitän-Patents. Das Logbuch des Schiffes zusammen mit den beeideten Aussagen von Kapitän und Besatzung über die Wahrheit des Geschehens gingen jedoch, wie gesagt, 1940 bei einem Bombentreffer verloren. Der Krieg ist eben nicht der Vater aller Dinge, sondern deren Vernichter!

Und wenn Sie mich fragen: Das Ganze klingt doch eher nach einer wahren Begebenheit: Atlantis entdeckt!

Da saß ich wieder einmal am Flughafen von Lissabon und wartete auf meinen Anschluß zu den Azoren – seit Stunden schon! Meine Reiselektüre war erschöpft und ich hielt in der Buchhandlung Ausschau nach neuer. Da fiel mein Blick auf ein Buch mit dem Titel: „Atlântida“, worauf ich es sofort erstand. Portugiesisch kann ich von meiner brasilianischen Lehrtätigkeit im Fach „Mineralische Rohstoffe“ so leidlich, und nun vertiefte ich mich gleich in meinen neuen Zeitvertreib. Das Impressum verriet mir, daß es sich um die Übersetzung eines der zwei Werke einer Amerikanerin handelte. Zurück in Wien, besorgte ich mir dann beide in der Originalausgabe: Shirley Andrews: „Atlantis – Insights from a lost Civilisation." Und: „Studying the Past to Survive the Future. Atlantis & Lemuria." Verlag: Llewellyn Worldwide, Woodbury, Minnesota, USA.

Diese Bücher gefielen mir recht gut und sie enthalten manche Informationen, die mir noch nicht bekannt waren. Auch auf geologische Fragen geht die Autorin ein. Da der erdgeschichtliche Rahmen von nun an eine zunehmende Rolle spielen wird, will ich diese amerikanische Literatur unter dem Stichwort Geologie besprechen.

Ernst Muldashev scheint mit seinem Buch „Das dritte Auge" als Augenarzt und Professor dieser hohen Kunst nicht so recht in unsere Themenkreise zu passen! Doch der genaue Titel: „Das dritte Auge und der Ursprung der Menschheit" (B&S-Verlag, Berlin, 2001) belehrt uns eines Besseren, denn mit diesem Hinweis auf die Herkunft des Menschengeschlechts kommen wir unserem Anliegen, nämlich dem Hauptthema „versunkenes Atlantis" schon näher. Professor Dr. Muldashevs Ansatz kommt jedoch von seinen Erfahrungen als praktizierender Facharzt für Augenheilkunde, wobei er aus dem Antlitz eines Patienten Erstaunliches herauszulesen gelernt hatte. Diese Erkenntnisse übertrug er auf die Augendarstellungen an den Außenmauern buddhistischer Tempel, wie sie uns besonders von Kathmandu in Nepal bekannt sind.

In einem leichten Anfall von Selbstdarstellungssucht erlaube ich mir zu erwähnen, daß ich 1954 einer der allerersten Westländer war, der diese zu Gesicht bekam. Aus solchen Erlebnissen als frisch gebackener Geologe entstand mein erstes Buch.

Das Auge als „Fenster der / zur Seele" und dessen unmittelbares Umfeld im Gesicht des Menschen, ließ den Russen weitreichende Schlüsse ziehen, deren Kernaussagen ich wie folgt zusammenfassen möchte.

1. Tibet als das Ursprungsland der nach-atlantischen Menschheit.

2. Es gibt einen sogenannten Gen-Fond der Menschheit, der das Erbgut aller drei Menschheits-Epochen in sich trägt: Der Lemurier, Lemuro-Atlanter und unserer fünften Evolutionsepoche, den Āryas. Dieser Gen-Fond wird in den sogenannten Samādhi-Höhlen im Himalaya „aufbewahrt". Nun ist die Art der Erhaltung dieser menschlichen Erbsubstanz eine etwas außergewöhnliche: Sie erfolgt in Form von hochgeistigen Wesenheiten, also Eingeweihten, die seit

undenklichen Zeiten in der genannten höchsten Form der Meditation (dem Samādhi) verharren. Sie sitzen in einer Art Totenstarre, während das Bewußtsein in sich selbst ruht. Der Stoffwechsel ist hiebei auf null reduziert. Diese geheimen Höhlen werden durch eine psycho-energetische Schranke geschützt!

3. Muldashev entwickelte eine sogenannte „Augengeometrie", welche u.a. den Charakter des betreffenden Menschen verrät. Mit den Meßergebnissen dieser Augen-Diagnostik ausgestattet, wurden die Augendarstellungen auf buddhistischen Tempeln verglichen. Dies ermöglichte die optische Rekonstruktion von Menschen, die der Autor für Atlanter bzw. Lemuro-Atlanter hält. Bei den Menschen von Lemuria war das Dritte Auge noch voll funktionsfähig und auf die Frequenz der Akasha-Chronik abgestimmt. Heute wird es in der Anatomie als Zirbeldrüse oder Epiphyse bezeichnet; es wartet auf seine Wiedererweckung!

4. Atlantis und dessen Untergang: Bezüglich des Wissensstandes der uns vorangegangenen Hochkulturen trifft der Autor folgende Feststellungen:

– Die Zivilisation der Lemuro-Atlanter als die am weitesten entwickelte.

– Atlantis war wesentlich höher entwickelt als unsere heutige Zivilisation, daher der tiefere Fall!

– Die Atlanter als Bauherren der Pyramiden.

Betreffs des Unterganges von Atlantis finden wir bei Muldashev eine weitere höchst interessante Mitteilung, die uns Heutige besonders zu denken geben sollte: Die psychische Energie ging vom zentripetalen zum zentrifugalen Zustand über, was die planetare Katastrophe auslöste! Mein Kommentar hiezu: Viktor Schauberger sprach sich schon vor rund fünfzig Jahren gegen die Explosionstechnik aus, der er das System der Implosion gegenüberstellte: „Ihr bewegt falsch!"

5. Atlantische Flüchtlinge wanderten u.a. in das damals fruchtbare Gebiet, welches heute die Wüste Gobi ist, wo sie zwei Zentren gründeten: Agartha als einen Ort des Guten sowie Shambhala als Zentrum von Macht und Gewalt.

In diesem Zusammenhang kommt mir eine Frage in den Sinn: War Hitler mit dieser letztgenannten Energie in Verbindung? Auch darüber gibt es Informationen, die ich an Sie weitergeben werde, doch erst am Schluß dieses Werkes.

Nun schlage ich vor, daß wir von der Konsultation der restlichen 25.000 Titel über Atlantis, wie sie in der Cayce-Nachlaß-Verwaltung in Virginia Beach vorliegen, absehen. Übrigens: Warum soviel Aufhebens über ein Thema, wenn es doch nur ein Hirngespinst ist? Weil dieses Hirngespenst wie ein echter Alptraum (als Gespenst) nach wie vor in unserem Unterbewußtsein gespeichert ist! Doch zum Abschluß dieses Kapitels der Rückschau auf die allerwichtigste Atlantis-Literatur, möchte ich eine rein geistige Quelle zu Wort kommen lassen, die vor nicht allzu langer Zeit medial durchgegeben wurde.

Aus der Schrift „Offenbarung der Zukunft bis zur Wiederkehr Jesu Christi" (Herausgeber: Gisela Weidner, Eigenverlag 1988, Wien, S. 58–60) entnehme ich das Folgende:

Geistlehrer Hardus: „Vielgeliebte Geschwister, ich will euch einladen, mit mir einen kosmischen Blick in die Vergangenheit zu tun. Ich setze dort an, wo in eurem Bewußtsein ein Ahnen von längst verklungenen Epochen aufsteigt. Diese urgraue Zeit könnt ihr ein bißchen erfassen, und wir wollen den Namen eines großen Reiches auf dieser Erde nennen, den manche von euch kennen, des Reiches von Lemuria.

Dunkel ist eure Vorstellung von diesem gewaltigen Reich! Dort, wo heute der Indische Ozean ist, war die Heimstatt dieses geistig hochentwickelten Reiches. Betrachten wir dieses Reich ganz kurz mit dem kosmischen Blick, so werden wir feststellen, daß dort mehr Geist war als Geld. Die Menschen von damals waren gottähnlicher als sie es heute sind, und sie wußten, daß sie Kinder des Vaters sind. Ihre Technik war gottgewollt, wogegen eure zum Großteil nicht gottgewollt ist. Nun könnt ihr mich fragen: Warum sind die Lichtheroen dieses gewaltigen Reiches zugrunde gegangen? – Genau derjenige war es (Anmerkung: Satan), der den Menschen damals den Gedanken eingab, in ihrer Macht, in ihrer Größe, in ihrer Erkenntnis Gott gleich werden zu wollen; und das war der Beginn ihres Unterganges! – Diejenigen, die Gott treu gehlieben waren, konnten gerettet werden und landeten auf Atlantis.

Und jetzt sehen wir vor unserem kosmischen Blick Atlantis, das sagenumwobene Land. Dieses hat es gegeben, ja, es existiert noch unter der Wasserfläche des Atlantischen Ozeans. Ein Herrenvolk waren sie, ein Volk der geistigen Blüte, der Technik. Das, was ihr mit den Atomen vorhabt, hatten sie längst vor euch! Aber es war wieder das gleiche Spiel: – Man strebte Gott ähnlich zu werden. Wieder wollte der Mensch als Mittelpunkt, als höchster Genius gelten: Wo ist heute das sagenhafte Volk der Atlanter? Das Land ist verschwunden, es gibt nur vage Erinnerungen an diese ferne Vergangenheit, sagenumwoben, aber keine klare Kenntnis. Aber doch ist es die Wahrheit!

Die geistige Elite wurde wieder gerettet. Und so verpflanzte sich die geheimnisumwobene Hierarchie der Atlanter, ihre Wahrheit mit Irrtum vermischt, in die Reiche der alten Ägypter, der Babylonier, der Phönizier, hinein in die Perserreiche, in die Reiche des Mittleren und Fernen Ostens sowie in die Reiche an den Gestaden Amerikas. Überall dorthin wurden die Reste der Hochkultur von Atlantis übertragen."

Soweit die Durchgabe des Geistwesens Hardus, der uns in den Grundzügen das bestätigt, was wir in diesem Werk über die versunkenen Hochkulturen erkannt haben und uns noch erarbeiten werden. Auch Hardus' kosmischer Blick ist geologisch nicht geschult, wie ich an einer Stelle des Textes erkennen mußte, denn von Lemuria liegen bestimmt keine kontinentalen Fragmente am Meeresboden des Indik, wie wir bald sehen werden! Und somit bin ich wieder in medias res:

Die Verfasser der früheren Atlantis-Berichte hatten noch kein Problem, Atlantis im Atlantik unterzubringen: Sie postulierten einfach einen „Kontinent", der im Nordatlantik versunken sei. Dann kamen die Geowissenschaftler mit ihren neuen Untersuchungsergebnissen bezüglich der Ozeanböden der Weltmeere, und dies schien der Atlantis-Theorie den Todesstoß zu versetzen: Keine Spur von kontinentalen Landmassen, weder im Atlantik, noch im Indik oder Pazifik. Damit war Atlantis nicht nur endgültig untergegangen, sondern auch gestorben und begraben! Es verschwand ganz einfach aus dem Denken von Menschen, die nicht als „Spinner" gelten wollten. Es ist Ostersonntag, wo / während ich dies schreibe, daher müßte eigentlich eine Auferstehung in Sicht sein? Da ist sie schon!

Wir schaffen jetzt einfach Raum und Zeit zunächst für Atlantis: Lebensraum für die Atlanter!

Atlantis: Unser Spiegel!
Raum und Zeit: Des Spiegels Rahmen

Von den beiden Rahmengrößen ist die Frage nach dem Raum, wo sich die jeweiligen Hochkulturen befunden haben sollen, eine rein geologische. Sie wird in dem Kapitel über Geologie dann ausführlich und jedermann verständlich beantwortet werden. Die Frage nach deren zeitlicher Einordnung hingegen, ist das schwierigste aller Probleme, welches uns im Zusammenhang mit unseren Forschungen hier entgegentritt: Wann existierten Atlantis, Lemuria und Rutas Mu?

Die Geowissenschaften haben die verschiedensten Methoden entwickelt, um der Bildung von Mineralien und Gesteinen ein bestimmtes Alter zuzuschreiben. So können beispielsweise ganze Sedimentpakete mitsamt den darin enthaltenen Fossilien altersmäßig datiert werden. Hiezu ist zu bemerken, daß die Geologie zwei Arten von Altersangaben unterscheidet: relative und absolute, wobei wir hier von letzteren sprechen. Relatives Alter wäre das Verhältnis von Gesteinen oder Ereignissen zueinander; ein Beispiel: Was die Trias betrifft, ist älter als Gesteine, Fossilien und Geschehnisse der Jura- oder Kreidezeit (siehe hiezu die Tabelle der geologischen Erdzeitalter, Seite 119).

Eine Darstellung der vielfältigen Methoden der absoluten Altersdatierungen möchte ich uns ersparen – dies würde zu weit in geowissenschaftliche Spezialgebiete führen. Nur die bekannteste will ich herausgreifen. Es handelt sich um das sogenannte C-14-Verfahren.

Isotope sind chemisch gleichartige Elemente, die sich nur durch ihre verschiedenen atomaren Massen unterscheiden. Das Element Kohlenstoff besitzt deren zwei, nämlich das C-12- und C-14-Isotop, wobei letztgenanntes dem radioaktiven Zerfall zu dem stabilen C-12-Isotop unterliegt. Beide Kohlenstoffarten kommen in organischer Substanz in einem bestimmten gegenseitigen Verhältnis vor. Dieses bleibt zu Lebzeiten des Organismus konstant, da beide – C-12 als auch C-14 – gleichermaßen über den Stoffwechsel in den Körper gelangen. Das Verhältnis C-12 zu C-14 ändert sich erst mit dem Absterben des Organismus, wenn dieser mit dem Erlöschen der Lebensfunktionen keinen Kohlenstoff mehr aufnimmt.

Während von diesem Zeitpunkt an das stabile C-12 mengenmäßig im toten Gewebe erhalten bleibt, nimmt der C-14-Anteil durch seinen radioaktiven Zerfall laufend ab, was physikalischen Gesetzmäßigkeiten gehorcht und somit berechenbar ist: Die vorgefundene Menge an C-14 in fossiler Substanz entspricht einem gewissen Alter derselben. Für den Geowissenschaftler ist dies dann das absolute Alter der Gesteinsschicht, in welcher sich der organische Überrest befand. Obige und alle übrigen Altersbestimmungen lassen sich jedoch einer Kritik unterziehen, was das Thema „Zeit" prinzipiell betrifft. Hiemit verlassen wir die Ebene, in der sich das gesamte wissenschaftliche Denken (bisher) abspielt! Ich leugne die Gültigkeit folgender „wissenschaftlich abgesicherter" Behauptungen:

1) Das „Aktualitätsprinzip", aufgestellt von dem englischen Geologen Ch. Lyell (1797–1875) mit der Aussage, alles gegenwärtige Naturgeschehen hätte sich in dieser Form schon immer auf gleiche Weise abgespielt – oder kurz gefaßt: So wie es heute ist, war es immer auf Erden – eine unhaltbare Annahme im Hinblick z.B. auf die weit über einhundert Einschlagkrater kosmischer Geschoße auf der Erdoberfläche, was z.T. unvorstellbar gewaltige Veränderungen auf dem Planeten bewirkt hat!

2) Der Erdkörper wies im Laufe geologischer Epochen eine von heute verschiedene Dichte auf, daher zwangsläufig eine andere Rotationsgeschwindigkeit, damit auch eine andere Tages- und Jahreslänge! Man denke an den Pirouetten-Effekt einer Eiskunstläuferin, die sich bei gleichbleibendem Drehmoment „einrollt", wobei sich deren Drehgeschwindigkeit beschleunigt. Im Anfang war der Erdkörper fluidal (gasförmig-flüssig), erst Äonen später feurig-flüssig mit sich ausbildenden Schollen fester, basaltischer Kruste.

3) Alle geophysikalischen Parameter, nicht nur die Dichte des Planeten, müssen während erdgeschichtlicher Zeiträume variiert haben. So z. B. die Einstrahlung aus dem Kosmos, als auch geophysikalische Größen, wie sie der Erde selbst inhärent sind. Ein Beispiel entnehme ich aus „Raum und Zeit" (Heft 134 von 2005, S. 8–11): Zeit läuft schneller ab: a) durch abnehmende Magnetfeldstärke, b) durch abnehmende Schwerkraft.

4) Die Raum-Zeit ist gekrümmt, daher erachte ich das Konzept des linearen Zeitablaufs des Wissenschaftsdenkens als falsch: Das Zeitgeschehen vollzieht sich zyklisch, wie jede geistige Denkrichtung weiß! Möglicherweise folgt es einer Exponentialkurve.

5) Die „absolute Zeitmessung" der Geowissenschaft fußt auf der irrigen Annahme der Konstanz des zeitlichen Ablaufs radioaktiven

Zerfalls. Dem ist nicht unbedingt so, wie die (totgeschwiegenen) „Orgon“-Experimente des Forschers Wilhelm Reich bewiesen haben, worüber noch im Rahmen dieses Kapitels berichtet werden wird.

6) Der Zeitablauf innerhalb eines einheitlich geordneten Ganzen (z.B. unserem Planetensystem) hängt von dessen Geschwindigkeit ab, mit der es sich durch den Raum bewegt. Dies möchte ich tieferstehend besonders hervorheben!

7) Noch eine Feststellung, welche die fiktive Unfehlbarkeit der Wissenschaftspäpste erschüttern sollte: Die Gelehrsamkeit unserer Zeit gehorcht dem Dogma, daß alles, was ex cathedra verkündet wird, experimentell beweisbar, wiederholbar und messend erfaßbar zu sein hat. D. h. alles in der Wissenschaft muß sozusagen „handgreiflich“ und – sei es mit den kompliziertesten Apparaturen – erfaßbar sein. Dennoch fällt eben diese Wissenschaft auf die größte aller Täuschungen herein, nämlich die Illusion der Zeit!

Das Materie-Raum-Zeit-Kontinuum:
Je größer die Geschwindigkeit eines Systems, desto langsamer der darin herrschende Zeitablauf. Bei der Geschwindigkeit unendlich ist der Zeitablauf gleich null. Umgekehrt hingegen: In einem absolut ruhenden Bezugssystem ist der Zeitablauf unendlich schnell: Alles ereignet sich im Hier und Jetzt: Die Gotteswelt.

Eine andere Auffassung wäre die folgende: Das einfachste Bild, um sich das Wesen der Zeit zu veranschaulichen, ist das des sich drehenden „Kosmischen Rades“: In dessen Zentrum (der Gotteswelt, Satya Loka) steht die Zeit still. Je weiter gegen dessen Peripherie zu, desto gröber wird die randlich immer stofflichere Welt und desto schneller fließt dort der Strom der Zeit.

Daraus ersehen wir, daß Zeitablauf auf allen Ebenen des stofflichen Universums stattfindet, doch auf verschiedenen Raum-Zeit-Ebenen mit scheinbar unterschiedlicher Geschwindigkeit. Hievon ist nur das ewige Hier und Jetzt der Gotteswelt ausgenommen. Am oberen Ende des materiellen Bereichs hört die Illusion der Zeit auf; es ist der Eintritt in die Ewigkeit!

Die Engländerin Sherwood suchte ihren im Krieg gefallenen Mann und drang nach dem Durchschreiten primitiver Tischerl-Rücken-Séancen tief in die Welt des eigentlichen Spirituellen ein, wobei sie auf das Phänomen des Zeit-Zusammenziehungs-Effekts stieß, beschrieben in ihrem Buch (J. Sherwood: „Das jenseitige Land“,

Ansata-Verlag, Interlaken, 1991, S. 150, 151 u. 159): Jede der verschiedenen Bewußtseins-Ebenen weist einen Zusammenziehungs-Effekt hinsichtlich von Raum und Zeit auf. Sobald die allerhöchsten der Sphären erreicht sind, hört jede Empfindung von Raum und Zeit auf! Dann bedeutet Bewußtsein, daß Raum und Zeit eins werden: Alles ist im ewigen Hier und Jetzt enthalten.

Wir haben also gesehen, wie relativ der Zeitbegriff ist. Nun könnte die Frage gestellt werden, ob das „Zeitschiff Erde" seine gegenwärtige Zeitstruktur verändern wird, so, wie es in der Vergangenheit immer wieder geschehen sein muß? Hiezu gibt es eine Nachricht von hochentwickelten Außerirdischen (aus dem Arkturus-Sternensystem):

Die Menschheit lebt immer noch in einer sozusagen „künstlich geschaffenen" Zeit, die dem Geistfeld der Erde aufgeprägt wurde. Dies ist die dreidimensionale luziferische Zeit-Verzerrung. In Kürze wird diese Schwingung umgepolt: Von 12:60 auf 13:20, was das auch immer heißen mag. Es ist das der neue Zeit-Code der 4. Dimension! Die genannte „künstliche Zeit" war die Zeitfrequenz, welche den Kauf und Verkauf von Zeit beinhaltet hatte: Die Geldwirtschaft auf Erden, einem Sklavenplaneten, auf dem alle Wesen ihre Zeit an Jehova abgetreten haben; dies im Austausch gegen Geld. Jehova als das uralte Engramm, welches dem Einfluß Luzifers preisgibt. Siehe auch die Offenbarung des Johannes, 13,5–7 und 13,18 bezüglich der „Zahl des Tieres" 6–6–6, dem Code-(nicht Kose-!)Namen Luzifers!

Dieses System wird höchstens noch bis zum Jahr 2012 Bestand haben, denn das ist der Kreuzungspunkt, an dem alle gegenwärtigen Zeitprogramme konvergieren. Zum Jahresende 2012 gibt es eine sehr „abrupte Wand" mit nichts mehr auf der anderen Seite. Hellseher wissen, daß ab 2012 eine Barriere besteht, die nicht durchdrungen werden kann!

Nach diesem Blick in die nahe Zukunft von Erde und Mensch, zurück in die Vergangenheit, unserem Hauptanliegen. Wo fangen wir an? Selbstverständlich am Anfang!

Am Urbeginn war nur der All-Eine, der den gedanklichen Samen der Schöpfung bereits in sich trug. Ein Mantra, also Klang, ließ dieses rein geistige Weltall entstehen. Dieser Impuls weitete sich in Form einer Kugelwelle immer mehr aus, zunächst raum- und zeitlos, da ausschließlich geistig. Dies war nun das Reich Gottes – weit jenseits unserer Vorstellungskraft! In ihm tummelten sich, aufgrund des Wunsches Gottes nicht allein zu bleiben, von ihm geschaffene

Geistwesen, die mit drei Eigenschaften begabt waren: Liebe, Vernunft und freiem Willen. Dies ermöglichte ihnen, sich an die Spielregeln des Schöpfers zu halten.

Bewußt gehe ich nicht auf die religiösen Aspekte dieses Geschehens ein, da dies hier zu betrachten nicht Gegenstand unserer Untersuchung sein kann! (Der Erstgeborene, die Erstlingsgeister, aber auch das göttliche ewige Spiel „līlā").

Der Impuls weitete sich aus wie eine Sonne Licht und Wärme abstrahlt, eine Energie, die mit zunehmendem Abstand von der Quelle zwar nicht geringer wird, sich jedoch in Form der genannten Kugelwelle verteilt. Die Physik kennt dies als Abnahme der Strahlungsintensität mit dem Quadrat der Entfernung. Verdichtung war das nächste astrophysikalische Ereignis, womit – und jetzt wird es richtig spannend: Raum und Zeit geschaffen wurde! Das heißt, dieses Wertepaar mußte ganz einfach entstehen, denn am äußersten Rand der Kugelwelle schuf die Verdichtung der Energiewelle bereits allerfeinste Materie. Somit hatten sich, abhängig und doch eigenständig von der Welt Gottes mit ihren rein geistigen Geschöpfen, vier Parameter herausgebildet:

• Der erste Impuls, weiterschwingend und damit den Kosmos schaffend, mit grobstofflichen Galaxien an dessen äußerstem Rand: das für uns sichtbare Universum.

• Zwischen der letztgenannten, uns mehr oder weniger vertrauten dreidimensionalen Welt grober Materie und der Gotteswelt, befinden sich die für uns unbeschreiblich paradiesisch anmutenden Sphären des Feinstofflichen, wo aber auch schon die anderen drei Parameter Raum-Zeit-Materie zur Geltung kommen, d.h. Raum, Zeit und Materie werden hier ausgeformt, denn sie bedingen einander: Materie kann nur im Raum bestehen und erfordert ihrerseits den Fluß der Zeit, welche die Materie letztendlich notwendigerweise zerstören muß: Es hat so zu sein, daß materielle Werke durch das Wirken des Zeitstroms zu guter Letzt wieder (in Schwingung) aufgelöst werden müssen, um Platz für das Neue zu schaffen. Dies besorgt Halbgott Shiva, so lesen wir in den vedischen Schriften. – Der Gedanke an Satan drängt sich auf, der Geist, der stets verneint ... Ist nicht auch er jetzt in der Endzeit ganz besonders am Wirken?

Hiemit schließt sich dann ein großer Zeitzyklus, was der periodischen Neuschöpfung der materiellen Welt durch Brahmā entspricht. In diese Zyklen von Kosmogonie und der wiederholten

Auflösung des stofflichen Weltalls sind natürlicherweise auch die sieben höheren und sieben niederen Daseinssphären mit einbezogen, in deren Mittelfeld sich auch unser Planet Erde befindet. Somit besitzen wir Menschen Zugang sowohl zu den höchsten Bewußtseinsebenen bis hinauf zur Gotteswelt, können jedoch auch absteigen und im Dunkelbereich der niederen Regionen landen! Je nach dem Niveau der Bewußtheit wird der Ablauf von „Zeit“ hierbei als schneller oder langsamer empfunden. Wie sagt Elisabeth Haich in ihrem Klassiker (für Einsteiger in die Esoterik: „Einweihung“): Ewigkeit als das zeitlose Glück; Unendlichkeit als die endlose Zeit des Unglücks.

Mutter Erde ist ein lebendiges planetares Wesen. Auch sie verändert sich seit ihrer Geburt, so wie wir Menschen es fortlaufend tun. Von einer Konstanz ihrer geophysikalischen Parameter kann daher keine Rede sein! Somit sind Rückschlüsse auf den Zeitablauf von/vor „Millionen Jahren“ unzulässig!

Um den Zeitablauf in Jahren festzuhalten, können wir soweit in die Vergangenheit gehen, bis sich dieser in der Ungenauigkeit der geschichtlichen Überlieferung verliert! Dann helfen uns übereinstimmende Mythen der Völker, einschneidende Geschehnisse in der Menschheitsentwicklung zu erahnen; z.B. die Sintflutsagen. Von der letzten Untergangsphase von Atlantis rückwärts blickend, könnte man sagen „krümmt sich der Zeitablauf“ schon so sehr, daß wir mit dem Rüstzeug der dreidimensionalen Erkenntniswelt nicht mehr zurechtkommen!

Die lemurische Menschheits-Epoche erfreute sich einer uns Heutigen nicht faßbaren Zeitqualität, die weit jenseits des linearen Denkens unserer kläglichen, Materie-orientierten Verstandeswelt liegt. Die Kontinentalscholle von Lemuria im Indik und der Basalt(?)-Kontinent Rutas Mu im Pazifik, blühten in ihrer ureigenen Schwingung, die uns gegenwärtig aus der beschränkten Sicht der Naturwissenschaft nicht mehr, oder besser: noch nicht wieder zugänglich ist. Doch die Zeitqualität auch dieser lemurischen Menschheits-Evolutionsstufe vibriert weiterhin in ihrer eigenständigen, hohen Frequenz und offenbart sich demjenigen, der über die Akasha-Chronik in dic damalige Welt zu schauen vermag. Aber diese „längst vergangene Zeit“ besitzt nicht unsere niedere Schwingung, weshalb sie sich der messenden Wissenschaft entzieht!

In der Schulweisheit herrscht bezüglich vieler Rätsel des Naturgeschehens Erklärungsnotstand. Gar manche These wird hiebei mit solchem Nachdruck vertreten, als wäre sie gesicherte Erkenntnis. Wissenschaftliche Dogmen werden als bewiesene Wahrheiten verkündet und von den Verfechtern der jeweiligen Lehrmeinung den Studierenden eingeimpft, sodaß letztere in festgefahrenen Glaubensrichtungen gedrillt werden, wie von religiösen Sekten (einschließlich der verschiedenen Kirchen) zur Genüge bekannt sein sollte.

Einerseits werden längst überholte Theorien (wie z.B. das Aktualitätsprinzip oder der Darwinismus) auf die geschilderte Weise künstlich am Leben erhalten, obwohl sie seit Generationen friedhofsreif wären. Andererseits werden wissenschaftliche Behauptungen manchmal schneller obsolet, als der Nicht-Spezialist dessen gewahr werden kann. Ich führe ein Beispiel an, das themenmäßig zu den später zu besprechenden Sauriern einzuordnen wäre.

Das Dinosaurier-Sterben, erklärt durch den End-Kreidezeit-Impakt, war nach dessen Entdeckung (durch L. W. Alvarez, 1980) zu einem geradezu verhätschelten Liebkind der Geologie – Paläontologie geworden: Sozusagen zu einer der „gesicherten Erkenntnisse" der Geowissenschaft herangereift, abgesichert durch den weltweiten Nachweis einer Tonschicht, die sich an der Grenze Kreidezeit – Tertiär findet. Diese führt nämlich das äußerst seltene Platinmetall Iridium in einer sonst nicht bekannten Konzentration. Die Erklärung: Kosmische Körper können dieses Edelmetall in hohen Mengen aufweisen. Deren Einschlag auf der Erde läßt die gesamte Masse des hereinzischenden Asteroiden verdampfen, was sich in der genannten Grenztonschicht niederschlug. Also ein stichhältiger Beweis für die Annahme eines Impaktes zur fraglichen Zeit. Der plötzliche Tod der Dinos war mit wissenschaftlicher Sachlichkeit geklärt.

Doch schon ist diese „gesicherte Erkenntnis", kaum geboren, nicht mehr lebensfähig! Der letzte Schluß der Geo-Weisheit lautet: Giftige Aushauchungen eines weltweiten Vulkanismus der Endkreidezeit ließen diese Riesenviecher bereits lange vorher dahinsiechen und der Impakt war nur mehr der Gnadenstoß für die gequälte Kreatur! Wissenschaftliche Theorien sterben mitunter schneller als kosmische Körper durch Impakte ein Massensterben bewirken können.

Abschließend zu der Gegenüberstellung von herkömmlicher geologischer Zeitrechnung und der spirituellen Auffassung von „Zeitablauf", möchte ich kurz ein paar Tatsachen in Erinnerung bringen:

- Astrophysik: Kennen wir die Schwingungsfrequenz kosmischer Systeme, wie unseres Planetensystems, früherer Zeiten? NEIN.
- Geophysik: Kennen wir die mittlere Dichte des Planeten Erde früherer Zeiten? NEIN.
- Geophysik: Kennen wir die Rotationsgeschwindigkeit der Erdkugel früherer Zeiten und damit die Länge des Tages bzw. des Jahres vergangener geologischer Epochen? NEIN.
- Geo-Chronologie: Die Annahme zeitlich konstanter radioaktiver Zerfallsreihen ist durch das Experiment von Wilhelm Reich erschüttert: Die sogenannte „Halbwertzeit" kann durch eine bestimmte Form kosmischer Energie in einen Akt spontanen Zerfalls umgewandelt werden.

Der Wiener Psychoanalytiker Wilhelm Reich (1897–1957) war in die USA emigriert, wo er seine Experimente bezüglich „freier Energie" durchführte. Hiebei gelangen ihm grundlegende Entdeckungen, die den Dunkelmächten jedoch suspekt wurden. Daher vernichtete man seine Schriften und steckte ihn ins Gefängnis, wo er dann am 3.11.1957 ermordet wurde.

Das ORANUR-Experiment von Wilhelm Reich, das den spontanen Zerfall einer radioaktiven Substanz zur Folge hatte:

Eine der Versuchsreihen des Genannten lief folgendermaßen ab, wobei ORANUR bedeutet: ORGON-Anti-Nuclear-Reaction.

Dr. Reich war es gelungen, kosmische Energie („ORGON" – gespeichert im ORGON-Akkumulator) anzuzapfen. Dies hatte zur Folge, daß in das Experiment involvierte radioaktive Substanzen plötzlich all ihre Strahlung freisetzten und spontan zerfielen! Aus dieser Tatsache kann folgendes geschlossen werden: Die angeblich unveränderliche Halbwertzeit der genannten radioaktiven Substanzen war durch den Einfluß von ORGON-Energie zu Fast-Null-Zeit reduziert worden.

Dies ist der Beweis, daß sich die angeblich fixe Halbwertzeit verändern kann, falls das betreffende radioaktiv strahlende Element unter den Einfluß ganz bestimmter Energien kommt. Dies könnte alle Altersbestimmungen betreffen, die auf Halbwertzeiten fußen!

Aus einem ganz besonderen, weiteren Grund könnten die Ergebnisse des ORANUR-Experiments der Menschheit ungeahnte praktische Vorteile bringen, wenn dessen Erkenntnisse nicht von den negativen Mächten, welche die Erde nach wie vor beherrschen, totgeschwiegen würden! Daher ist es gerechtfertigt, die Einzelheiten des Experiments mitzuteilen und ganz besonders auf die Möglichkeiten hinzuweisen, die es in sich birgt.

Die ORGON-Energie, von W. Reich um 1940 entdeckt, ist eine massefreie Strahlung, die überall vorhanden ist und alles Lebendige belebt. Der Forscher erkannte, daß ORGON-Energie und radioaktive Strahlung Gegensätze sind! Durch Weiterarbeit mit dieser gewonnenen Einsicht, könnte herausgefunden werden, wie die gefürchtete Strahlenkrankheit bekämpft werden könnte!

Das Experiment von 1951:

Ein Milligramm Radium wurde als Vergleichsmaterial in einem Bleibehälter an einen vor intensiver ORGON-Strahlung sicheren Ort gebracht. Ein anderes Milligramm Radium wurde in mehrere Hüllen eines ORGON-Energie-Akkumulators hineingegeben, wo es fünf Stunden lang verblieb. Hier begann es viel stärker zu strahlen! Dies bedeutet, daß der radioaktive Zerfall schneller vor sich ging!

Das Experiment wurde eine Woche lang wiederholt, wobei das Radium jedesmal eine Stunde im ORGON-Akkumulator verblieb. Am 7. Tag kam es dann zu einer spontanen Reaktion: Eine bläuliche Wolke entstand im Versuchsraum, was allen am Experiment Teilnehmenden Übelkeit bereitete und in der Folge gesundheitliche Schäden verursachte. Die hohen Strahlungswerte im Versuchsgelände konnten noch monatelang gemessen werden!

Das Ergebnis des Versuches:

Das Zusammenwirken von ORGON-Energie und Kern-Energie schafft den Horror der Strahlenkrankheit: Das ist dieses „ORANUR“! Diese ORANUR-Energie entsteht in kleinen Mengen überall, wo unnatürliche, technisch erzeugte Wellen auf die allgegenwärtige ORGON-Energie treffen! Mikrowellen! Buch-Zitat: W. Reich: Das ORANUR-Experiment (Zweitausendeins-Verlag, Frankfurt, 1997).

Sollte die Geo-Chronologie noch immer nicht gestorben sein, so setze ich jetzt zum Todesstoß an. Die Kernaussage bezüglich der Unbrauchbarkeit radioaktiver Zerfallsreihen zur absoluten Altersbestimmung von geologischen Prozessen und deren Produkten ist nämlich die Folgende; sie entspringt anthroposophischem Denken:

Radioaktiver Zerfall ist ein Sturz ins Chaos! Wie kann man daher aus einem Vorgang, der in eine – wenn auch natürliche – Anarchie mündet, auf etwas Lebendiges schließen, wie Mutter Erde es darstellt?

Daher werde ich es tunlichst vermeiden, Altersangaben in Jahren zu machen!

Das Thema „Raum und Zeit" will ich nun mit einem Denkmodell zum Verständnis des ewigen „Hier und Jetzt" abschließen:

Raum, Zeit und Ewigkeit: Ein bildhafter Vergleich.

Akasha, der Weltäther, erfüllt als feinstoffliches Fluidum den gesamten Kosmos. In ihn eingebettet sind Milliarden von Sternensystemen mit ihren sie bewohnenden Lebensformen. Diese Sonnen und die sie umkreisenden Planeten bilden sozusagen kleine, verdichtete Knoten in der Feinststofflichkeit des Weltäthers, wobei letzterer mitsamt der in ihm schwebenden materiellen Verdichtungen einen Bestand hat, den man als „von Ewigkeit zu Ewigkeit" bezeichnen kann – von Neuschöpfung zu Neuschöpfung mit einer Nicht-Existenz des Materiellen dazwischen.

Offensichtlich haben wir es bei diesem Weltmodell mit Materie zu tun – wenn auch bezüglich des Weltäthers mit deren allerfeinster Form. Dies bedeutet, daß das gesamte oben skizzierte Universum – soweit sichtbar – grobstoffliche Systeme darstellt, die in der Feinstofflichkeit des Akasha/Weltäthers schweben. Es handelt sich also um (grob-)stoffliche Materie, die sich durch die feinste Form von Stofflichkeit bewegt. Alles zusammen also ein Materie-Raum-Zeit-Kontinuum, wobei jedoch ein fast unendlich großer Unterschied zwischen dem extrem langsamen Zeitablauf im eher statischen Akasha-Fluidum einerseits und den darin schnell dahineilenden Sonnen mit ihren Trabanten andererseits besteht. Jedes dieser Milliarden Sternensysteme weist jedoch seinen eigenen Zeitrhythmus auf, der von der Rotationsgeschwindigkeit seiner Himmelskörper abhängt. Es sind dies Zeitströme von Parallelwelten, in denen erkenntnisfähige Lebewesen ständig ihre Erfahrungen von Inkarnation zu Inkarnation austauschen.

Diese Lebensformen kommen und gehen; in anderen Zeiträumen existieren und vergehen auch die Sonnen und deren Planetensysteme, doch der Weltäther bleibt wohl „von Ewigkeit zu Ewigkeit" bestehen. Was soll diese Aussage beinhalten? Wie oben schon angedeutet, fließt am Ende eines Äons alles Stoffliche wieder zur Quelle zurück, bis Neuschöpfung erfolgt. Nur die absolut reingeistige Schöpfung, die eigentliche Gotteswelt, Satya Loka, ist von wahrhaft ewigem Bestand.

Wir gewannen also Einsicht in einen „Zeitfluß", wie er unterschiedlicher nicht sein könnte: In der Gotteswelt steht die Zeit still – es gibt sie einfach nicht, denn die hohen Wesen dort „oben" befinden sich im ewigen „Hier und Jetzt". Doch diese ewige Zeitlosigkeit reicht viel weiter „herunter", wie wir noch sehen werden.

Bezüglich des endlichen, doch unbegrenzten Bereiches des Urelementes Akasha/Weltäther (also der feinsten Materie), sprach ich von einer Art ewigem Bestehen, und erst in Hinblick auf die stoffliche Materie der Sonnenwelten und den sie umkreisenden grobstofflichen Planetensystemen von einem „richtigen Zeitfluß". Doch dieser stoffliche Aspekt des Kosmos ist lediglich eine Illusion, ist die Scheinwelt des Maya, die auf unseren Sinnen den trügerischen Eindruck von Materie mit ihren verschiedenen Abstufungen von Dichtigkeit (luftig-flüssig-fest) erweckt. Es handelt sich jedoch nur um Schwingung, die ein Materie-Raum-Zeit-Gefüge vortäuscht. Im Grunde genommen gibt es auch keine Zeit, wie der Esoterik seit jeher bekannt ist!

Das Weltall, in dem wir leben, ist also vornehmlich mit dieser Feinstsubstanz Akasha, dem Weltäther, erfüllt, in dessen Bereich sich die Sternenwelten befinden, sichtbare und unsichtbare, je nach Dichtigkeit. Nun möchte ich meine Metapher entwickeln, um unsere Illusion von Zeit ad absurdum zu führen und gleichzeitig versuchen, den Begriff „Ewigkeit" zu verdeutlichen.

Stellen wir uns diesen Weltäther als einen den Kosmos erfüllenden Ozean vor, in den die Gedanken Gottes eintreten, die dem ewigen Hier und Jetzt der Gotteswelt dauernd entströmen, wo sie (zufolge des Vedischen vom Halbgott Brahmā, laut hebräischer Auffassung, von den Schöpfergöttern Elohím empfangen) zunächst im Feinstofflichen zur Manifestation kommen, um dann/dort weiter verdichtet zu werden: Ein Galaxien-bildender Prozeß.

Diese Ideen des All-Einen dringen als Geistesblitze auch in die Kausal-„Ebene" (Chana Loka) des menschlichen Bewußtseins ein, die Welt der Ursachen, wo sie weiter „herunter-transformiert" werden, und zwar auf die höhere und niedere Mental-„Ebene" (Mahar Loka). Entsprechend der Vernunft und dem Verstand/Intellekt, gelangen diese Gedanken-Schwingungen in den Bereich der Astral-„Ebene" (Swar Loka), wo sie mit Gefühlen ausgestattet und durch den Energiekörper (Bhubar Loka) des Menschen aufgeladen werden. Nunmehr bilden sie den Keim für Worte und Handlungen, die in der Ausformung von Materie durch Gedankenkraft enden können. Die Ursache lag also im Ewigen, während es vom freien Willen des Individuums abhängt, welche Auswirkungen der Gedanke schafft. Im Ewigen ist immer alles vorhanden; es ist letztlich unser aller Zukunft in der Fülle! Doch was ist „Zukunft"?

Wir haben uns also den Weltäther als Ozean vorgestellt, in dem sich Verknotungen verschiedener Dichte befinden: Von gröbster Ultra-Materie (mit dichtest gepackten Atomkernen bar ihrer Elektronenhülle) über Sonnensysteme wie unserem, bis hin zu feinen Gedankenkeimen, die der Verwirklichung harren, also sich noch in ihrer „Zukunft" befinden. Diese karmischen Keimlinge sind ja noch zarte Gebilde! Wenn die Energie zu ihrer Verwirklichung fehlt, streben sie wieder zurück in die höheren Dimensionen, um neuerlich an den Sog eines Stromes zu gelangen, der ihrer Weiterentwicklung dienlich wäre – ähnlich wie ein Mensch nach verfehltem Inkarnationsziel! Es findet ein pausenlos Eintreten in und Aussteigen aus dieser Sphäre des Akasha-Fluidums statt, in dem unser Begriff von „Zeit" nur eine eingebildete Rolle spielt. Dort herrscht eine Zeitform, die am ehesten unserer Auffassung von „Zukunft" entspräche, wo nämlich die Ereigniskeime auf uns warten!

Diese Illusion endet spätestens, wenn unsere Vorstellung an die Grenze stößt, wo jeglicher Begriff von Vergangenem und Zukünftigem aufhören muß: Am Ereignishorizont der Gegenwart, wo alles aus unserer Zukunft Kommende endgültig ins Hier und Jetzt tritt, in die Gleichzeitigkeit alles Geschehens, in die Synchronizität, d.h. in die Zone der Null-Zeit – und wo im Bereich der Akasha-Chronik auch alles Vergangene präsent bleibt! Dies sei die Oberfläche des immer wieder betrachteten kosmischen Ozeans, Akasha oder Weltäther genannt, der hier an dieser Schnittstelle gar nicht so ruhig ist, sondern das weitflächige Aufgewühltsein eines irdischen Meeres zeigt. Warum?

Es brodelt an seiner Oberfläche, da hier Karma ausgeglichen wird, damit dieses Akasha-Fuidum immer wieder seinen natürlichen Gleichgewichtszustand erreicht. In meinem bildhaften Vergleich stelle ich mir das so vor, als würden Blasen aus dem Meer aufsteigen, die Ungleichgewicht symbolisieren. An der Meeresoberfläche zerplatzen diese „bubbles", worauf das fällige Karma ausgeglichen wäre.

Ist jedoch ein kosmischer Zeitzyklus vollendet, so ist das „Akasha-Meer" tatsächlich total in Aufruhr, denn dann tritt die gesamte materielle Schöpfung in ihre Auflösung und durchschreitet die besagte Null-Zeit-Schranke, wobei Zehnerpotenzen von Wesenskernen gleichzeitig in die Region über der „Meeresoberfläche" eintreten. Diese befinden sich nach wie vor im Bereich des Weltäthers, der hier über den Wassern jedoch eine besondere Qualität aufweisen würde: In ihm driften gleich freigesetzten Luftballons die Quintessenzen all der Ereignisse einer vergangenen stofflichen Welt, die wieder einmal im Strudel eines Endzeit-Kataklysmus unterging. Wir würden sagen: All dies ist jetzt „Vergangenheit"!

Doch welch ein Irrtum! Es ist die ewige Gegenwart, denn all die „vergangenen" Ereignisse sind in der Akasha-Chronik, dem Lebensbuch des Planeten, aufgezeichnet, und sie können in ihrer Wesentlichkeit jederzeit von dort abgerufen werden; dies, falls ein hoher spiritueller Meister eine diesbezügliche Notwendigkeit erkennen sollte, um im Sinne Gottes etwas „Vergangenes" zu manifestieren. Atlantis und Lemuria/Rutas Mu im Hier und Jetzt! Und mancher von uns ist bereits befähigt, in dieser Akasha-Chronik zu lesen, wie einst Rudolf Steiner. Wo bleibt also unser Konzept von „Zeit"? Es löst sich in Nichts auf, je mehr die Bewußtheit der Menschheit zunimmt!

Die genannte Quintessenz der Ereignisse sehen wir also jetzt im Weltäther eingeprägt. Waren die Absichten und Handlungen der Beteiligten positiv, so werden deren Monaden oder Seelen-Partikel mitsamt dem darin eingeschlossenen Gottesfunken weiter aufsteigen, um im Satya Loka endlich nach Hause gefunden zu haben. Anderenfalls sinken sie als zu dicht ab, um in einen neuen Zyklus des Weltenrades einzutreten. Gottes Mühlen mahlen langsam ...

Dies war nur ein Versuch, das aus unserer beschränkten Sicht ewig Unbegreifliche bildlich darzustellen – ob mit Erfolg, mag mein Leserkreis entscheiden. Fest steht jedenfalls: Zeit ist eine Illusion, und doch eine unabdingbare Voraussetzung für unser Verständnis der materiellen Welt, in welcher dem Begriff „Zeit" eine ordnende Funktion zukommt. Aber all die drei sich gegenseitig bedingenden Parameter Raum-Zeit-Materie sind nur Schein und bestehen lediglich diesseits des hauchdünnen Schleiers, der uns von der eigentlichen Wirklichkeit trennt: Unsere Welt des MAYA!

Um nach diesem geosophischen Exkurs wieder zurück auf festen Boden zu kommen, zitiere ich abschließend u.a. die Meinungen einiger bekannter Denker zu dem Zeitproblem in der Wissenschaft.

- Albert Einstein: „Unsere Vorstellung der linearen Zeit ist eine hartnäckige Illusion!“
- Die Schwingungsfrequenz, auf die wir eingestellt sind, und mit der wir weder Vergangenheit noch Zukunft richtig erfassen können! Quelle leider unbekannt (siehe Seite 335).
- Quelle unbekannt: Die Wissenschaft arbeitet mit der Illusion des linearen Zeitbegriffs. Eine irrige Annahme, die sich besonders auf die Zeiträume der geologischen Geschichte von Erde und Mensch auswirkt!
- K. R. Popper: „Unsere Wissenschaft ist kein Wissen: Weder Wahrheit noch Wahrscheinlichkeit kann sie erreichen!“
- E. F. Schumacher: Die beiden Arten von Wissenschaft:
  – Zum Manipulieren mit dem Ziel Macht.
  – Zum Begreifen mit dem Ziel der Weisheit.
- 33% befragter Wissenschaftler geben an, zu unerlaubten Verhaltensweisen (was gefälschte Veröffentlichungen betrifft) Zuflucht zu nehmen, um ihre Geldgeber zu befriedigen. („Raum & Zeit“, Heft 137, September/Oktober 2005, S. 90). Dies betreffs der Glaubwürdigkeit wissenschaftlicher Aussagen!

Atlantis – unser Spiegel! Die Urknall-Maschine

Im Forschungszentrum Cern am Genfer See (Grenze Schweiz – Frankreich) sind 6.500 Fachleute seit eineinhalb Jahrzehnten damit beschäftigt, den von den Astrophysikern postulierten „Urknall“ nachzuvollziehen. Die hiezu benötigte Anlage (die größte ihrer Art), liegt 150 m unter der Erde und besteht im wesentlichen aus einer riesigen gebogenen Röhre von neun Kilometern Durchmesser, was einem Umfang von rund 27 Kilometern entspricht; es ist dies der ringförmige „Teilchenbeschleuniger“. Er ist von unzähligen Elektromagneten ummantelt, die bei Betrieb auf minus 271° C (!) gekühlt werden müssen, was einen unvorstellbar hohen Stromverbrauch bedingt. (Die weltweiten Energie-Sparprogramme lassen grüßen!)

In dieser tunnelartigen Stahlkonstruktion sollen die atomaren Partikel fast mit Lichtgeschwindigkeit aufeinanderprallen und sich hiebei gegenseitig so zertrümmern, daß die noch kaum erfaßten kleinsten Bausteine der Materie freigesetzt werden. Hiezu äußerte sich der leitende Atomphysiker: Rein theoretisch könnte eine

„seltsame Materie“ entstehen, die in einer Kettenreaktion auf die Umwelt überspringen und alles vernichten könnte! Das Ergebnis wäre ein „Welt-Untergangs-Szenario“, denn durch die extrem hohe Dichte der Materie wäre es möglich, daß ein „Schwarzes Loch“ entstünde, das immer größer würde, um schließlich die Erde zu verschlingen!

Der von mir namentlich nicht genannte Kernphysiker erwartet sich von dem Milliardenprojekt „ein tieferes Verständnis unserer Herkunft“ ... Wenn wir dann beim „Weltuntergang“ im Himmel landeten, wüßten wir wohl mehr über des Menschen Woher und Wohin! Doch Spaß beiseite: Man könnte solch einen Wissenschafts-Wahnsinnigen als armen Narren abtun, wäre damit nicht eine haarsträubende Verantwortungslosigkeit offenkundig! Selbst wenn dieser bittere Kelch an uns vorübergehen sollte, bleibt doch der widerliche Geschmack zurück, daß Menschen, die über einen gewissen Wissensstand verfügen, bereit sind und auch in Zukunft immer wieder willens wären, den Planeten mitsamt seinem vielfältigen, gottgewollten Leben aufs Spiel zu setzen – Spiele, die schon längst die Grenzen der kosmischen Gesetze (dharmā) überschritten haben: Atomkraft, Genmanipulation, Plünderung der Rohstoffvorräte und damit Zerstörung der Lebensgrundlagen aller Erdbewohner.

Doch zunächst zu dem Experiment selbst und der daraus zu gewinnenden „Erkenntnis“. Hiezu ein etwas trivialer Vergleich. Ein Botaniker möchte das geheimnisvolle Heranwachsen pflanzlicher Substanz ergründen. Er untersucht die Zellstruktur eines Pflanzenwesens mikroskopisch. Doch das Werden des Gewächses bleibt ihm verborgen!

Die Moral der Geschichte: Nur eine ganzheitliche Schau enthüllt die wahren Zusammenhänge des Naturgeschehens. Um aber in die Metaphysik einzudringen – die Welt der Ursachen – bedarf es eines geistigen Zugangs zur Kausalebene der Ereignisse, wozu beispielsweise Rudolf Steiner befähigt war, den wir im nächsten Abschnitt kennen lernen werden.

Was mich jedoch bei dem Genfer Irrsinns-Experiment besonders schockiert, ist die augenscheinliche Analogie zu Atlantis! Hier wie damals wird solange mit in ihrem wahren Wesen noch völlig unverstandenen Naturkräften gespielt, bis das gesamte multidimensionale System kippt und damit außer Kontrolle gerät! In Atlantis waren es Schwarzmagier, die immerhin um die Zusammenhänge mit höheren Seinsebenen wußten, doch Satan trieb sie über das Äußerste hinaus

– er hatte seine Freude daran, die Ertrinkenden weniger! Aber in der Situation des Hier und Jetzt ist es Unwissenheit, denn was will ein rein materialistisch denkender Wissenschaftler schon von den Höheren Welten wissen, wo unsere Logik von Ursache und Wirkung aufgehoben ist!

Im Falle von Atlantis kommt mir Goethes „Zauberlehrling“ in den Sinn: Die Wasserflut war durch den noch Uneingeweihten schließlich nicht mehr einzudämmen, bis der Meister selbst ihr Einhalt bot. Doch wer ist letztlich dieser Meister? Es gibt nur eine Antwort: Gottvater, der sagen wird: „Jetzt ist es genug!“

Sehen wir denn den Spiegel nicht, der uns vorgehalten wird, wenn wir uns das menschengemachte Schicksal von Atlantis in Erinnerung rufen? Dies muß doch der tiefere Sinn jeglicher Atlantis-Forschung sein! Ein halbes Weltenjahr ist seit Atlantis' endgültigem Untergang vergangen. Und wen sehe ich am besten in einer Diskussionsrunde (siehe die Darstellung des Weltenjahres, S. 130) – mein Gegenüber!

Nicht der Spiegel ist es, der durch die seither verflossene Zeit ganz blind wurde – wir sind es! (Technische Daten aus der Zeitschrift „News“, Wien, 15.2.2007, S. 68–73).

Zwei geistige Seher – eine globale Erkenntnis

Die zwei weltbekannten Persönlichkeiten, die ich in diesem Abschnitt vorstellen werde, möchte ich vorerst noch mit dem Schleier des Geheimnisvollen umgeben. Damit dieses Rätselraten um wen es sich wohl handeln mag, ein bißchen interessanter wird, werde ich tieferstehend die Gemeinsamkeiten dieser epochemachenden Erdenbürger aufzeigen. Beiden waren folgende Charakter-Eigenschaften bzw. Fähigkeiten eigen:

Unermüdliche Arbeitskraft, die in voluminösen Veröffentlichungen ihren Niederschlag fand; Zugang zu Einsichten, die ihnen in medialer Schau offenbar wurden; eine gewisse Rätselhaftigkeit des Charakters; Anfeindungen durch mißgünstige Außenstehende, was auch zum frühen Tod beider beigetragen haben mag. Und nicht zuletzt: Beide hochgeistigen Personen gründeten Gesellschaften, die heute noch bestehen!

Nun will ich die sprichwörtliche Katze aus dem Sack lassen: Es handelt sich um die schon genannte Helena Petrowna Blavatsky und Rudolf Steiner. Betrachten wir zunächst Frau Blavatsky (in der Folge immer abgekürzt zu HPB), geborene Hahn von Rottenstern, die einer adeligen Familie aus Mecklenburg entstammte. Geboren wurde sie in Dnipropetrovsk in der Ukraine. Ihre arbeitserfüllte Lebensspanne betrug lediglich sechzig Jahre (1831–1891), geprägt von der Kraft einer Löwin: die „Löwenherzige".

Mit 17 Jahren wurde sie mit dem Staatsrat General N. Blavatsky verheiratet, doch sie entzog sich den Annäherungsversuchen des älteren Mannes und entwich alsbald nach Tiflis im Kaukasus, worauf Ägypten die nächste Etappe ihres bewegten Lebens wurde. Es folgte ihre erste Indienreise mit dem erfolglosen Versuch, nach Tibet zu gelangen. Wieder begab sie sich nach Ägypten, was zur Entstehung ihres Erstlingswerkes „Isis entschleiert" Anlaß gab.

Später erreichte HPB den Höhepunkt ihrer Öffentlichkeitsarbeit mit der Gründung der „Theosophischen Gesellschaft" im Jahre 1875 in New York. Und wieder finden wir sie in Indien mit dem neuerlich frustrierenden Versuch nach Tibet zu gelangen, wobei sie es bis zur Staatsgrenze brachte. Sie schlug ihren Sitz in Adyar bei Madras/ Chennai auf, wo sich noch heute eine Zweigstelle der genannten Gesellschaft befindet. In den darauffolgenden Jahren (1885–86) arbeitete sie in Deutschland (Würzburg) an der Herausgabe des heutzutage neu aufgelegten Werkes „Die Geheimlehre", während sie ein Jahr später die Zeitschrift „Lucifer" erscheinen läßt, an der nach der Jahrhundertwende auch Rudolf Steiner mitgearbeitet hat. Ihr letztes Bekanntwerden in den esoterisch interessierten Kreisen Londons erfolgte 1888 mit dem Erscheinen der besagten „Geheimlehre". Diese Stadt wurde auch zum Endpunkt ihrer irdischen Lebensfahrt.

Es drängt sich die Frage auf: aus welchen Quellen schöpfte HPB dieses Wissen, das sie uns in ihrer geheimen Lehre – Gupta Vidyâ (Sanskrit: gupta – geheim, verborgen; vidyâ – Lehre, Wissenschaft, śāstrīya – wissenschaftlich) – darbietet? Nach eigener Darstellung der Verfasserin sind es die Lehren der alten Meister Indiens (sogar aus vor-vedischer Zeit!), Tibets und Ägyptens, wie sie seinerzeit in den Mysterienschulen unterrichtet wurden, also Esoterik, daher nicht für die Allgemeinheit bestimmt. 24 Jahre dauerte solch ein

Studium für das Verstehen der Ideen, auf welchen die Zivilisationen vergangener Zeitalter gründeten! Die Theosophie selbst sieht sich als die Essenz der bekannten Lehren aller Zeiten, während sich die Geheimlehre auf drei Axiome beruft:

- Gott als die Ursache aller Ursachen. Der Mensch als qualitativ Ihm gleich.
- Fohat als das Bindeglied zwischen dem reinen Geist und der Materie; d.h. göttliche Gedanken wurden/werden durch die Schöpfergötter (Dhyân Chohans) verwirklicht, was die uns sichtbare Welt schafft.
- Der stofflich manifestierte Kosmos unterliegt einem zyklischen Geschehen, also Zeitzyklen (Manvantaras), deren jeweiliges Ende durch eine Total-Vernichtung (Pralaya) des materiellen Universums gekennzeichnet ist.

Nochmals stellt sich die Frage, woher nahm HPB wirklich das Wissen, welches sie befähigte, solch uralte Weisheiten wiederzugeben? Hatte sie – indirekt – Zugang zu den sagenhaften „Höhlenbibliotheken" Zentralasiens, standen ihr Übersetzungen der indischen Veden zur Verfügung oder wurden ihr Inhalte von Texten zugänglich gemacht, die aus der alexandrinischen Bibliothek Ägyptens gerettet worden waren? Wir wissen lediglich, daß Rudolf Steiner Frau Blavatsky als Okkultistin bezeichnete, vor deren Medialität er große Achtung hegte. Ich möchte nicht verhehlen, daß HPB sich selbst als „Satanistin" bezeichnet hat („Die Geheimlehre", S. 278): „Satan als der höchste göttliche Geist – die okkulte Weisheit auf Erden!"

Über diese Aussage mag jeder denken wie er will; trotzdem müssen wir den guten Willen von HPB, Wissen zu verbreiten, schätzen! Sagt sie doch über sich selbst: „Ich habe bloß aus gepflückten Blumen einen Strauß gemacht und nichts Eigenes hinzugefügt, als den Faden, der sie verbindet!" Und ihrem Angedenken gebührt folgendes Lob:

Niemand trug zu ihrer Zeit mehr dazu bei, daß die lange vergessenen Reichtümer des östlichen Denkens, der östlichen Weisheit und Philosophie der westlichen Welt zugänglich gemacht wurden!

Wenden wir uns jetzt dem Inhalt der „Geheimlehre" zu, in der sich grundlegende Feststellungen finden, welche auf die Entwicklung des Menschen in Raum und Zeit Bezug nehmen. Der Stil der HPB ist in all ihren umfangreichen Schriften (insgesamt 13.000 Seiten) sprunghaft von einem Thema zum anderen, doch ich bemühe mich, das Wichtigste geordnet zusammenzustellen. Der erste, kleinere Teil der „Geheimlehre“ umfaßt das „Buch des Dzyan“ mit u.a. folgender Aussage:

Im Anfang bestand der Kosmos zunächst nur in der Gedankenwelt Gottes. Dieser Gedankenkeim verdichtete sich zum Welten-Ei. In dessen Weiterentwicklung wurde das Obere verborgen, während das Untere als große Illusion sichtbar wurde. Somit entstand das Gewebe des Universums : Dessen oberer Bereich ist Geist, der untere Materie. In letzterer bildete sich die ursprüngliche Siebenheit aus. Nun bezüglich der Geheimlehre selbst.

Die sieben Schlüssel eröffnen die Geheimnisse der sieben großen Wurzelrassen/Menschheits-Epochen: Die sieben Zeitalter oder sieben Ewigkeiten der Menschwerdung. Damals war es Mutter Erde, die am Anfang sprach: „Herr des strahlenden Angesichts: Mein Haus ist leer! Sende Deine Wesen, um diese Kugel zu bevölkern!“ Somit wurden die sieben (eigentlich 7 x 7, denn jede „Wurzelrasse“ umfaßt 7 Unterrassen) Schatten der zukünftigen Menschen geboren: Diese Schöpfung als Gedankenspiel Gottes und der sie ausformenden Schöpfergötter mit den folgenden Zielrichtungen:

Involution als das Herabsteigen des Geistigen in die Materie.

Evolution als das Wiederaufsteigen des Geistigen aus der Materie.

Hiebei erfolgt eine parallele Entwicklung in gegenläufiger Richtung: Eine geistig-seelisch, intellektuelle vom Höchsten zum Niedersten sowie eine physische Entwicklung vom Einfachsten zum Verschiedenartigsten.

Dieser skizzierten zeitlichen entspricht folgende räumliche Entwicklung:

1) Nordasien als die Wiege der ersten Menschen, das unvergängliche „Heilige Land“. Die ätherischen Wesen der Polaren Menschheits-Epoche fühlten sich als hierher gehörig.

2) Das Nordpolargebiet, Nordasien und Grönland: Dies war ehedem ein subtropisches Gebiet jenseits von Skandinavien („Ultima Thule“), wo es nur einen Tag und eine Nacht im Jahr gab. Dies war die hyperboräische Menschheits-Epoche, deren stofflicher werdende Wesen u.a. das damalige „Grünland“ – heute Grönland – zur Heimat hatten.

3) Die Menschheits-Epoche von Lemuria im Indik und Rutas Mu im Pazifik. Letztgenanntes Weltmeer als Grab eines „verlorenen Kontinents“ mit den heutigen Südseeinseln als dessen stumme Zeugen.

4) Atlantis im Nordatlantik als Sitz der nachfolgenden Menschheits-Epoche, dessen endgültiger Untergang vor etwa 12.000 Jahren

erfolgte, wie von Platon beschrieben und von Historikern zumindest erwähnt.

Auf die Gefahr hin, bereits Gesagtes zu wiederholen, gebe ich eine Kurzfassung der sieben Menschheits-Epochen nochmals wieder, wie in der „Geheimlehre“ dargestellt. Dieses Grundkonzept der Menschheitsentwicklung findet sich nicht nur bei HPB – es wurde inhaltlich unverändert von Rudolf Steiner übernommen und weiter ausgebaut. Die Wichtigkeit dieser geistigen Sichtweise der Menschwerdung mag eine neuerliche Präsentation derselben rechtfertigen, wobei ich Ergänzungen hinzufüge.

Die erste Menschheits-Epoche: Die „Selbstgeborenen“.

Die reinen Schöpfergötter konnten aus sich selbst nur schattenhafte Menschenwesen hervorbringen. Diese waren zu „materiell“, um eine Hierarchie von Göttern zu sein und zu geistig rein, um Menschen zu sein. Diese erste Menschheit empfing ihren Lebensodem von der Sonne und war ätherisch. Sie ging in ihrer eigenen Nachkommenschaft auf.

Die zweite Menschheits-Epoche: Die „Schweißgeborenen“.

Sie wurde aus der ersten gebildet und war körperlicher als jene. Auch ihre Heimat war der hohe Norden einschließlich „Grünlands“. Diese zweite Menschheit wurde in der dritten Menschheits-Epoche wiedergeboren.

Die dritte Menschheits-Epoche: Die „Eigeborenen“.

Diese werden auch die „Zwiefältigen“ genannt, da sie anfangs Zwitterwesen waren: die Hermaphroditen, wie sie in den Überlieferungen fast aller Völker auftauchen. Hier liegen drei Phasen der Fortpflanzung vor:

1. Stadium: Fortpflanzung durch Ausschwitzen von „Lebensflüssigkeit“ unter darauffolgender Ausformung eines eiförmigen Gebildes.

2. Stadium: Es entwickelten sich androgyne Zwitterwesen mit beiden Geschlechtsmerkmalen an ein und demselben Menschenwesen.

3. Stadium: Es erfolgte Geschlechtertrennung in Mann und Frau.

In der Spätzeit dieser Menschheits-Epoche entstand das feste Knochengerüst, das Skelett. Diese Menschen waren die „Heilige Rasse“, die Hüter der Geheimnisse. Sie besaßen göttliche Schönheit und riesenhaften Wuchs mit dementsprechender Stärke! Die Nachkommen dieser Riesen sind die Polynesier! Diese Aussage stimmt mit der Lokalisierung des Lebensraumes dieser Menschheits-Epoche überein: Dem Indik (Lemuria betreffend) und dem Pazifik (in Hinblick auf Rutas Mu). In der „Geheimlehre" heißt es hiezu (S. 242 u. 243): Lemuria erstreckte sich vom Himalaya bis Südindien sowie weit in den Pazifik hinein. Den Untergang von Lemuria (und Rutas Mu) gibt HPB als an der Grenze Kreidezeit-Tertiär an. Geologisch gesehen, stimme ich mit der letzten Aussage völlig überein, bezüglich der „Kontinente" Lemuria und Rutas Mu sind noch einige Erklärungen nötig. HPB konnte ja noch nichts von Kontinentaldrift und Plattentektonik wissen!

Die vierte Menschheits-Epoche: Die „Schwarz-Magier".

Aus den Halbgöttern der 3. Menschheits-Epoche entwickelten sich die Halbdämonen der 4. Menschheits-Epoche! Waren erstere Träger göttlicher Weisheit, so waren die Atlanter teilweise mit unreiner Intelligenz behaftet! Diese vierte Epoche des Abstiegs in die Materie stellt den katastrophalsten Fall der Menschheit dar: Der tiefste Punkt der Involution war erreicht (Geheimlehre S. 174)! Seither befindet sich die Menschheit am aufsteigenden Ast der Parabel, wobei der Geist wieder die Herrschaft über das Materielle gewinnt.

Nun haben wir die Atlanter als z.T. schreckliche Magier und Zauberer kennengelernt und so wurden sie die Opfer des Herrschers der Materie – Satan (dies schreibt HPB als Satanistin!). Deren Untergang war nicht mehr aufzuhalten und das Meer bedrohte die sieben großen Inseln, worauf es diese schließlich verschlang. Alle Gesetzestreuen wurden gerettet, die Unheiligen vernichtet. Die Ahnen der 5. Menschheits-Epoche überlebten und wurden in den Gebieten ihrer neuen Heimat von den ersten göttlichen Königen regiert (siehe die Genealogie des Manetho, Seite 31). So berichtet HPB.

Die fünfte Menschheits-Epoche: Das sind WIR!

Die Geheimlehre äußert sich bezüglich der zeitlichen Einordnung der Menschheits-Epochen folgendermaßen: Lemuria und Rutas Mu bestanden im Mesozoikum der Erdgeschichte, während Atlantis seine Blütezeit im Eozän erlebte (siehe Tabelle der geologischen Zeitalter, Seite 119). Lemuria und Atlantis überschnitten sich Millionen Jahre hindurch. Aus den atlantischen Flüchtlingen ging unsere 5. Menschheits-Epoche hervor, die sich in Unterrassen aufgliederte, und zwar: (Die Abfolge entspricht nicht einer Wertung!)

Die Weiße Rasse entstammt dem ursprünglichen Lebensraum vom Iran bis einschließlich des Kaukasus.

Die Gelbe Rasse war anfangs im Gebiet der heutigen Wüste Gobi und in Ostasien zu Hause – wie heute noch.

Die Rote Rasse besaß ihre Heimat in Atlantis und in beiden Amerikas.

Die Braune Rasse sind die von Rutas Mu und den Anden Südamerikas.

Die Schwarze Rasse bewohnte einst nur den Sudan und Westafrika.

Soweit bezüglich der wichtigsten Menschenrassen, ohne Anspruch auf Vollständigkeit zu erheben und lediglich die Darstellung aus der „Geheimlehre“ wiedergebend. Aus diesem Werk der HPB entnehme ich noch eine wichtige Mitteilung, wie folgt:

Jede Menschheits-Epoche war gänzlich verschieden – sowohl von der vorhergehenden als auch von der nachfolgenden.

Wollen wir uns nun dem anderen großen Geist zuwenden: Rudolf Steiner, der das Lebenswerk und die Begabung von Madam Blavatsky achtungsvoll anerkennt. In seiner Autobiographie schreibt er (S. 24, 27 u. 463):

„Die in hohem Grade medial begabte Frau HPB!“ Und an anderer Stelle: „Die Offenbarung einer doch ungewöhnlichen Persönlichkeit!“

Eine indirekte Bezugnahme der beiden Genien zueinander erfolgte jedoch nur in Zusammenhang mit der schon erwähnten Herausgabe der Zeitschrift „Lucifer“, wo Steiner die Erstfassung seines Werkes „Wie erlangt man Erkenntnisse der höheren Welten“ abdrucken ließ. Doch diese Feststellung war ein Vorgriff auf Steiners Werdegang!

Rudolf Steiner wurde am 25.2.1861 (Fisch–Sonne!) als Sohn eines Eisenbahnbediensteten in einer kleinen Ortschaft der österreichisch-ungarischen Monarchie geboren. Die Kindheit verbrachte er im Umkreis von Stationen der österreichischen Südbahn. Ab 1872 Besuch der Oberrealschule in Wiener Neustadt, die er mit Auszeichnung abschloß. 1879–1883 studierte er an der Technischen Hochschule in Wien u.a. auch Geologie bei dem Weltreisenden und Geologen Prof. Ferdinand von Hochstetter. Sein Studium verdiente er sich durch Privatunterricht und beginnende literarische Tätigkeit, wobei Goethe sein Vorbild war. Dementsprechend wählte er das Thema seiner Dissertation, worauf er nach Weimar berufen wurde.

1887 übersiedelte Steiner nach Berlin, wo er an einer Arbeiter-Bildungsschule unterrichtete. In diese Zeit um die Jahrhundertwende fällt wohl auch seine Hinwendung zu einer Schwarzmagischen Organisation, deren Oberhaupt er kurzfristig war (J. Dvorak in „Satanismus“, Heyne Verlag, München, 2000, S. 312–314). Doch diese Verirrung entsprach überhaupt nicht seinem menschlichen Wesen, das als immer frisch, freundlich, geduldig und gütig geschildert wurde. Er arbeitete meist bis an die Grenze seiner Schaffenskraft. So formte sich auch sein Charakter auf der steten Suche nach einem Verhältnis zum Christentum. Dies führte zu einer Begegnung mit Vertretern der Theosophie, worauf er bald in den Berliner Räumlichkeiten dieser Geistesrichtung Vorträge hielt. Alsbald war er Leiter des deutschen Zweiges der Theosophischen Gesellschaft.

1910 erfolgte das Erscheinen des Buches „Die Geheimwissenschaft im Umriß“ in einem eigenen Verlag in Berlin, also nicht im Rahmen der Theosophischen Gesellschaft. Dies deutete bereits auf Trennungstendenzen hin, und tatsächlich kam es dann 1912 zum notwendig gewordenen Bruch mit den Theosophen, unausbleiblich aus folgendem Grund: Steiner und sein Anhang waren nicht bereit, sich ausschließlich im Bannkreis indischer Esoterik zu bewegen, denn sein Hauptaugenmerk war fortan christlich-abendländische Spiritualität! Ende Dezember 1912 fand dann die Gründung der Anthroposophischen Gesellschaft statt. Deren Zielsetzungen sind ein Zusammenklang von Religion, Wissenschaft und Kunst – klingt ein bißchen nebulos – so nach Steiners Wasserzeichen im Horoskop! Doch ein Geist wie Steiner wußte genau, wo die Grenzen zu ziehen sind, wenn er feststellte: „Man darf wahre Mystik nicht mit dem Mystizismus verworrener Köpfe verwechseln!“ In diesem Sinn sollte auch seine Schau in die Akasha-Chronik verstanden werden! Doch auch die Grundgedanken der Anthroposophie lassen sich präzisieren:

- Ein Streben nach der Durchgeistigung der Welt.
- Eine Vorbereitung für die große Epoche der Menschheit, die uns bevorsteht! (Eine Aussage, gemacht vor rund hundert Jahren!)
- Eine Wiederbelebung des Christentums im urchristlichen Sinn.

Zu obigem ist hinzuzufügen, daß sich die Anthroposophie, die vor etwa vier Generationen durch die Persönlichkeit Rudolf Steiners entstand, bis heute nicht nur erhalten, sondern auch an öffentlichem Interesse nichts eingebüßt hat! Und fast ebenso alt ist ihr Hauptsitz: Im Jahre 1913 wurde durch Spenden der in die Tausende gehenden Zahl der Mitglieder der Gesellschaft ermöglicht, oberhalb des Dorfes

Dornach bei Basel im Schweizer Jura Landbesitz zu erwerben. Am 20.9.1913 erfolgte die Grundsteinlegung für einen Doppelkuppelbau aus Holz – genannt Goetheanum –, wobei sich die Mitarbeiter aus 17 Nationen rekrutierten. Zum engsten Kreis um den „Doktor“ gehörte Frau Marie von Sivers, mit der Steiner 1914 den Ehebund schloß. Die Genannte hatte schon seit vielen Jahren den logistischen Arbeitsbereich ihres nunmehrigen Mannes im Griff, d. h. sie plante seine Vortragsreisen, die fast alle deutschen Großstädte mit einschloß, aber auch Reisen nach England und Rußland, woher Frau Sivers stammte. In dieser Zeit waren Dornach und Berlin die Hauptwirkungsstätten Steiners.

1919 erfolgte die Gründung der ersten Waldorf-Schule in Stuttgart, die nach einem Zigaretten-Fabrikanten benannt ist, der dieses neue Projekt finanzierte. 1924 wurde nach jahrelanger Vorbereitung die „Freie Hochschule für Geisteswissenschaften“ in Dornach[9] gegründet. Leider erweckte dieses Zentrum geistigen Lebens auch das Interesse des Gegenpols!

In der Silvesternacht 1922/23 fiel der genannte Holzbau einer ruchlosen Brandstiftung zum Opfer! Trotzdem arbeitete Steiner weiter an seinen Vorträgen, doch seine Gesundheit war angegriffen; das seelische Moment der Vernichtung des äußeren Aspekts seines Lebenswerks, des Goetheanums, hatte ihm doch sehr zugesetzt! Steiner reagierte auf seine Art: Er stürzte sich noch mehr in Arbeit, was zudem Unterernährung nach sich zog, weshalb sein gesundheitlicher Verfall nicht mehr aufzuhalten war.

Im 64. Lebensjahr verstarb Rudolf Steiner nach schwerem Krankenlager in Dornach am 30.3.1925. Seine Frau sprach den Verdacht aus, ihr Mann sei vergiftet worden! Er wäre somit einer der Großen, die den Dunkelmächten bei deren Kampf gegen Wahrheitsfindung, gegen das Gute, Edle und Schöne im Weg standen. Ihre Opfer: W.A. Mozart, F. Schiller, N. Tesla, W. Reich, V. Schauberger u.a.m.

Das Lebenswerk Rudolf Steiners umfaßt in der Gesamtausgabe 350 Bände, die heute in der Bibliothek in Dornach aufliegen und auch lieferbar sind. Für unsere Betrachtung der Erdgeschichte und ihrer Hochkulturen sind die Darstellungen seiner Schau in die Akasha-

9 Freie Hochschule für Geisteswissenschaft, Goetheanum, CH–4143 Dornach bei Basel, Schweiz.

Chronik die wichtigsten. Steiner schöpfte aus „okkulten Quellen" wie kaum jemand zuvor!

Über solch wissenschaftlich nicht faßbare Quellen werden die Fachgelehrten nur den Kopf schütteln – doch gerade das sollten sie nicht tun, denn sonst könnten die in ihrem Hirn gespeicherten Daten durcheinander purzeln! Aber ich kenne einen mir Gleichgesinnten, der die Aussagen Steiners als wahre Tatsachen auffaßt, den Berliner Geologen Dankmar Bosse, dem die Geologie folgendes Werk verdankt: „Die gemeinsame Evolution von Erde und Mensch" (Freies Geistesleben-Verlag, Stuttgart, 2002). Hierin wird auf über 500 Seiten das aufgearbeitet, was Steiner an Geologischem ausgesagt und Bosse in das Weltbild der heutigen Geowissenschaften eingearbeitet hat: Eine gigantische Aufgabe, gekonnt gelöst, die Herrn Bosse verdienterweise den Professorentitel eingetragen hätte, wäre das atheistische System des ehemaligen Ostdeutschland nicht der erklärte Feind all dessen gewesen, was jenseits von Materie existiert – und das ist eben die geistige Welt, wie sie von Steiner wieder in unseren Gesichtskreis gerückt wurde!

In dem zitierten Standardwerk Bosses sind Auffassungen vertreten, mit denen ich, was die geologische Geschichte von Atlantis und Lemuria betrifft, grundsätzlich übereinstimme, weshalb ich diesem die eine oder andere bildliche Darstellung (unter Nachweis des Urhebers) entnehme. Herrn Bosse bin ich auch für erläuternde Gespräche über fachliche Probleme dankbar – wenn ich ihm auch seine „sedimentären Granite" (im Sinne des Neptunisten Goethe) bisher nicht „abkaufen" kann. Und damit sind wir endlich beim Thema: Geologie.

2. Das Spiel wird ernst

Atlantis, Lemuria und Rutas Mu – geologisch doch beweisbar?

„Was zu zeigen übrigbleibt, ist, daß unsere modernen Geologen jetzt gezwungen sind, die beweisbare Existenz versunkener Kontinente (Atlantis, Lemuria und Rutas Mu) einzugestehen ... und zuzugeben, daß auf ihnen während der frühen geologischen Perioden Menschen lebten, ja, Menschen und zivilisierte Völker, die unter der Leitung ihrer göttlichen Herrscher große Städte bauten, Wissenschaften und Künste pflegten und Architektur, Astronomie und Mathematik vollkommen kannten!" (Helena Petrowna Blavatsky in: „Die Geheimlehre", 1888)

Nach dem Versuch, das Zeitproblem in den Griff zu bekommen, steht sozusagen die Frage nach dem Raum im Raum: Wo hätte sich die Existenz von gleich drei Hochkulturen räumlich abgespielt? Mit anderen Worten:

Wo also lag Atlantis, Lemuria und Rutas Mu? Diese Fragen hat die Atlantologie beweiskräftig zu beantworten, womit wir uns tief in das Wissensgebiet der Geologie hineinbegeben, die nicht nur nachzuweisen hat, wo die genannten Zivilisationen zu lokalisieren waren, sondern auch glaubhaft machen muß, welche Ursachen deren Untergang bewirkt haben. Das harte Muß der Beweisführung tritt also an mich als Atlantis-Forscher heran, womit das Spiel tatsächlich ernst wird! Und welche Wissenschaft hätte mit härteren Tatsachen zu tun als die Geologie mit ihren Gesteinen, Vulkanausbrüchen, Erdbeben und driftenden Kontinenten?

Ende des Abschnitts „Atlantis: alte Weisheit – neues Wissen" kommt das Geistwesen Hardus über ein Medium mit der Aussage zu Wort, sowohl die Atlanter als auch die Einwohner von Lemuria seien durch Satan verführt worden, hochmütig zu werden, was offenbar die schwerste aller Sünden darstellt, weshalb die Schuldigen ihrer Vernichtung bzw. Bestrafung anheimfielen. Ich nehme mir die Freiheit, obige Aussage etwas zu relativieren, denn es ist wieder einmal der „arme Teufel", der für alles Unheil, das die Menschheit immer wieder trifft, verantwortlich gemacht wird! Satan, als unfreiwilliger Diener des Allerhöchsten, fungiert gleichsam wie ein Prüfer der Jivas (der inkarnierten Seelen), ob diese schon (besser gesagt: endlich) reif seien, dessen Reich (die grobstoffliche Welt) zuverlassen, um in höhere Sphären aufzusteigen. Kann man ihm daher seine Verführungskünste vorwerfen? Der bereits genannte W. Kienzler („Die Schöpfung") schreibt hiezu sehr treffend (S. 230):

„Es ist das Spiel der Negativen Macht, den Streit und die Zwietracht auf Erden zu schüren und zu unterhalten, damit die Menschen nicht zur Ruhe und Besinnung kommen, die wahre Lehre des Vaters annehmen und aus dem Herrschaftsbereich Satans (Jehovas) entkommen, wodurch sie seine Gefolgschaft dezimieren würden. Denn wer einmal die Dunkelsphäre Satans überwunden und verlassen hat, der steigt auf in das Reich von Licht und Glanz, um nie wieder in die unteren Regionen zurückzukehren!"

Die Negative Macht packte die Wesenheiten von Lemuria dort, wo die Menschheit dieser Epoche ihre vitalste Urkraft besaß: An der Willenskraft. Es war deren übersteigerter Größenwahn, welcher die Lemurier zu guter Letzt zu Fall brachte: Sie wollten sich als Götter sehen! Doch da besteht ein feiner Unterschied zu der Forderung Jesu: „Werdet vollkommen wie der Vater im Himmel!"

Jedenfalls setzte diese nunmehr negativ schwingende Energie der Willenskraft der Menschen von Lemuria eine Kettenreaktion in Gang, indem sie sich, als dem Urelement des Feuers zugeordnet, in ihrer Schwingung mit dem Feurig-flüssigen des Erdinneren verband und den weltweiten Vulkanismus von damals zum Ausbruch verhalf.

Atlantis war anders: Hier hatte man eine Hochtechnologie auf die Spitze getrieben, bis sie in Magie überging: Schwarze Magie war letztlich der selbst „verabreichte" Todesstachel für Atlantis! Die Naturkräfte waren durch übermäßige Anzapfung kosmischer Energie überfordert worden; sie rebellierten. Besonders betraf dies das Urelement Wasser (Magie – nebulos – Neptun!), was immer wieder zu Überflutungen führte, bis schließlich die gesamte Inselwelt von Atlantis versunken war!

Wir Heutige, die nun wieder über Zugang zum Spirituellen verfügen, wissen, daß das Denken der Menschen Naturkräfte beeinflußt. Würde sich auch die Allgemeinheit dessen bewußt werden, blieben uns die schwersten kommenden Weltkatastrophen erspart! Dieser Erkenntnis der Wirkung des menschlichen Bewußtseins-Niveaus auf das Naturgeschehen, liegen obige Feststellungen bezüglich des Untergangs von Atlantis und Lemuria zugrunde: Die letzten Ursachen sind im Geistigen begründet!

Nun fallen all meine orthodox-denkenden Fachkollegen über mich her, wie bipede, karnivore Raubtiere: Es hat auch schon unzählige globale Katastrophen ohne die Einwirkung negativer Gedankenkraft des „Homo sapiens“ gegeben! Richtig! Meine Entgegnung:

Zur Zeit der Urerde, während deren der Mensch sich als feinststoffliches Geist-Seele-Wesen allmählich seiner neuen Heimat, dem noch unverfestigten Planeten Erde näherte, vollzog sich das geologische Geschehen zunächst unabhängig vom Einfluß der Gedankenschwingungen des Menschen. Der Menschengeist war noch nicht in die sich verdichtende Materie herabgestiegen; Mutter Erde war selbst noch keineswegs bereit, diesen zu empfangen, denn auch sie mußte erst ihren Körper grobstofflich ausformen. „Die Geist-Seele des Menschenwesens schwebte noch über den Wassern“ (des Weltmeeres), bildlich gesprochen. Erst während der folgenden Entwicklungsphasen verband sich des Menschen Geist-Seele über das Körperhafte mit dem Planeten Erde. Von da an erfolgte die parallele Entwicklung von Erde und Mensch unter zunehmender Einflußnahme des sich ausbildenden menschlichen Egos.

Eine basaltische, erste Erdkruste bildete sich, eingehüllt in Dampf, der sich nach Abkühlung als Urozean niederschlug. Damit setzten intensive Verwitterungsvorgänge ein, was zu Auslaugungsprozessen und schließlich zu stellenweiser Anreicherung von kieseligem/kieselsäurereichem Material führte. Letzteres bildete granitische Aufschmelzungsprodukte in Form der ersten Kontinentalschollen, den Kernen der späteren Kontinente wie sie heute das Antlitz unseres Planeten prägen. Jetzt erst war die Erde fähig, Landleben zu tragen, und alsbald tummelten sich Saurier und Menschen auf ihr, zunächst in friedlichem Nebeneinander. Der Geist hatte sich mit einer stetig gröber werdenden stofflichen Hülle umkleidet, was sowohl das Leben auf Erden betraf als auch den Planeten selbst. Und so begann der Mensch der Erde seinen Willen aufzuzwingen: „Macht euch die Erde untertänig!"

Damit war – zunächst in Lemuria – die Geisteshaltung geboren, die ihre tragische Fortsetzung in Atlantis fand, und an der auch wir Heutige wieder einmal scheitern werden: Dem Hochmut, also dem satanischen Prinzip der Auflehnung gegen die Gesetze der Schöpfung (Atomkraft, Genmanipulation, Explosionstechnik). Somit schließt sich der Kreis des tiefen Falls, der über Lemuria/Rutas Mu und Atlantis bis ins Hier und Jetzt führt, was den Untergang der jeweiligen Hochkultur zwangsläufig nach sich ziehen muß! Ich fasse stichwortartig zusammen:

Lemuria (im Indik) und Rutas Mu (im Pazifik): Um es gleich vorwegzunehmen: Lemuria hatte ein ganz spezielles geologisches Schicksal, wie noch darzustellen sein wird. Das Folgende bezieht sich nur auf das ehemalige Weltreich im Pazifik: Untergang durch Mißbrauch der Lebenskraft unter Rebellion des Feuerelements: Weltweiter Vulkanismus! Riesige Magmakammern entleerten sich, unterirdische Hohlräume schaffend und flächendeckende Lavaergüsse formend. Absinken einer basaltischen Landmasse im Pazifik.

Atlantis (im Atlantik, wo sonst!): Ausübung Schwarzer Magie durch die Dunkelmächte konnte von den Gottgläubigen nicht gestoppt werden: Rebellion des Wasserelements. Der Todesstachel des Skorpions führte zur Selbstvernichtung!

Gegenwart: Die totale Plünderung des Planeten wird letztendlich zur Rebellion des Erdelements führen; dies mit weltweiten Erdbeben als dem bevorstehenden Ende unserer Zivilisation! Das Spiel der Global Players ist bereits sehr ernst!

Nach diesen geosophischen Vorbemerkungen ist es unerläßlich, einige geologische Erläuterungen zu geben. Da ist zunächst der Begriff „Magma", also Gesteinsschmelze, wie sie uns bei Lavafördernden Vulkanausbrüchen entgegentritt. Es handelt sich um ein Substrat, das in der oberen Region des Erdmantels „mobilisiert" und zufolge des inhärenten Gasdrucks nach oben gepreßt wird. Diese flüchtigen Bestandteile des Magmas enthalten vornehmlich Wasserdampf, sowie eine ganze Reihe z. T. giftiger Gase, darunter Schwefelverbindungen als auch Aushauchungen elementaren Schwefels, wie er z.B. in Girgenti auf Sizilien gewonnen wird.

Über das Magma ist noch einiges zu sagen, um die große Verschiedenartigkeit vulkanischer Tätigkeit zu erklären. Die Vulkanologie unterscheidet zwischen Magma, das direkt dem Erdmantel entsteigt, daher chemisch unverändert an der Erdoberfläche austritt (untermeerisch oder zu Land). Andererseits kann die etwa 1.000° C heiße Schmelze auf ihrem Weg nach oben Material der granitischen Erdkruste aufschmelzen und „assimilieren“, wodurch sich ihr Chemismus ändert: Sie nimmt Wasser auf (besonders aus unverfestigten Sedimenten am Meeresboden), aber auch kieselige (also SiO_2-reiche) Substanz von Bruchstücken der Kontinentalschollen. Dies hat zur Folge, daß diese veränderte Schmelze

a) gasreicher (Wasserdampf etc.),

b) reicher an SiO_2 wird, was wiederum bedingt, daß die austretende Lava zähflüssiger ist. Hiemit erklären sich die beiden Extremtypen von Vulkanismus, wobei es naturgemäß sämtliche Übergangsformen gibt:

– Unveränderten Schmelzen begegnen wir inmitten der Ozeanbecken über aktiven oder ehemals tätigen Mittel-Ozeanischen-Rücken (MOR). Die Lava fließt wie Öl aus dem Vulkanschlot; sie ist dünnflüssig und gasarm, neigt daher nicht zu explosiver Tätigkeit. So kann man z.B. auf Hawaii diese Art von Vulkanismus aus nächster Nähe beobachten.

Unverändertes Magma kann auch als Ausschmelzungsprodukt in den sogenannten „Hot Spots“ des oberen Erdmantels gebildet werden. Das sind, wie der Name sagt, heiße Zonen im oberen Erdmantel aus denen diese Schmelze hochsteigt, worauf sie dem Ozeanboden aufsitzende Vulkane bildet. Das bekannteste Beispiel ist der tätige Vukanismus Hawaiis.

– Chemisch veränderte Gesteinsschmelze, reich an Siliziumdioxid (SiO_2) und Vulkangasen (vor allem Wasserdampf) ist zähflüssig, was den Entgasungsprozeß logischerweise hochspannungsgeladen vorsichgehen läßt! Die im Magma gelösten Gase wollen bei Druckentlastung während des Aufsteigens des Magmas entweichen, was durch die Zähflüssigkeit der Schmelze gehemmt oder zunächst ganz verhindert wird. Gewaltige Explosionen sind die Folge, wie unzählige Ereignisse in der Erdgeschichte beweisen. Vulkanismus dieser Art ist an die Zonen der Erdkruste gebunden, wo in der Tiefe Aufschmelzung erfolgt, also in Gebirgsbildungszonen, wie sie uns ganz besonders rings um den Großen Ozean entgegentreten: Der „Zirkumpazifische Feuerring“.

Vulkanen im soeben genannten „orogenen Bereich“ sollte man also nicht allzusehr trauen, denn sie können urplötzlich ihr Dach in die Luft sprengen, worauf die hiebei ausgestoßene Wolke vulkanischer Asche dann jegliches Leben in weitem Umkreis erstickt. Deren Explosionsdruck kann ganze Wälder wie aus einer Schachtel verstreute Streichhölzer flachlegen, was beispielsweise beim Ausbruch des St. Helens im Bundesstaat Washington, USA (1980) der Fall war. Der z.Zt. tätige Vulkan auf der großen Insel von Hawaii (der Kilauea mit dem Seitenkrater des Mauna Ulu) ist da wesentlich freundlicher, und ich verbrachte manche Nacht in nächster Nähe des feuerspeienden Vulkanschlots, was mir manch eindrucksvolles Foto bescherte (siehe Seite 257).

Noch haben wir den weltweiten Vulkanismus nicht betrachtet, der sich am Meeresboden manifestiert und dessen Tätigkeit dem menschlichen Auge daher verborgen bleibt. Er ist an die MOR gebunden und der ungeheure Wasserdruck verhindert, daß auch nur Dampfblasen bis an die Meeresoberfläche emporsteigen. Die genannten MOR sind nichts anderes als Spalten, welche zwischen den auseinanderdriftenden Platten ozeanischer Kruste aufbrechen und wo sich ein Vulkan an den anderen reiht, insgesamt ein erdumspannendes Spaltensystem von rund 60.000 Kilometern Länge bildend. Dort unten in der Tiefsee befindet sich auch der Sitz der „Schwarzen, rauchenden Schlote" („Black Smokers"), aus denen überhitztes, magmatisches Wasser ausgespien wird und an deren Rändern sich Ablagerungen ganz bestimmter Metallverbindungen absondern. Die Manganknollen, welche sich am Tiefseeboden weitverstreut besonders im zentralen und nördlichen Pazifik finden, sind hingegen anderer Entstehung.

Spaltsysteme sind jedoch nicht auf den basaltischen Ozeanboden beschränkt, auch granitische Kontinentalplatten driften bekanntlich auseinander. Das eindrucksvollste Beispiel hiefür ist der Afrikanische Grabenbruch, ein nord-süd-verlaufendes Riftsystem, das Ostafrika in eine Horst- und Grabenlandschaft zerbrechen läßt, wobei sich die nördlichste Verzweigung im Roten-Meer-Graben, in der Halbinsel Sinai und der Toten-Meer-Depression ausprägt.

Mit Erwähnung der ozeanischen Erdkruste, die entlang der MOR auseinandergleitet, sowie dem Zerbrechen Afrikas, haben wir in die inzwischen bewiesene Tatsache der Kontinentaldrift Eingang gefunden. Die dünne, basaltisch-ozeanische Kruste taucht an den Gebirgsrändern des Pazifiks unter die Kontinentalschollen (z.B. Südamerikas) in die Tiefe, wo sie aufgeschmolzen wird – siehe explosiver

Vulkanismus! Diese Art der Begegnung Kontinent – Ozean ist der „Pazifische Bauplan“. Die Umrahmung des Atlantiks hingegen kennt weder jung aufgefaltete bzw. rezent hochgehobene Randgebirge noch Zonen des Abtauches ozeanischer Kruste, wie sie besonders längs des Anden-Orogens vorliegt (siehe Seite 135). Der „Atlantische Bauplan“ jedoch weist nur eine Ausnahme auf: Die verhältnismäßig kleine, aktive Subduktionszone des Antillen-Bogens, entlang deren ozeanische Kruste unter einem zerstückelten Gebirgsstrang verschluckt wird.

Der Begriff „Kontinentaldrift“ (entsprechend dem heute gebräuchlichen Terminus „Plattentektonik“; Tektonik: Lagerungsform von Gesteinskörpern) gehört nunmehr zum Rüstzeug jedes Geowissenschaftlers. Der Kampf um die Anerkennung dieses Konzepts ist eine Geschichte für sich! Was wurde der Meteorologe und Grönlandforscher Alfred Wegener ausgelacht, als 1912 diese Idee in ihm zu dämmern begann, was er bald danauf in Wort und Schrift der geophysikalischen Fachwelt mitteilte. Spott und Hohn waren die Folge, und erst der südafrikanische Geologe A. Du Toit machte dieses Thema akzeptabel, das jegliche moderne Veröffentlichung über den Bau der Erde zur Grundlage hat. Es wurden inzwischen Driftgeschwindigkeiten von bis zu 17 cm pro Jahr gemessen, und wenn man das auf nur eine Million Jahre umrechnet, so ergibt das immerhin 170 km!

In einem wohl unverzeihlichen Rückfall in lineares Zeitdenken rechnete ich weiter: Bereits während zehn Millionen Jahren (was sind schon zehn Millionen Jahre unter Geologen!) könnte ein kontinentales Bruchstück daher 1.700 km gewandert sein, um anschließend einem anderen Teil kontinentaler Kruste angegliedert oder unterschoben worden zu sein. Und dies ist jetzt die Kernaussage:

Solch eine driftende Scholle kontinentaler Kruste ermöglicht uns die Annahme, daß sowohl ein Kontinent-Bruchstück namens Lemuria unter Zentralasien geschoben wurde, als auch – in Hinblick auf Rutas Mu –, daß Fragmente eines zerbrochenen pazifischen Kontinentes dem zirkumpazifischen Gebirgsstrang angeschweißt worden seien.

Rutas Mu läßt sich aber auch als abgesunkenes, riesiges Basaltplateau erklären – ganz nach Belieben!

Somit liefert uns die Kontinentaldrift den geologischen Beweis, daß sich in beiden Ozeanen, dem Indik und Pazifik, ohneweiters je eine Landmasse befunden haben könnte. Nehmen wir die Mythen und die Zeugnisse der Megalithkultur hinzu, so gewinnen wir soviel an festem Boden für obige Annahme, daß wir z. B. die Steinkolosse der Osterinsel beruhigt daraufzustellen vermögen!

Können Sie mir bezüglich obiger Metapher im Geiste folgen, so freut mich das sehr, denn ich schwelge in Gedanken von den Südseeinseln, nachdem ich auf manchem dieser Eilande herumgewandert bin! Mein Problem ist nur: ich liebe auch die neun Azoreninseln, wo ich 12 Jahre immer wieder auf Fotojagd war, um die Unterlagen für einen Bildband über diesen Archipel zusammenzutragen. Somit sind wir in unserer Vorstellung im Atlantik gelandet.

Die azoreanische Inselgruppe als ein Rest von Atlantis! Dieses Gebiet mitten im Nordatlantik ist geologisch so zu sehen, wie bezüglich von Rutas Mu als Alternative aufgezeigt: Ein Basaltrücken, also ein kleiner basaltischer „Kontinent“ so wie Island weiter im Norden, das allerdings nichts mit Atlantis zu tun hat: Kein Wikinger fand je irgendwelche Spuren einer atlantischen Zivilisation! Gab es solche auf den Azoren? Wenn ja, so sind sie heute (fast!) verwischt ...

Die nun in groben Umrissen beschriebene Plattentektonik beruht auf der Tatsache, daß granitische Erdkrustenschollen auf einem plastischen, (zähflüssigen?) Erdmantel „schwimmen“, da erstere leichter sind als das Substrat des oberen Erdmantels mit seinem schweren Eisen- und Magnesium-reichen Mineralbestand (Augit und Olivin sind schwerer als die granitische Mineral-Vergesellschaftung Quarz, Feldspat und Glimmer oder Hornblende).

Die granitischen Gesteinskomplexe der Kontinente, im Volksmund als „Urgestein“, in der Geologie als „kristallines Grundgebirge“ bezeichnet, bildeten anfangs einen einzigen „Urkontinent“, genannt Pangaia (die „gesamte Erde“, ein Begriff, der allerdings den ihn umgebenden Urozean nicht miteinschloß). Dessen Auseinanderbrechen schuf einen Nord- und Südkontinent, die sich in der Zeit zwischen Trias und Jura getrennt haben. Hiebei erhielt die südliche Landmasse den Namen des Völkchens der Gond oder Gondwas, deren Stammesgebiet sich in Zentralindien befindet: „Gondwanaland“. Dieser Südkontinent zerbrach seinerseits in die Krustenteile der Erdoberfläche, die wir heute größtenteils auf der Südhalbkugel finden: Afrika, Brasilien, Madagaskar, Indien, Australien und die Antarktis. Und Lemuria?

Die lemurische Bruchscholle war der zentralste Teil von Gondwanaland. Sie wanderte, noch bevor das Dreieck des indischen

Subkontinents sich ebenfalls auf den Weg begab, nach Norden, wo sie im Sinne der driftenden Schollen der Erdkruste unter Zentralasien geschoben wurde. Erst anschließend driftete das indische Fragment seinerseits in die gleiche Richtung, wo es schließlich ebenfalls mit der nunmehr hochgehobenen Landmasse des zentralen Asien zusammenprallte: Doppelter Zusammenstoß, erst Lemuria, dann die heutige indische Halbinsel rammten gegen den riesigen Block Asiens – Lemuria wurde unterschoben – Indien angeschoben. So verdankt das himmelragendste Gebirgssystem unseres Planeten, Himalaya und Karakorum, seine Hochhebung logischerweise einem zweifachen Akt geologischen Geschehens, nämlich der Unterschiebung einer Kontinentalscholle (Lemuria), als auch dem neuerlichen Zusammenstoß mit einem kontinentalen Bruchstück: Indien kollidierte mit dem eurasiatischen Kontinent.

Zufolge dieser Darstellung der Geologie des indischen Großraums wurde Tibet zu einem Hochland in über 4.000 Metern über dem Meeresniveau, während sein südliches Randgebirge, der Himalaya, zu einem Gebirgswulst mit einer ganzen Reihe von Achttausendern aufstieg: einfach geo-logisch!

Was die einstige Landmasse im Pazifik betrifft, so können wir – wie bereits dargelegt – dort ebenfalls eine Scholle kontinentaler Kruste annehmen, die über einem MOR (gegenwärtig dem Ostpazifischen Rücken) zerbrach, worauf deren Bruchstücke gegen die beiden Kontinente Nord- und Südamerika stießen. Dies hatte die Hochhebung des Anden-Orogens, als auch des amerikanischen Felsengebirges (den Rocky Mountains) zur Folge (siehe Abb. Seite 135). Solch fremde Krustenteile sind aus den pazifischen Küstenketten bekannt; ich werde darauf zurückkommen, wenn „Pazifika" speziell zu besprechen ist.

Eine wortwörtlich erschütternde Art geologischer Ereignisse könnte uns das Überleben auf Erden noch sehr schwer machen, denn wir sind die „Erdbeben-Generation", wie von E. Cayce vorausgesagt, was aus dem Azteken-Kalender ebenfalls herauszulesen ist:

Feuersonne – interpretiert als Untergang von Lemuria und Rutas Mu;

Wassersonne – interpretiert als das Ende von Atlantis;

Erdsonne – deutbar als die Gegenwart betreffend.

Erdbeben können naturgemäß eine totale Bedrohung der Menschheit darstellen! Wer kennt nicht die Bilder schrecklicher Verwüstung aus dem Fernsehen. Doch es wäre ein Wunder, wenn Mutter Erde sich nicht endlich wehrte! Das Maß der Todsünden der zivilisierten Menschheit ist voll und ich brauche diese nicht aufzuzählen – wir alle wissen darum, weshalb wir mitgehangen, mitgefangen sind, denn Raumschiff Erde besitzt keinen Notausgang! Die Illuminati, die sich auf Mond und Mars absetzen wollten („Alternative 3") werden die Dümmsten sein, denn das gesamte Planetensystem wird umgewandelt, d.h. höhergeschwungen: Keine Gelegenheit mehr für gesetzlose Machenschaften! Die Spiele auf Erden wurden zu ernst, denn sie kosteten Millionen unschuldiger Menschen das Leben: Zwei Weltkriege, eine bolschewistische Revolution mit sage und schreibe 66 Millionen Toten! Es ist genug, es reicht schon längst!

Die Geologie, als die Erkenntnisse bezüglich des Baues und der Entwicklung des Planeten Erde, sind ein viel interessanteres Metier als das Kriegsspiel, wenn auch die Ausübung dieses Berufes nicht immer gefahrlos ist, wie man sich leicht vorstellen kann, z. B. die Erforschung tätiger Vulkane! Auf unsere Themenkreise bezogen frage ich mich, was gibt es noch im Rahmen des Geologischen, das für unsere Betrachtungen wichtig wäre? Ich gehe hiezu die Urelemente durch.

Das Erdelement: Erdbeben von uns unbekannter Stärke sind angesagt. Die schwersten entstehen durch Reibung der Kontinentalschollen an deren Plattenrändern, besonders wenn diese bei Krustenverschiebungen aneinander hängen bleiben, bis sich die Spannung ruckartig löst: ein tektonisches Beben ist die gefürchtete Folge! Beispiel: Die San Andreas-Verwerfung zwischen dem kalifornischen Längstal und der pazifischen Küste.

Das Wasserelement: Flutwellen, Tsunamis, wie sie z.B. durch einen Bergsturz des Cumbre Vieja auf der Kanareninsel La Palma ausgelöst werden könnten. Doch da kommt m.E. eine neuerliche Bedrohung auf uns zu: Wassernot, Hitze, abschmelzende Gletscher und weder nennenswerter Schneefall im Winter noch genügend Regenfälle während des restlichen Jahres!

Das Luftelement und das Feuerelement: Bezüglich des letzteren wurde auf das Wesen des Vulkanismus schon genügend eingegangen. Und doch bleibt da noch ein gewaltiges Phänomen zu erwähnen, nämlich der Riesenvulkan des Yellowstone-Nationalparks in der Nordwestecke des US-Bundesstaates Wyoming. Die Ausmaße dieses Vulkankessels (der Caldera, siehe Abb. Seite 137) wurden erst durch Satellitenbilder ersichtlich. Aber was noch neueren Datums ist, nämlich die Erkenntnis eines möglichen neuerlichen Ausbruchs, der nicht nur den „American Way of Life" auslöschen, sondern uns alle betreffen würde.

Was das Luftelement betrifft, können wir gleich bei den USA bleiben. Ein gewisser Mark Hazlewood ließ die Welt aufhorchen, als er mit der Nachricht an die Öffentlichkeit trat, daß ein kosmischer Körper knapp an der Erde vorbeiziehen würde. Doch zunächst zu den Aussagen des Mr. Mark bezüglich Luftbewegungen. Er berichtet in seiner Mitteilung über das sich angeblich nähernde kosmische Geschoß unabhängig hievon und glaubwürdig, was er selbst miterlebt hat. Nämlich einen die Ostküste Floridas heimsuchenden Hurrikan mit Spitzengeschwindigkeiten von über 500 Stundenkilometern!

Über das Urelement Akasha, in dem alle Geschehnisse eingeprägt sind, sprach ich schon in dem Versuch, die Illusion „Zeit" zu erörtern. Somit möchte ich kurz auf den erwähnten Asteroiden zurückkommen, wobei dessen Zurückkommen vielleicht allzu wörtlich zu nehmen sein könnte! Er war für 2003 „programmiert".

Dieser Asteroid ist der Astronomie wohlbekannt. Er wurde 2001 von Sternwarten in der Schweiz, Arizona und in Chile entdeckt. Seither hüllen sich die Sterngucker in Schweigen – denn der Himmelsvagabund würde das planetare Gleichgewicht zwischen Sonne und Erde bei seiner Annäherung zunehmend stören! Die NASA tarnt ihn unter dem Namen „wormwood", während ihn die Sumerer mit dem Namen Nibiru (d.h. „Eindringling") belegten. Dieser weist einen kometenartigen Zyklus auf, wobei er unser Sonnensystem etwa alle 3.600 Jahre besucht. Hiezu äußert sich der bekannte alttestamentarische Sprachforscher Z. Sitchin („Der 12. Planet", Neuauflage Kopp-Verlag, Rottenburg, 2003): „Der Zeitpunkt für die Wiederkehr von Nibiru ist jetzt!" – Nur keine Panik!

Nun bin ich bei den kosmischen Körpern angelangt, die wir jedoch erst in Zusammenhang mit dem End-Kreidezeit-Impakt und Sterben der Dinosaurier betrachten wollen. Ich will nämlich eine erstaunliche Feststellung in ganz anderem Zusammenhang treffen: Menschen unserer Tage haben, wenn auch unter Zuhilfenahme des primitiven Raketen-Antriebssystems, den Erdtrabanten Mond betreten, weshalb wir einiges über diesen Wanderer am nächtlichen Firmament wissen. Doch welche Kenntnisse besitzen wir über den Planeten zu unseren Füßen und das Innenleben von Mutter Erde? Was weiß die Geophysik hierüber auszusagen? Die bisher tiefste Bohrung wurde ab 1970 auf der russischen Halbinsel Kola abgeteuft, wobei man 1994 eine Tiefe von 12.262 Metern erreichte und damit auch heute noch den Weltrekord hält. Aber eine Tatsache sei klargestellt:

Bei einem Erdradius von (ganz abgerundet) 6.000 Kilometern ist uns die Lithosphäre unseres Heimatplaneten (durch stellenweise Aufbrüche von Mantelgestein, wie sie von Zypern, der Ostküste Arabiens und Papua Neuguinea bekannt sind) bis etwa 60 km Tiefe erschlossen. D. h. bei einem angenommenen Erdradius von einem Meter kann man bis maximal ein Zentimeter Tiefe „Geologie betreiben"! Die restlichen 99 cm zu erkunden, wäre Sache der Geophysik!

Mir geht es jedoch um das Erfassen des gesamten Erdkörpers, und da komme ich aus dem Staunen nicht heraus! Es liegen mir hiezu nämlich nicht weniger als drei verschiedene Darstellungen vor (wobei ich auf das Thema „Hohlerde" gar nicht eingehe, obwohl mir die diesbezüglichen Argumente bekannt sind).

Wer also sind die drei Wissenden, denen es angeblich gelang, bis in den Erdkern zu schauen? Es ist dies

1) die Geophysik mittels der Laufzeitkurven der Erdbebenwellen. Deutung?
2) Rudolf Steiner in seinen medialen Visionen.
3) Jakob Lorber schrieb darüber, was irgendein „hohes Wesen" ihm eingab.

Und nun die Preisfrage: Stimmen diese Aussagen in etwa überein? Ich kann Sie, liebe Leserschaft, beruhigen, denn offensichtlich besteht noch ein dankbares, unerforschtes Wissensgebiet betreffs des Aufbaues des Erdkörpers: Wir wissen praktisch nichts über das Erdinnere, und keine der drei „Erkenntnisse" läßt sich auch nur entfernt mit den beiden anderen vergleichen! Kommentarlos zeige ich Ihnen (S. 108f), was sich da im Erdinneren „abspielt".

Es ist übrigens nicht so, daß ich Steiners Schriften als Universal-Auskunftsmittel für die ungelösten Rätsel der Geowissenschaften ansehe, doch beispielsweise seine Assoziation bezüglich der „Feuererde" mit dem aufgebrachten Feuerelement in der Endphase von Lemuria/Rutas Mu leuchtet mir persönlich ein, kann ich diese doch mit dem weltweiten Vulkanismus des späteren Mesozoikums an der Grenze zum Tertiär in Verbindung bringen.

Da ich somit skizzenhaft den Aufbau des bereits erforschten Teiles des Planeten Erde angedeutet habe, möchte ich gleich anschließend die Verhältnisse auf der Urerde betrachten. Wie mag sich unsere planetare Wohnstätte einst geformt haben und welche Kräfte wirkten hiebei mit (was schon bei HPB Erwähnung fand). Die Wissenschaft nimmt wohl mit Recht an, die Masse des Erdkörpers habe sich einst als unverfestigte Solarmaterie von der Sonne abgelöst, doch dies ist eine Theorie, die nicht unwidersprochen blieb, was abzuwägen jedoch nicht meine Aufgabe sein kann. Da die Schulweisheit uns diesbezüglich also nichts Genaues mitzuteilen vermag, möchte ich auf Steiners Schau aus der Akasha-Chronik zurückgreifen.

Die Schichten des Erdinneren in ihren geistig-seelischen Qualitäten. (Vortrag von R. Steiner, München, 1906)

Die Zustände der Materie in der Erde unterscheiden sich gänzlich von den uns an der Erdoberfläche bekannten! Der Erdkörper ist in verschiedenen Schichten aufgebaut:

1) Die mineralische Erde: Die äußere Schale, auf der wir leben.
2) Die „weiche Erde“ als eine empfindsame Schale. Sie besitzt ein dumpfes Bewußtseinsempfinden.
3) Die „Dampferde“. Sie hat das Bestreben, sich auszudehnen, woran sie jedoch von der Erdkruste gehindert wird.
4) Die „Formerde“ ist eine Schale, die alle Formen der mineralischen Erde im Negativ besitzt.
5) Die „Fruchterde“ ist beseelt und verändert dauernd ihre Form.
6) **Die „Feuererde“: Diese Schale empfindet Stimmungen, weshalb die Leidenschaften der Menschen einen sehr großen Einfluß auf sie ausüben!**
7) Der „Erdspiegel“: In dieser 7. Schale widerspiegelt sich alles, was sich auf der äußersten Schicht ereignet.
8) Ähnlich der 7. Schicht.
9) **Die 9. Schicht besitzt ein Organ, das einem Gehirn ähnelt.**[10] Es ist der Sitz des Planeten-Geistes! Ein anderes Organ gleicht einem Herzen (siehe Seite 383)!

Wenn ich obige Aussagen Steiners wiedergebe, so bedeutet dies nicht, daß ich diese „nachvollziehen“ kann. Doch was Schale 6 und 9 betrifft, sehe ich darin interessante Hinweise, was die Gefühle der Menschen bei Mutter Erde (mit Herz und Gehirn!) zu bewirken vermögen!

---

10 Siehe auch „kristalliner Erdkern“ und Gehirnschwingungen, Seite 384.

Das Erdinnere:

Der Schalenaufbau des Erdkörpers zufolge der Laufzeitkurven von Erdbebenwellen: Die Laufzeiten der durch Erdbeben ausgelösten Wellen werden gemessen und geophysikalisch interpretiert: Im dichteren Medium erfolgt eine schnellere Fortpflanzung. Aus den registrierten Geschwindigkeitsdifferenzen der Wellen kann auf die Dichteunterschiede der verschiedenen Schalen des Erdkörpers geschlossen werden. Jedoch ist der Schalenaufbau des Erdkörpers zufolge der ermittelten Dichteunterschiede nicht (völlig) erklärbar!

Die durchschnittliche Dichte des Erdkörpers beträgt 5,4 bis 5,5 (mal dichter als Wasser). Der Erdradius mißt im Mittel 6.370 Kilometer. Es wäre an ein (extrem langsames) Wachstum durch täglich hernieder stürzendes kosmisches Material denkbar. Die Erddrehung verlangsamt sich jährlich um 0,7 Sekunden, was mit einer Vergrößerung des Erdradius zusammenhängen könnte.

Die Geophysik beschreibt den Schalenaufbau des Erdkörpers wie folgt: Granitische Erdkruste bis zur Grenze des oberen Erdmantels (der Mohorovicic-Diskontinuitätsfläche) zwischen 33 und 70 km. (Der Gebirgswulst des Himalaya reicht wesentlich tiefer.)

- Der obere Erdmantel reicht bis in eine Tiefe von .... 400 km.
- Eine Übergangszone reicht bis in eine Tiefe von ...1.000 km.
- Der untere Erdmantel reicht bis in eine Tiefe von ..2.900 km.
- Hiemit an der Grenze Erdmantel/Erdkern:
- Der äußere Erdkern (geschmolzen!) reicht bis in eine Tiefe von ....5.080 km.
- Der innere Erdkern (fest!) reicht bis zum Erdmittelpunkt von ....6.355–6.370 km.

Der gemeinsame Weg von Erde und Mensch

Anfangs war es logisch, zunächst das zu betrachten, was die letzten sichtbaren Zeugen einer vergangenen Hochkultur sein könnten. So stießen wir auf die Pyramiden Ägyptens, wobei uns klar werden mußte, daß vor allem die Große Pyramide nicht eine Schöpfung unserer M-E sein konnte! Somit hatten wir den Beweis: Eine Zivilisation vor uns hatte hier geschaffen, wobei offen blieb: Handelte es sich um eine außerirdische oder irdische Intelligenz, der wir dieses „Wissen in Stein verewigt" verdanken? Vielleicht war es ein „Joint-venture" von beiden? So wurde die Idee von der einstigen Existenz einer Hochkultur vor unserer geboren: Atlantis!

Wenn wir uns nun genauer mit den möglichen geologischen Gegebenheiten befassen, die Atlantis und noch ältere Kulturen erblühen und schließlich untergehen ließen, so können wir nur bei der ältesten uns gerade noch faßbaren menschlichen Entwicklungsstufe anfangen, um eine Art „Chronologie" aufzuzeigen. Mit anderen Worten: Zunächst war es ganz angemessen, die jüngste einer Reihe von M-E kurz vorzustellen, nämlich Atlantis. Jetzt hingegen habe ich mit der allerältesten Vergangenheit von Erde und Mensch zu beginnen, so gebietet es die Darstellung einer fortschreitenden Entwicklung. Doch vergessen wir nicht, daß diese Entwicklung darin bestand, daß Geist-Seele-Wesen aus höheren Sphären herabgestiegen waren, um sich zunächst feinstofflich, später mehr und mehr grobstofflich, „einzukleiden" (Involution), also einen Körper, wie wir ihn kennen, anzunehmen. Gleichzeitig ging eine organische Entwicklung von den niedersten zu den höchsten Lebensformen des Tierreichs vor sich, nämlich Evolution im Sinn des Darwinismus, um diesen Begriff zu gebrauchen – aber nicht der eigentlichen Auffassung der Darwinisten entsprechend, wie wir gleich sehen werden! Doch auch unser Planet Erde durchlief während dieser Äonen verschiedene Entwicklungsstadien.

Um das mit der „Evolution" klarzustellen: Der Darwinismus versteht darunter die gottlos-mechanistische Selbstprogrammierung der Materie zu immer höheren körperlichen Entwicklungsformen. Hingegen aus geistiger Sicht betrachtet, bedarf es bei dieser Weiterentwicklung des Lebens zu immer komplexeren Organismen der Umsetzung der von Gott bzw. den Schöpfergöttern vorgegebenen

Baupläne ins Stoffliche, so wie jeder Handwerker sie von seinen Ingenieuren als Werkvorlagen empfängt. Die eigentliche Evolution, wie sie von uns hier verstanden werden sollte, vollzieht sich jedoch im Geistigen, nämlich dem stufenweisen Abstreifen des materiellen Kleides, etwa wie ein Schmetterling seinem Kokon entschlüpft. Diese Freisetzung des Geistigen vollzieht sich jetzt mit Beginn des Wassermann-Zeitalters!

Es war Darwins Verdienst, einen Weg gezeigt zu haben, doch leider den falschen, der in die Sackgasse des Atheismus führt – in die sich alle Neo-Darwinisten verirrt haben. „Selbstorganisation der Materie" findet sehr wohl statt, doch nach geistigen Vorbildern und ohne Mitwirkung des Zufalls, denn: Daß sich aus zwei Zellen Milliarden von Zellen bilden, die allesamt ihren Platz in den entsprechenden Organen finden, damit ist der „Zufall" schlicht und einfach überfordert! Die biologische Komplexität geht weit über die Möglichkeiten des Zufalls hinaus; sie ist mathematisch unmöglich. Es muß eine Kraft intelligenter, ordnender Fähigkeit geben! Das moderne Stichwort hiezu heißt: „Intelligent Design".

Doch es kann nicht so sein, daß die betreffenden Fachgelehrten obige Tatsachen nicht begreifen, da kommt etwas anderes zum Tragen: Der Darwinismus wurde zu einer „atheistischen Religion" erhoben, und wehe dem Wissenschaftler, der ihr nicht in Wort und Schrift huldigt! Die akademische Inquisition ist erbarmungslos bereit, solch einen Häretiker angeekelt in Acht und Bann zu tun und der Betreffende hat sein wissenschaftliches Leben verwirkt! Aber schon sind die Stimmen der Zweifler nicht mehr zum Schweigen zu bringen: Mutation und Selektion sind schon aus Zeitgründen niemals fähig, etwas Höheres hervorzubringen, als dem vorgegebenen Bauplan entspricht. Die meisten Mutationen zeitigen lebensuntaugliches Erbgut. Versuch und Fehlschlag endet in Darwins Irrtum!

Somit mußten wir erkennen, daß die Wissenschaft keinen Zugang zum Geistigen besitzt! Ihr fehlt die Erkenntnis der höherdimensionalen Welten, deren Schwingung auch die stoffliche Schöpfung als geistige Ursache durchdringt. Vertrauen wir uns jetzt daher Rudolf Steiner an, um mit ihm in die Akasha-Chronik zu blicken. Was ist nun in diesem „planetaren Lebensbuch" festgeschrieben? Alles, was ein Mensch denkt, fühlt und spricht, und alles, was ihn in irgendeiner Art und Weise in Bewegung setzt, ist in der Energieschwingung der Akasha-Chronik aufgezeichnet. Nach dem

Verlassen des grobstofflichen Körpers wird uns dieses „Filmbuch des Lebens“ gezeigt, damit wir selbst beurteilen können, was das vergangene Erdenleben als Prüfungsweg jedem von uns gebracht hat: Der Panorama-Spiegel des Lebens!

Schon zu Lebzeiten Zugang zu dieser Chronik der Erde und des Lehens zu bekommen ist nur sehr fortgeschrittenen Seelen möglich, wie z. B. Steiner, der angeblich die Inkarnation eines der berühmtesten altgriechischen Philosophen darstellt – eines Schülers Platons, dessen Lehrgebäude er weiter ausbaute, gleichermaßen wie Steiner die Geheimlehre der HPB zur Grundlage seines Weltbildes machte. Die Seele blieb also im Wesenskern dieselbe!

Über diese Äther-Urkunde sagt Steiner folgendes: Es handelt sich um eine Datenbank auf dem Niveau der höheren Mental- bzw. Kausalebene. Selbige ist ein „Raum ohne Zeit“, in dem der ewige Charakter verflossener Ereignisse festgehalten ist: lebendige Bilder aus geistigen Quellen. Wörtlich heißt es hiezu: Die Akasha-Chronik ist im Devachan zu finden, doch sie erstreckt sich bis hinunter in die Astralwelt, sodaß man in letzterer oft Bilder wie eine Fata Morgana finden kann – daher die Möglichkeit von Verwechslungen! Doch die Bilder im Devachan sind die wirklichen der Akasha-Chronik! – Eine Erklärung hiezu: Devachan, das Bardo im Tibetischen, als das Zwischenreich, welches wir nach dem körperlichen Tod betreten. Das tibetische Totenbuch („Bardo Tödrol Chenmo“) bezeichnet das Bardo als „Übergangswirklichkeiten“ vor einer Wiedergeburt im reinen Land des Devachan.

Um diese abstrakte Welt der Akasha-Chronik für uns faßbar darzustellen, sei ein Vergleich aus der Fotografie gebracht. Schalte ich einen Diaprojektor ein und fange das projizierte Bild nahe bei dem Apparat auf, so ist es scharf. Vergrößere ich jedoch den Abstand zwischen dem Gerät und der Projektionsfläche, desto unschärfer und blasser in den Farben wird das Bild. Dasselbe Phänomen spielt sich ab, wenn ich die Fähigkeit erlangt habe, in die höheren Bewußtseinssphären zu blicken, wozu Steiner offensichtlich fähig war. Versetzen wir uns nun selbst gedanklich in die Bewußtseinswelten, die über unserem Tagesbewußtsein liegen. Das Astralreich, wo fast alle von uns nach dem Ablegen des grobstofflichen Körpers landen, umfaßt 7 x 7 Ebenen (von höllenartigen, heißen Feuersümpfen bis zu öden Eiswüsten, je nach Geisteshaltung der Bewohner). Andererseits wird das Leben in den höheren Sphären dieser gefühlsdominierten Welten als wahrhaft paradiesisch empfunden, hat jedoch mit der eigentlichen Gotteswelt noch sehr wenig gemeinsam!

Die aus diesen astralen Regionen abgerufenen Eindrücke sind selbstverständlich verschwommen und von Emotionen getrübt. Daher fordert Steiner den weiteren Aufstieg über die Welt der Gedanken (die niedere und höhere Mentalebene) in dieses „Devachan" – einem tibetischen Begriff für „herrliches Land" jenseits unserer normalen Vorstellungskraft. Ich würde sagen, Steiner – der seine Darstellungen kompliziert zu machen liebt – fand Eingang in die Welt der Ursachen, in die Kausalebene, die als Akasha-Chronik bekannt ist. Es sind dies die Einprägungen des „Weltgeschehens", aber auch der persönlichen Lebensführung, im Weltäther. Hier, näher bei der Quelle bzw. Zentralsonne, sind die Bilder naturgemäß schärfer und klarer. Und hier ist alles in seiner Wesenhaftigkeit aufgezeichnet, nämlich in seinem ewigen Charakter, in seiner Quintessenz!

Die Erfahrung, daß es sozusagen ein „planetares Gedächtnis" gibt, nämlich die beschriebene Akasha-Chronik, hat bereits längst auch in der Fachwelt Eingang gefunden – gegen den Protest derer, die immer noch gänzlich dem materiellen Denken verhaftet sind. Das verdankt die Wissenschaft, besonders die Biologie, dem Engländer Rupert Sheldrake, der schon seit Jahren auf Grundlage seiner von ihm benannten „Morphogenetischen Felder" und deren „morphischer Resonanz" Verhaltensforschung an Tieren betreibt. Dieses Nachahmen einer neuen Verhaltensweise innerhalb einer Tier-Population, übertragen auf weit entfernt lebende, gleichartige Populationen (ohne direkten oder auch nur indirekten Kontakt z. B. durch Gesten/Mimik), erklärt der genannte Zoologe durch das Vorhandensein eines physikalisch zur Zeit nicht nachweisbaren Schwingungsfeldes, in das z. B. ein gewisses, bisher unbekanntes Verhaltensmuster eingeprägt wird. Diese spezifische Frequenz kann offenbar von einer gleichartigen Population durch entsprechende Resonanz abgerufen werden.

Wir werden diese Möglichkeit des Abrufens von sonst unzugänglichen Informationen über das „morphogenetische Feld" in der Folge benützen, um Auskunft über den Urzustand der Erde zu erlangen, wozu die Geowissenschaften trotz ihrer verschiedenartigen Theorien kaum in der Lage sind. Mag sein, beides seien Vermutungen: Sowohl, was sich die Geologie und Geophysik hiezu einfallen läßt, als auch, daß die Informationen aus der Akasha-Chronik subjektiv gefärbt sein mögen. Doch hören wir hiezu Steiner, um uns selbst ein Urteil zu bilden. Wie könnte eine Urerde beschaffen gewesen sein?

Zunächst drei bedeutsame Feststellungen, bevor ich Steiner wiedergebe:

- Mutter Erde ist, gleich dem Menschen, geistigen Ursprungs und sah einst ganz anders aus: der feinstoffliche Zustand der Erde von einst!
- Mutter Erde reagiert auf unsere Gedanken, unser Bewußtsein!
- Mutter Erde als lebendiges Wesen, dem wir entsprechende Achtung entgegenzubringen haben!

Im Anfang war unser Planet also völlig verschieden von der Erde der Gegenwart. Wenn man in der Erdentwicklung weiter und weiter zurückgeht, so kommt man auf immer feinere stoffliche Zustände von Erde und Mensch: Eine Äthererde mit Astralwesen! Diese sehr, sehr dünne Materie, der Weltäther, hatte sich zu einem geringfügig stofflicheren „Knoten“ verdichtet und war von einer „Geist-Atmosphäre“ umgeben. Diesbezüglich heißt es in der Genesis des AT: „Der Geist Gottes schwebte über den Wassern“, d. h. über dem dichteren Weltäther. Durch Interaktion dieses Geistes Gottes mit dem feinstmateriellen Weltäther, der sich darunter befand, bildeten sich die ersten Menschenkeime.

Der erste Erdenbeginn sah den Menschen noch als fast formloses Wesen, als geistig-ätherisches Gebilde.

Der erste Menschenkeim bestand demnach aus einem feinststofflichen Körper bzw. Ätherleib, umhüllt vom Astralkörper. Es waren ganz feine Menschen-Anlagen, ausgestattet mit dem Ich, d.h. mit dem Persönlichkeitskern. Anfangs war das Menschenwesen also in ganz feiner Materie vorhanden. Die Sonnenkräfte prägten dieser feinsten Form des Stofflichen Formen ein. Auf solche Weise entstanden reine Geist-Seele-Wesen – reine Menschen – zunächst ohne irdisches Karma.

Während dieser früheren Stadien des Planeten waren auch die physischen Verhältnisse auf Erden ganz andere (Steiner-Vortrag 1908). Hiemit sind wir bei einer entscheidenden Weiterentwicklung von Erde und Mensch angelangt.

„In dieser Zeit“ erfolgte die Abtrennung der Erde und des Mondes von der Sonne, weshalb das Sonnenlicht von da an auf diese beiden Himmelskörper zu fallen begann. In der Genesis heißt es diesbezüglich: „Es werde Licht!“ Und die Erddrehung erhielt ihren

Initial-Impuls, wodurch Tag und Nacht entstanden. Auch „offiziell" erfolgte der Mondaustritt am Anfang der planetaren Entwicklung (Alter der Mondgesteine!). Nun besitzen Geschehnisse kosmischen Ausmaßes vor allem einen geistigen Hintergrund! Wenn ein Planet in ein neues Äon eintritt, wird „Schlacke" als mondartiger Körper ausgeschieden.

An dieser Stelle möchte ich einfügen, um nochmals in Erinnerung zu rufen, daß unser Heimatplanet genau vor solch einer Höherpotenzierung steht. Die Erde muß in absehbarer Zeit solche Schlacke (psychischer und physischer Art) absondern, also einen zweiten Mond ausstoßen, um sich von all dem Unrat jeglicher Art zu befreien, den die jetzige Menschheit auf ihr hinterlassen wird. Wohin vor allem mit dem atomaren Müll, wenn nicht in die Umlaufbahn der Erde schicken, wo höher entwickelte Raumbrüder sich seiner annehmen werden – mit einer Technologie, die uns in dieser Menschheits-Epoche nicht zur Verfügung steht! „Endlager Weltraum" war sogar schon unter unseren Kerntechnikern im Gespräch. Doch ich möchte vorerst noch etwas bei dem spirituellen Aspekt der höchst fälligen Reinigung der Erde verweilen.

Der Buchautor E. Bock („Apokalypse", Urachhaus-Verlag, Stuttgart, 1982, S. 321) bezieht sich auf die Offenbarung (am Schluß des NT), wenn er inhaltlich folgendes schreibt: Am Ende der Endzeit stürzt das „Tier" mit seinem Gefolge in den „Feuersumpf". Es ist dies eine Art Vulkankrater, in der brodelnde Lava aufschäumt. (In Hawaii gab es tatsächlich solch einen Lavasee!) Wenn die Flammen dieses Feuers verlöschen, erstarrt der feurige Pfuhl mit allem, was er verschlungen hat, zu hartem Vulkangestein bzw. Schlacke, die – wie gesagt – als massiver, dunkler Körper wie ein Mond ausgeworfen und der Planet als „Neue Erde" hochgeschwungen wird. Dies ist der endgültige Sturz der satanischen Mächte in den Abgrund des Weltenbrandes!

Liebe Leserschaft! Sollte meine Geosophie ein bißchen zu weit gegangen sein, so stehen wir im Folgenden wieder ganz fest auf dem felsigen Boden der Geologie: Aus welcher Örtlichkeit der Erdoberfläche könnte sich der Mond abgespalten haben oder solch ein neuer Erdtrabant in Zukunft austreten?

Bei Betrachtung einer Weltkarte würde auch ein nicht in Geowissenschaften Bewanderter auf die Idee kommen, der Mond sei vor undenklichen Zeiten dem Pazifik entsprungen, wobei dies auch die gängige Meinung der Fachwelt ist. Hier befindet sich offensichtlich eine Narbe im Antlitz der Erde! Doch was ergibt eine Durchrechnung bezüglich des heutigen Stillen Ozeans? Welches Volumen weist dieser bei weitem flächengrößte Ozean auf? (Zum einfachen Vergleich: Pazifik 180, Atlantik 100, Indik 80 Millionen km^2 Ausdehnung). Hiezu gebe ich meine Rechnung in Kurzform wieder:

Das Volumen des Pazifiks beträgt bei einer durchschnittlichen Tiefe von vier Kilometern 180 x 4 = 720 Millionen Kubikkilometer. Der Radius des Mondes wird mit 1.740 Kilometern angegeben, daher ist das Volumen des Mondes gleich 21.072,096.000 Kubikkilometer. Das Verhältnis der beiden Rauminhalte zueinander errechnet sich daher gleich 30:1!

Obige Kalkulation zeigt, daß das Mondvolumen das Dreißigfache des Pazifikbeckens beträgt, weshalb aus diesem Ozean in seiner jetzigen Größe kein Erdmond ausgetreten sein kann! Doch dieses Argument hält einer genaueren Prüfung nicht stand, denn:

A) Die Narbe hätte sich sicherlich im Laufe geologischer Zeiträume geschlossen bzw. das Meeresbecken sich nach der Mondablösung verengt.

B) Das ausgestoßene Material wäre aus tieferen Zonen des Erdkörpers gekommen, eine Auffassung, die durch das schon genannte Mondgestein bestätigt wird, das in seiner Art (fachlich ausgedrückt: in dessen Petrographie) dem Erdmantel entstammen könnte.

Nun sind mir, was den Mondaustritt betrifft, keine weiteren Ansichten aus Fachkreisen bekannt, weshalb ich neuerlich auf die Darstellungen Steiners zurückgreife. Hiebei fühle ich mich zu einer Erklärung veranlaßt, die zunächst etwas deplaziert erscheinen mag.

Aus der vedischen Überlieferung ist der Begriff „Paramparā“ bekannt, was soviel heißt wie Schülernachfolge. So wurde das altindische Wissen in den letzten Generationen von Lahiri Mahasaya an Sri Yukteshwar und zuletzt an Paramahansa Yogananda tradiert. Was hat dies aber mit unseren Überlegungen bezüglich Wissensweitergabe zu tun? Wer gab welche Esoterik an wen weiter? Erinnern wir uns meiner Erwähnung betreffs Steiners: Es heißt, er sei eine Inkarnation der Seele des Aristoteles gewesen, der als einer der allergrößten Philosophen und Wissenden des klassischen Altertums gilt. Sein Lehrgebäude baute auf dem Weltbild Platons auf, dessen Schüler er durch 20 Jahre war. In der Wiedergeburt als Rudolf

Steiner übernahm er die vornehmlich tibetische Geheimlehre der HPB von den sieben „Wurzelrassen" (hier Menschheits-Epochen genannt), worauf er dieses System durch seinen Zugang zur Akasha-Chronik wesentlich vertiefte. Der schon genannte deutsche Geologe Dankmar Bosse unterzog sich der Mühe, die Erkenntnisse Steiners mit seinem wissenschaftlichen Rüstzeug als Geologe–Paläontologe zu kombinieren. Dies fand in dem schon erwähnten neuartigen Werk seinen Niederschlag: „Die gemeinsame Evolution von Erde und Mensch".

Wenn auch diese zitierte, umfangreiche Arbeit weite Verbreitung fand, so bezweifle ich dennoch, daß ihr in der Fachwelt die gebührende Beachtung zuteil wird. Für die Wissenschaft ist der Kosmos nach wie vor dreidimensional und die angesammelten Kenntnisse verschwinden in Schubladen, zu denen nur der Fachspezialist den Schlüssel besitzt. Somit ist eine Gesamtschau unter Einbeziehung des Geistigen vorerst nicht zu erwarten. Doch die Neue Erde läßt bereits grüßen!

Ganz bescheiden möchte ich erwähnen, daß auch ich mit in diese Reihe der „Schülernachfolge" eingeklinkt bin, sozusagen als Schlußlicht, denn ich stütze mich, was „vergeistigte Geologie" betrifft, auf das genannte Werk des Herrn Bosse. Diese neue Denkrichtung in den Geowissenschaften möchte ich die „Geosophie" nennen.

Der Mondabtrennung ging die Ausbildung eines „Kontinental-Pols" voraus, dem ein „Basalt-Pol" gegenüberlag. Aus letzterem, einem riesigen Gebiet ozeanischer Kruste, wäre der Austritt des Mondes vorzustellen, wobei wieder an den heutigen Pazifik zu denken ist. Die hiezu antipodale Kontinentalmasse ist nach diesem Modell der Großkontinent, der nach der Mondloslösung in einen Nord- und Südkontinent zerbrochen war. Letztgenannter wird als „Gondwanaland" bezeichnet und soll uns gleich noch beschäftigen.

Die Frage nach der möglichen Stelle eines zukünftigen Mondaustritts im Zuge der kommenden Reinigung der Erde, ist wohl eine der heikelsten betreffs der Vorhersage geologischer Ereignisse! Ich verweise hiezu auf die Erwähnung des Riesenvulkans Yellowstone (siehe Abb. Seite 137).

Der Südkontinent wurde nach einem Volksstamm benannt, der das Gondwana-Plateau im nordöstlichen Zentralindien bewohnt hat, bevor er im all-indischen Völkergemisch unterging. Dieses Gebiet liegt im Staat Madhya Pradesh. (Bezüglich indischer Volksstämme siehe auch Seite 354). Gondwanaland bildete den innersten Teil des genannten Urkontinents, wie die Abbildung auf Seite 132 zeigt. Dessen Betrachtung wird uns geradewegs nach Lemuria führen. Doch vorher ist, der Vollständigkeit halber, nocheinmal ein kurzer Blick auf die ersten beiden M-E zu werfen.

Die polare und hyperboräische Epoche beschreibt Steiner wie folgt: „Wenn man ganz weit zurückgeht, kommt man auf immer feinstofflichere Zustände des Planeten Erde: Eine astrale Welt! Daher sind Astralwesen die Vorfahren des Menschen. Diese wurden in eine Äther-Erde hineinversetzt. Dort bildeten sie sich ätherische Körper, d. h. Energiekörper, beseelt mittels des astralen oder Gefühlsleibes. Eine fortschreitende Verdichtung fand in der Folge statt."

Die polare Epoche: Astrale Menschenwesen verbanden sich mit der Äther-Erde. Die Fortpflanzung erfolgte durch Teilung. In diesem Entwicklungsstadium (der 1. und 2. M-E) ereignete sich der Austritt des Mondes, womit die gröbsten Wesenheiten ausgesondert wurden. Aus anderer Sicht heißt es bezüglich der polaren Wurzelrasse (HPB): „Die Menschheit wurde im Kopf von Mutter Erde geboren!"

Hyperboräa: Auch die Heimat dieser M-E war das „ewige Land" im hohen Norden Asiens und in Grönland, das damals warmes Klima aufwies (Kohlevorkommen!). Diese Hyperboräer „wohnten" jenseits des Boreas, des eisigen Nordwindes in Ultima Thule (Grönland/Grünland).Dieses Gebiet des hohen Nordens wurde „saturnisch" und ging in Sturm und Eis unter! So lesen wir auch im Azteken-Kalender. Um dieses in Erinnerung zu rufen, seien die folgenden Urelement-Zuordnungen aufgelistet:

1. M-E: Weltäther. Polare Rasse. Im Norden.
2. M-E: Luftelement. Hyperboräer. Im Norden. Untergang in Sturm und Eis.
3. M-E: Feuerelement. Bewohner von Lemuria und Rutas Mu. Im Süden. Untergang durch weltweiten Vulkanismus.
4. M-E: Wasserelement. Atlanter. Im Westen. Untergang durch Sintflut.
5. M-E: Erdelement. Gegenwärtige Menschheit. Im Osten. Weltweite Erdbeben.

<table>
<tr><th colspan="4">Geologisches Alter</th></tr>
<tr><td rowspan="7">Quartär
Pleistozän und Holozän</td><td rowspan="6">Holozän
Nach-Eiszeit. Nach-Atlantis</td><td colspan="2"><u>Weltenmonat im Tierkreiszeichen:</u></td></tr>
<tr><td>Fische:</td><td>Christentum, Übergang zum Wassermann</td></tr>
<tr><td>Widder:</td><td>Hellas, das klassische Griechenland</td></tr>
<tr><td>Stier:</td><td>Alt-Ägypten</td></tr>
<tr><td>Zwilling:</td><td>Alt-Persien und Zweistromland</td></tr>
<tr><td>Krebs:</td><td>Alt-Indien zur Zeit der Rishis</td></tr>
<tr><td colspan="3">Pleistozän / Eiszeit</td></tr>
<tr><td>Känozoikum
(Erdneuzeit), Tertiär</td><td colspan="2">Pliozän
Miozän
Oligozän

Eozän
Paläozän</td><td>Höherentwicklung der Säugetiere nach der klassischen Auffassung des Neo-Darwinismus</td></tr>
<tr><td>Mesozoikum
(Erdmittelalter)</td><td colspan="2">Kreide

Jura

Trias</td><td>Dinosaurier zu Lande, zu Wasser und in der Luft</td></tr>
<tr><td colspan="4">Paläozoikum (Erdaltertum)</td></tr>
</table>

Untergangsursachen	Bewußtseinsstufen Lernprozeß
5. Menschheits-Epoche: Gegenwart	
Unwissenheit beginnt altem Wissen Platz zu machen. Es kommt zu Umweltkatastrophen.	Niedrigster Bewußtseinsstand, doch beginnender Aufstieg! Lernprozeß: Entwicklung des logischen Verstandes, Gedankenkraft!
4. Menschheits-Epoche: Atlantis	
Mißbrauch der Naturkräfte. Ansammlung negativer Energie durch Schwarze Magie seitens der Dunkelmächte.	Tiefster Fall! Hohes Wissen und Umweltbewußtsein bis zum Absturz des Systems. Lernprozeß: Erstes Ich-Bewußtsein. Entwicklung des Gedächtnisses und einer Sprache, fußend auf Mantras. Übergang vom Bilderbewußtsein zum begrifflichen Denken!
3. Menschheits-Epoche: Lemuria und Rutas Mu	
Ende des Zyklus mit geologischen Umwälzungen im Indik und Pazifik: Das sagenhafte Lemuria wird im Indischen Ozean nicht mehr nachweisbar. Der Darwin-Rücken und das Ontong-Java-Plateau versinken im Pazifischen Ozean und mit ihm Rutas Mu.	Ein Goldenes Zeitalter mit höchstem Wissen und totaler Harmonie mit der Umwelt. Diese war eine Art „Wasserluft“, in der die Wesen so richtig „schwammen“. Drittes Auge ist voll entwickelt. Lernprozeß: Vom Leben im Bilderbewußtsein zur Beherrschung des Willens! Weiße Magie, z.B. Levitation.*

* Meine neueste Erkenntnis über Levitation ist folgende: In der Nähe von Florida-City steht das „Coral Castle“, erbaut von dem aus dem Baltikum stammenden Edward Leedskalnin. Im Alleingang und stets bei Nacht bewegte er zu dessen Erbauung über 20 Tonnen schwere Blöcke aus Korallenkalk.

Technologie	Besondere Ereignisse
Primitiv in Hinblick auf Atlantis und Lemuria! Unsere zerstörerische Technik der „rechten Hand“: Explosionsmotore und Düsenantrieb: Linke Gehirnhälfte!	Klimawandel; Kippen des Golfstroms, Erdbeben weltweit! Endzeit: Abtreten der Dunkelmächte, Kommen der „Neuen Erde“.
Atomwaffen; Unterwasseranlagen. Verschiedene Arten von Flugkörpern. Kosmische Energie fokussiert mittels Kristallen, gespeichert in Pyramiden.	Eine Hochkultur, die von ihrem Zentrum im Nordatlantik aus Kolonien gründete und Eroberungskriege führte. Drei Untergangsphasen mit Flüchtlingen in alle Welt, besonders: Ägypten, Pyrenäen, Kanarische Inseln, Indien, Zentralasien, Mittelamerika.
Seelenkräfte als Energie für technische Errungenschaften. Lemuria verfügte über eine Technologie der rechten Gehirnhälfte, daher psychotronische Maschinen. Noch herrschte die Seele über den Körper, daher waren die Lemurier androgyne Wesen. Ungeschlechtliche Fortpflanzung durch aus dem Körper aussickernde Tropfen von Lebensenergie. Geschlechtertrennung ab Mitte Lemuria.	Lemuria schiebt sich unter Zentralasien, das indische Dreieck folgt nach. Rutas Mu verschwindet im Pazifik, wobei die Möglichkeit besteht, daß es sich um eine zerbrechende Kontinentalscholle gehandelt haben könnte. Umweltprobleme: Wilde Tiere in Riesenformen (Saurier) bedrohen die Menschheit.

In seiner Besucher-Broschüre schreibt er hiezu: „Ich habe das Geheimnis der Pyramiden entdeckt und weiß, wie die Ägypter und die alten Baumeister in Peru etc. ihre riesigen Monumente erbauen konnten ...“.

Lemuren und Lemuria: Halbaffen oder Hochkultur?

Der englische Zoologe Sclater sen. führte 1874 den Namen „Lemuria" ein, womit er einen versunkenen Südkontinent bezeichnete, dessen seinerzeitige Existenz er aufgrund seiner Studien über Tiergeographie annahm. Aus dem Raum des Indischen Ozeans und dessen Randgebieten, besonders betreffs Madagaskars, sind nämlich alle möglichen Arten von Halbaffen[11] bekannt, u.a. Lemuren, was zu dieser Namensübertragung „Lemuria" führte. Der Lebensraum dieser baumbewohnenden nächtlichen (daher großäugigen!) Kletterer erstreckt sich von Madagaskar über Südindien bis Indonesien und die Philippinen.

Wenn wir uns nun von der Zoologie wieder der Geologie zuwenden, so brauchen wir uns (gedanklich!) nicht im tropischen Dschungel von Liane zu Liane zu schwingen, sondern können getrost auf dem vorerst sicheren Boden Lemurias wandeln. Denn diese Kontinentalscholle gab es seinerzeit tatsächlich! Die ersten beiden M-E mit ihren geisterhaften Menschenwesen waren bereits vergangen. Der fortschreitende Verdichtungsprozeß von Erde und Mensch schuf bei letzteren ein Knochengerüst, während der Planet, in Analogie hiezu, sich längst mit einer harten Schale umgeben hatte, der festen Erdkruste. Diese trug später auch die größten Lebewesen, welche je zu Lande gelebt hatten: Die Saurier! Mensch und Riesenechse begegneten einander durch Äonen hindurch, woran sich die Menschheit heute noch in ihren Drachensagen erinnert. Die Grundlagen für diese Entwicklung bestanden darin, daß Mutter Erde Lebensbedingungen geschaffen hatte, die das Heranwachsen (grob-)stofflicher Lebewesen ermöglichen konnten. Sie sprach daher: „Herr des strahlenden Angesichts! Mein Haus ist leer ...!"

Wie also war diese Biosphäre beschaffen?

- Die Abkühlung der Erdoberfläche war soweit fortgeschritten, daß sich die dampfgesättigte fluidale Sphäre in eine Atmosphäre und einen Urozean getrennt hatten.
- Diese Atmosphäre war inzwischen vornehmlich durch die Tätigkeit von Meeresplankton mit Sauerstoff angereichert, wodurch

11 Dazu gehören die Galagos, Indris, Lemuren, Loris und Koboldmakis.

„atembare Luft“ entstanden war – die Grundbedingung fürs Leben auf dem Festland.

Da ich von einem „Urozean“ sprach, setzt dies als Gegenpol das Vorhandensein eines „Urkontinents“ voraus, sonst würden wir – so wie Delphine es empfinden mögen – auf einem rein ozeanischen Planeten leben! Doch es ist ja schon bekannt: Dieser umfaßte alle heutigen Kontinente, spaltete sich in zwei Hälften, dessen südliche das genannte Gondwanaland war. Auch das weitere Zerbrechen dieser südlichen Landmasse habe ich bereits geschildert, wobei eben dieses Lemuria dessen zentralsten Teil dargestellt hatte (Bosse, Seite 395, 434 und 435).

Diese Kontinentalscholle von Lemuria wurde vor Ende der Jura-Zeit unter Zentralasien untergeschoben, wobei Tibet seine Hochhebung erfuhr (siehe Fußnote 12, diese Seite). Gleichzeitig war die granitische Erdkruste tiefst abgetaucht, wobei der obere Erdmantel niedergedrückt wurde. Während des Abtauchens von Lemuria unter den asiatischen Block begann das indische Dreieck, losgelöst von Afrika und Madagaskar, ebenfalls seine Drift nach Norden. Dessen „Anprall“ an die riesige eurasiatische Landmasse faltete Sedimente eines „Tethys“ genannten Meeresbeckens auf und preßte diese, zusammen mit Schuppen kontinentaler Kruste, zum himmelragendsten Gebirgssystem des Planeten hoch: dem Himalaya!

Der schweizer Himalaya-Geologe A. Gansser bestätigt in seinem Werk „Geology of the Himalayas“ (Interscience Publ. London, 1964, S. 244, ferner: Symposium über den Himalaya und Tibet, Peking, 1980) die hier vertretene Auffassung: Die Hebung des tibetischen Hochlandes begann vor der Hauptfaltung des Himalaya-Orogens. Dies impliziert:

Erstens erfolgte die Unterschiebung der lemurischen Scholle unter Zentralasien mit der Hochhebung Tibets.

Zweitens: Erst anschließend vollzog sich der Zusammenstoß des indischen Dreiecks mit Asien unter endgültiger Auffaltung des Himalaya-Gebirgsstrangs.[12]

---

12 Dem Himalaya-Forscher M. Thöni verdanken wir eine neuere Darstellung der Geologie dieses höchsten Gebirgssystems der Erde, entnommen aus dem herrlichen Bildband „Westtibet“ (Weishaupt Verlag, Gnas, 1999, S. 153–188). Hierin schreibt dieser Geologe: **„... die außergewöhnliche Hebung im Großraum Tibet ist durch aktive Subduktion von dickem Krustenmaterial bedingt.“** Sinngemäß heißt es weiter: Die Dicke der Lithosphäre

Hiemit ist das Rätsel gelöst, nämlich daß einerseits Lemuria tatsächlich glaubhaft der Erdgeschichte einzuordnen ist und sich andererseits doch nicht mehr im Indik nachweisen läßt. Diese Bruchscholle verschwand aufgrund der Kontinentaldrift, da sie einfach verschluckt wurde. Übrigens könnte der dieser Norddrift nachfolgende indische Subkontinent ebenfalls ein Teil des Reiches von Lemuria gewesen sein, wie Nachforschungen über das südindische Volk der Proto-Draviden (den heutigen Tamilen) beweisen (siehe tieferstehend). Der andere Teil dieses ehemaligen Weltreiches von Lemuria lag im Pazifik, dem wir uns alsbald zuwenden wollen.

Lemuria in der Mythologie Südindiens: Kumari Nadu

Es handelt sich um Visionen von Einheimischen, die von der Südspitze Indiens, dem Kap Comorin, über den Indischen Ozean gegen Süden blickten. In dieser geistigen Schau taucht der in der Vorstellung große Kontinent wieder auf: Die Urheimat der Vorväter mit deren proto-dravidischer Sprache, Literatur und Kultur: Die verlorene Welt von Lemuria! Nun gibt es darüber in Indien reichliches Schrifttum, wobei diese verschwundene Landmasse im Tamil-sprechenden Süden meist als Kumari Nadu bezeichnet wird, während sie im Sanskrit dominierten Norden Indiens unter dem Namen „Kumarika Khanda“ bekannt ist.

Der Begriff „Lemuria“ ist in Indien ebenfalls gebräuchlich. In den Schulbüchern des Landes heißt es, so wie Asien heute im Norden liegt, so lag seinerzeit dieser in ihrer Vorstellung riesige Kontinent Lemuria im Süden. Und weiters wird den Schülern mitgeteilt: Die Menschen Lemurias verehrten eine Muttergottheit namens Kumari,

---

kann zufolge solcher Unterschiebungen bis über 200 km erreichen. – Über die Gebirgsbildung in diesem Raum schreibt Thöni: **Der Himalaya als das jüngste Gebirge der Erde entstand durch die Norddrift der indischen Kontinentalscholle. Doch schon vorher wurden Krustenfragmente unter Tibet subduziert.** Indien wurde zuletzt angeschweißt. Diese Kollision mit Tibet erfolgte während der oberen Kreidezeit und dauerte das Tertiär hindurch mit einem Maximum im Miozän an. Hiebei schoben sich die Gesteinspakete gleich dem Deckenbau der Alpen übereinander. Diese tektonische Aktivität ist mit Bewegungen von etwa 4 cm pro Jahr bis in die Gegenwart nachweisbar (siehe Abb. Seite 133).

die Jungfrau, woher auch der Name rührt: Kumari Nadu, das Mutterland der heutigen Tamilen, das im Vulkanismus unterging. Für den heutigen Nationalismus der Tamilen (als wesentlicher Kulturträger der dravidischen Völker), ist der Verlust ihrer Heimat Lemuria eine beklagenswerte Tatsache!

Die in der alten Tamil-Literatur zum Ausdruck kommende Weisheit spricht von Lemuria als dem ehemaligen Zentrum der Welt, dem Geburtsort der Menschheit und der Wiege der Zivilisation und jeglicher Kultur, das aber auch von Naturkatastrophen geprägt war. Die Seher der Vergangenheit beschrieben Lemuria zu seiner langen Blütezeit als einen Erdteil der 49 Landstriche, der feuchtheiße, doch landwirtschaftlich fruchtbar-nutzbare Territorien umfaßte, wobei ein Königreich namens Pandyan das Kernland bildete. Lemuria, dieser jurassisch-kreidezeitliche Kontinent, wurde in das national-tamilische Volksgedächtnis als Hauptteil einer Katastrophengeschichte eingeführt, also ein Bericht über eine urzeitliche proto-dravidische Ur-Urzeit, die längst hinter dem Horizont der Frühgeschichte der Menschheit versunken ist.

Die genannten Mitteilungen sind dem folgenden Beitrag entnommen: Sumathi Ramaswamy: „History at Land's End: Lemuria in Tamil Spatial Fables“ (Journal of Asian Studies, Vol. 59, Nr. 3, August 2000). Den Hinweis hiezu verdanke ich freundlicherweise Herrn Prof. Dr. Anand Amaladass, Chennai (Madras), Indien.

Rutas Mu: Land in Sicht!

Die heiligen Schriften der Hindus/Brahmanen sprechen von drei versunkenen Kontinenten der Vorzeit. Einer hievon sei „Ruta“ oder „Rutas Mu“ gewesen. Es scheint, in diesen Veden findet sich mehr Weisheit, als in den Lehrbüchern der heutigen Wissenschaft, die nicht einmal Atlantis kennt, geschweige denn Lemuria! Doch bleiben wir zunächst auf dem Boden der „ach-so-gesicherten“ geowissenschaftlichen Erkenntnis. Da stehen uns gleich zwei Möglichkeiten zur Verfügung, die Äonen zurückliegende Existenz von Rutas Mu anzunehmen und sowohl örtlich als auch in etwa zeitlich festzulegen.

Rutas Mu als Kontinentalscholle, die über einem MOR zerbrach, worauf deren Fragmente mit dem driftenden Ozeanboden Richtung randlicher Verschluckungszonen wanderten, wo sie den pazifischen Küstenketten angeschweißt wurden. Solche „Terrains" sind als fremde Erdkrusten-Bruchstücke bekannt; sie passen naturgemäß nicht in den Rahmen ihrer geologischen Umgebung, nämlich in den zirkumpazifischen Gebirgsstrang. Analog der Orogenese des Himalaya durch den Anschub des indischen Dreiecks, wäre es (geo-)logisch, daß die Kordilleren Nord- und Südamerikas durch den Anprall der genannten Restschollen eines pazifischen Kontinents ihre Auffaltung bzw. Hochhebung erfuhren.

Bezog sich erstere Annahme (oben) eher auf den östlichen Pazifik (mit dem Ostpazifischen-Rücken), so betrifft die zweite Möglichkeit mehr den westlichen Stillen Ozean. Hiebei dreht es sich aber nicht um die Annahme eines „Klein-Kontinents" im Sinne einer granitischen Landmasse, sondern sozusagen um das „Gegenteil": Basaltischer Vulkanismus formte sowohl einen riesigen, aus Einzelvulkanen bestehenden Rücken, den „Darwin-Rise", als auch eine Plattform aus Flutbasalten, nämlich das Ontong-Java-Plateau. Es ist wahrscheinlich, daß diese beiden Basaltformationen einst zusammenhingen, wobei sie eine Landmasse im Pazifik gebildet hätten. Solche Basaltplatten können bis zu 30 km dicke ozeanische Plateaus bilden. Nun knüpfen sich an obige Feststellungen mehrere Fragen:

a) Bezüglich der geographischen Lage der genannten geologischen Körper.

b) Könnten diese je über den Meeresspiegel geragt haben, sodaß sich fruchtbares, bewohnbares Land inmitten des Pazifiks befunden hätte und nicht nur ein paar tausend Eilande, verstreut in der unermeßlichen Weite dieses Weltmeeres?

c) In welchen geologischen Zeitrahmen wäre dieser Basalt-Kontinent zu stellen, wobei eine gewisse Übereinstimmung der Ereignisse mit Lemuria gegeben sein müßte.

Über die geographische Lage des Darwin-Rückens (so benannt nach der Weltumsegelung Darwins 1831–1836) informiert uns H. W. Menard in seinem ozeanographisch-geologischen Werk „Marine Geology of the Pacific" (Mc Graw-Hill, N.Y. 1964), wobei ich mich auf die Abbildungen in seinem Buch (S. 119, 140 u. 145) stütze: Hier sehen wir ein riesiges Gebiet, das sich bei Absenkung des Meeresspiegels über der Wasseroberfläche befunden hätte und gleich einem Gebirgsrücken in nordwest-südöstliche Richtung erstreckte. Die zitierten Abbildungen implizieren diesen von Vulkanen gebildeten Höhenzug, der sich über tausende Kilometer von etwa 20° Nord bis ungefähr 30° südlicher Breite hinzog.

Das Ontong-Java-Plateau ist das größte Atoll der Südsee und völkerkundlich eine polynesische Enklave in Mikronesien. Es befindet sich etwas östlich der Salomon-Inseln auf 5° südlicher Breite und 159° östlicher Länge. Dieses Plateau liegt heute in einer mittleren Untiefe von 2.000 Metern, was eine beachtliche Differenz zum Tiefseeboden darstellt. In der Zeichnung von Bosse („Evolution...", S. 392) ist es mit dem Darwin-Rücken zu einer riesengroßen Basaltfläche vereinigt, deren südlicher Teil eben diese Basaltplatte von Mikronesien ist, welche die ausgedehntesten Basalt-Überflutungen der Erde umfaßt. Bohrproben ergaben ein Alter von jurassisch bis Kreidezeit.

Was den Meeresspiegel der Vorzeit betrifft, so geht die Meinung im allgemeinen dahin, daß dieser noch während der Kreidezeit wesentlich tiefer gelegen habe als heute. Die Niveaufläche des Pazifiks liegt gegenwärtig bei 4.800 Metern über der durchschnittlichen Tiefe des Ozeanbodens. An der Grenze Oberkreide-Tertiär lag sie in 2.500 Metern über dem Meeresboden, also 2.300 m tiefer. Zum Beweis lassen sich drei geologische Phänomene heranziehen:

- Die sogenannten Guyots (benannt nach einem schweizer Geologen und Prof. in USA, 1807–1884): Das sind untermeerische Vulkankuppen, die unverkennbare Merkmale von Erosion aufweisen, wie sie nur über bzw. an der Meeresoberfläche stattgefunden haben kann, nämlich der Abtragung des Vulkankegels zu einem Kegelstumpf. Solche „gekappte Vulkane" finden sich in großer Zahl dem Pazifikboden aufsitzend, wobei ihre verwitterten Oberflächen in Wassertiefen von 600 Metern und noch wesentlich tiefer entdeckt wurden (siehe Abb. Seite 135).

Bosse beschreibt (S. 517) das Beispiel des Horizon Guyot im mittleren Pazifik, der in über 1.200 Metern Meerestiefe Verwitterungserscheinungen zeigt, wie sie für die ozeanische Brandungszone typisch sind. In Bezug zu dem Gesagten ist jedoch zu erwähnen, daß solche Vulkanbauten auch durch ihr Eigengewicht in die Tiefe abgesunken sein können, wie vor allem für das besprochene Basaltplateau von Mikronesien mitsamt dem Darwin-Rücken anzunehmen ist. Doch dann gäbe es nicht diese abgetragenen, flachen Kuppen!

Unwiderlegbar sind jedoch die folgenden Beweise, daß während vergangener geologischer Epochen der Pegelstand aller Weltmeere wesentlich tiefer gelegen hatte. Hiebei folge ich wieder Bosse (S. 506 u. 507) mit den folgenden Beispielen bezüglich „ertrunkener Flußtäler“ sowie untermeerischer Erosionsterrassen.

• Eine tief erodierte Flußmündung besteht an der Küste des Indik bei Port Elizabeth in Südafrika. Hier wurde ein Tal eingeschnitten, als der Südkontinent Gondwanaland auseinanderbrach. Es wurde weitflächig in der unteren Kreidezeit ausgewaschen und aufgefüllt, was nur durch Flußerosion an der Erdoberfläche – und nicht unter Wasser! – geschehen sein kann. Die Oberflächengestalt des betreffenden Gebietes ist bis 2.500 m Meerestiefe bekannt, womit ein weiterer Hinweis für einen wesentlich tieferen Wasserstand der Weltmeere bis zur Kreidezeit (und später) gegeben ist.

• Die Mündung des Kongo in den Atlantik an der Küste Westafrikas: Hiebei handelt es sich um einen Taleinschnitt („Kerbtal“), der bereits in der Schelfzone des Kontinents eine Tiefe von 500 Metern erreicht. In 1.000 Metern Meerestiefe ist dieser Canyon schon 8 km breit und 900 m tief. Es endet in 4.500 Metern Wassertiefe des Atlantiks in einem großen Aufschüttungsfächer.

• Südlich von San Francisco ist ein Tal bis auf über 4.000 m Wassertiefe in den Kontinentalhang der Westküste der USA eingeschnitten. Hiemit im Pazifik angelangt, soll noch eine andere geologische Tatsache zur Sprache kommen, die gleichfalls den Beweis für einen beachtlich tieferen Wasserstand der Ozeane der Vorzeit liefert, nämlich:

• Submarine Terrassen. Es sind dies Erosionsformen, wie sie nur in der Brandungszone stark bewegten Wassers entstehen können, also vor allem an den Küsten der großen Meeresbecken, deren Wassermassen von Stürmen und Gezeiten ständig in Aufruhr gehalten werden. Hier bilden sich horizontale Einschnitte im Küstenbereich, wo sich auch die typischen terrigenen Sedimente mit gut gerundeten Strandgeröllen finden. Untermeerische Ablagerungen dieser Art sind besonders bekannt von der großen Insel Hawaii bis in eine Meerestiefe von 550 Metern, Madeira 2.300 Metern und Chile 6.000 Metern.

Der Frage nach dem Zeitrahmen des geologischen Geschehens im Pazifik schicke ich eine andere voraus: War Rutas Mu ein (Klein-)Kontinent im Sinne der Kontinentalscholle von Lemuria oder eine entsprechend große Basalt-Plattform, wie wir bezüglich des genann-

Obiges Bild zeigt meinen Schnappschuß von der Heißluftballon-Weltmeisterschaft in Schielleiten, Oststeiermark. Die erstaunlich regelmäßige Anordnung der startenden Ballone veranlaßte mich, sozusagen „die Rollen zu vertauschen": Jedem der vier Ballone sei eine Menschheits-Epoche zugeordnet, absteigend bis zum tiefsten Fall in Atlantis. Das Foto möge hiezu als einprägsames Symbol dienen! (Foto: H. Kruparz)

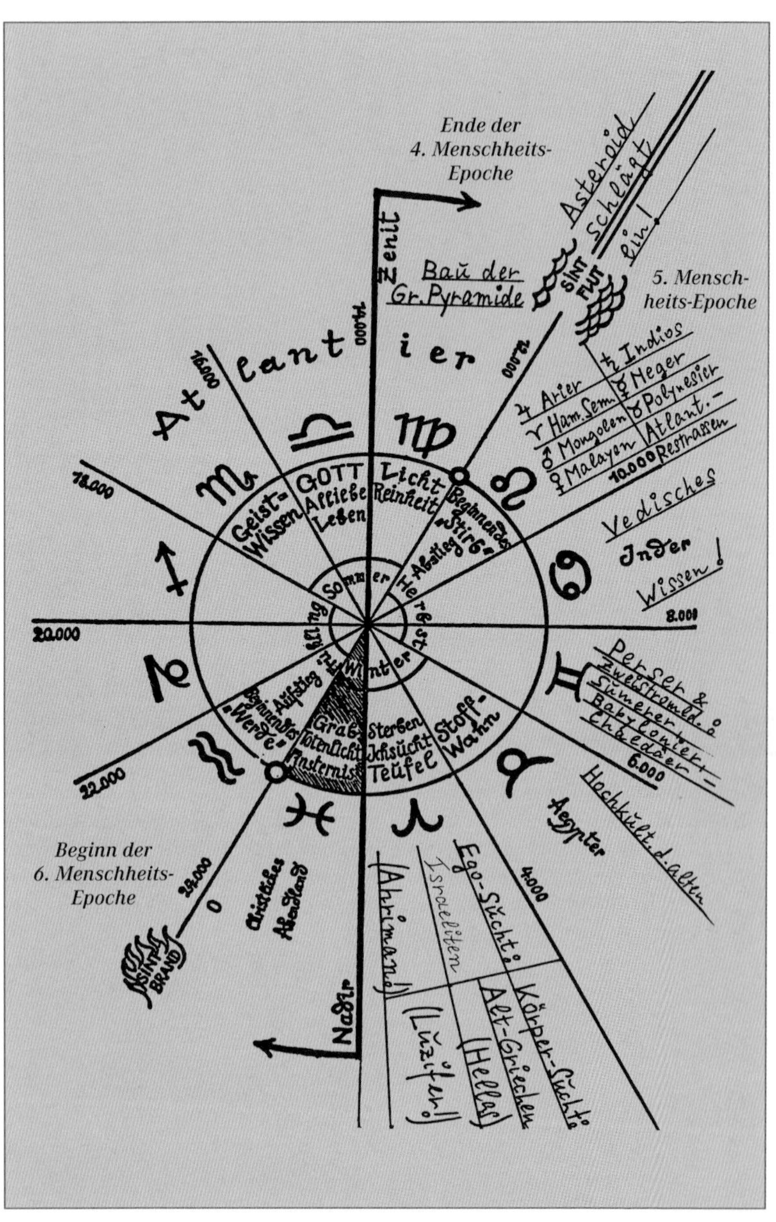

Das Weltenjahr nach H. Sterneder: „Der Wunderapostel" mit Ergänzungen von H. Kruparz.

Zeitalter nach Rudolf Steiner	**Geologische Ären, Systeme und Epochen**		
Nach-Atlantis		Quartär	Holozän (Nacheiszeit)
2. Hälfte Atlantis			Pleistozän
Mitte Atlantis	Känozoikum (Erdneuzeit)	Jungtertiär	Pliozän
			Miozän
1. Hälfte Atlantis		Tertiär Alttertiär	Oligozän
			Eozän
Untergang Lemurias			Paläozän
Späte Lemuris	Mesozoikum (Erdmittelalter)	Kreide	obere
			untere
		Jura	Malm
			Dogger
			Lias
		Trias	Keuper
			Muschelkalk
			Buntsandstein
Mittlere Lemuris	Paläozoikum (Erdaltertum)	Perm	Zechstein
			Rotliegendes
		Karbon	oberes
			unteres
		Devon	
		Silur	
		Ordovizium	
		Kambrium	
Frühe Lemuris	Proterozoikum (Erdurzeit) Archaikum (Erdvorzeit)	Präkambrium	
Hyperboräis Polaris			

(nach R. Steiner und D. Bosse)

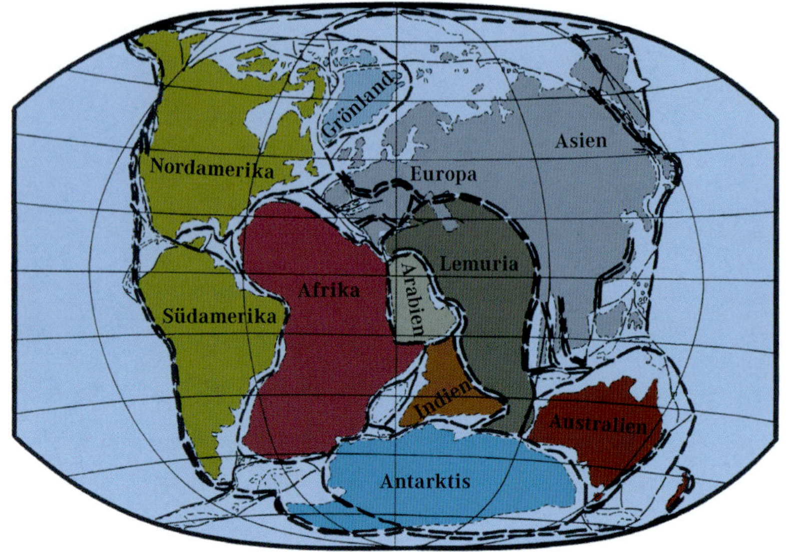

Der Urkontinent Gondwanaland (nach D. Bosse).

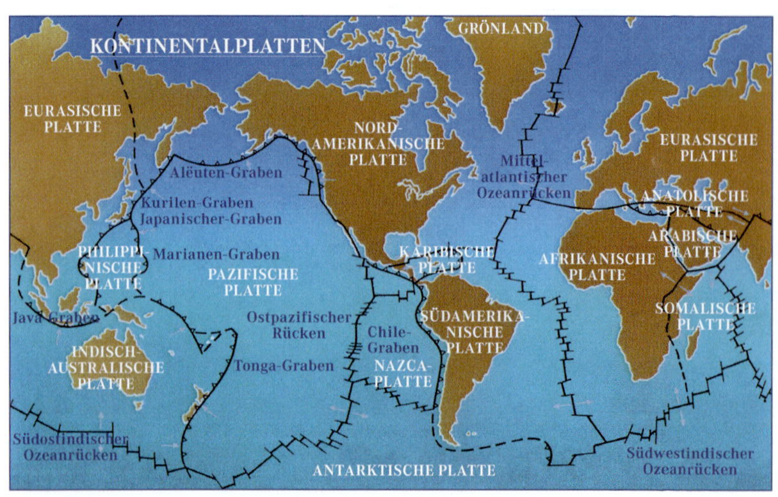

Globale Plattentektonik: Die driftenden Schollen der Erdkruste.

Der Beginn der Unterschiebung der Kontinentalscholle Lemurias unter Zentralasien (nach D. Bosse).

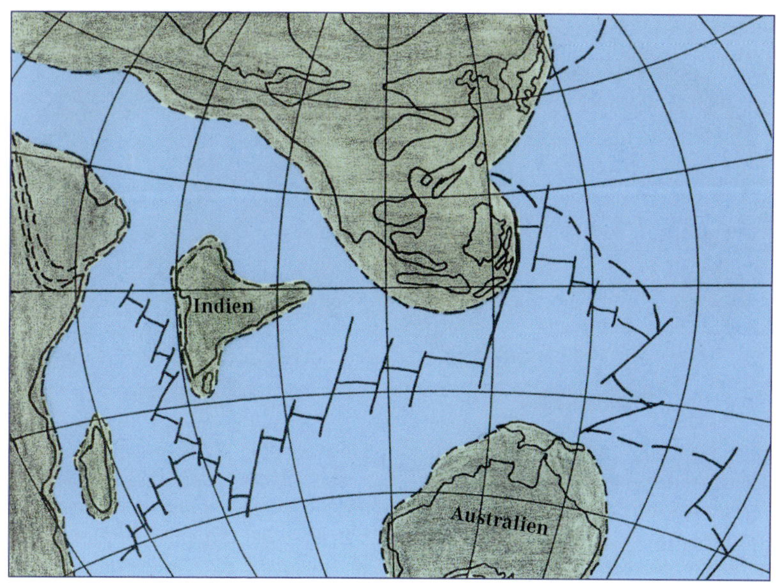

Die Nordwanderung des indischen Dreiecks (nach D. Bosse).

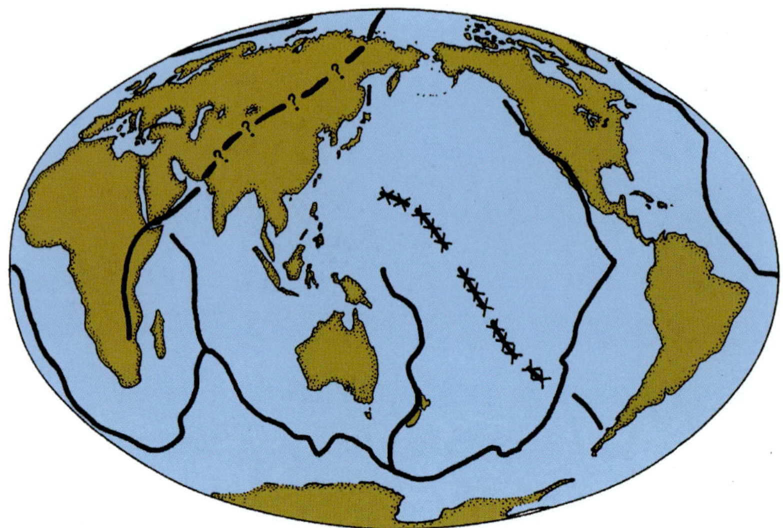

xxx = Nordwest-Südost streichender Höhenrücken, gebildet durch basaltischen Vulkanismus des Mesozoikums. (nach H. W. Menard, „Marine Geology of the Pacific“)

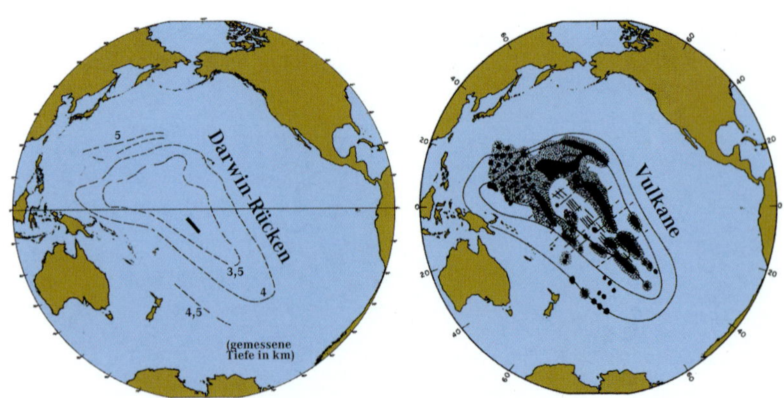

Der sogenannte „Darwin-Rücken“ des Mesozoikums, eingezeichnet in die Topografie des heutigen pazifischen Raumes (die höchste seinerzeitige Erhebung in Schwarz). (nach H. W. Menard, „Marine Geology of the Pacific“)

Mesozoischer Vulkanismus des innerpazifischen Beckens. In Schwarz die den Meeresspiegel überragenden basaltischen Höhenrücken. (nach H. W. Menard, „Marine Geology of the Pacific“)

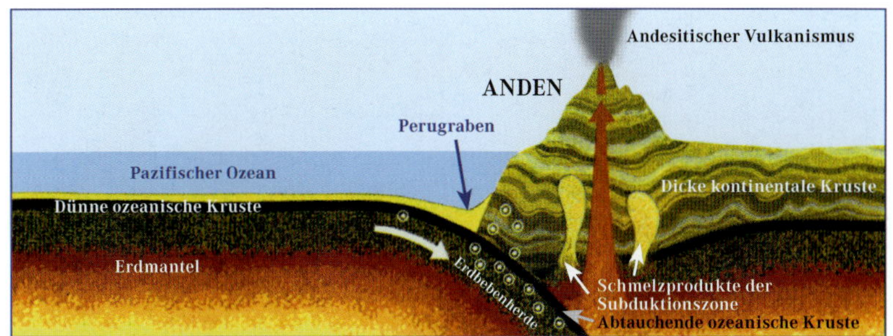

Subduktion dünner, basaltischer, ozeanischer Kruste unter den Gebirgswulst der Anden vor der chilenisch-peruanischen Küste.

Guyots sind bis auf die Meeresoberfläche erodierte Vulkane, die anschließend in die Tiefe abgesunken bzw. zufolge Kontinentaldrift weitergewandert sind.

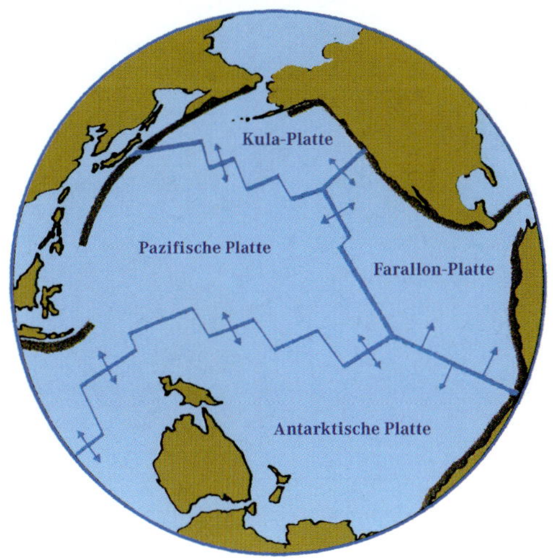

Falls es je eine Kontinentalscholle im Pazifik gab, würde sie über der eingezeichneten blauen Zick-zack-Linie zerbrochen und die Fragmente dem zirkumpazifischen Gebirgsgürtel angeschweißt worden sein. Solche „Terrains“ sind aus den Rocky Mountains und den Anden Südamerikas nachgewiesen.

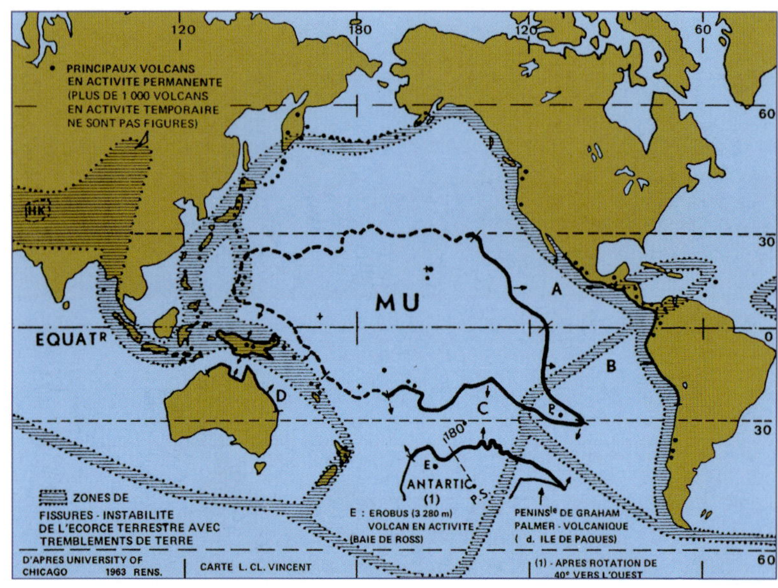

Lageplan von Rutas Mu nach L. C. Vincent.

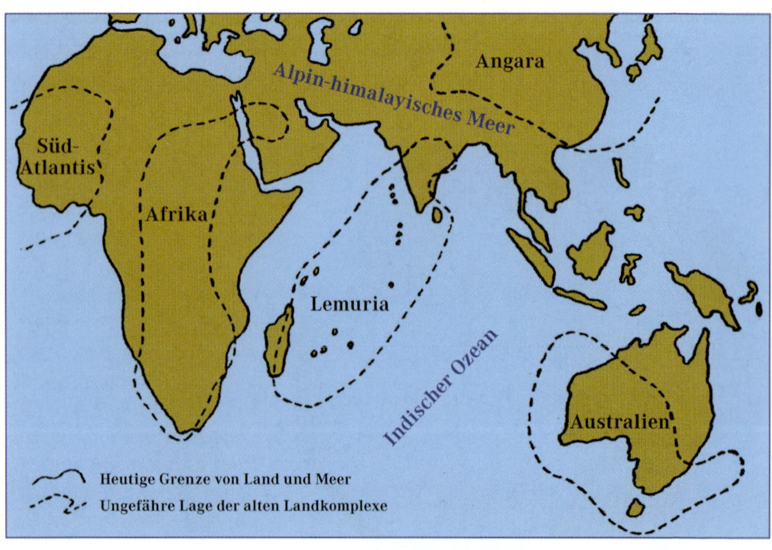

Lemuria im Indischen Ozean zufolge des Geologen/Paläontologen Edgar Dacqué (1878–1945).

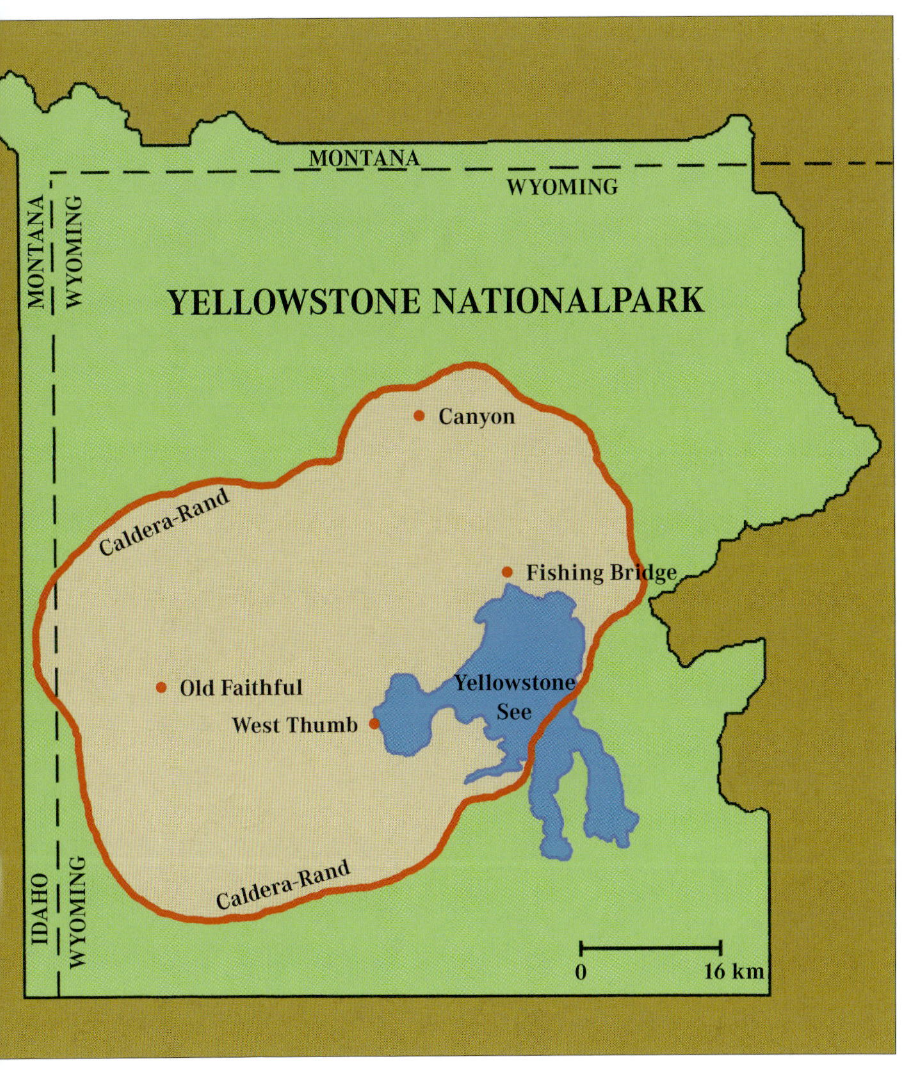

Mit 45 x 85 Kilometern ist die Yellowstone-Caldera der größte Vulkankrater der Erde und somit der gefährlichste Riesenvulkan des Planeten. Er hat sich über einem „Hot Spot" aufgebaut, über den die nordamerikanische Kontinentalscholle von Ost nach West driftet.

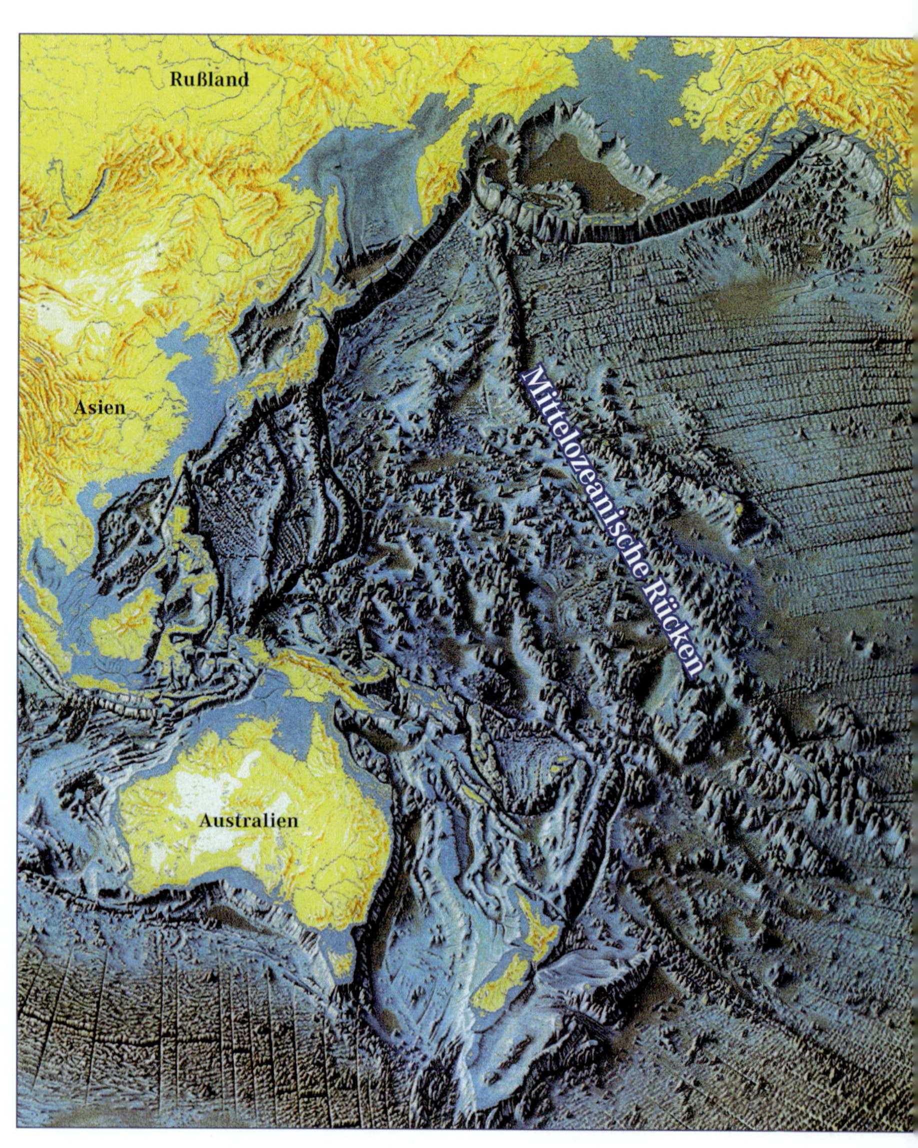

Der Ozeanboden des westlichen Pazifiks.
(Siehe auch Azoren-Bildband, Weishaupt Verlag)

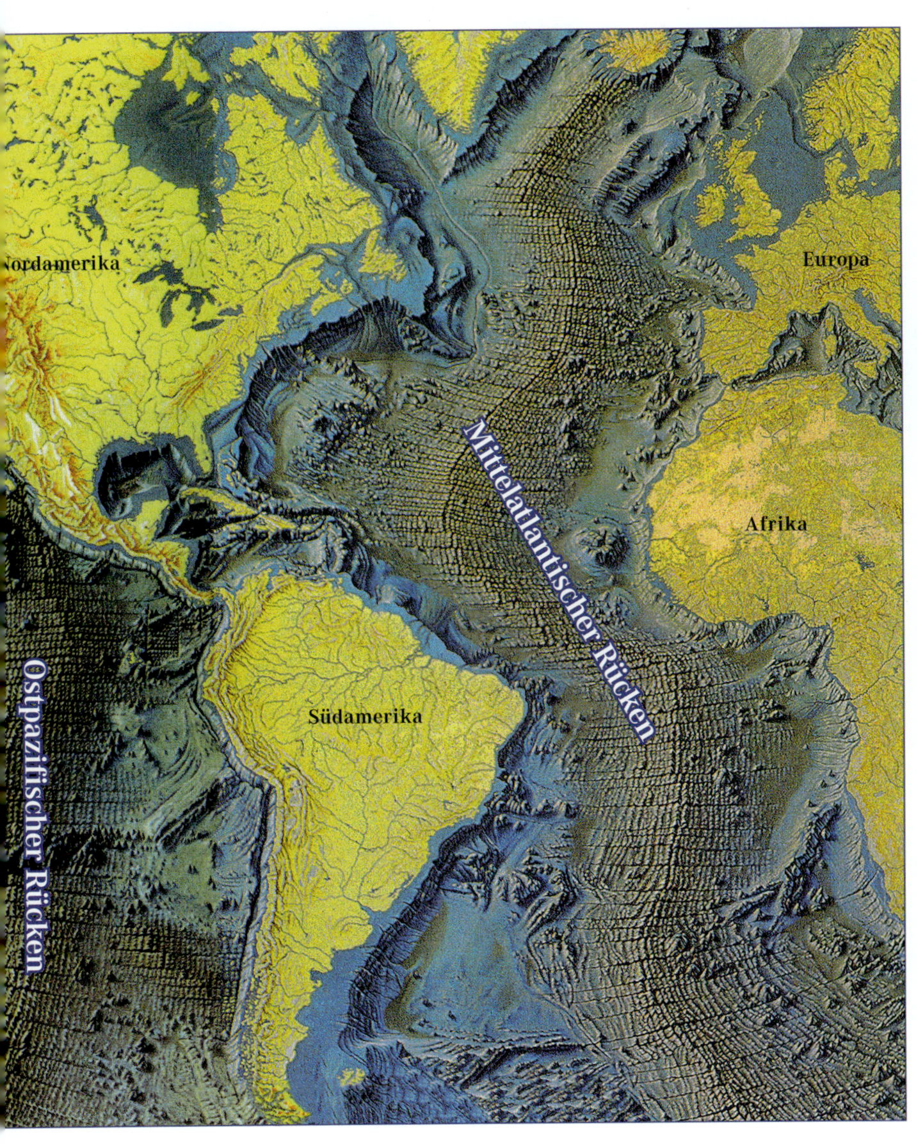

Der Ostpazifische Rücken und der Mittelatlantische Rücken (MAR).

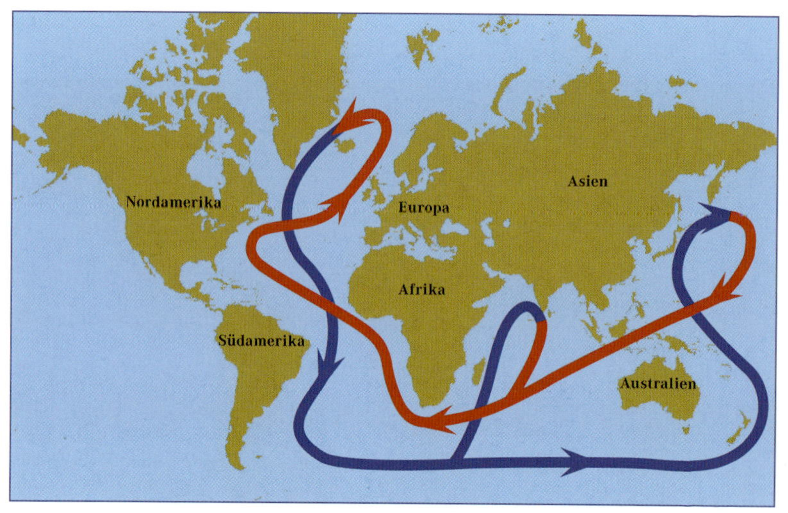

Die warmen und kalten Strömungen in den Weltmeeren.

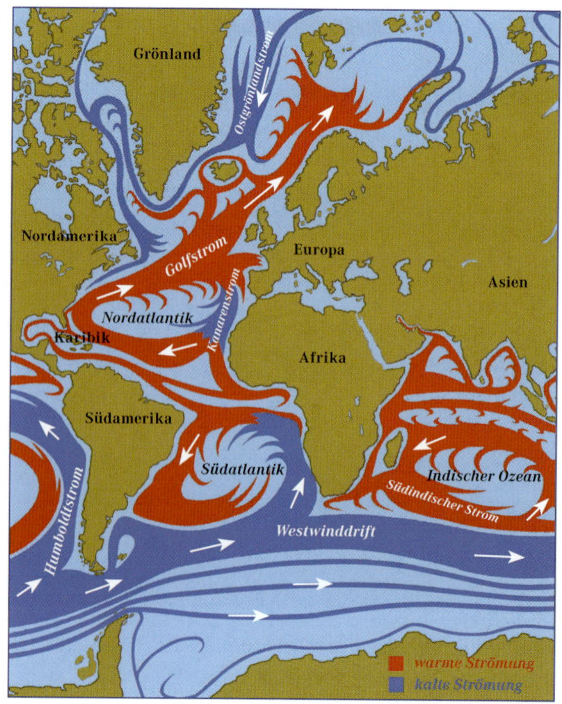

Das oberflächennahe Warmwasser des Golfstroms und die Meeresströmungen der Südhalbkugel.

*Platon, * 428/427 v.d.Ztw. in Athen, † 348/347 v.d.Ztw. in Athen; er ist der Urheber der Atlantis-Geschichte.*

„Die Dame von Elche", eine prähistorische Skulptur aus Südspanien. Sie wird gerne als Priesterin von Atlantis bezeichnet.

Ein Beispiel der Bildschöpfungen der nachatlantischen Periode: eine Höhlenzeichnung aus der Dordogne, Frankreich.

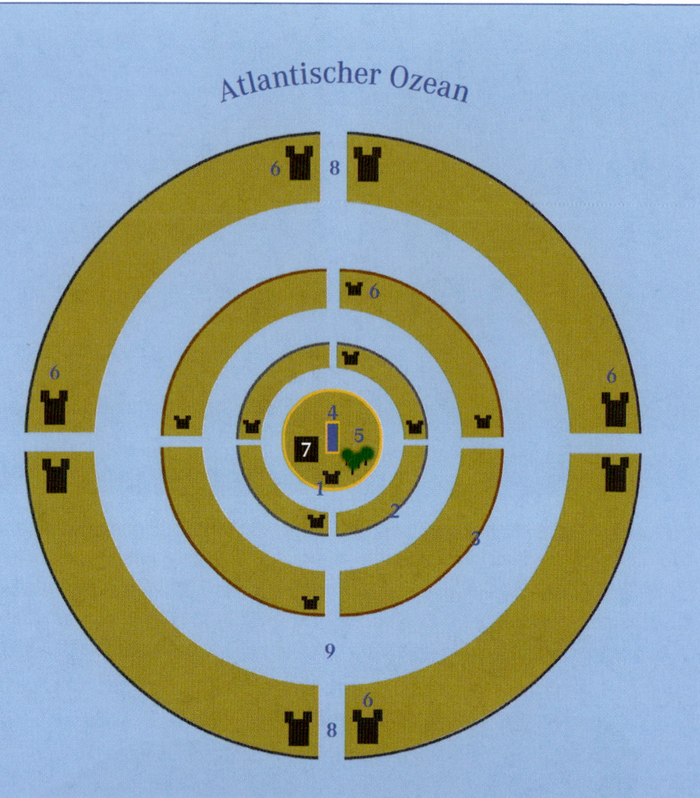

1 Mauer aus Oreichalkos
2 Mit Zinn verkleidete Mauer
3 Mit Bronze verkleidete Mauer
4 Mit einer Gold-verkleideten Mauer umgebenes Heiligtum des Poseidon und der Kleito
5 Poseidon-Hain
6 Wachhäuser
7 Alter Königspalast
8 Durchfahrt für Schiffe
9 Äußerer Hafen

Poseidonia, die Hauptstadt von Atlantis zufolge der Erzählung Platons.

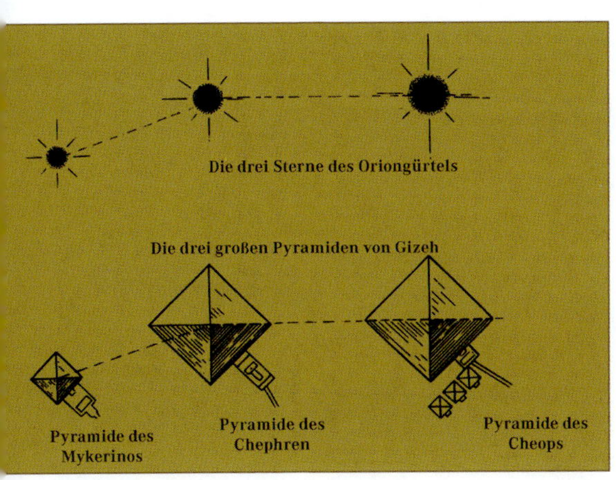

Der Bezug des Pyramiden-Komplexes von Giza zum Sternbild des Orion zur Zeit des Baus der Großen Pyramide. (nach Bauval/Gilbert)

Thoth, der ägyptische Gott der Weisheit, Wissenschaft und Kunst.

Der Sphinx vor der Chephren-Pyramide. (Foto: H. Kruparz)

Hermes Trismegistos, der „Dreimal Weise“ mit der „Tabula Smaragdina“ im Tempel von Damanhur. (Foto H. Kruparz nach einem Gemälde des Künstlers Dovilio Brero)

ten „Plateaus Mikronesien-Darwin-Rücken“ annehmen können? Meinem Verständnis des Ablaufes erdgeschichtlicher Ereignisse zufolge, nehme ich folgendes an: Die Tatsache des Bestehens dieser „Terrains“, wie sie von der Westküste beider Amerikas nachgewiesen sind, setzt das Vorhandensein solcher kontinentaler Bruchstücke voraus, die drifteten und nach Zusammenstoß mit dem westlichen Rand Nord- und Südamerikas diesem Doppelkontinent einverleibt wurden. Das wäre die erste Phase der Begebenheiten, die sich alsbald nach dem Zerbrechen des Gondwanalands abgespielt hätten. Erst anschließend kam es im Rahmen der weltweiten Ergüsse von Flutbasalten zur Ausbildung des „Basalt-Kontinents“ von Rutas Mu, dessen Untergang mit einem Paroxysmus (aufs höchste gesteigerte vulkanische Tätigkeit) an Flutbasalt-Effusionen einherging. Die zeitliche Abfolge wäre also:

(a) Fragmente einer Kontinentalscholle driften und werden randlich angeschweißt bzw. subduziert/unterschoben.

(b) Basaltvulkanismus formt ein (sehr) großes Plateau: den Lebensraum der Menschenwesen von Rutas Mu.

Falls zur Zeit des Untergangs von Rutas Mu tatsächlich eine pazifische Landmasse („Pazifika“) bestanden hätte, die in einem Feuersturm unvorstellbaren Ausmaßes zugrunde gegangen wäre, so müßte sich dies auch in der Überlieferung der Völker niedergeschlagen haben, denn die Mythen enthalten einen wahren Kern! Und was sagt die „Geheimlehre“ hiezu?

– Der Azteken-Kalender spricht von einer „Feuersonne“, unter deren zerstörerischem Aspekt Rutas Mu gestanden habe.

– HPB und Rudolf Steiner beziehen sich auf die „Feuererde“, welche den Untergang eines „Kontinents“ bewirkt hätte.

– Interessant ist in diesem Zusammenhang die Darstellung eines englischen Obersten namens J. Churchward, der mehrere Bücher über Rutas Mu schrieb, worauf im Abschnitt „Lebensbilder“ (S. 168) noch ausführlicher zurückzukommen sein wird. Hier lediglich das Folgende: Der Genannte, u.a. Sprachforscher im ehemaligen Britisch-Indien, gibt in seinem Werk („The Lost Continent of Mu“, London, um 1874, Neuauflage 1912 sowie gegenwärtig, S. 276, 280 u. 282) etwas eigenartig-naive Skizzen wieder, die man aus heutiger wissenschaftlicher Sicht zunächst belächelt: „Gaskammern“ im Untergrund eines pazifischen Kontinents! Doch zufolge meiner jetzigen Auffassung hatte der gute Colonel, dessen finanziell erfolgreicher Start ins

Berufsleben auf einer metallurgischen Erfindung beruhte, eigentlich gar nicht so unrecht:

Gigantische Magmareservoirs im Untergrund der Flutbasalt-Lavadecken enthalten Vulkangase (zunächst in der Gesteinsschmelze gelöst), die bei Druckentlastung entweichen. Dies hängt ursächlich mit dem Emporgepreßtwerden und Austreten der Basaltmassen während eines Vulkanausbruchs zusammen, wobei die Magmakammer entleert wird und der Oberbau des Feuerberges in sich zusammensinkt (bei explosiven Typen kann die Gipfelregion des Vulkans weggesprengt werden): Caldera-Entstehung im kleinen, Absinken ganzer Basalt-Plateaus im großen Maßstab! Insofern hat der Brite recht, denn Vulkanismus ist ein planetarer Entgasungsvorgang.

Dr. Steiner schildert den Untergang eines „Basalt-Kontinents" folgendermaßen: „Überall war der dünne Boden von vulkanischen Kräften unterwühlt, die als kleinere oder größere Lavaströme hervorbrachen. Mächtige Vulkane waren fast allerorts vorhanden. Durch die Tätigkeit dieses vulkanischen Feuers ist auch der Untergang des Landes ... herbeigeführt worden."

Bevor ich mich ganz der Archäologie versunkener Kulturen, der Mythologie ozeanischer Völker und der Mystik von Südseeträumen hingebe, möchte ich noch einige Streiflichter auf begründbare Annahmen der Geologie des pazifischen Raumes werfen.

Pazifika: Driftender Kontinent und flutende Lava

In den nächsten Erörterungen wird also von Tatsachen berichtet, deren Gültigkeit Geologen als bewiesen erachten. Aber ich möchte in diesem Zusammenhang in Erinnerung rufen, daß in der vorliegenden Arbeit Geologie nicht nur als die Kenntnis vom Bau und der Entwicklung des Planeten verstanden wird (der eine Eisen-Nickel-Kugel als Erdkern im Bauch trüge!), sondern als Erkenntnisweg, um das Wesen der lebendigen, beseelten Mutter Erde zu erahnen: Geosophie!

Um bezüglich des tieferstehend angeführten geologischen Belegmaterials Klarheit der Darstellung zu erzielen, halte ich mich an die folgende Gliederung dieser Themenkreise:

1) Abgedriftete und an die pazifischen Randgebirge angeschweißte Krustenelemente:
   - Nord- und Südamerika sowie
   - ein Beispiel aus der Karibik.
2) Nachweis der (einstigen) Existenz von Basalt-Plateaus im Pazifik:
   - Darwin-Rücken und
   - „Mikrokontinent Mikronesien".

ad 1) Zunächst den gesamten Pazifik betreffend:

Die zwei Geologen Prof. Amos Nur (Stanford Universität in Kalifornien) und Zvi Ben-Avraham (Universität Tel Aviv) plädieren für das seinerzeitige Bestehen eines pazifischen Kontinents, wie letzterer mir in einem persönlichen Gespräch versicherte: „The existence of 'Pacifica' may explain the origin of the Circumpacific Cordillera."

Beide genannte Israelis waren auf dem Gebiet der pazifischen „Terrains" bahnbrechend und ihre Forschungen sind bis in die Gegenwart maßgeblich geblieben. Zusammenfassend aus deren wichtigsten Veröffentlichungen: „Oceanic Plateaus, Fragmentation of Continents and Mountain Building" (Journ. Geophy. Research, vol. 87, No. B5, S. 3.644–3.661, 1982).[13]

Die sinngemäße Übertragung ins Deutsche lautet: Ein Kontinent Pazifika (siehe Abb. Seite 135), der etwas kleiner war als Australien, begann in der Jura-Periode auseinanderzubrechen. Während der Kreidezeit wurden dessen größte Bruchstücke anderen Kontinenten einverleibt, nachdem diese Fragmente über den Pazifik gedriftet waren. Solche pazifische Bruchschollen waren in die Landmassen Nord- und Südamerikas gerammt, wodurch die gigantischen Gebirgsketten des zirkumpazifischen Orogens aufgestaucht und hochgehoben wurden. – Soweit die Stimme aus Stanford.

Pazifika, dieser hypothetische Kontinent, kann als derjenige Teil Gondwanalands betrachtet werden, der sich ursprünglich an das spätere Australien anschmiegte. Dessen Schicksal war also kurz gefaßt: Zerbrechen – wahrscheinlich über einem MOR – (siehe Abb. Seite 138), Driften der Bruchstücke, bis diese das pazifische Randgebiet erreichten, wo sie entweder abtauchen mußten (Subduktion!) oder an Nord- und Südamerika angeschweißt wurden. Dieser Zusammen-

13 In der Originalarbeit finden sich Zeitangaben in Jahrmillionen, die ich in geologische Epochen „umgeschrieben" habe.

schub von Kontinentalmassen ließ vor allem den Gebirgsstrang an der Westküste der beiden genannten Kontinente entstehen. Auch Neuseeland im Südwestpazifik verdankt seine Existenz dem Zusammenstoß zweier kontinentaler Fragmente.

Solche zugewanderte, daher fremde Bruchstücke („allochthone Terrains“) des alten, zerbrochenen Kontinents Pazifika sind vor allem in den folgenden Gebieten der USA bekannt: In weiten Landstrichen Alaskas und im Einzugsgebiet des Yukon, entlang der Küstengebirge und deren Hinterland, bis hinunter zur Grenze Kanada/Vereinigte Staaten, ferner entlang der San Andreas-Verwerfung in der Sierra Nevada Kaliforniens sowie in den Landengen Mittelamerikas. Auf obige Gegebenheiten bezieht sich auch Bosse, wenn er in seinem Buch schreibt (S. 442): „In den nordamerikanischen Rocky Mountains sind proterozoische (urzeitliche) Krustenteile enthalten, die dort als angeschweißte Kleinkontinente gedeutet werden.“

Südamerika weist ebenfalls allochthone Terrains an den verschiedensten Stellen der andinen Küstenregion auf: Von Peru über Chile bis Feuerland im äußersten Süden dieses Riesenkontinents sind solche bekannt. Die schmale Küstenkette der Anden ist ein altes, tektonisches Bauelement, das von den jüngeren Gebirgssträngen der Hochanden völlig verschieden ist. Eine Schuppe „altkristallinen Grundgebirges“ wurde im Ozean vor der Küste Perus entdeckt. Betreffs Chiles verdanken wir dem deutschen Geologen H. Miller (Geologische Rundschau, Bd. 59, Heft 3, 1970, S. 927–938) Studien über fremde Terrains. Hierin fordert er das einstige Bestehen kontinentaler Kruste jenseits der heutigen Küste Chiles in Meeresgebieten, wo derzeit nur dünne, ozeanische Kruste vorhanden ist. Er fragt mit Recht: Wo ist die Westflanke des jungen, zweiseitigen Anden-Orogens? Es ist ein möglicher Kontinent (im Pazifik) vor-tertiären Alters anzunehmen!

Derselbe Autor wird später von einem D. W. Scholl zitiert („Island Arcs, Deep Sea Trends & Back-Arc Basins“, Maurice Ewing, Series 1, Amer. Geophys. Union, Washington D.C., 1977): „Ein Streifen kontinentaler Kruste von mehreren 100 km Breite verschwand vom Westrand Südamarikas!“ – Und eine tektonische Karte des südlichsten Teils Südamerikas zeigt „exotische Terrains“ in Feuerland („A Collisional History of Southern South America“, V.R. Ramos, Univ. Buenos Aires, 1988).

Der Projektleiter auf dem Forschungsschiff Eastward, Dr. B.

Heezen (vom Columbia Univ. Lamont Doherty Geol. Observatory), war 1969 überrascht, daß im Zuge der Erkundung des Ozeanbodens von diesem über eine Tonne kontinentaler Erdkruste heraufgeholt wurde; nämlich von dort, wo diese am allerwenigsten zu erwarten war: Am Aves-Rücken, der sich zwischen Puerto Rico und Venezuela in Nord-Südrichtung erstreckt, also am Tiefseeboden des offenen Meeres in der Ostkaribik.

ad 2) Der Nachweis der ehemaligen Existenz von Basalt-Plateaus im Stillen Ozean führt uns wieder zu dem Begriff zurück, den ich mit dem eigentlichen Rutas Mu verbinde. Pazifika einerseits wurde zu dem zerbrochenen Kontinent, dessen Terrains als fremde Krustenteile nach wie vor in den pazifischen Randgebieten vorhanden sind, wie ausführlich dargestellt. Rutas Mu andererseits war das Inselreich, das in Feuer und Flut unterging. Hier nun die geologische Begründung bezüglich dessen seinerzeitigen Bestehens.

Wie aus der Tabelle (siehe Seite 163) ersichtlich, erlebte unser Planet eine ganze Reihe von Ereignissen und erbebte unter deren globaler Größenordnung, nämlich einem Vulkanismus, von dessen Ausmaßen sich der Mensch nicht die entfernteste Vorstellung machen kann! So z.B. erreichen die Lava-Ergüsse in der Thule-Provinz und dem Rockall-Plateau des Nordatlantiks eine Mächtigkeit von 8.500 Metern, wobei etwa 700 Lavadecken gezählt wurden (Bosse, S. 446 u. 447). Im südbrasilianischen Paraná-Becken bedecken Basaltlaven eine Fläche von rund einer Million Quadratkilometern (Größenvergleich mit Österreich, das ein Staatsgebiet von etwa 83.000 km^2 besitzt!).

Für unsere Betrachtungen über den pazifischen Raum interessieren uns zwei Meeresgebiete: Das des Darwin-Rückens und des Plateaus von Mikronesien.

Der Darwin-Rücken (siehe Abb. Seite 134) besaß eine etwaige Länge von 8.000 Kilometern, wobei sein Scheitel im Südosten dort lag, wo sich heute die Gesellschaftsinseln (Tahiti) und die Korallenatolle des Tuamotu-Archipels befinden. Dieser „Darwin-Rise" verlief in nordwestlicher Richtung bis ungefähr 20° nördlicher Breite, wo er etwas niedriger wurde, sich jedoch verbreiterte. Im Nordwesten mag er noch einbezogen haben, was heute den weiten Ozean um die Karolinen, Marshall-Inseln und Marianen umfaßt. Somit scheint ein direkter Zusammenhang mit Mikronesien gegeben gewesen zu sein.

Betrachten wir einmal den heutigen Ozeanboden, wobei folgende

Morphologie zu erkennen ist: Von den Kontinental-Abhängen geht es über ein Schelfgebiet hinab auf die Tiefsee-Ebenen, denen Vulkankegel aufsitzen. Deren Höhe vom Meeresboden beträgt im Westpazifik zwischen 4.000 bis 5.000 m, auf den Kanaren 7.000 m und in Hawaii (Mauna Kea und Mauna Loa) um die 9.000 m. Die Gesamtzahl der Vulkane im Pazifik beläuft sich auf so um die 10.000!

Das morphologisch auffälligste Merkmal des Tiefseebodens sind die MOR (siehe Abb. Seite 138, 139), welche die Weltmeere in einer Gesamtlänge von 60.000 Kilometern durchziehen. Sie sind von „Querverwerfungen" versetzt, was in dem Kapitel „Azoren" näher erörtert wird. Aus diesen MOR strömt ständig Basaltlava, womit neue, dünne ozeanische Kruste gebildet wird. Diese kann kontinentale Krustenschollen mit sich schleppen und taucht an sogenannten „Tiefseegräben" in den oberen Erdmantel ein (Küste Peru – Chile; siehe Abb. Seite 135).

Solche ozeanische Kruste kann aber auch eine andere Gesteinsformation auf sich tragen, nämlich: Eine Decke von Flutbasalten, womit zwei verschiedene Arten von Basalt übereinander zu liegen kommen. Doch die unterlagernde ozeanische Kruste weist ein Muster magnetisch einheitlich ausgerichteter Anwachsstreifen auf (parallel zu einem MOR), was den Flutbasalten fehlt: Deren Magnetit-Kriställchen sind nicht nach der jeweiligen Lage des irdischen Magnetfeldes orientiert.

Im Sinn des Obigen können über den Darwin-Rücken folgende Aussagen gemacht werden, wobei ich das nach wie vor gültige und schon genannte Standardwerk von H. W. Menard („Marine Geology of the Pacific") zu Rate ziehe; darin heißt es u.a.: Der Darwin-Rücken lag inmitten des zentralen Pazifikbeckens, wo er eine mächtige Abfolge von Vulkaniten bildete, welche die normale ozeanische Kruste überlagerten. Er erhob sich im Mesozoikum als riesiger Buckel, geformt von hunderten gewaltigen Vulkanen, die sich über einer breiten Aufwölbung des Erdmantels aufbauten (siehe Abb. Seite 134).

Seine Entwicklung verdankt der Darwin-Rücken einem gigantischen Vulkanismus des Spät-Mesozoikums, dem der Untergang im Tertiär folgte. Dieser Niedergang begann mit einem langsamen Absinken des Rückens, das eine Größenordnung von 2.000 Metern erreichte. Während der Darwin-Rücken absank, begann sich der Ostpazifische Rücken zu erheben. Diese Absenkung des Pazifikbodens betrug im Raum der hawaianischen Inselkette bis zu 3.000 Meter! Auf Seite 78 heißt es hiezu wörtlich:

„The geologic history of the Pacific is one of great submergence!“ (submerge – untertauchen, versinken).

Wenn das nicht ein massiver Hinweis ist, daß es in der Vorzeit eine inzwischen abgetauchte Basalt-Plattform im Pazifik gab!

Hiezu heißt es bei Stearns (Geology of Hawaii): „Viele untermeerische Canyons ... haben Mündungen, die bis zu 3.000 m unter der Meeresoberfläche liegen. Diese Canyons können nicht durch Meeresströmungen in die harte Lava eingeschnitten worden sein. Daher zeigen sie eine Absenkung des Vulkanbaues in der genannten Größenordnung (von 3.000 Metern!), die lange vor dem Miozän stattgefunden haben muß!“

Die geologische Geschichte des Pazifiks ist daher zusammengefaßt folgende:

- Mit dem Zerbrechen von Gondwanaland setzt ab der Jura-Periode Kontinentaldrift ein, wobei der älteste Ozeanboden entsteht. Im Oberjura beginnt sich die Basaltplatte von Mikronesien zu bilden.
- Spätmesozoischer Vulkanismus riesigen Ausmaßes formt den Darwin-Rücken. Ausfließen der größten basaltischen Lavamassen.
- Im zentralen Pazifik bestanden bis zur mittleren Kreidezeit große Inselgruppen, die durch Lavadecken miteinander verbunden waren: Das vereinigte Gebiet von Darwin-Rücken und Mikronesien.
- Gegen Ende der Kreidezeit beginnt der Darwin-Rücken abzusinken. Die meisten Flutbasalte sind in dieser Ober-Kreide-Zeit entstanden. Gewaltige Effusionen!
- Das Ende einer pazifischen Landmasse in Form eines „Basaltkontinents“ erfolgte an der Wende Kreidezeit – Tertiär. Hiemit waren die größten Flutbasalt-Ergüsse verbunden.
- Große Inselgruppen gab es bis ins frühe Tertiär.

Zur Erleichterung meiner verehrten Leserschaft ist hiemit nicht nur Lemuria und Rutas Mu vom Antlitz des Planeten verschwunden, sondern vor allem der Geologie – vorerst – Genüge getan, bis wir ihr wieder begegnen – in Atlantis!

Atlantis: Der Kontinent, den es nie gab! Oder?

Mitten im Glanz gerichtet
schwand und versank die atlantische Macht:
Volk, das sich selbst vernichtet,
wurde zu Grabe gebracht.
(Gustav Fröding, schwedischer Dichter, 1860–1911).

Es ist nicht von ungefähr, daß ich die Worte eines schwedischen Lyrikers als Einleitung zu unseren Überlegungen bezüglich Atlantis gewählt habe. Es war eine schwedische Expedition, die stichhältige Beweise dafür erbrachte, daß zumindest einzelne Abschnitte des MAR über dem Wasserspiegel des Atlantiks lagen. Die Ergebnisse dieser Meeresforschungen sind nichts Neues und doch hat die Wissenschaft sie sich nicht zunutze gemacht, um zu aktuellen Auffassungen bezüglich Atlantis zu kommen, denn sonst könnte nicht beispielsweise ein namhafter Geologe aus Prag, ehemaliger Leiter des dortigen Geologischen Dienstes, ein Buch herausbringen, in dem er als Fazit all seiner Betrachtungen das vorsintflutliche Bestehen von Atlantis negiert. Und die folgenden Untersuchungsergebnisse waren damals bereits veröffentlicht!

Doch zunächst einiges Wissenswertes über MOR, soweit dies zum Verständnis des tieferstehend Beschriebenen wichtig ist. (Zur Erinnerung: MAR steht für Mittelatlantischer Rücken, MOR für Mittelozeanische Rücken). Die Weltmeere wurden während des „Geophysikalischen Jahres" zwischen dem 1.7.1957 und dem 31.12.1958 mittels 40 Meßschiffen erforscht, wozu noch die Ergebnisse des Bohrschiffes „Glomar Challenger" von 1968 hinzukommen, was anschließend publiziert wurde (Deep Sea Drilling Project, Washington 1977, 1979 u. 1985).

Was den Atlantik betrifft, soll sich die erste Öffnung seines nördlichen Teils während der Jura-Periode der Erdgeschichte ereignet haben. Das Öffnen des Südatlantiks erfolgte mit dem Aufbruch des afro-brasilianischen Komplexes zugleich mit den Basalt-Effusionen der Karroo-Formation zur Zeit des Oberjura an der Grenze zur Kreidezeit. Der MAR wäre angeblich erst an der Schnittstelle Kreide – Tertiär ausgeformt worden. Letzteres halte ich für unlogisch, da die Bildung ozeanischer Kruste zwischen auseinanderdriftenden

Kontinenten an das Bestehen eines MOR gebunden ist, daher im Südatlantik gleichzeitig mit dem Auseinanderbrechen von Afrika und Brasilien anzusetzen ist!

MOR sind aus allen drei Weltmeeren bekannt. Im Indik sind es gleich vier, jedoch alle inaktiv, sozusagen vernarbte Wunden, aus denen kein Blut (Magma/Lava) mehr austritt. Im Pazifik gab es Vorläufer des nach Osten gewanderten Ostpazifischen Rückens. Und dem MAR wollen wir nun, nach ein paar allgemeinen Informationen, ein bißchen auf den Grund gehen. MOR erheben sich bis zu 3.000 m über den sie umgebenden Tiefseeboden, maximal sogar 4.000 m. Entlang ihrer Achse verläuft ein zentraler Graben, der ein bis zwei Kilometer Tiefe aufweist. Dieser ist um die zehn Kilometer breit, kann jedoch am Beispiel des MAR bis zu vierzig Kilometer Weite erreichen. Der MAR im besonderen hat eine mittlere Höhe von 1.830 Metern. Das Rifttal entlang seines zentralen Grabens ist zwei Kilometer tief und zwischen 500 bis 1.400 m breit. Der gesamte MAR ist von „Querverwerfungen" zerstückelt (siehe Abb. Seite 139).

Nun hütet der Atlantik nicht nur das große Welträtsel Atlantis als archäologisches Enigma, sondern auch ein geologisches – was mit ersterem selbstverständlich zusammenhängt: Das Alter der Ozeanböden von Ost- und Westatlantik ist verschieden! Doch bevor ich auf des Rätsels Lösung eingehe, gebe ich die wichtigsten Tatsachen betreffs der beiden eingangs erwähnten Forschungsergebnisse bekannt.

In der Folge werde ich den geologischen Nachweis erbringen, daß der MAR sich sehr wohl einstmals über den Meeresspiegel erhob. Die ersten beiden Beweise hiezu liefern die Forschungen, ausgeführt von den Wissenschaftlern R.W. Kolbe und O. Mellis im Rahmen der Schwedischen „Albatros" Tiefsee-Expedition (1947–1948) in das Meeresgebiet des äquatorialen Atlantiks. Deren Zielgebiet lag zwischen der Amazonas-Mündung im Westen und dem Golf von Guinea im Osten. Die eigentliche Stelle befand sich neben dem „Romanche Graben", einem Tiefpunkt von 7.315 Metern im MAR und dem sich fortsetzenden Rücken, der hier bis zu 1.500 m unter die Meeresoberfläche emporragt. Die Arbeitsergebnisse sind in den folgenden Veröffentlichungen niedergelegt:

- Mellis: „The Genesis of Deep-Sea-Sands in the Atlantic Ocean" (Geol. Rundschau, Bd. 47/1 von 1956, Heft 1, S. 218–234).
- Kolbe: „Fresh-Water Diatoms from Atlantic Deep-Sea Sediments" (Amer. Assoc. Adv. Science, vol. 126, Nr. 3282, Washington, 1957).

Die Zusammenfassung des Inhalts beider Publikationen läßt sich folgendermaßen wiedergeben:

Mellis, S. 230, 231 u. 232 wörtlich:

„... muß der Romanche-Sand als eine küstennahe Bildung aufgefaßt werden."

„... Es ist sehr wahrscheinlich, daß der Romanche-Sand eine gewisse Zeit Strandgebilde gewesen ist. Dessen Ursprung: der MAR!"

„... Es ist viel logischer anzunehmen, daß zur Zeit der Bildung des Sandes kleinere oder größere Teile des MAR über den Meeresspiegel hervorragten!"

„... Obige Annahme bezüglich des Ursprungsgebietes des Romanche-Sandes birgt in sich noch eine andere Vorstellung, nämlich die von starken senkrechten Krustenbewegungen."

Kolbe: Süßwasser-Diatomeen (Kieselalgen) wurden in atlantischen Tiefsee-Bohrkernen gefunden! Dies im äquatorialen Bereich des Atlantiks in folgenden Entfernungen vom Festland: Afrika um die 1.000 km, Südamerika zwischen 1.900 und 1.990 km.

Beispiel: Bohrkern Nr. 234: Nur Süßwasser-Diatomeen! Diese Bohrprobe stammt aus dem MAR, der seinerzeit über dem Meeresniveau gelegen haben muß! Es befand sich dort einst ein Süßwassersee! Es wurde ein Süßwasser-Sediment erbohrt, das auch Reste von Landpflanzen enthielt.

Soweit die Zusammenfassung der Forschungsergebnisse der Schwedischen Tiefsee-Expedition. Doch es geht gleich weiter, diesmal ohne Schweden-Bomben:

Der MAR bildet eine Art Barriere zwischen der Ost- und Westhälfte des Atlantiks mit verschiedenen marinen Sedimenten zu beiden Seiten. Dies ist leicht erklärbar, falls der MAR (oder dessen größere Abschnitte) über dem Meeresniveau lag/lagen: Des Rätsels Lösung im Sinne der Atlantisforschung! Und falls Sie, liebe Leserschaft, immer noch Geduld mit mir und meinen fachlichen Erörterungen haben sollten (?), möchte ich eine Zusammenfassung (der bisher gegebenen Zusammenfassungen) präsentieren. Atlantis als Realität, bewiesen durch eine ganze Reihe von Tatsachen, daß der MAR zumindest teilweise über dem Meeresspiegel des Atlantiks gelegen haben muß:

1) Strandterrassen und Küstensande, abgesunken in die Tiefe des Meeres (Mellis, Bosse).

2) Canyons / ertrunkene Flußtäler (Bosse).
3) Karsthöhlen und Tropfsteinbildungen heute unter dem Meeresniveau (Bimini-Taucher-Expeditionen).
4) Die ehemalige Existenz eines Süßwasser-Sees mit entsprechender Fauna und Flora, nachgewiesen durch Bohrproben, die aus der Tiefe des Meeres vom versunkenen MAR heraufgeholt wurden. (Kolbe).
5) Der MAR als Sperriegel, was die verschiedene Entwicklung der Ost- und Westhälfte des Nordatlantiks erklärt (ähnlich bei O. Muck).
6) Der inzwischen nachgewiesene Impakt im Bereich des Nordatlantiks (Tollmann, sowie Meldung im „Der Spiegel" vom 26.5.2007, S. 135).
7) Das Faktum, daß ein „Basalt-Kontinent", der einst im Nordatlantik bestanden haben könnte, sehr wohl vorstellbar ist – das heute unter dem Meeresniveau liegende Azoren-Plateau (Zhirov, Tollmann).

Was nun noch fehlt, ist die Darstellung der „Geologie von Atlantis" sowohl aus wissenschaftlicher als auch anthroposophischer Sicht. Da ist zunächst einmal der soeben genannte Prof. A. Tollmann zu nennen, der sich vor allem durch seine Arbeiten über die Tektonik der Ostalpen einen Namen gemacht hat. Der Betreffende schrieb aber auch (zusammen mit seiner Frau) ein Werk über das Sintflutgeschehen, dem ich die folgende Kernaussage betreffs Atlantis entnehme. („Und die Sintflut gab es doch", Droemer-Knaur-Verlag, München, 1993, S. 501 u. 502). Darin beziehen sich die beiden Autoren auf den Nordatlantik im Bereich der Azoren – wörtlich:

„Hier steht die extrem dünne Erdkruste unter dauernder Zugspannung (des Auseinanderdriftens, Anm. d. Autors) und ist außerdem von einem dichten, aktiven Netz riesiger Längs- und Querbrüche durchsetzt. Dieser außergewöhnliche Krustentypus lagert noch dazu auf einer oft dutzende Kilometer breiten Lavakammer, also einem dünnflüssigen, rund 1.200° C heißen Basalt-Lavakissen. Daß es bei solch instabil gelagerten, kühlen und daher dichteren und schwereren Krustenschollen über der heißen, spezifisch leichteren Lava im Untergrund bei einem Weltbeben unvorstellbarer Stärke (Impakt! Anm. d. Autors) zum Zusammenbruch dieser ozeanischen Kruste kommen mußte, war vorherbestimmt. Diese schwereren Krustenfragmente tauchten dabei in die heiße, dünnflüssige Lavamasse ab, die über der Basaltplatte von Atlantis – dieser Hochzone des MAR – überquellend zusammenschlug."

Hiezu möchte ich nur eine Kleinigkeit kritisieren: Der „außergewöhnliche Krustentypus" ist gar nicht so selten! Wir haben ihn im Darwin-Rücken und Ontong-Java-Plateau als Manifestation des pazifischen Basaltvulkanismus kennengelernt.

Was Tollmann also wirklich sagt und impliziert, ist das Folgende:

- Der MAR ist besonders im Raum des Azoren-Archipels eines der tektonisch unruhigsten Gebiete des Planeten.
- Hier lag (noch zu atlantischer Zeit) eine dichte, erstarrte Basaltplatte (ähnlich Islands) über einer höchst aktiven Magmakammer.
- Der Einschlag eines kosmischen Körpers brachte dieses (gerade genannte) Ungleichgewicht zum Kippen: Zusammenbruch und Absinken der Basaltplatte.

Mein Kommentar hiezu: Diese Basaltplatte – nämlich der „Basalt-Kontinent" von Atlantis – liegt, noch heute nachweisbar, am Ozeanboden, östlich an den MAR angeschweißt: „Azoren-Plateau" nennen es die Ozeanographen; es weist die folgende Besonderheit auf (Zitat von Tollmann aus den Mitteil. d. österr. Geol. Ges. zu dem Impakt-Ereignis, S. 21):

„Im Bereich des Azoren-Plateaus tritt eine Basaltmasse noch ganz ohne Sedimentbedeckung am Ozeanboden auf." Daraus schließt Tollmann ganz geo-logisch:

a) Das Azoren-Plateau liegt am Ozeanboden und ist noch ganz ohne Sediment-Ablagerungen (wie sie sich innerhalb erdgeschichtlicher Zeiträume am Meeresboden als „Sedimenthaut" niederschlagen).
b) Daraus kann geschlossen werden, daß diese Basalt-Plattform erst in jüngerer Zeit abgesunken ist.
c) Obiges impliziert das Versinken von Atlantis.

Atlantis ist in den Bereich der Realität gerückt! Soweit Tollmann, der einerseits ein streng analytischer Logiker war, andererseits – sehr zum Mißfallen seiner Fachkollegen – eine erstaunliche Tendenz zu dem besaß, was früher als „Esoterik" (also Geheimwissenschaft) galt.

Diese nun endlich erfolgende Zuwendung einer hoffentlich immer größer werdenden Zahl von Wissenschaftlern zu höheren Bereichen der Wirklichkeit dieser Welt, nahm R. Steiner bereits rund einhundert Jahre früher vorweg. Als seine Vorgängerin hat HPB die Grundzüge dieser Erkenntnistheorie aufgezeigt, was in der Lehre von den sieben „Wurzelrassen" seinen Ausdruck fand, die damals erstmalig der Öffentlichkeit vorgestellt wurde. Auf dem Gebiet der Geowissenschaften ist vor allem der schon mehrmals zitierte Geologe D. Bosse dem von Steiner gewiesenen Weg gefolgt, wodurch eine „anthroposophische Geologie" ins Leben gerufen wurde, eine Wissenschaft der lebendigen Mutter Erde. Hierin wird dem Atlantis-Thema naturgemäß ein entsprechend großer Stellenwert eingeräumt. Die diesbezüglichen Aussagen wollen wir uns nun genauer ansehen.

Die dritte M-E bestand während des Mesozoikums und endete mit dem Abtauchen Lemurias unter Zentralasien sowie durch den weltweiten Vulkanismus, was zum Untergang von Rutas Mu im Pazifik führte. Anschließend erlebte Atlantis, dessen Anfänge wohl bis in die lemurische Epoche zurückreichen, seine Hochblüte im Tertiär. Gleich zu Anfang dieses geologischen Weltalters hatte sich die Vulkantätigkeit hauptsächlich in das Gebiet des Nordatlantiks verlagert, wie mächtige Lavadecken von Flutbasalten bezeugen. Es sieht fast so aus, als wäre die atlantische Menschheit diesem planetaren Feuer nachgezogen, um damit zu leben, denn dessen Tätigkeit fällt mit der atlantischen M-E praktisch zusammen! Ich weiß keine Erklärung hiefür, außer es sei denn, auch diese vierte M-E hätte sich die Kraft dieses Urelements zunutze gemacht.

Jedenfalls setzte das Ausgießen der Flutbasalte mit dem Eozän ein, erreichte seinen Höhepunkt im Miozän und endete erst gegen die Eiszeit zu, also im Pliozän bzw. Pleistozän. Daß bis zu 700 solcher Lavadecken gezählt wurden, deren Gesamtmächtigkeit 8.500 m erreicht, vermerkte ich schon. Das betroffene Gebiet umfaßte die Küsten Grönlands, Irlands und Schottlands, sowie die Basaltplatte von Island, als auch die sogenannte Thule-Landbrücke zwischen Grönland und Schottland, einschließlich des Rockall-Plateaus. Letzteres ist ein vom basaltischen Vulkanismus übergossener Klotz eines kontinentalen Splitters. In dieser Region war auch die erste Öffnung des Nordatlantiks erfolgt.

In der Frühzeit von Atlantis herrschte eine durchwärmte und durchlichtete Luft-Wasser-Sphäre. Der Mensch war noch für das Wasser gebaut – eine Auffassung, die nicht nur Steiner, sondern auch der russische Augenarzt E. Muldashev aufgrund seiner Forschungen vertritt. Der Meeresspiegel lag um etwa 400 m tiefer als heute, was bis zum Ende der Eiszeit so verblieb. Das Einsetzen der Vereisung an der Grenze Pliozän – Pleistozän erklärt Steiner auf seine eigene Weise:

Im Laufe der atlantischen M-E war eine seelische Verhärtung des Menschen eingetreten, bedingt durch den sogenannten Ahriman-Einschlag, d.h. satanische Kräfte hatten mit ihrem eiskalten Effekt (zum Unterschied von der luziferischen Umgarnung durch dessen Scheinlicht, der Welt der Illusion) vom Gemüt des Menschen Besitz ergriffen. Dies führte letztlich auch in der Außenwelt zu Abkühlung, Erstarrung und Eiszeit.

Der Untergang von Atlantis wurde durch ebensolche Seelenkräfte verursacht, die der Atlanter zur Beeinflussung der Naturelemente einzusetzen gelernt hatte. Und wieder war es deren Mißbrauch (Schwarze Magie!), was unberechenbare Mächte auf den Plan rief, die nicht mehr zu beherrschen waren!

Das Problem Nummer eins der Atlantis-Forschung bleibt bestehen: Warum fiel das abrupte Ende der letzten Eiszeit mit dem endgültigen Ende von Atlantis zusammen?

Die drei großen Rätsel der Atlantologie

1. Was bewirkte die Gleichzeitigkeit der Ereignisse wie: Untergang von Atlantis und Ende der Eiszeit?
2. Warum lagen die Zentren von Atlantis und Lemuria/Rutas Mu gerade in den instabilsten Gebieten der Erde, nämlich über vulkanischem Untergrund? Gab der Basaltboden eine ganz besondere Energie ab?
3. Woher bezogen die versunkenen Hochkulturen ihre mineralischen Rohstoffe?

ad 1) Es war O. Muck, der m.W. als Erster auf das eigenartige Zusammentreffen der beiden, die Nordhalbkugel betreffenden Ereignisse, hinwies:

Atlantis (in seinen Resten) versank in den Fluten des Nordatlantiks, worauf die Eiszeit schlagartig zu Ende ging. Ing. Muck führte dies auf den Wegfall des „Sperriegels“ von Atlantis zurück; infolgedessen konnte der warme Golfstrom ungehindert in den Nordatlantik einströmen. Hiemit war das Ende der letzten Eiszeit plausibel erklärt! Was aber bewirkte das Ende der Vereisung auf der Südhalbkugel? War es vielleicht die globale Vernetzung der Meeresströmungen der Weltmeere, welche sich klimatisch auch auf die Südhalbkugel auswirkte? Ließe sich Mucks Theorie der Erwärmung durch den Golfstrom auf alle Ozeane beziehen (siehe Abb. Seite 140)?

ad 2) Es hätten sich genügend andere Lebensräume angeboten, um eine Hochkultur zu Entfaltung zu bringen! Und doch wurden diese Basaltplateaus als Siedlungsgebiete bevorzugt, welche in Form erweiterter MOR bestanden haben. Dies gilt besonders für Atlantis, das sich gleich Island – nur viel weiter südlich gelegen – direkt über dem MAR befand. Treffend drückt dies A. Tollmann in seiner Betrachtung über den Untergang von Atlantis aus (siehe Seite 155). Mir kommt hiezu nur eine Erklärung in den Sinn: Der Vulkanboden strahlt ein solches Maß einer besonderen, anfeuernden Energie aus, daß dies die geologische Instabilität des basaltischen Untergrundes wettmacht. Wir Heutigen haben die Sensibilität für derartige Erdstrahlen allerdings größtenteils verloren!

ad 3) Mir als Fachmann für Erzlagerstätten, scheint das größte Rätsel die Frage nach den mineralischen Rohstoffen zu sein: Woher bezogen die längst versunkenen Hochkulturen ihre Erze, um daraus die so „Zivilisations-notwendigen“ Metalle zu gewinnen? Auch eine spirituell weit fortgeschrittene Kultur bedarf m.E. einer gewissen stofflichen Infrastruktur, in der die Verwendung von Metallen unabdingbar ist! Nun könnte der in Sachen Bergbau Unwissende argumentieren:

- „Die von damals“ hätten sehr wohl Bergbau betrieben, doch die Spuren dieser Abbautätigkeit seien verlorengegangen. Oder:
- Die Erdkruste hätte sich seither regeneriert, wodurch neue Erzlagerstätten geschaffen wurden. Und schließlich:
- Frühere M-E hätten sich mittels fortschrittlicher Gewinnungsmethoden Metallinhalte in Gesteinsformationen zu Nutze gemacht, die uns heute als nicht abbauwürdig erscheinen würden. Man trug also ganze Berge ab, um die gesamte Gesteinsmasse auf ihre metallischen Komponenten hin aufzuarbeiten. Die Narben in der Landschaft wären seither vom Pflanzenkleid überwuchert worden. Zu all dem ist folgendes zu sagen, wobei ich mich auf ein Mindestmaß fachlicher Erklärungen beschränke.

Auf dem gesamten Globus wurden keine nennenswerten Spuren seinerzeitigen Bergbaus entdeckt. Über die wenigen Beweise solch vorzeitlicher Tätigkeit unter Tag berichtet Sh. Andrews, wenn sie ein paar Schächte, Stollen und Halden mit Resten von Kupfererz beschreibt. Auch den Abbau von Steinkohle in USA erwähnt diese Atlantis-Schriftstellerin. Doch im Zeitalter der Entdeckungen gab es noch Gebiete, wo sich gediegenes Metall direkt an der Erdoberfläche fand: Keine frühere Menschheit hatte es je aufgesammelt! Erst in unserer Epoche ging man daran, an diesen Stellen zu schürfen, um das darunter befindliche, reichhaltige Erz zu fördern. Von diesen genannten Tatsachen zeugen die Gold-Nuggets, Silberdrähte und -geflechte, sowie Kupferklumpen, wie sie in vielen Bergbaumuseen der ganzen Welt ausgestellt sind.

Jedoch auch auf andere Weise deutet die Natur manchmal auf ihre verborgenen Schätze hin, beispielsweise in Form eines sogenannten „Eisernen Huts", wobei das primäre Erz der Tiefe sich oberflächlich durch Verwitterung oft als farbige Metallverbindung niederschlug. Ein typisches Beispiel war Tsumeb in der nördlichen Namib-Halbwüste (Südwest-Afrika), wo bereits die Ovambos um diese grünblauen (Malachit & Azurit) Erzausbisse wußten, doch offensichtlich kein vorsintflutlicher Erdling hat sich je dafür interessiert. Darunter lag eine der reichsten Buntmetall-Lagerstätten, die je ausgebeutet wurden – in unserer Zeit! Also keine Spuren einstigen Bergbaus, was wirklich weltwirtschaftlich bedeutende Erzvorkommen betrifft.

In diesem Zusammenhang muß Südafrika mit seinen Goldlagerstätten des Witwatersrandes genannt werden. Hier soll es tatsächlich Hinweise auf ehemaligen Bergbau geben, wie in der Hauszeitschrift des Bergbau-Konzerns Anglo-American-Corporation (Johannesburg) namens „Optima" erwähnt ist. Doch die weltweit größte Edelmetall-Lagerstätte, was Platinmetalle betrifft, im gleichen Gebiet Transvaals gelegen, blieb von solchen bergbaulichen Umtrieben unbehelligt. Dies gilt – mit der oben genannten Ausnahme – für alle Riesenlagerstätten der Erde. Besonders die genannten Lagerstätten des südlichen Afrika sind Beispiele dafür, daß diese durch geologische Prozesse gebildeten Konzentrationen nutzbarer Erze ein unvorstellbar hohes Alter besitzen. Daher ist die Annahme einer Neubildung solcher Reicherz-Vorkommen durch eine Regeneration der Erdkruste seit der Zeit menschlicher Besiedlung des Planeten nicht vertretbar.

Auf die weniger bedeutenden Typen von Lagerstätten, die sich seit geschichtlicher Zeit bilden, kann hier nicht eingegangen werden.

Die letztgenannte Annahme besagt, frühere M-E hätten mittels einer Hochtechnologie unter Einsatz kosmischer Energie ganze Berglandschaften abgetragen, um sich den Metallinhalt des Gesteins nutzbar zu machen. Dies würde über die Jahrtausende wohl keine sichtbaren Wunden an der Erdoberfläche hinterlassen haben, denn der gesamte Vorgang wäre im Tagbau vollzogen worden und später machte die Natur alles wieder heil. Es könnte eine Abbautechnik gewesen sein, wie sie heute weder bekannt, noch nachweisbar ist! Hiezu zwei Beispiele aus unserer jetzigen Bergbautechnik:

- In Chile befinden sich bekanntlich riesige Tagbaue auf niedrigprozentiges Kupfererz, wobei gigantische Fördermengen an Kupferkieshaltigem Gestein einen gewinnbringenden Betrieb ermöglichen.
- Im Krieg suchte Deutschland seinen für die Stahlerzeugung so wichtigen Nickelbedarf dadurch zu decken, daß hiezu Serpentinkörper ins Auge gefaßt wurden. Dieses Gestein enthält Bruchteile von Prozenten an Nickel, sodaß man daran dachte, das örtlich ganze Berge bildende Serpentingestein abzubauen. Das Projekt scheiterte jedoch am Energieaufwand, der nötig wäre, um das Serpentinsilikat aufzubrechen. Die Gesteinsmassen ganzer Bergkuppen durch die Mühlen einer Aufbereitungsanlage zu jagen, haben wir aber in diesem Fall wirtschaftlich nicht geschafft, wofür uns die Umwelt dankbar ist!

Azorenhoch und Islandtief

In der Meteorologie spricht man bekanntlich von einem Azoren-Hoch, das sich während der Sommermonate stationär über der azoreanischen Inselgruppe etablieren sollte, während sich so rund 25 Breitengrade weiter im Norden über Island ein Tiefdruckgebiet ausbreitet. In der Geologie verhält es sich sozusagen genau umgekehrt: Die Azoren sind langsam absinkende Eilande, während Island am aufsteigen ist.

Was für uns an Island interessant ist, kann ganz kurz zusammengefaßt werden:

• Die Insel liegt direkt über dem MAR als eine Basaltplatte von etwa sieben Kilometern Dicke und 105.000 Quadratkilometern Fläche bei einer Durchschnittshöhe von 500 Metern über dem Meer.

• Diese Plattform (miozänen Alters) wird von einem Grabenbruchsystem in zwei Hälften geteilt, einem Rift-Tal mit der „Laki-Spalte" von mehreren Kilometern Länge.

• Die genannten geologischen Gegebenheiten implizieren Vulkanismus und tatsächlich: Island ist das tätigste Vulkangebiet der Erde und weist über 20 Schildvulkane auf!

• Die Insel, von den Wikingern ab dem Jahr 874 besiedelt, war nie ein Teil von Atlantis! Es gab keine Spuren einer früheren Landnahme und doch ist diese Basaltscholle für uns wegen des an den MAR gebundenen Vulkanismus von Interesse.

• Die Gletscher Islands zeigten vor 11.000 bis 12.000 Jahren eine starke Rückzugstendenz, was gut mit dem gleichzeitigen Ende der Eiszeit und der letzten Untergangsphase von Atlantis in Einklang steht. Somit begeben wir uns gedanklich wieder in das eigentliche Gebiet von Atlantis, nämlich auf die Azoren.

Der Azoren-Hot-Spot: Ein „Hot Spot" ist eine ortsgebundene Magmaquelle im oberen Erdmantel. Die zugehörigen Vulkane liegen sämtliche im innerozeanischen Bereich, wo sie basaltischem Tiefseeboden aufsitzen. Hiezu zählen vor allem die bekannten Inselgruppen von Hawaii, Tahiti, der Marquesas-Archipel, die Galapagos-Inselgruppe und die Azoren. Dieser Hot-Spot-Vulkanismus ist unabhängig von den Lavamassen, die ständig aus den weltweiten MOR hervorquellen. Zuzüglich zu diesen beiden genannten Formen basaltischen Vulkanismus (gebunden an Hot Spots oder MOR), gibt es noch eine dritte Art, nämlich die schon vielfach erwähnten Flutbasalte, deren ölartiges Ausfließen aus Spalten über weite Flächen zu Land oder untermeerisch erfolgt ist. Bezüglich Alters und Verbreitungsgebieten siehe nachfolgende Tabelle.

Miozän	Kanaren, westliches Nordamerika
Oligozän	Äthiopien
Eozän	Nordatlantik: Island, Irland, Schottland und Rockall-Plateau
Paläozän	Dekkan-Trapp in Indien („Trapp“ – Treppe, Stufen)
Kreidezeit	Dekkan-Trapp in Indien
	das Ontong-Java-Plateau in Mikronesien
	Die Antarktis und die Kerguelen-Inseln im Süd-Indik
	Das Paraná-Becken in Südamerika
	Die Karroo-Formation im südlichen Afrika
Jura	Die Karroo-Formation im südlichen Afrika
Trias	Die Trapp-Formation in Sibirien

Der genannte Azoren-Hot-Spot manifestierte sich zu Anfang des Miozän an der Erdoberfläche, wobei jede der neun Azoren-Inseln aus einem oder mehreren Schildvulkanen mit einem Riesenkessel in der Gipfelregion besteht (span. Caldera, port. Caldeira), der durch Explosion oder Einsturz entstanden ist. Die einzige Ausnahme bildet hiebei der fast perfekte Kegel des Pico-Vukans, dem wir noch begegnen werden. Der letzte spektakuläre Vulkanausbruch in azoreanischen Gewässern erfolgte 1957/58 (nämlich die Capelinhos-Eruption) vor der Westküste der Insel Faial (die übrigens schöne Einschlüsse von grünem Olivin im dunklen Basalt liefert).

Für die Atlantologie wäre das wichtigste Forschungsgebiet das Azoren-Plateau, das ich als das Kernland des ehemaligen „Basalt-Kontinents“ von Atlantis bezeichnen möchte. Es liegt heute in einer Meerestiefe von durchschnittlich 2.000 Metern und bedeckt eine Fläche von mehr oder weniger 135.000 Quadratkilometern. Sein Rand fällt allseitig 4.000 bis 5.000 m steil ab, nicht jedoch im Westen, wo es an den MAR angeschweißt ist. Sein Mindestalter wurde als Miozän eingestuft; der Azoren-Archipel ruht nämlich auf diesem Plateau, wobei eine der Inseln (Sta. Maria) eine Kalkplatte miozänen Alters trägt, deren Fossilien als marine Flachwasser-Fauna bestimmbar sind.

Eine Besonderheit möchte ich noch hervorheben, da sie bei künftigen Erkundungen des dortigen Meeresbodens zu Überraschungen führen könnte:

Das Azoren-Plateau weist drei konische Spitzen auf, die zwischen dem 32. und 34. Breitengrad liegen. Sie überragen die Umgebung um 2.500 m! Nun ist uns aus Platons Schilderung bekannt, daß die große Ebene mit ihrem schachbrettartig angelegten Bewässerungsnetz durch Bergrücken gut vor arktischen Winden geschützt war. Und die dortige Hauptstadt (Poseidonia) könnte nahe des 30. nördlichen Breitengrades gelegen haben, auf dem sogenannten „Pyramidengürtel". Dann würden diese drei Berggipfel sehr gut ins Bild passen.

Wir können gleich weiterhin bei der Zahl drei verweilen: Das Azoren-Plateau weist, soweit bis jetzt bekannt, Oberflächenformen auf, die lediglich durch Verwitterung über dem Meeresspiegel bzw. im Küstengebiet erklärbar sind, nämlich:

- Eine Trocken-Landoberflächen-Morphologie;
- Erosions-Terrassen, die sich heutzutage unter dem Meeresspiegel befinden;
- Canyons von Flußtälern, die inzwischen „ertrunken" sind.

Es gibt auch Untiefen in den azoreanischen Gewässern: Eine hievon liegt zwischen der schon erwähnten Insel der Zentralgruppe, nämlich Faial, und den beiden westlichsten Inseln Flores und Corvo mit nur 18 Metern Meerestiefe. Hier zieht auch der MAR durch. Drei Untiefen werden südlich der Azoren gemeldet:

- Die Atlantis-Bank, Tiefe 267 m.
- Die Platon-Bank, Tiefe 377 m.
- Der Meteor-Tafelberg, Tiefe 270 m.

Noch ist das Potential der „Drei" nicht erschöpft: Im Raum der Azoren treffen sich gleich drei große tektonische Einheiten und bilden einen Tripel-Punkt: die afrikanische, eurasiatische und amerikanische Platte. In deren Abgrenzung spielt selbstverständlich der MAR die Hauptrolle: Eurasien im Osten, die amerikanische Platte im Westen. Aber auch ein anderes tektonisches System spielt eine Rolle: Das der sogenannten „Querverwerfungen", welche den MAR der Quere nach zerstückeln und abschnittsweise seitlich versetzen. Eine von diesen bildet die Plattengrenze zwischen Eurasien im Norden und Afrika im Süden. An dieser Azoren-Bruchzone, die sich gegen Gibraltar erstreckt, befindet sich z.B. die langgestreckte Insel, die ich ganz besonders liebe: São Jorge!

Nach soviel Geologie haben Sie, liebe Leserschaft, eine Erholungspause reichlich verdient! So möchte ich Sie auf einen kleinen Ausflug einladen: Wir besteigen ganz locker den höchsten Vulkan der Azoren, den bereits zitierten Pico, der wahrscheinlich auch die höchste Erhebung von Atlantis war.

Ich möcht' an meinem letzten Tag
Atlantis nochmals sehen,
die Türme von Poseidonia
und auf dem Pico stehen!

Völlige Finsternis umgibt mich, als ich die Scheinwerfer meines Mietwagens abschalte. Erst nachdem sich meine Augen an die pechschwarze Nacht gewöhnt haben, kann ich die flimmernden Sterne am Firmament erkennen. Dann erst tritt allmählich der Umriß des vor mir aufragenden Berges in Erscheinung: Der steile Kegel des Vulkans, den zu besteigen ich hiehergekommen bin. Ich war um vier Uhr früh mit dem Wagen in Madalena – dem Hauptort der Insel Pico – gestartet, worauf ich nach etwa zwölf Kilometern die Abzweigung von der das Eiland schnurgerade durchquerenden Straße genommen hatte, die zum Fußpunkt des Pico-Aufstiegs führt. Durch eine Weidelandschaft, an deren Rand einzelne Kühe erschreckt in die Lichtkegel des Autos starren, fahre ich auf der kurvenreichen Strecke dieser neu angelegten Zufahrtsstraße bis zu deren Ende, wo neuerdings eine Hinweistafel den Einstieg zum Pico-Gipfelsteig anzeigt.

Hier stehe ich nun, bergsteigermäßig ausgerüstet, und überlege: Soll ich mich noch jetzt in stockdunkler Nacht auf den Weg begeben, oder die nahe Morgendämmerung abwarten? Ich arbeite mich versuchsweise in das mich umrankende Gestrüpp hinein, das sich erstaunlich weich anfühlt. Dürres Geäst, das Wind und Wetter so ausgebleicht haben, daß es selbst jetzt nachts als gespenstisch erscheinendes Hindernis erkennbar ist, suche ich zu umgehen. Vorsichtig taste ich mich bergan und beschließe, nicht erst das Morgenlicht abzuwarten. Die ersten Sonnenstrahlen sollen mich bereits am Gipfel des Vulkans antreffen.

Die Höhe des Pico von 2.351 Metern erscheint im Vergleich mit wirklich hohen Bergen lächerlich, denn seine Ersteigung erfordert lediglich ein gewisses Maß an Zähigkeit – falls das Wetter beständig bleibt. Doch letzteres vorherzusagen scheint bezüglich der azoreanischen Inselgruppe fast unmöglich, denn das sprichwörtliche Azorenhoch kann örtlich über diesen Pünktchen im Ozean sehr wohl Haufenwolken und damit lokale Schlechtwetter-Fronten besonders in der Gipfelregion der höheren Erhebungen bedingen. Somit stellt eine Bezwingung dieses höchsten der Inselvulkane sehr wohl ein nicht ungefährliches Wagnis dar, für das ein einheimischer Führer empfohlen wird. Doch diese guten Ratschläge mißachtend, steige ich allein weiter, nur auf meine innere Stimme lauschend.

„Hier hinauf und dort achtgeben“, so flüstert sie, während ich mich durch das stellenweise dichte Unterholz quäle. Mit beiden Händen ergreife ich die biegsamen Zweige der Sträucher, um mich an ihnen hochzuziehen. Sie fühlen sich wie Schafwolle an, und von Zeit zu Zeit streichle ich ihre nachgiebigen Büschel liebkosend, denn ich bin in Eintracht mit meiner unberührten, wenn auch steinigen Umgebung, daher empfinde ich mich als ein Teil von ihr. Die Schöpfung ist Liebe, denke ich; werde ich nicht bei jedem meiner Schritte geführt?

So steige ich weiter bergan, während die Vegetation allmählich spärlicher wird, um schließlich das Feld gänzlich Moosen und Flechten zu räumen. Auf sich gegen Himmel reckenden Zweigen latschenartiger Büsche beginnen Amseln, diese allgegenwärtigen Vögel des azoreanischen Archipels, alsbald ihr Morgenliedchen anzustimmen, während im Osten die Sterne verblassen. Die in dieser Höhenlage nunmehr ihres Pflanzenkleides entblößte vulkanische Felsformation tritt im ersten Morgenlicht bald immer stärker hervor, doch es dauert noch geraume Zeit, so scheint mir, ehe das Tageslicht seine sommerlich frühe Herrschaft antritt.

Ausgehöhlte Aschekuppen gleich hohlen Zähnen bleiben zurück, als ich endlich die steilste Zone des Vulkankegels erreiche. Weit und tief unter mir erstreckt sich am Fuß des kegelförmigen Berges das Flachland, das alsbald von den ersten Strahlen der Morgensonne in grüngoldenen Glanz gehüllt wird, von dem sich friedlich weidende Kühe wie helle Farbflecke abheben. Selbst hier oben in der ewigen Einsamkeit einer immer öder werdenden Bergwelt erreicht mich zeitweise der vertraute Klang ihrer Glocken. Dann entdecke ich eine kleine Herde wilder Ziegen auf den bizarren Felsvorsprüngen ober mir, worauf diese, meiner ansichtig geworden, gemsengleich in noch höhere Regionen ihrer kargen Weidegründe entschwinden, die auch ich nach mühevoller Anstrengung zu guter Letzt erreiche. Hier flattern die Reste eines verlassenen Zeltes an einer etwas geschützten Stelle im kühlen Bergwind. War dessen Besitzer plötzlich von Schlechtwetter überrascht worden? Doch nur der stete Höhenwind, der den Berggipfel dauernd umweht, weiß um dieses Geheimnis, das vielleicht ein Mißgeschick in sich birgt.

So unerwartet, wie hier oben das Wetter wechseln kann, ebenso unverhofft stehe ich schließlich am Kraterrand, der bereits in gleißendem Sonnenlicht erstrahlt. Der eigentliche Gipfel des Pico wird von einer verhältnismäßig kleinen Caldeira eingenommen, der randlich ein Schlackenkegel von etwa 70 Metern Höhe aufgepfropft ist. Diesen zu erklimmen, nimmt dem erschöpften Bergsteiger dann das Letzte an Kraft! Doch ich muß erst schätzungsweise dreißig Meter auf den Kraterboden absteigen, bevor ich dem eigentlichen Gipfel zu Leibe rücken kann. Der Kraterrand selbst von rund 700 Metern Umfang erweist sich als nicht begehbar, somit gilt es, zunächst den Fuß dieses aufgesetzten Steilkegels zu erreichen. Eine Abstiegsmöglichkeit ist bald gefunden, worauf der flache, stellenweise nachgebende, sandige Kraterboden rasch gequert ist.

Eine kurze Rast sowie ein tiefer Schluck aus der Getränkeflasche geben mir erneut Mut und Kraft. Und ehe ich mich's versehe, sind die Gipfelfelsen erklommen, worauf ich geblendet im waagrecht einfallenden Licht einer grellen Morgensonne stehe; meine Uhr zeigt kurz vor halb acht. In drei Stunden habe ich geschafft, wofür man angeblich mindestens vier Stunden rechnet. Schnell mache ich ein paar Gipfelfotos, denn schon türmen sich die rasch herandriftenden Quellwolken zu bedrohlicher Höhe am Berghang.

Der Abstieg führt an dampfenden Fumarolen vorbei, deren übler Schwefelwasserstoff-Geruch mich immer an das chemische Laboratorium meiner Studienzeit erinnert. Ohne Schwierigkeiten erreiche ich zunächst die Süd- und später die Westflanke des Vulkans, von der aus sowohl die Stadt Horta auf der Nachbarinsel Faial als auch deren Jachthafen gut erkennbar sind. Dann entdecke ich mein rotes Auto, zunächst noch aus großer Entfernung, die sich jedoch schnell verkleinert, worauf ich das Gefährt alsbald erreiche. Bei nach wie vor strahlendem Sonnenschein nehme ich ein erfrischendes Bad in einem der nahen, gemauerten Wassertanks, die als Viehtränken dienen, was meine Besteigung des höchsten Gipfels der Azoren angenehm beendet. Und noch einmal blicke ich zurück – vielleicht in fernste Vergangenheit: War dieser Vulkankegel einst auch die höchste Erhebung des versunkenen Inselreiches von Atlantis gewesen?

Lebensbilder versunkener Hochkulturen

Im Sinne der Kosmogonie[14] können wir annehmen, daß Wesen aus höheren Dimensionen in einen Prozeß zunehmender Verdichtung eingetreten waren, bis sie schließlich auf einem (grob-)stofflichen Planeten ihre Heimat fanden. Warum es zu diesem Vorgang kam, darüber gehen die Meinungen auseinander; hiebei erscheinen mir prinzipiell folgende Gründe denkbar:

1) Der All-Vater wollte wissen, welche Erfahrungen Menschenwesen in der Materie zu machen fähig seien, wozu sie sich freiwillig zur Verfügung gestellt hatten. Hiezu ist eine Erklärung notwendig: Das höchste Wesen kann nicht in die niedere Schwingung unserer dreidimensionalen Welt herabsteigen, genauso wenig, wie Er Himmel und Erde geschaffen hat: Himmlische Welten (Satya Loka) schuf Gott sehr wohl, stoffliche Planeten jedoch niemals! Letztere, von Gott selbst geschaffen, müßten vollkommen sein, was sie nicht sind: Gleich uns Menschen muß sich Mutter Erde zur Vollkommenheit weiterentwickeln ...

2) Nicht-stoffliche Wesenheiten waren neugierig, wie sich das Leben in immer dichteren Schwingungsebenen, auf die sie Stufe um Stufe hinabstiegen, gestalten würde. Doch sie vergaßen währenddessen ihre himmlische Herkunft, weshalb sie (vorerst) in die Materie verstrickt blieben.

3) Ein hoher Lichtengel fiel von Gott ab und wollte sein eigenes Reich schaffen, wobei er viele Wesen der höheren Welten verführte, ihm zu folgen. Daraufhin wurde, auf allerhöchsten Willen hin, die stoffliche Schöpfung als Möglichkeit ins Leben gerufen, sich den Rückweg in die Gotteswelt zu erkämpfen. Bekanntlich ist das die Version des christlichen Glaubensbekenntnisses.

4) Im Vedischen spielt sich dies alles weniger dramatisch und vor allem in Zeitzyklen ab: Vishnu, der Weltenerhalter, erträumt ein sich dauernd veränderndes Universum. Brahmā, der Weltenschöpfer, empfängt diese Ideen, um sie in die Tat umzusetzen. Er trägt vier Gesichter, was die vier Weltgegenden seiner Schöpfung symbolisiert. Das ist der von ihm geschaffene Kosmos, feinst-stofflich auf seiner Bewußtseinsebene, gröber werdend in den Sphären immer nied-

14 Kosmogonie: Mythische Lehre von der Entstehung der Welt. Wissenschaftliche Theorienbildung über die Entstehung des Weltalls.

rigerer Schwingung. Hat letztere ihren tiefsten Punkt (Ende eines Kali-Yuga) erreicht und ein Pralaya („Weltende“) steht bevor, so ist es Shivas (des Weltenzerstörers) Aufgabe, diese stoffliche Welt zu vernichten. – Satan läßt grüßen!

Soweit einige Gedanken zum Entstehen und Vergehen stofflicher Universen.

Den Gegebenheiten einer sich verdichtenden Lebenssphäre entsprechend, wandelten also menschenähnliche Wesen nach endlosen Äonen auf der Erdoberfläche. Sie hatten Sinne der Wahrnehmung entwickelt und waren mit einem „Gottesfunken“ ausgestattet, wodurch sie sich grundlegend vom Tierreich unterschieden. Diese Menschenwesen verfügten über einen freien Willen, trugen Gefühle einer vielschichtigen Liebe in ihren Herzen und waren Vernunft-begabt.

Dermaßen ausgestattet, begannen sie ihre Umgebung umzugestalten, um sich die Lebensbedingungen zu verbessern, als auch einem gewissen Schaffensdrang Genüge zu tun. Dementsprechend wurde das Leben bereichert und war nicht mehr nur ein Kampf gegen Naturgewalten, die Angriffe wilder Tiere und feindliche Menschengruppen, auch ein Streben nach höheren Ausdrucksformen des Daseins machte sich geltend: Man wollte einen Schöpfergott verehren (oder deren eine ganze Hierarchie), weshalb man begann, Stätten der Andacht zu errichten. Doch noch ein Wesenszug begann sich alsbald bemerkbar zu machen, nämlich der Drang, Werke zu gestalten, die dem Bedürfnis nach Schönheit dienten. Somit wurde Kunst in all ihren Ausdrucksformen geboren. Der allererste Schritt zu einer Kultur war gemacht!

Eine Zivilisation kann sich nur dann entfalten und, fußend auf den Errungenschaften der Vorfahren, weiterentwickeln, wenn die Lebensgrundlagen gesichert sind und Arbeitsteilung Menschen freistellt, die sich ganz speziellen Aufgaben widmen können. Dies ist allerdings in mehreren Fällen zu dem entartet, was ein Kastensystem darstellt, und zwar: Die heutzutage eher berüchtigte hierarchische soziale Schichtung des alten, vedischen Indien fand sich in erstaunlich ähnlicher Form auch in Hawaii, auf der Osterinsel und bei den Alt-Kanariern, den sogenannten Guanchen!

Von Hawaii wird noch zu sprechen sein, und vor allem von der Osterinsel (Rapa Nui) ganz besonders! So verweilen wir etwas bei diesen Ureinwohnern der Kanarischen Inselgruppe, umso mehr, als es sich hiebei um Flüchtlinge handeln mag, d.h. Untergangs-

Überlebende von Atlantis! Ich nehme diese kurzgefaßte Beschreibung der Guanchen hier gleichsam als Abglanz eines Lebensbildes der letzten Tage von Atlantis vorweg, um dann anschließend ganz systematisch die wahrscheinlichen bzw. möglichen Charakteristika von Lemuria, Rutas Mu und schließlich Atlantis zu betrachten.

Diese Guanchen, wie sie mit einem Sammelnamen bezeichnet werden, lebten noch in der Steinzeit, während man in den „fortgeschrittenen Zivilisationen" des Mittelmeer-Raumes bereits Kanonenrohre goß, um diese im Sinn der Ausbreitung des Christentums alsbald glaubensgerecht einsetzen zu können. Es ist Anfang des 15. Jahrhunderts und die Conquista Amerikas steht vor der Tür. Den Auftakt hiezu bildet die Eroberung aller sieben Kanaren-Inseln, gleich blutig und zerstörerisch, wie der spätere Überfall auf die Hochkulturen Mittel- und Südamerikas. Wurden auf den Kanaren „nur" Steinzeitmenschen (fast) völlig ausgerottet oder besaßen diese eine nennenswerte Entwicklungsstufe? Der zeitgenössische italienische Historiker Leonardo Torriani gibt diesbezüglich Auskunft.

In der Lava ozeanischer Vulkaninseln finden sich immer zahlreiche natürliche Tunnelsysteme, Höhlen und Grotten. Solche dienten der kanarischen Urbevölkerung als Wohnräume, doch sie errichteten sich auch mit Steinplatten gedeckte Unterkünfte. Diese Bauten bzw. unterirdischen Anlagen waren sehr kunstvoll ausgestaltet! Dasselbe galt auch in Hinblick auf die Kleidung dieses Völkchens, die aus Palmblättern oder geschickt zusammengenähten Ziegenfellen bestand. Im Winter trug man Fellmäntel, während die Frauen immer ganz eingehüllt einhergingen (was man bezüglich der heutigen Situation an den kanarischen Badestränden nicht behaupten kann!). Alles an der Kleidung der Eingeborenen war sehr gekonnt gemacht und meisterhaft geschneidert!

Diese Menschen lebten auf den meisten Inseln in Einehe. Ihre Ernährung bestand hauptsächlich aus gebratenem Gerstenkorn, das mit Wasser zu einem Brei vermengt wurde; Milch und Butter waren bekannt. Auch das Fleisch der Haustiere (Schafe und Ziegen) wurde verzehrt. Tragtiere, wie die später eingeführten Berber-Pferde, Esel und Kamele waren anfangs unbekannt. Ursprünglich wurde Bootsbau mittels ausgehöhlter Drachenbäumen betrieben, wobei die Segel aus Palmblättern geflochten waren. Die Fähigkeit der Seefahrt ist später anscheinend verloren gegangen, doch der Horror vor dem Meer war geblieben – eine Urerinnerung an die Schrecken des Untergangs ihrer vorsintflutlichen Heimat.

Das neuzeitliche Unheil kam in Form von Karavellen voll spanischer Haudegen, bereit zu rauben und zu morden. Als die Spanier die Äcker der Kanarier zu verwüsten begannen, war dies in den Augen der Einheimischen ein Verbrechen gegen Gott und Mensch, was die Eroberer noch mehr dem Haß und der Verachtung seitens der Unterlegenen preisgab! Zur Verteidigung ihrer Heimat hatten die Ureinwohner den Musketen der Eindringlinge lediglich gezielte Steinwürfe sowie hölzerne Waffen entgegenzusetzen – und sehr viel Mut, was auch ihre Frauen (die sehr schön gewesen sein sollen!) mit einschloß. Wundert es, daß ihre Gesänge melancholisch geklungen haben sollen – nach dem neuerlichen Verlust ihres Heimatlandes, erst Atlantis, jetzt die Kanaren!

Körperlich waren die Guanchen vielfach von Riesenwuchs und oft 2,20 m groß, was durch Skelettfunde als bewiesen gilt. Die Bestattung erfolgte übrigens in eigenen Grotten in den Bergen, wobei die Leichen in Felle gehüllt wurden, was heute in den örtlichen Museen dokumentiert ist. Krankheiten suchten diese Altkanarier erst ab des „Spätherbstes des Lebens" von über 120 Jahren heim! Dies scheint auf die natürliche Lebensweise und wohl oft kärgliche Kost zurückzuführen zu sein. Soweit ist wohl kaum ein bedeutsamer Unterschied gegenüber anderen Naturvölkern zu verzeichnen. Doch nun kommt das Wesentliche:

Die Guanchen besaßen einen angeborenen Anstand – sehr im Gegensatz zu ihren Peinigern! Sie waren kluge, vorsichtige, tapfere und edle Menschen und kannten eine soziale Hierarchie von Königen, einer Adelsschicht, sowie auch von Priestern und Priesterinnen zur Ausübung religiöser Zeremonien. Der Adel war nicht erblich, sondern jeder konnte adelig werden, so er oder sie sich von Jugend an eines tugendhaften Lebenswandels befleißigte. Diese Ureinwohner huldigten einem Ein-Gott-Glauben. Es gab „Tempel Gottes", als auch Klöster mit Jungfrauen, wie überhaupt die Ehre des weiblichen Geschlechts als unantastbar geachtet wurde. Die Lebensphilosophie der Guanchen war: Das eigentliche Leben kommt erst nach dem physischen Tod: die Agonie der Seele, solange diese im Körper gefangen ist! – Klingt dies nicht irgendwie bekannt, jetzt zu Beginn des Wassermann-Zeitalters, das von zunehmender Spiritualität geprägt sein wird?

Der letzte Wunsch eines gefangenen Guanchen-Führers lautete: „Vacaguaré – ich will sterben!"

Hoffen wir, daß all die Seelen dieser heldenhaften Kämpfer für die Freiheit ihrer angestammten Heimat eine vorläufige, friedvolle Bleibe in den paradiesischen Welten der höchsten Astralsphären gefunden haben mögen!

Über Lebensbilder aus Lemuria im Indik ist meines Wissens gegenwärtig nichts bekannt. Es wurde zwar an der Universität Köln ein Institut für Tamilistik gegründet, doch ist die Erforschung der dravidischen Sprachfamilie, zu der das südindische Idiom Tamil gehört, insoweit noch nicht fündig geworden, um diesbezügliche Aussagen zu machen. Die dravidische Sprachgruppe umfaßt neben dem genannten Tamil (mit seiner bedeutendsten Literatur aller dravidischen Sprachen) u.a. Malayālam, das bis an die Südspitze Indiens gesprochen wird, auch den zentralindischen Dialekt der Gondi, denen wir im „Gondwanaland" schon des öfteren begegnet sind. Die Reichhaltigkeit der Literatur des Tamilischen zeugt von der einstigen hohen Kultur der Draviden, den von den arischen Einwanderern nach Süden zurückgedrängten Ureinwohnern Indiens.

Die Sprache der arischen Eroberer war das Sanskrit, dem wohl am weitesten entwickelten natürlichen Mittel menschlicher Kommunikation, das je gesprochen und geschrieben wurde! Etwa ab dem 4. Jahrhundert v.d.Ztw. war es die heilige Sprache der Bahmanen, also der Priester, Gelehrten und Dichter: Das Alt-Hoch-Indische, die Hochsprache der Veden. Diese erreichte durch die Dichtkunst besonders in Form der beiden Epen Māhābharata und Rāmāyana sowie unzähliger anderer Werke auch das einfache Volk und wurde diesem durch das Schauspiel zugänglich gemacht. Durch die in diesem literarischen Weltkulturerbe enthaltenen Schilderungen von Flugkörpern, Luftkämpfen und des Einsatzes atomarer Waffen, sind diese Veden für unsere Lebensbilder aus Atlantis von größtem Interesse!

In Bezug auf den Teil der lemurischen Hochkultur, die im Indik und Pazifik beheimatet war, also Rutas Mu (um den alt-indischen Begriff zu verwenden), stehen uns mehrere Quellen zur Verfügung. Eine hievon ist, wie zu erwarten, R. Steiner durch seinen Zugang zur Akasha-Chronik. Die Anthroposophie spricht, wie wir gehört haben, von einer Urform des Planeten, einer Äther-Erde, umgeben von einer astralen Hülle, in der Astral-Menschen gelebt haben. Was sollen wir uns darunter vorstellen? Äther steht für Energie, Feuer; auf den Planeten bezogen heißt dies, daß die Erde, höchstwahrscheinlich aus dem Gasball Sonne geboren, sich damals noch im Zustand von feurig-gasförmig bis feurig-flüssig befand. Umhüllt war diese Urerde von einer Sphäre, in der sich die Wesenskeime der zukünftigen Menschheit bereits als Seelenwesen gleich Fischen im Ozean frei bewegen konnten.

Nach unvorstellbar langen Entwicklungsphasen traten diese Wesenheiten in das sich allmählich ausbildende Irdisch-Stoffliche ein. Dies erfolgte während der 3. Menschheits-Epoche, welche als die eigentliche Wiege der Menschheit bezeichnet werden kann. Es kam zur Ausbildung eines biegsamen Körpers, dessen knorpeliger Innenbau sich schließlich zu einem knochenharten Stützskelett verhärtete. Gleichzeitig war auch die Oberfläche des Planeten gänzlich zur festen Erdkruste erstarrt: Knochen- und Felsbildung als ein paralleler Vorgang – die gemeinsame Entwicklung von Erde und Mensch!

Dem letzten Passus dieser anthroposophischen Auffassung kann ich aus erdgeschichtlicher Sicht nicht vorbehaltlos zustimmen: Eine feste Kruste des Planeten in Form von Kontinentalschollen, den Kernen der späteren Kontinente, die sich dann zu einem Urkontinent vereinigten, gab es schon tief im Präkambrium. Und doch läßt Steiner die Menschen noch durch Äonen hindurch als „weichknochig" herumlaufen! Auch der Papst der Anthroposophie, Rudolf Steiner, war nicht unfehlbar!

Im Mesozoikum war dieser Großkontinent bereits zerbrochen und die Lebenssphäre in Meer und Atmosphäre geschieden. Die Ozeane begannen sich auszubilden, während an Mittel-Ozeanischen-Rücken dauernd Basaltkruste streifenweise entstand. Die Erde war sicherlich größer als heute, sowie Mensch und Tier Riesenformen hervorbrachten. Während dieser 3. Menschheits-Epoche erfolgte ein Zusammenleben des Menschen mit Dinosauriern, mit denen die Menschheit jedoch auch im Kampf um den Lebensraum stand. Bei Steiner heißt es hiezu („Aus der Akasha-Chronik", S. 141): „Die Zeitgenossen der Menschen waren reptilartige Tiere von grotesken Formen! Tatsächlich war die Erde damals (zur Zeit der 3. Menschheits-Epoche, Anm.d.Autors) mit Wesen bevölkert, die reptilienartig waren". Dies spielte sich in einem tropischen Klima ab, im „Gürtel der Erde" wie HPB es ausdrückt.

Im Konzept der planetaren Entwicklung aus geistigem Blickwinkel finden wir, gleichgültig aus wessen Feder, die folgende Ansicht vertreten: Der Mensch war ursprünglich androgyn, also ein Zwitterwesen, wobei ich es für unnötig erachte, hier auf die Art der Fortpflanzung (schweiß- oder eigeboren ...) näher einzugehen. Die Geschlechter-Trennung erfolgte in der Mitte bis Spätphase der 3. Menschheits-Epoche mit der Entwicklung eines „Begierde-Leibes" (Sanskrit: Kama Rupa), womit alle Bedürfnisse unseres Körpers gemeint sind: Hunger, Durst, Schlaf, Sexualität usw. Der tiefste Fall in letztere war die Zeugung von Tiermenschen, wie sie uns in der Mythologie heute noch begegnen. Doch nun zu den erfreulichen Ergebnissen der Weitergabe von Erbgut und Wissen.

Das Bewußtsein der 3. Menschheits-Epoche war traumartig, die Wahrnehmung der Umwelt erfolgte seelisch-hellseherisch. Die Menschen von damals verfügten über ein intuitives Wissen. Die Erziehung der Jugend zielte auf eine gestählte Willenskraft der Knaben hin. Bei den Mädchen trachtete man besonders die Phantasie zu entwickeln. Die Frauen, gedacht als „seelisch-göttlich", wurden vielfach zu Priesterinnen herangebildet (was an die Guanchen erinnert!). Diese weisen Frauen besaßen selbstverständlich die Fähigkeit des Hellsehens, eine der Begabungen dieser Menschheits-Epoche, die zurücktrat, als der Verstand zu dominieren begann. Ein funktionsfähiges „Drittes Auge" – die Epiphyse oder Zirbeldrüse, auch Pinealdrüse genannt – war wohl das bedeutendste Merkmal, über das diese Menschen von Lemuria/Rutas Mu geboten, das eigentliche Organ des Hellsehens!

Die Menschenwesen der 3. Menschheits-Epoche waren geborene Meister der Willenskraft. Diese wirkte sozusagen magisch; mit ihr konnte beispielsweise das Pflanzenwachstum beeinflußt werden. Die Übersteigerung dieser Willenskraft führte zum Hervortreten gewaltiger Leidenschaften. Damit wurde ein derartiger Einfluß auf die „Feuererde" ausgeübt, daß diese sozusagen rebellisch wurde, mit ungeheurer Kraft an die Erdoberfläche gelangte und der 3. Menschheits-Epoche ein Ende setzte. Obiges ist die Aussage Steiners, dessen „Feuererde" wir bereits begegnet sind (siehe Seite 108). Dieses Ende von Rutas Mu erfolgte durch den „geologischen Brand", zu dem ich Steiner schon zitierte. Er sagte hiezu folgendes, was ich gekürzt wiederhole.

Mächtige Vulkane allerorts – Lavaströme – fortdauernde Zerstörung. „Durch die Tätigkeit dieses vulkanischen Feuers ist auch der Untergang (von Rutas Mu) herbeigeführt worden!" So sieht der Anthroposoph ein globales Ereignis, das geologisch in die End-Kreidezeit fällt. Und um das Thema gleichsam abzuschließen, heißt es in einem Vortrag (in Dornach am 9. 7.1924): Der letzte Rest eines „pazifischen Kontinents" sind die vielen kleinen Inseln im Stillen Ozean.

Wie zu erwarten, schließt sich der anthroposophisch orientierte Autodidakt A. Delor („Kampf um Atlantis", Info-Verlag, Frankfurt, 2004, S. 106) obiger Meinung bezüglich des folgenden Zusammenhanges an: Gigantischer Vulkanismus – Untergang Lemurias und der Dinosaurier. Er schreibt: „Die lemurische Endkatastrophe ist mit dem großen, globalen Saurier-Sterben an der Kreide-Tertiär-Grenze identisch."

Zu der weltweiten Vulkantätigkeit des ausgehenden Mesozoikums möchte ich insofern Stellung nehmen, da die Frage entstehen könnte, wie unter dieser ständigen Bedrohung eine menschliche Existenz und überhaupt Leben möglich gewesen sein kann? Hiezu ist zu sagen, daß ein Menschenleben nur einen Augenblick in Hinblick auf erdgeschichtliche Zeiträume darstellt. Die Wahrscheinlichkeit von einer Naturkatastrophe direkt betroffen zu werden, war bisher eher gering, wobei ich die jetzige Endzeit bewußt ausklammern möchte! Der letzte zerstörerische Vulkanausbruch, der des St. Helens nahe der Westküste der USA, liegt auch schon bald 30 Jahre zurück! Bleiben wir nun bei der Betrachtung der Bedrohung durch Vulkanismus, denn um diese ging es ja bezüglich des „pazifischen Kontinents". Hätten Menschen dort durch viele Generationen angesichts der jederzeit möglichen Eruptionen ihr Dasein sinnvoll zu gestalten vermocht? Hiezu ein Beispiel aus meiner eigenen Erfahrung.

Ein Paradies am Rande der Feuerschlünde zum Teil tätiger Vulkane ist Indonesien. Der dortige Vulkanismus ist gänzlich anderer Art, als der bisher beschriebene. In diesen Inselketten Insulindes manifestiert sich der Aufschmelzungsprozeß, wie er für Gebirgsbildungszonen typisch ist: Magma aus dem Erdmantel vermischt sich mit dem Material granitischer Kruste und deren Sedimentbedeckung. Hiedurch entstehen kieselreiche Schmelzen (hoch an SiO_2-Anteilen), was solch hybrides Magma („Migma") zähflüssig und zugleich gasreich (vor allem an Wasserdampf!) werden läßt und die Folgen sind offensichtlich: Die Gase können nicht aus der zähen Schmelze entweichen; der Druck baut sich auf, bis es zur Explosion kommt.

Das klassische Beispiel, auf die Inselwelt Indonesiens bezogen, war der Ausbruch des Krakatau in der Sunda-Meeresstraße, der 1883 in einer weltweit wahrnehmbaren Eruption seinen gesamten Oberbau weggesprengt hat. Sein Vorgänger, der Tambora auf der Insel Sumbawa, brachte es zu noch wesentlich mehr Opfern und Zerstörung, als er weite Teile fruchtbaren Landes mit Vulkanasche gleich einem Leichentuch bedeckte. Und wie betraf all dieses lokale Weltuntergangs-Szenario das Leben auf dem Sunda-Archipel, wo doch dieser hochexplosive Vulkanismus viel lebensbedrohender ist, als die „friedlich“ ausfließende Basaltlava in den Ozeanbecken der drei Weltmeere!

Java, die kleinste der Großen Sunda-Inseln, ist über eintausend Kilometer lang und weist nicht weniger als 45 z.T. aktive Vulkane auf, wobei das Ackerland etwa ein Drittel seiner Fläche einnimmt. Hier reiht sich eine Reisterrasse an die andere in stufenförmig kultivierter grüner Pracht. Keine Spur von Angst vor den allgegenwärtig drohenden Feuerbergen liegt über der Tropenlandschaft noch lastet eine solche auf den Gemütern der Inselbewohner. Man lebt und bittet die Naturgeister dieser feurigen Unterwelt um freundschaftliche Eintracht und besänftigt das Feuerelement von Zeit zu Zeit durch Opfergaben. So meistern diese Insulaner das Leben seit undenklichen Generationen, und gar nicht schlecht, wie deren vielfältiges künstlerisches Schaffen beweist! (Siehe Seite 347)

Sollte es in Lemuria/Rutas Mu und Atlantis anders gewesen sein? Der Mensch vergißt ein gewisses Maß an Unheil gar schnell, und das ist gut so! Doch Erschütterungen des gesamten Globus, die fast alles Leben auf Erden auslöschen, prägen sich den wenigen Überlebenden für viele Inkarnationen in der Seele ein: Eine Zäsur am Ende eines Zeitzyklus (Pralaya) hat sich tief in das Volksbewußtsein eingegraben; so bei den Ureinwohnern des indischen Subkontinents, den (Proto-)Draviden bezüglich Lemurias, während der Untergang von Rutas Mu sich in der polynesischen Mythologie widerspiegelt. Und auch das Versinken von Atlantis lebt im Unterbewußtsein der Nachfahren fort, heute noch – bei uns allen – sonst hätten wir nicht Interesse an Büchern, wie dem vorliegenden!

Lebensbilder aus dem einstigen Siedlungsraum des Pazifiks finden sich vornehmlich in folgender Literatur:

- In dem Buch des österreichischen Raumfahrt-Technikers J. Blumrich, der die Stammesgeschichte der Hopi-Indianer erzählt.

• Durch das Studium des Werkes des französischen Professors L. Cl. Vincent, der „Das verlorene Paradies von Mu" beschreibt.

• Aus dem mehrbändigen Werk B. Spaldings, der im Rahmen einer amerikanischen Expedition das Leben und die Lehren der Meister Indiens, des Himalayas und Tibets kennengelernt hat.

• Besonders farbenfroh-phantastisch geschildert von dem Deutsch-Amerikaner Dietrich von Oppeln, der auch Seminare über das Thema „Lemuria" hält.

• Bei dem Engländer J. Churchward, der im ehemaligen Britisch-Indien Forschungen betreffs alter Schriften betrieb, die in einem Tempel aufgefunden wurden.

Der Lebenslauf von J. Churchward,
verfaßt von seinem langjährigen Freund P. T. Griffith, N.Y., 1937, herausgegeben 2004 von D. Lowdermilk, Sandy Springs, South Carolina, USA.

James Churchward wurde 1851 in Devonshire, Südwest-England, geboren. Seine berufliche Laufbahn: Er war Oberst, Ingenieur des Bauwesens, Metallurge und Schriftsteller. Der Tod ereilte ihn auf einer Vortragsreise nach bzw. in Los Angeles 1936, knapp vor seinem 85. Geburtstag.

Er diente als Oberst in einer Ingenieur-Abteilung im damaligen Britisch-Indien. 1871 heiratete er und wurde Besitzer einer Teeplantage in Ceylon. Sein Aufenthalt in Indien datiert von 1868 bis 1880. Während dieser Jahre will er auch Tibet bereist haben. Vor allem aber stieß er auf Tafeln, deren Schriftzeichen ihm indische Brahmanen gedeutet haben:

Die Naacal-Tafeln: „Ich habe sie gesehen! Sie sollen älter sein als die Sanskrit-Schriften. Sie wurden mir von einem Rishi in Indien übersetzt!" – soweit J. Churchward wörtlich. Die Originale dieser Tafeln wurden angeblich von Indien nach Tibet gebracht, wo sie im Geheimen in einem Kloster verwahrt wurden. Daher: „Ich darf nicht sagen, wo sie sich befinden!" Soweit unser Gewährsmann.

Ab 1884 hielt sich Churchward in USA auf, wo er zunächst als Ingenieur für das Eisenbahnwesen tätig war. Danach gründete er eine eigene Firma (1906) und verbrachte viel Zeit in metallurgischen Laboratorien, wo er sich mit Stahlveredelung befaßte. Die besagte Stahlfirma (eine Aktiengesellschaft) konnte Churchward gründen, nachdem er Inhaber von Stahlpatenten geworden war. Es handelte sich um eine Nickel-Chrom-Vanadium-Legierung (NCV-Stahl), die bei hohen Temperaturen geschmolzen werden mußte, daher teuer, jedoch sehr widerstandsfähig war. Sie eignete sich zufolgedessen besonders für Panzerplatten, was das Interesse des Militärs erweckte.

Die Stahl-Episode in Churchwards Leben zeichnete sich durch zwei Gerichtsbeschlüsse aus: Den ersten Prozeß konnte sein Freund und Patentanwalt für ihn gewinnen, was seinem Klienten viel Geld einbrachte. Der zweite Prozeß entschied gegen Churchward, worauf er sich von diesen Geschäften zurückzog, um sich ganz seinem eigentlichen Lebensthema zu widmen:

Die Tatsache des seinerzeitigen Bestehens von Mu zieht sich wie ein roter Faden durch die Existenz Churchwards und schließlich gibt er sich dieser Forschung gänzlich hin! Er tritt mit dem amerikanischen Archäologen W. Niven[15] in Kontakt, der drei Horizonte Artefakte-führender Schichten ausgegraben hatte. So geschehen 1921 in dem Dorf Santiago Ahuizoctla nahe der Hauptstadt Ciudad Mexico. Hiebei sollen Tafeln ähnlich den genannten aus Indien gefunden worden sein!

Abgesehen von dem Besuch in Mexiko, führten Churchward weite Reisen nach Südamerika, als auch bis in den Pazifik. Für ihn lag Mu in der Südsee, deren Megalithbauten ihm offensichtlich

15 William Niven (1850–1937), geboren in Schottland, Mineraloge und Mineralien-Händler, später aber besonders erfolgreicher Archäologe! Ab 1879 in den USA tätig, bevor er nach Mexiko ging, wo ihm 1894 eine archäologische Entdeckung gelang – die erste, und die zweite erfolgte 17 Jahre später: 1911 Entdeckung alter Ruinen unter Vulkanasche in einem Gebiet gleich nördlich von Ciudad Mexico. Dort, im Tal von Ciudad Mexico, folgten 20 Jahre archäologischer Forschung. Die Finanzierung erfolgte durch die dortigen Regierungsstellen bzw. den behördlich genehmigten Verkauf von Artefakten. Niven errichtete auch ein privates Museum in Ciudad Mexico, wo über 20.000 Exponate ausgestellt waren. Den Lebensabend verbrachte Niven in Texas, nachdem er manche archäologische Sehenswürdigkeit den lokalen Museen zur Verfügung gestellt hatte. Die „Niven-Tafeln" wurden von dem Genannten 1921 entdeckt. Es handelte sich um Steintafeln aus andesitischem Gestein aus den Grabungsstellen Nivens im Tal von Ciudad Mexico. Abdrücke derselben wurden an den Indien-Forscher J. Churchward geschickt, der sich eingehend mit den geheimnisvollen Inschriften darauf befaßte. Die Originale gingen bei einem Schiffstransport von Mexiko nach USA verloren, womit sie das Schicksal so vieler unersetzlicher archäologischer Funde teilen!

bekannt waren. Er meinte, diese Zyklopenwerke seien nicht polynesisch! Zu dieser Auffassung kam er nach 40–50 Jahren des Studiums und sagte: „Ich lebe und denke Mu so sehr, daß es ein Teil von mir wurde. Ich habe einst dort gelebt!“

Churchward hatte Visionen, auf Grund deren er auch die Ursachen des Untergangs von Mu erkannt haben will. Er spricht von sich entleerenden „Gaskammern“ am Meeresboden, wie sie heute der Geowissenschaft (abgesehen vom Vulkanismus) als Methangas-erfüllte Hohlräume am Ozeanboden bekannt sind. In derartigen Visionen wurde ihm auch seine „Stahl-Formel“ eingegeben. Die hauptsächlichen Quellen seiner Nachforschungen waren:

- Die Megalithbauten in Südamerika und im Pazifik.
- Die Naacal-Tafeln in Indien und Mexiko.
- Der Codex Troano (im Britischen Museum), der u.a. die Flucht der Vorfahren der Maya aus dem versinkenden Mu beschreibt.

  Des Genannten Buchveröffentlichungen:
  1926: The Lost Continent of Mu.
  1931: The Children of Mu.
  1933: The Sacred Symbols of Mu.
  1934: The Cosmic Forces of Mu.
  1935: Wie oben (Bd. 2).

Seine Forschungsergebnisse erzielte Churchward nicht allein, sondern in Zusammenarbeit mit dem genannten Amerikaner, der in Mexiko als Archäologe tätig war, wo er den indischen Tontafeln entsprechendes Material zutage förderte, wie bereits erwähnt. Dem erwähnten Wissenschaftler des Spatens ist noch eine andere fündig gewordene Ausgrabung zu verdanken: Im Tal von Ciudad Mexico stieß dieser William Niven etwa 30 km südlich der Hauptstadt in rund zehn Metern Tiefe auf die verwüsteten Reste einer Kultur, überlagert von Vulkanasche. Darüber folgte eine Schotterlage, die eine Flutwelle aufgeschüttet haben könnte. In der Artefakte-führenden Schicht fanden sich zwischen Grundmauern mit Wandgemälden von außerordentlicher Schönheit u. a. Plastiken menschlicher Gesichter südostasiatischer Rassen. Der Rest war nicht so spektakulär bis auf eine Axt aus gehärtetem Kupfer, wie wir es bis heute nicht schmieden können. Alles war unter der Vulkanasche perfekt erhalten wie aus Pompei bekannt. Das Alter dieser Kulturschicht wird mit Pliozän angegeben. Meine Frage hiezu: Wohin sind sämtliche Belegstücke verschwunden? Waren sie der herrschenden Lehrmeinung zu unbequem? (siehe Kapitel Archäologie, Seite 349).

Dem englischen Forschergeist Churchwards lagen wie gesagt inhaltlich zwei Reihen beschrifteter Tontafeln zum Vergleich vor:

- Eine Serie von Tontafeln aus Indien, studiert von ihm selbst.
- Eine andere aus Mexiko: Der genannte amerikanische Archäologe Niven entdeckte in der Zeit zwischen 1890 und 1921 am nordwestlichen Stadtrand von Ciudad Mexico über 2.500 Steintafeln. Diese wiesen Inschriften auf, welche Churchward als in der Sprache von Rutas Mu – analog zu seinen indischen Tafeln – abgefaßt erkannt haben wollte. Es handelte sich um die Schriftzeichen der sogenannten Naacals, einer aus dem Pazifik geflüchteten Volksgruppe[16], die nach Zentralasien ausgewandert war. Somit behauptet Churchward, daß beide Reihen der beschrifteten Tafeln urspünglich aus Rutas Mu stammten, von wo der eine Teil (in Form von Kopien in Ton) über Zentralasien bzw. Hinterindien nach Indien gebracht worden war. Der andere Teil, nämlich die Originale in Stein, wären also irgendwie nach Mexiko gekommen. Vielleicht gibt die folgende Darstellung von Blumrich bezüglich der Hopi-Indianer einen Hinweis auf diese Möglichkeit? (S. 186ff).

Rutas Mu in indischen und mexikanischen Texten

James Churchward war Offizier im ehemaligen Britisch-Indien und durch eine patentierte Erfindung betreffs Stahlveredlung finanziell unabhängig. Oberst Churchward forschte in Klöstern Indiens und Tibets (die nicht genannt werden wollen!), wobei er zu den tieferstehend angeführten Ergebnissen kam; vor allem: Es gab ein Lemuria im Indik und ein Rutas Mu im Pazifik. Zu einer Entdeckung ganz besonderer Art verhalf dem Engländer jedoch ein indischer Brahmane, der ihm in einem Tempel nicht nur verborgene uralte Ton-

16 Die Naacals: Die Religion des ältesten Indiens war die vom Mutterland Mu und wurde von der heiligen Bruderschaft der Naacals nach (Hinter-)Indien gebracht. – Deren Nachfahren sind möglicherweise die Nagas in Hinterindien.

tafeln zeigte, sondern ihn auch in die Entzifferung deren Inschriften einweihte. Daraufhin erfolgte 1926 die Veröffentlichung des ersten Buches von Churchward, das bis 1955 nicht weniger als 18 Auflagen erreichte („The Lost Continent of Mu", Rider & Co. Paternoster House, London).[17]

Die erwähnten Naacals wären also im Besitz von Kopien der Original-Tafeln aus Rutas Mu gewesen. Dieses Volk kam vom Osten, dem Pazifik. Ihre Wanderung erfolgte aus dem Mutterland (Naa – Mutter) über Hinterindien nach Indien, wo sie im Hochland von Dekkan eine Kolonie gründeten. Sie breiteten sich weiter nach Südindien aus, dem (späteren) Land der Draviden: Tamil Nadu. Die anderen Auswanderer nahmen den Weg nach Zentralasien, das damals gar nicht wüstenhaft, sondern bebaubares Land mit genügend Wasser war. Dort schufen sie ein Reich, das sich zur größten Kolonie von Rutas Mu einschließlich Tibets entfaltete. Dieses Gebiet lag in der heutigen Wüste Gobi, wo auch die Hauptstadt gegründet worden war.

Diese Stadt gab es; sie lag südlich des Baikal-Sees, hieß Chara Choto / Khara Khota und ihre Ruinen wurden von dem russischen Asienforscher P. Koslow ausgegraben, wobei Überraschendes zutage kam. Die Reisebeschreibungen des genannten Wissenschaftlers über Zentralasien wurden von dem deutschen Pamir-Experten W. Filchner herausgegeben („Nach der Mongolei: Die tote Stadt Chara Choto", 1925). Wurden auch hier Zeugnisse eines unbekannten Kulturkreises entdeckt? In 17 Metern Tiefe stieß man auf ein Königsgrab mit goldenen Grabbeigaben. Eines dieser Insignien war das Zepter

---

17 Col. James Churchward wird in „Wikipedia" mit seinen Büchern erwähnt, die zwischen 1926 und 1935 erschienen sind. Auch in Wikipedia fanden sich Mitteilungen, die ganz einfach falsch sind, denn in dem Internet-Ausdruck hieß es wörtlich: „Geologically, the existence of Mu, as described by Churchward, is extremely unlikely, since the Andesite Line would run through the western part of the continent."
Hiezu ist folgendes zu sagen: Diese Andesit-Linie trennt den andesitischen (also SiO_2-reicheren) Vulkanismus der zirkumpazifischen Randgebirge von dem basaltischen (SiO_2-ärmeren) des eigentlichen Pazifik-Beckens. Sie hat daher absolut nichts mit einer Landmasse im Pazifik selbst zu tun, sei diese eine zerbrechende Kontinental-Scholle oder ein versinkendes Basalt-Plateau! Damit ist dieser Widerlegungsversuch als gescheitert zu betrachten!

einer Königin mit dem Emblem von Mu, der dreizackigen Krone.[18] Es hat den Anschein, die Grabfunde deuteten auf einen weiblichen Machthaber. Doch da ist etwas anderes zunächst unerklärlich in Churchwards Darstellung: Dort findet sich die Abbildung zweier geschmückter „Buddha-Gestalten". Der Autor bezeichnet diese in der Bildunterschrift als Uiguren-Herrscherpaar. Es fragt sich, was diese beiden Mongolen mit den Naacals und Rutas Mu zu tun haben? Doch des Rätsels Lösung wird sich bald finden.

Im Zusammenhang mit der Symbolik von Kultgegenständen und bildlichen Darstellungen möchte ich eine Abbildung aus dem Werk Churchwards herausgreifen und deren Deutung von Seiten des Verfassers wiedergeben. Und zwar handelt es sich um die vier schöpferischen Kräfte, die der (unmanifestierten) Gottheit innewohnen (siehe Abb. Seite 272):

- Der Kreis als das Sonnenzeichen Ra, die Gottheit symbolisierend.
- Darin das heilige Zeichen H, das für das erste Wort/Mantra des Schöpfergottes gültig ist.
- Die Zacke als Symbol der Kraft, in der Zeichnung 4 x symmetrisch wiedergegeben.
- Ein Bogen mit einer aus dessen Innenseite hervorschießender Spitze als Symbol zielgerichteter Tatkraft. In der Darstellung ebenfalls vierfach, entsprechend den vier Richtungen des Raumes (wie die vier Gesichter Brahmās!).
- Ein stufenförmiges Zeichen, das für die Geometrie in der Schöpfung steht, reflektiert in Tempelbauten.
- Ein vierstrahliges Sonnenrad als Symbol des Universums; es wird zum Swastika. Das rechtsdrehende Swastika als Glückssymbol (siehe Abb. Seite 272)! (Hitlers war linksdrehend!).

18 W. Filchner als Herausgeber der deutschen Fassung „Zur toten Stadt Chara Choto", Verlag Neufeld und Henius, Berlin, 1925: Die Expedition der Russischen Geographischen Gesellschaft 1907–1909, mit einem Vorwort von Sven Hedin. Die Lage der Stadt wird als südlich des Baikal-Sees in der Wüste Gobi angegeben mit 42° Nord und 101° östlicher Länge. Bei den Ausgrabungen wurde folgendes gefunden: Mongolisch-buddhistische bzw. chinesische Wandmalereien an Hauswänden. Doch in größerer Tiefe stieß man auf ein Königsgrab, in dem ein goldenes Zepter gefunden wurde, das angeblich die Insignien von Mu trug (welche?). Dieses glich Gebetszeptern, wie sie tibetische Würdenträger verwenden.

Den Inhalt von Churchwards Aussagen über die Lebensbedingungen auf Rutas Mu zusammenfassend, gebe ich nun als Überblick bezüglich dessen, was für unsere Betrachtungen sonst noch wissenswert ist:

1. Was konnte der Genannte während seines Indien-Aufenthalts über das Vedische Wissen bezüglich Rutas Mu in Erfahrung bringen?
2. Wer waren die Bewohner der ehemaligen pazifischen Landmasse; was waren die Besonderheiten dieser Menschen? Bestehen vielleicht Überreste ihrer Bauten?
3. Churchward gab eine ganz neuartige Darlegung der Ursachen, die zum Untergang von Rutas Mu führten. Sind diese geologisch haltbar? Eine weitere Erklärung fand er bezüglich des ehemals praktizierten Kannibalismus in der Südsee.
4. Welche Hinweise auf das einstige Bestehen eines „Kontinents" im Pazifik gibt es – aus Churchwards Sicht –, die heute noch haltbar sind?
5. Es ist in dem besagten Buch die Rede von Flüchtlingen aus Rutas Mu. Haben sich aus diesen Volksstämme herangebildet, welche wären es und wo würden sie jetzt leben?

ad 1) Das indische Geheimwissen sagt aus, daß im Pazifik eine Landmasse zufolge einer Naturkatastrophe versunken sei. Das Wissen der indischen Brahmanen kam von Rutas Mu über Hinterindien. Eben diese Weisen berichten, daß es im Dekkan (Landschaft an der Westküste Mittelindiens) einst eine weiße Rasse (siehe unter „Todas", Seite 355) gegeben hätte, die von Hinterindien gekommen sei. Deren Urheimat habe im Osten gelegen, im Pazifik.

ad 2) Churchward beschreibt Rutas Mu als ein großes Land, die Wiege der Menschheit, den Garten Eden, das Reich der Sonne, bewohnt von einer Bevölkerung der Seefahrer und Tempelbauer. Diese Landmasse im Pazifik bot folgende Lebensmöglichkeiten: Es herrschte ein Tropenklima mit entsprechend reichem Niederschlag (Flüsse und Seen!), was eine ganzjährig üppige Flora hervorbrachte. Die Fauna war durch riesige Tierformen charakterisiert. Die Bewohner gehörten vornehmlich einer hellhäutigen Rasse mit großen dunklen Augen an. Doch es gab auch Völkerschaften brauner Hautfarbe. Das Menschengeschlecht von Rutas Mu war eines der großen Nautiker sowie genialer Baumeister, die megalithische Anlagen schufen. Sie betrieben Handel und besaßen Kolonien. Ihr Land war durch Verkehrswege erschlossen, die von einem Zentrum ausgingen, in dem eine weise Persönlichkeit residierte. Man betete den Einen Gott an: Ra, symbolisiert durch die Sonnenscheibe.

Der Genannte meint, einer der Knotenpunkte von Rutas Mu wäre Nan Madol gewesen, heute eine der bedeutendsten Ruinenstätten der Südsee, gelegen bei Pohnpei in der Inselgruppe der Karolinen, Mikronesien. Dieser aus Basaltsäulen errichtete Komplex umfaßt u.a. einen Tempel, dessen Seitenwände 1874 noch standen, während sich in einem Geviert eine Pyramide befand. Kanäle durchzogen die gesamte Anlage. Churchward listet eine ganze Anzahl von anderen Zeugnissen einer Megalithkultur auf, darunter eines, das dem allgemeinen Fremdenverkehr noch am ehesten zugänglich wäre: Eine aus perfekt behauenem Gestein gefügte Plattform auf der Großen Insel von Hawaii (etwa 50 km von Hilo entfernt). Doch sowohl betreffs Megalithbauten als auch über Hawaii wird noch manches „kräftige Wörtchen" zu sprechen sein.

ad 3) Über die Geologie des pazifischen Raumes schreibt Churchward: „Geologisch gesehen ist es ohne Zweifel, daß in vorgeschichtlicher Zeit ein Kontinent im Pazifik bestanden hat!" Und sinngemäß heißt es weiter in der Übersetzung aus dem Englischen: Der Ozeanboden war voll von einzelnen Hohlräumen, gefüllt mit (Vulkan-) Gasen. Es gab sehr viele solcher Gaskammern, und deren Dach stürzte ein: Der Untergang des Landes durch Entleerung dieser Gaskammern im Untergrund; Versinken des Landes in einem „Feuerschlund" durch geologische Ursachen! Die Überbleibsel dieser Landmasse: Die heutigen Südsse-Inseln!

Wie zu erwarten, hatten sich Überlebende des Kataklysmus auf die Bergspitzen geflüchtet. Dort waren sie jedoch schließlich dem Hungertod ausgeliefert! Die Folge war, daß die Menschen begannen, sich gegenseitig aufzufressen. Hiezu der Autor: „Going down into the lowest depths of savagery!"

Dies erklärt, warum es auf gewissen pazifischen Inseln bis vor gar nicht allzu langer Zeit Kannibalismus gab.

ad 4) Rutas Mu und die Südsee-Inseln, im besonderen Polynesien, zufolge Churchwards Meinung: Die Südsee-Inseln als Reste von Rutas Mu! Dieser versunkene Kontinent erstreckte sich – so unser Informant – an seiner Nordküste bis Hawaii, während die Osterinsel dessen südöstliche Ecke gebildet hatte. Und was gibt es gegenwärtig für Hinweise auf das einstige Bestehen von „Pazifika"?

a) Vor allem ist die Annahme unterirdischer Hohlräume in vulkanischem Milieu geologisch haltbar: Magmakammern, gefüllt mit Gesteinsschmelze, entleeren ihren Inhalt in Form von Lava und Vulkangasen an die Erdoberfläche, worauf deren Dach niederbricht; – dies ist mit Churchwards Vorstellung vieler Gaskammern im Untergrund von Rutas Mu durchaus vereinbar!

b) Die Legenden von einer verlorenen Urheimat sind in ganz Polynesien verbreitet, z.B. im „Kumulipo", dem hawaianischen Schöpfungsgesang. Diese soll sich im Pazifik befunden haben.

c) Die Tatsache des Bestehens zyklopischer Megalithbauten im gesamten pazifischen Raum.

d) Die Erklärungsmöglichkeit des einstens praktizierten Kannibalismus auf pazifischen Inseln durch den Untergang einer Landmasse mit nachfolgender Hungersnot derer, die sich gerettet zu haben glaubten.

e) Die Existenz hellhäutiger Ureinwohner in Polynesien, dem „Urukeu-Typ". Churchward sieht die Polynesier als eine weiße Rasse, die nicht aus den pazifischen Randgebieten eingewandert wäre und die ihn an die schönsten Menschen der altgriechischen Skulpturen erinnert!

ad 5) Die Flüchtlinge aus dem versinkenden Land versuchten in die Kolonien von Rutas Mu zu gelangen: Vor allem nach Mittel- und Südamerika. Ersteres Gebiet war eine der ersten „Übersee-Besitzungen" des Heimatlandes, bewohnt von einem Völkchen, das später als die Mayas von Yucatán bekannt wurde. Hierüber berichtet der Maya-Codex Cortesianus. Andere Flüchtlinge waren die in Zusammenhang mit Warnungen bezüglich Umweltzerstörung oft genannten Hopi-Indianer (siehe den folgenden Abschnitt). Diese Hopis und Zuñis sind die heutigen Pueblo-Indianer in Arizona und New Mexico. In der Mythologie letzterer heißt es: Die Dinosaurier, diese Räuber mit den schrecklichen Zähnen und Krallen!

Und abschließend über Indianer im allgemeinen ist mir folgendes aufgefallen: Bekannt ist deren Abhärtung gegen Schmerzen. Erinnert dies nicht an die Erziehung der Knaben in Rutas Mu mit der Stählung ihrer Willenskraft, worauf das Augenmerk ganz besonders gerichtet war?

In dem Versuch, die Örtlichkeit zu finden, wo Churchward die Tontafeln mit den Inschriften gezeigt wurden, stieß ich auf eine Spur, die mir hiebei weiterhalf:

Das Buch des Indien-Reisenden Th. Ritter „Die Palmblatt-Bibliotheken“ (Kopp-Verlag, Rottenburg, 2006) enthüllt die Örtlichkeit, in der J. Churchward die Schrifttafeln gezeigt und von einem Brahmanen interpretiert wurden. Es handelt sich um den Shiva-Tempel Sri Ekambaranathar[19] in Kanchipuram bei Chennai (Madras).

Kanchipuram ist eine der sieben heiligen Städte Indiens und auch die ungewöhnlichste, da sie 108 Shiva-Tempel beherbergt, die von trapezförmigen Tempeltürmen überragt werden. Der genannte Tempel ist der größte dieser Stadt, besitzt eine 1000-Säulen-Halle und sein Gopuram ist fast 60 m hoch. In diesem Granitbau wurde Churchward also in die Geheimnisse von Rutas Mu an Hand der Texte der Steintafeln eingeweiht, die in Alt-Tamilisch gehalten sind – so wie die Aufzeichnungen der Palmblatt-Bibliotheken.

Weitere Überraschungen hält dieser Tempel in seinen geheim gehaltenen Räumen bereit, und offensichtlich hatte der genannte Buchautor (Ritter, S. 115–127) durch einen befreundeten Priester Zugang hiezu: Da finden sich Statuen von Wesen reptiloiden Aussehens in Raumfahrer-Ausrüstung! Auch die zugehörigen Vimanas fehlen nicht – Erich von Däniken hätte seine Freude daran!

Rutas Mu, das Kásskara der Hopis

Der Auffassung Churchwards zufolge fanden die Wanderungen der Flüchtlinge aus Rutas Mu sowohl nach Westen als auch Osten statt. Die westlich gerichtete Auswanderungswelle umfaßte zwei Flüchtlingsströme: Diejenigen mit dem Endziel Innerasien in das damals fruchtbare Gebiet der heutigen Wüste Gobi, und den Zug der Menschen, die bis Zentral- und Südindien zogen, wobei jeweils eine Kolonie entstand: Im Herzen Asiens und in dem indischen Dreieck. Doch durch Churchward erfahren wir auch von einem Flüchtlingszug in Richtung Osten, was aus unserer europäischen Sicht der Westküste Amerikas entspricht. So berichtet Churchward von dem Neuland, das von den späteren Indianern (in Nordamerika) bzw. Indios (in Mittel- und Südamerika) erschlossen wurde. Vor allem lasen wir soeben von

19 Ekambareshwara-Tempel (zufolge des Indien-Handbuchs).

den Mayas auf der Halbinsel Yucatán, wo ein Kulturkreis entstand, dessen Ausstrahlung sich bis heute erhalten hat! Denken wir nur an die beiden Kalendersysteme dieses Volkes, dessen Zeitrechnung uns bis ins Hier und Jetzt beeinflußt: Der Schnittpunkt verschiedener Zeitzyklen zum Jahresende 2012!

Ein anderer Erforscher der weitest zurückliegenden Spuren menschlicher Vergangenheit ist J. Blumrich durch seine Kontakte mit den schon genannten Hopi-Indianern, deren Mythologie er in seinem Buch „Kásskara und die sieben Welten" (Knaur Esoterik, München, 1985) dem Leser zugänglich gemacht hat. In diese Überlieferung der Hopis wollen wir uns jetzt vertiefen, denn sie wirft ein Licht in das Dunkel des Untergangs von Rutas Mu.

Josef Blumrich, gebürtiger Österreicher aus Steyr (1913), war seit 1959 in den USA tätig, wo er als Fachmann für Raketenbau im Jahre 1972 von der NASA ausgezeichnet wurde. Blumrichs Interesse galt jedoch nicht nur der Raumfahrt und der Konstruktion eines Mondfahrzeugs. Er fand Zugang zu dem wohl bekanntesten Stamm der Pueblo-Indianer, den Hopis in der Tafelberglandschaft der südwestlichen Vereinigten Staaten, wo er das Vertrauen des „Weißen Bären" erlangte, der ihm die uralte Geschichte seines Volkes erzählte. Dies ist der Inhalt der genannten Darstellung Blumrichs, die eigentlich das „Buch der Hopis" genannt werden kann. Es ist vor allem der Bericht über die Flucht aus Kásskara und den Neuanfang in ... Wo kann man schon neu anfangen, wenn nicht in der Neuen Welt? Und woher mußte die Menschheit damals flüchten? Aus Rutas Mu!

Was in den Sagen der Hindus als Rutas Mu bezeichnet wird, nennen die Hopis also „Kásskara", und ich werde diesen Namen beibehalten, solange wir uns jetzt auf die Hopi-Legenden[20] beziehen. Nun können wir gespannt sein, inwieweit sich diese Überlieferungen decken: Die in den Veden und tibetischen Texten schriftlich festgehaltenen des mittelasiatischen Raums und die mündlichen der Hopis, die in der gesamten Stammestradition durch Rezitationen, Rituale, Gesänge und Tänze verankert sind. Was an Weisheit des Ostens über vergangene Kulturepochen offenbart wurde, hat HPB

20 Ganz allgemein beweisen die Legenden und Symbole der Indianer Nordamerikas, daß diese Volksstämme in Booten aus dem versinkenden Rutas Mu geflüchtet waren und schließlich in Nordamerika seßhaft wurden. – Sie kamen aus dem Westen!

und in der Nachfolge R. Steiner aufgearbeitet, was die Hopis betrifft, ist Blumrich deren erster Interpret. Vernehmen wir also die Worte des „Weißen Bären“!

Kásskara war das Land der Sonne, das Mutterland, die dritte Welt[21] von insgesamt sieben – das haben wir schon vernommen, nicht wahr! – ein Paradies, das hauptsächlich südlich des Äquators lag. Daher erstreckte sich dieses Reich wohl kaum bis Hawaii im Norden. Auf der südlichen Hemisphäre könnte es sich jedoch als breiter Streifen WNW-OSO-streichender Inselketten bis zur Osterinsel ausgedehnt haben, die dessen südöstlicher Eckpfeiler gewesen wäre.

Nun muß ich gleich hinzufügen, was meine geologische Meinung zu der Aussage des Hopi-Häuptlings ist: Aufgrund der riesigen Ausdehnung des Stillen Ozeans halte ich dafür, daß diese Landfläche „südlich des Äquators“ eher in Inselgruppen aufgegliedert war als ein zusammenhängendes Areal zu bilden. Somit wäre der hawaianische Archipel völkisch wohl ein Bestandteil von Rutas Mu/ Kásskara gewesen (Polynesien!), territorial jedoch nicht das Stück eines Ganzen!

In diesem Zusammenhang will ich gleich eine weitere Feststellung unseres Hopi-Referenten anführen, aber zugleich auch einer Kritik unterziehen, nämlich betreffs des Verhältnisses Kásskaras zu Atlantis. Wir können ersteres als das „Große Inselreich“ bezeichnen, Atlantis als das Kleine. Die Lebensspannen beider Reiche überschnitten sich, daran besteht kein Zweifel, weder aus anthroposophischer noch aus der Sicht der Hopis. Doch ich stimme nicht mit unserem Häuptling überein, daß beide Reiche – zufolge eines Kampfes gegeneinander – sozusagen auf Knopfdruck – gleichzeitig untergegangen wären! Dies mag wohl eine der Untergangsphasen von Atlantis betroffen haben, jedoch nicht die letzte, wie von Platon beschrieben. Menschheits-Epochen existieren im Prinzip hintereinander, eine die andere ablösend, aber gleich zwei auf einmal verabschieden sich nicht durch eine einzige Fehlleistung von der Bühne des Welttheaters!

Kásskara war durch Äonen hindurch ein Friedensreich, sein Lebensziel auf Natur und Geist ausgerichtet. Atlantis hingegen erlag der Machtgier! Dieser Industriestaat versuchte in ein Vakuum des

21 Die genannte „Dritte Welt“ (von insgesamt sieben) bezieht sich selbstverständlich auf Menschheits-Epochen und nicht auf ein Gebilde heutiger Wirtschaftspolitik!

Lebensraums Kásskaras einzudringen und dies war nur einer der Kriegszüge von Atlantis, wie wir bereits sahen (Kampf gegen Hellas) und noch sehen werden (Angriff auf ein Königreich in Indien, wie in den Veden beschrieben).

Zu den wichtigsten Fragen des Lebens nimmt unser Bär wie folgt Stellung: Die Ernährungsgrundlage des Agrarlandes Kásskara war der Mais. Die Menschen von damals konnten sich mit Pflanzen und Tieren verständigen und somit auch das Reifen der Ernte beschleunigen. Das „Dritte Auge" war während dieser Menschheits-Epoche geöffnet! Die Verwendung von Kristallen spielte eine wichtige Rolle, nämlich u.a. zur Speicherung von Schallwellen für eine Art Archiv. Hiezu läßt sich der „Weiße Bär" vernehmen: „Wir wissen, daß sich unsere Stimmen der Atmosphäre einprägen, und das ist unzerstörbar!" Klingt dies nicht wie Rudolf Steiner „Aus der Akasha-Chronik"?

Da wir nun schon bei Gedankenkraft sind : Auch Transportprobleme waren auf Kásskara unbekannt, denn die Antwort hieß: Levitation! Doch die heutige Menschheit weiß nicht einmal um deren Bestehen. Ein Physiker erklärte mir einmal, daß es so etwas wie eine Gegenkraft zur Gravitation nicht geben könne. Warum sollte es eine solche, in einer polaren Welt wie unserer, nicht geben? Das Prinzip der Levitation ist ganz einfach: Gleich Gepoltes stößt sich ab, Gegenpole ziehen sich an; daher müssen zwei Massen nur gleichpolige Schwingungen aufweisen und schon stoßen sie sich gegenseitig ab! Die eine Masse sei die Erde; die zu levitierende Masse muß lediglich in eine zur Erde gleichgerichtete Schwingung gebracht werden. Doch Schwingungen dieser Art zu beherrschen, ist eine Sache des Bewußtseins, weshalb sich unsere jetzige Menschheit in Sachen Schwerkraft schwer tut! Und an das Gesagte schließen sich die weiteren Aussagen der Hopis lückenlos an.

Der „Weiße Bär": **In Kásskara kam alle Energie, alle Kraft die wir brauchten, von der Sonne. Man konnte sie überall gewinnen und Leitungen waren nicht notwendig. Die Menschen waren damals technisch auf einem sehr hohen Stand.** Doch das Wissen ging allmählich verloren. Im Vergleich mit einst könnte man sagen, daß wir heute im dunklen Zeitalter leben! So belehrt uns der alte, weise Hopi des genannten Buches (S. 96–97).

Da die Mitteilungen von Seiten des Hopi-Häuptlings noch weit umfangreicher sind, möchte ich diese straff fassen und folgendermaßen gliedern:

- Der Angriff der Atlanter und Untergang von Kásskara; Flucht unter Mithilfe wohlwollender Außerirdischer (ETs).
- Neugründung von Siedlungen in der Neuen Welt mit kurzer Beschreibung der beiden Städte Tiahuanaco und Palenque.
- Die Schlußfolgerungen des „Weißen Bären" sowie
- meine Bewertung dessen Aussagen und Gegenüberstellung mit bereits gewonnenen Erkenntnissen.

Also sprach der „Weiße Bär" sinngemäß folgendes:

Im Laufe fortschreitender Zeit entwickelten sich beide Weltmächte in entgegengesetzte Richtung: Kásskara zügelte die materielle Macht durch seine Philosophie, während Atlantis diese seiner immer größer werdenden Vorherrschaft anpaßte, und so griffen die Atlanter an!

Kásskara verfügte über einen Schutzschild gegen die Strahlenwaffen und Flugkörper seiner Widersacher. Es kam zu Luftkämpfen und zum Einsatz einer „Wunderwaffe". Dieser Erstschlag geriet jedoch außer Kontrolle, worauf es zu einer nicht mehr aufzuhaltenden Naturkatastrophe kam, was mit dem Untergang beider Weltreiche endete. Im Leben und Sterben war Kásskara mit seiner Schwester und bittersten Feindin verbunden gewesen. Doch in Atlantis hatten die Bösen die Oberhand gewonnen!

Die Flucht aus dem nunmehr allmählich versinkenden Kásskara erfolgte unter der Führung hilfsbereiter, technisch hochentwickelter Außerirdischer, nämlich der „Kachinas", denen es gelang, viel von dem bereits vorhandenen Wissen zu retten. Es wurde daher eher eine organisierte Auswanderung (zumindest für einen Teil der Bevölkerung!) in von diesen ETs schon vorher erkundetes Neuland. Was die Frage der Beförderung betrifft, so informiert uns der Hopi folgendermaßen:

- Mittels der „fliegenden Schilde" der ETs.
- Mit Hilfe der „großen Vögel" (?) für eine Gruppe besonders ausgewählter Personen.
- Mit Booten von Insel zu Insel in Richtung Osten, also gegen die Westküste Amerikas.

Bei dieser Seereise dienten die damals in noch reichlicherer Zahl vorhandenen pazifischen Inseln als Trittsteine, auf denen die Flüchtenden auch eine oder mehrere Generationen verweilen konnten. Besonders nordöstlich der Osterinsel ist eine Inselkette vorstellbar, von der aus es möglich gewesen wäre, das südamerikanische Festland im Gebiet des späteren Tiahuanaco zu erreichen: der Sala-y-Gomez-Nazca-Rücken!

Die „Neue Welt“ als neue Heimat! Die Besiedlung beider Amerikas erfolgte von dem Gebiet um den Titicacasee herum, und zwar mit der Gründung von Tiahuanaco, der rätselhaftesten und bedeutendsten Stadt- und Hafenanlagen (siehe Abb. Seite 270) der gesamten westlichen Hemisphäre! Die Baulichkeiten wurden jedoch nie ganz fertiggestellt, dann verlassen und schließlich durch eine neuerliche Naturkatastrophe zerstört. Der die Geschichte dieser Stadt in Stein fast völlig auslöschende Vandalismus erfolgte durch Menschenhand, als die mächtigen Gesteinsquader zum Eisenbahnbau mißbraucht wurden (eine traurige Entsprechung zur Großen Pyramide, deren Außenverkleidung jetzt Gebäude in Kairo „ziert“!). Das plötzliche Eintreten einer Katastrophe ist u.a. durch Stapel bereits zubehauener, doch nicht verwendeter Gesteinsplatten dokumentiert sowie an unvollendeten Bauten sichtbar, wie z.B. am Fries des sogenannten „Sonnentors“ (siehe Abb. Seite 271). – Bitte zu beachten, daß die soeben genannte Zerstörung der Stadt nichts mit dem vorhergegangenen Kásskara-Kataklysmus zu tun hat, sondern späteren Datums ist!

Nun besteht eine Kontroverse bezüglich der schon erwähnten Hafenanlagen dieser einstigen Metropole. Sie befinden sich heute eine ganze Strecke vom Titicacasee (3.812 m über dem Meer) entfernt auf 3.840 Metern Seehöhe. Zufolge der Hopi-Legende lag Tiahuanaco zu seiner Blütezeit auf Meeresniveau, wo es sich eines üppigen Tropenklimas erfreute. Der heutige See sei damals eine Meeresbucht gewesen, in welcher die Schiffe und Boote der Neusiedler Schutz fanden. Über die anders lautende Meinung der Geologen werde ich unter dem Stichwort Tiahuanaco im Kapitel Megalithkultur referieren.

Die seinerzeit angelegten Feldterrassen sollten den Wissenschaftsgläubigen jedoch zu denken geben: Diese erstrecken sich am Illimani, einem Schneegipfel von 6.439 Metern, der in die heutige Hauptstadt Boliviens, La Paz, herabgrüßt, bis in eine Höhe von 5.500 Metern, wo sie unter dem Gletscher verschwinden. Wer betreibt schon Ackerbau am Rande vom ewigen Eis? Daher muß dieses Gebiet während der genannten letzten Naturkatastrophe einen ganz deutlichen Ruck nach oben erlebt haben! Dann war Tiahuanaco also doch die einstige Hafenstadt an der Pazifikküste, ganz im Sinn unseres Hopi-Ältesten!

Wie lange die Aufbauarbeit in dieser Neuland-Oase Amerikas anhielt, wissen wir nicht. Das Ende kam jedenfalls plötzlich durch eine Flutwelle, wie eine 3,5 m dicke Schlammschicht bezeugt. Die Funde darin könnte man als das „alte Lied" der Archäologen bezeichnen: Ein Horizont mit Knochen, Keramikscherben, deformierten Metallgegenständen und sogar Schmuck aus Edelmetall.

Palenque starb einen anderen Tod! Dieser heute in Ruinen liegende Ort im mexikanischen Staatsgebiet von Chiapas wurde von dem Menschenstrom aus Kásskara auf seiner Wanderung nach Norden als zweite Gründung auf dem bislang unberührten Boden der Neuen Welt errichtet. Weitere Siedlungen entstanden auf der Halbinsel Yucatán, wo u.a. eine Hauptstadt namens Chichén Itzá mit ihren Tempeln erbaut wurde. Doch uns interessiert jetzt weniger die Archäologie dieses Kultur-gedüngten Landes, sondern vielmehr die spirituelle Bedeutung von Palenque: Hier wurde das einzigartige, aus der Urheimat überlieferte Wissen des späteren Volkes der Maya weiterentwickelt und gepflegt, gelehrt durch die nach wie vor beratenden Kachinas. Nur so ist die unglaubliche Genauigkeit des Maya-Kalenders und dessen komplexes System von „Tagesqualitäten" erklärbar! Die Auserwählten unter der Jugend erhielten diesen Unterricht in der „Schule der Gelehrsamkeit" und waren angehalten, Körper und Geist rein zu halten: Vegetarische Ernährung, Gebete und Sonnenverehrung wurde von den Zöglingen erwartet. Anfangs war das Dritte Auge noch aktiv!

Diese Weiterentwicklung verlief aber nicht wie geplant: Es gab Streitigkeiten der verschiedenen Clans untereinander, somit auch eine Vergiftung des geistigen Lebens. Zudem hatten sich die ETs auf ihre Heimatplaneten zurückgezogen; dies nach Deponierung ihrer Gene, die sie in die Körper von Menschentöchtern gepflanzt hatten. Übrigens lebt deren Name im Hawaianischen fort: Kachina zu „Kahuna" (Priester, Geistlicher Würdenträger etc.).

Die Volksstämme, welche in unserer Zeit als die Pueblo-Indianer bekannt geworden sind, waren weiter nach Norden in ihr jetziges Stammesgebiet gezogen, unter ihnen die Hopi als die bekanntesten; letzteres durch deren Warnungen an die Weltöffentlichkeit: „Wenn ihr den letzten Baum gefällt habt, werdet ihr draufkommen, daß man Geld nicht essen kann!" Dies als eine der allzu wahren Schlußfolgerungen der Hopis. Und welches sind die des „Weißen Bären" im besonderen? Dessen wichtigste Feststellungen:

Eine der grundlegendsten Fragen bezüglich der Aussagen des Stammeshäuptlings der Hopis ist die nach deren Verläßlichkeit. Diese nehme ich als absolut gegeben an, denn die Weitergabe der uralten Überlieferungen erfolgte mit Sorgfalt und Verantwortung von Generation zu Generation, was von Gesängen und Zeremonien begleitet wird. Es ist die Angelegenheit des ganzen Volkes!

Eine andere Behauptung des Hopi-Bären ist für uns von ganz besonderem Interesse, da sie gleichartige Aussagen sowohl von Seiten der Hopis als auch aus den Mythen der Polynesier wiedergibt, nämlich:

Die heutigen Polynesier werden als die Nachfahren derjenigen betrachtet, die überlebten, als Kásskara unterging. Nun besteht eine fast wörtliche Übereinstimmung in der Überlieferung der Hopis und der bodenständigen Bewohner der Osterinsel, wobei es heißt: „Unsere frühen Vorfahren lebten auf einer fruchtbaren, mythischen Insel im Pazifik. Diese versank langsam im Ozean!“

An verschiedenen Stellen (S. 69, 100 u. 352) zitiert Blumrich seinen Gewährsmann „Weißer Bär“ über dessen Sicht, was die jetzige Menschheit betrifft:

- Wir nähern uns dem Ende eines Zeitalters!
- Die nächste große Katastrophe ist nicht weit entfernt, nur ein paar Jahre!
- **Eine schädliche Zivilisation kann nicht für lange Zeit am Leben bleiben! Wenn eine langlebige Kultur besteht, muß sie unsere bei weitem im positiven Sinn übertreffen!**

Obige Kernaussage, geboren aus der alten intuitiven Weisheit eines Naturvolkes, impliziert, daß langlebige Hochkulturen, wie besonders die von Kásskara, durch geraume Zeit hindurch eine positive Lebensführung aufgewiesen haben müssen! Dies bringt uns zur Technologie der damaligen dritten M-E: Wir lasen vom der Verteidigung Kásskaras gegen den Angriff der Atlanter mittels eines Schutzschildes (gegen Strahlenwaffen?), von Flugkörpern, ja sogar Raumfahrt wird gelegentlich erwähnt. Wenn das nicht eine hochentwickelte Kenntnis um das Wesen der Materie voraussetzt? Und deren Handhabung im Sinne umweltbewußter Lebensführung!

In diesem Zusammenhang entsteht die Frage: Warum haben die Kachinas nicht eingegriffen, als ihre Schützlinge von der Machtgier „der Bösen“ von Atlantis bedroht wurden? Die Antwort ist ganz einfach: Den ETs ist es zufolge galaktischer Spielregeln sehr wohl gestattet und wünschenswert, helfend einzugreifen, niemals jedoch sich in innerplanetarische Angelegenheiten einzumischen. Dies wäre eine Beeinträchtigung des freien Willens einer Menschheit! Die Entscheidung hierüber mag eine sehr heikle sein! – Negative ETs halten sich nicht an dieses Gesetz!

All das vom Hopi-Chef Gesagte möchte ich nun einer Bewertung unterziehen und es uns schon bekannten Mitteilungen gegenüberstellen.

• Die Hopi-Tradition spricht meines Erachtens von wahren Begebenheiten.

• In Erstaunen versetzt hat mich die Feststellung bezüglich des Wissens der Hopis, daß „... sich unsere Stimmen der Atmosphäre eingeprägt haben und das ist unzerstörbar!“ – Schallwellen, gespeichert in einem „Archiv“! Die Analogie zu Steiners Akasha-Chronik erwähnte ich schon.

• Sehr befriedigt hat mich die Tatsache, daß auch die Hopis von den „sieben Welten“ wissen, durch welche die Menschheit zu gehen hat! Dies deckt sich gänzlich mit dem Konzept, das sich wie ein roter Faden durch das hier vorliegende Werk zieht! Und die Hopis haben wohl kaum weder HPB noch Rudolf Steiner je gelesen!

Da bestehen auch Aussagen von Blumrich selbst, die für unser Thema – geologische Geschichte des pazifischen Raums – interessant sind (Blumrich, S. 178): „Obgleich die Tiefe des pazifischen Ozeanbodens als Argument gegen die These eines versunkenen Kontinents benützt wird, hat noch kaum jemand darauf hingewiesen, wie geringfügig das im Verhältnis zur Größe des Erdkörpers ist!“

Hiezu ein Beispiel als Größenvergleich: Bei dem angenommenen Radius eines Erdglobusses von einem Meter würde die Dicke der Erdkruste lediglich ein Zentimeter ausmachen, wie eine einfache Kopfrechnung zeigt: Der Erdradius beträgt rund 6.370 km oder vereinfacht 6.000 km. Die Erdkruste bis zur Mantelgrenze ist durchschnittlich 60 km mächtig; daher 6.000 : 60 = 100 : 1, also ein Meter Erdradius zu einem Zentimeter Kruste. Übrigens: „mächtig“, „Mächtigkeit“ ist ein geologischer Ausdruck für die Dicke eines geologischen Körpers, z.B. einer Gesteinsschicht.

Blumrich über Kulturkreise rings um den Pazifik: Die frühen asiatischen und amerikanischen Kulturen als Randzonen der zentralen pazifischen Kultur. Bedingt durch das langsame Untergehen von Kásskara gab dies vielen Menschen der Urbevölkerung genügend

Zeit, sich zu retten. Daher sind die heutigen Einwohner Nachfahren derjenigen, die überlebten, als das Land versank. Woraus Blumrich den Schluß zieht:

Es bestand daher keine Notwendigkeit für die großen Wanderungsbewegungen, von denen wir heute lesen – weder aus dem Osten noch aus dem Westen!

Die volle Bedeutung obiger Feststellung kann erst erfaßt werden, wenn ich über die Völkerkunde des pazifischen Raumes spreche: Den Lapita-Kultur-Komplex als Beweis für Wanderungen aus dem Westen, nämlich Südostasien, und die Gegenbehauptung Heyerdahls bezüglich Kulturkontakten aus dem Osten (Peru). Meiner Meinung nach waren dies Rückwanderer aus Ost und West des pazifischen Umfelds in geschichtlicher Zeit. In meinem Südseebuch vertrat ich schon vor Jahren (1986) die Ansicht, die Polynesier kämen weder von Ost noch West, sondern wären die autochthonen Ureinwohner eines anzunehmenden pazifischen Kontinents. Hierin schrieb ich („Südsee – Traum und Wirklichkeit", Steiger-Verlag, Innsbruck, S. 223): „Nach den neuesten geowissenschaftlichen Erkenntnissen kann es keinem Zweifel unterliegen, daß sich in der geologischen Vergangenheit unseres Planeten im Stillen Ozean ein Kontinent befunden haben mußte."

... Und auf Tahiti weiß man noch, daß der polynesische Gott Tangaroa im Verein mit anderen Göttern einen „Erdteil" in tausend Inseln zerbrach, indem er in seinem (gerechten?) Zorn einen großen Felsen auf ihn hinabschleuderte. Nur die Berggipfel blieben übrig, und das seien die jetzigen Inseln. So berichtet der Ethnologe K. Kohlenberg in „Enträtselte Vorzeit". (Daß es im Himmel auch Felsen gibt, wußte ich trotz Geologiestudiums nicht – man lernt nie aus!)

Die Inselgruppen des zentralen Pazifiks umfassen vor allem die sogenannten Gesellschaftsinseln mit dem erwähnten Tahiti als Knotenpunkt, weiter im Nordosten die Korallenatolle der Tuamotus und noch mehr gegen den Äquator zu die Hochinseln des Marquesas-Archipels, den wohl romantischsten Eilanden der gesamten Südsee! Hier ragen schwarze Basaltfelsen schroff gegen den Tropenhimmel, überwuchert von einem immergrünen Pflanzenkleid. Wasserfälle stürzen aus zerklüfteten Felsmauern, genährt vom immer wiederkehrenden Regen: Gefilde überquellenden Lebens, aber auch blutsaugender Mücken, die dem Menschen das Dasein zur Hölle machen.

Daß Zeitgenossen sich das Leben gegenseitig zur Qual machen, ist altbekannt. Die kleine Welt der Marquesas-Inselgruppe war bis zum Beginn der französischen Kolonialherrschaft (die bis heute Paris viel Geld kostet!) dem Kannibalismus verfallen, während man auf den Fidschi-Inseln diesen als Orgien mit eigenen, großen Zeremonial-Gabeln feierlich beging. In Mikronesien und auf den Karolinen hatte sich dieser makabre Brauch bis 1874 erhalten. Woher mag er stammen? Die folgende Erklärung fügt sich logisch in das bisher gezeichnete Lebensbild von Kásskara: Nicht alle Bewohner dieses pazifischen Inselreiches wollten fliehen. Die Zurückgebliebenen retteten sich zunächst auf die herausragenden Höhenrücken, wo sie vorerst abwarteten. Als sich dies über längere Zeitspannen hinzog, begann der Hunger an ihnen zu nagen.

Wir brauchen uns die darauf folgenden Schreckensszenen gar nicht auszumalen – Menschenfresserei war das Ende! Auf den genannten Marquesas-Inseln gab es für Kannibalismus eine eigene Bezeichnung: „Long pig“ oder in der Landessprache (einem polynesischen Idiom): Kai Kai Enaka! Doch wenden wir uns abschließend den normalen Fährnissen des Lebens zu!

Daselbst, auf den Marquesas, und zwar auf dem winzigen Eiland Fatu Hiva, in der Bucht von Hanavavé, versuchte der schon genannte und später berühmt gewordene Norweger Thor Heyerdahl mit seiner jungen Frau ein neues Leben als erster „Aussteiger“ zu führen. Diesem Versuch setzten jedoch Myriaden von Insekten alsbald ein jähes Ende. Da stand ich, den Spuren der beiden Nordländer folgend, in eben dieser Bucht und blickte gegen Osten, von wo – zufolge Heyerdahls Theorie – die Polynesier einst eingewandert sein sollen. 6.000 km offenen Meeres trennten mich vom südamerikanischen Festland. Welch ein nautisches Können müssen diese Seevölker des Stillen Ozeans beherrscht haben, um den bei weitem nicht immer sanften Wogen dieses Weltmeeres zu trotzen!

Obige Rückerinnerungen an Französisch Polynesien führen uns zu dem nächsten Autor, welcher eine der wenigen Arbeiten über Rutas Mu verfaßt hat. Es ist dies der ehemalige Professor an der Sorbonne, Paris, Louis-Claude Vincent.

Rutas Mu, das verlorene Paradies

Vor mir liegt das Buch des genannten Professors der Anthropologie Louis-Claude Vincent („Le Paradis Perdu de Mu", Editions de la Source, Marsat, 1969) über seine Nachforschungen im Pazifik. Der Titel dieses Werks klingt sehr vielversprechend (und zufolge der französischen Aussprache etwas belustigend in unseren Ohren: „Lö Paradi perdü dü Mü"). Gleich auf der inneren Umschlagseite springt eine doppelseitige Karte in die Augen, welche diesen „verlorenen Kontinent" Mu darstellt (siehe Abb. Seite 136). Derzufolge erstreckte sich dieser in großzügiger Annahme vom 30. nördlichen bis zum 30. südlichen Breitengrad, also über Hawaii hinaus, was dessen Begrenzung im Norden betraf. Die Südostecke bildete die Osterinsel, eine Annahme, die wir auch bei den Hopi-Indianern fanden. Die Ausdehnung dieser Landmasse im Norden ist zu bezweifeln, und ich möchte die hawaianische Inselgruppe als eigenen Archipel – doch Teil Polynesiens – annehmen.

Eine andere Karte zeigt, daß der Franzose sich sehr des Gedankenguts von J. Churchward bedient hat – und dieser wiederum von B. Spalding esoterisches Wissen übernahm. Hier ist nämlich das von den beiden Genannten postulierte Reich der Uiguren in der zentralasiatischen Wüste Gobi eingezeichnet, während sich weitere Kolonien von Rutas Mu in Tibet und Hinterindien, als auch in Mittel- und Südamerika befanden: Von Mexiko bis hinunter nach Peru und Bolivien, was mit den Überlieferungen der Hopis übereinstimmt, wie von Blumrich beschrieben.

Anthropologie ist die Lehre vom Menschen und dessen Entwicklung in natur- und geisteswissenschaftlicher Hinsieht. Unter diesem Aspekt betrachtet der französische Professor die längst vergangene M-E von Rutas Mu. Abgesehen von den zahlreichen Übereinstimmungen mit Churchward, ist für uns die Auflistung der Fundorte megalithischer Kulturdenkmäler im Pazifik besonders interessant. Auf diese wird in einem eigenen Abschnitt ganz speziell zurückzukommen sein. Es war wohl dieses Franzmanns Bezug zu Französisch Polynesien, dem wir dieses Allgemeinwissen über Steinmonumente, verstreut auf den tausenden Eilanden des Stillen Ozeans, verdanken! Des weiteren finden sich bei Vincent Themenkreise, die bereits in älteren Darstellungen betrachtet wurden. Da denke ich vor allem an die erstrangige Quelle, nämlich die Veröffentlichungen des schon genannten B. Spalding, die in fünf Bänden vorliegen („Leben und Lehren der Meister“, Drei-Eichen-Verlag, München, 1985).

Bewußt führe ich das Lebenswerk des Amerikaners Spalding erst jetzt ins Treffen, da wir nun schon über eine gewisse Grundkenntnis bezüglich dessen verfügen, was so an uns, neuartiges Wissen betreffend, herangetragen werden könnte. Ich fasse nun unsere bisherige Sichtweise über Rutas Mu zusammen, füge jedoch zunächst nur unter 5) genanntes Neues hinzu.

1. Es gab einen Kontinent im Pazifik, der durch „Feuer“ bzw. Vulkanismus unterging (HPB, Steiner und Azteken. Übereinstimmung mit dem geologischen Geschehen: den weltweiten Flutbasalt-Effusionen. Dinosaurier-Sterben!).
2. Es wurden Tafeln gefunden, deren Inschriften über diesen versunkenen Kontinent berichten (besonders Spalding und Churchward). Gleiches erzählen die Mythen der Polynesier.
3. Die Texte auf diesen Tafeln wurden mit Hilfe Eingeweihter übersetzt (Spalding in Tibet, Churchward in Indien, Niven in Mexiko).
4. Rutas Mu lebte fort: Als Kolonie in Zentralasien, dem Reich der Uiguren (Spalding, Churchward und Vincent). Eine weitere Kolonie bestand im Dekkan-Hochland Indiens (Spalding). Tochtergründungen wurden von Flüchtlingen in Süd- und Mittelamerika errichtet: Tiahuanaco und Palenque (Blumrich/Hopis).
5. Die Uiguren als Vorfahren der heutigen Völkerfamilie Europas indogermanischer Abstammung (Spalding, Churchward und Vincent).

Übrigens ist der Augenarzt Muldashev ähnlicher Auffassung: Tibeter als die Urahnen der nach-atlantischen Rassen. Interessanterweise bestätigen die Funde mumifizierter Leichen kaukasischer Menschen in zentralasiatischen Gräbern anscheinend obige Annahme (siehe Fußnote 23, Seite 203).

B. Spalding, der auszog, um die Wiege der heutigen Menschheit zu finden

Vertraut mit obigen Ansichten, können wir uns jetzt den Aussagen der genannten Forscher zuwenden, die ich nun nicht mehr nach Autoren trenne, um Wiederholungen zu vermeiden; zu sehr ähneln diese einander! Doch die unvergleichlich reichen Erfahrungen Spaldings in Indien, Tibet, dem Himalaya und in der Wüste Gobi stehen hiebei im Vordergrund.

B. Spalding[22] kam aus dem englischen Sprachraum, hatte in Heidelberg studiert und war, ähnlich wie J. Churchward, finanziell unabhängig. Im Alter von 36 Jahren schloß er sich einer Gruppe von Forschungsreisenden an, die es sich zum Ziel gesetzt hatte, das Leben und die Lehren der Meister kennenzulernen. Hiezu begaben sich diese elf Abenteurer zunächst nach Indien, von wo sie alsbald in den Himalaya aufbrachen. Die weiteren Etappen dieser wohl einzigartigen, spirituellen Erfahrung führte die Expedition in die heutige Wüste Gobi, von wo man über Tibet nach dreieinhalb Jahren wieder indischen Boden betrat. Es muß wohl eine ganze Reihe von unglaublichsten Einsichten gewesen sein, deren die Forscher teilhaftig werden konnten, denn dieser Anglo-Amerikaner wurde Zeuge von Vorfällen, welche die meisten Zeitgenossen als pure Phantasie abtun würden! Doch Spalding hatte es nicht nötig, sich der Effekthascherei hinzugeben; sein Bericht erlebte auch ohne diese ein gewaltiges Echo!

Würde die Menschheit derartige Mitteilungen für bare Münze nehmen, sähe die Welt anders aus – und das könnte ja nur im Sinne einer „besseren Welt“ sein! Hiezu ein paar Kostproben: Die östlichen Meister waren selbstverständlich der Levitation (Aufhebung der Schwerkraft!) fähig, sie konnten trockenen Fußes Gewässer überqueren und „Feuergehen“ (was wir inzwischen auch in Mitteleuropa

22 Baird Thomas Spalding (1857–1953), geboren in England. Schon im Alter von vier Jahren kam er nach Indien. Als junger Mann absolvierte er ein langjähriges Studium in Heidelberg mit anschließender „post-graduate“-Ausbildung in Kalifornien im Fach Archäologie. Seine in Indien, dem Himalaya, der Wüste Gobi und in Tibet gemachten Erfahrungen veröffentlichte er 1924 als Band 1, dem weitere folgten: 1927 Band 2, 1935 Band 3, 1948 Band 4 und nach seinem Tod wurden veröffentlicht: 1955 Band 5 und schließlich 1996 Band 6.

praktizieren!). Speise und Trank zu beschaffen, war auch kein Problem: „Man" wünschte es und beste Nahrung war vorhanden! All dies, so erfahren wir, sei lediglich eine Sache der Beherrschung von Schwingung, und damit konnten u.a. Kranke gleichsam wie selbstverständlich spontan geheilt werden. Es drängt sich der Gedanke an die Werke Jesu auf, und in diesem Sinn sind die angeführten „Taten" auch zu verstehen: Der Mensch als ein Mitschöpfer des Allmächtigen, und in diesem Bewußtsein läuft alles, falls der absolute Glaube an Gott, das Wahre, Gute und Schöne vorhanden ist (der Leitspruch Platons!). Es paßt in diesem Zusammenhang hieher, die verschiedenen Lebenseinstellungen der Menschen an zwei Beispielen zu betrachten.

In der Wüste Gobi tauchte eine berittene Räuberbande auf, was den gänzlich unbewaffneten Expeditionsteilnehmern doch einen gewissen Schrecken einjagte! Sie sollten ihr Gepäck freiwillig ausfolgen, sonst ... Da traten schemenhafte Geisterreiter auf, was wiederum den Banditen Angst machte, worauf diese das Weite suchten. Was war geschehen? Die begleitenden Meister hatten in den Köpfen der Strolche die Illusion geschaffen, eine bestens bewaffnete Einheit galoppiere zum Entsatz der Bedrohten in Windeseile herbei. Das war's!

Das Geschilderte ereignete sich, als die Gruppe mit Ausgrabungen in der schon genannten „Totenstadt" Chara Choto beschäftigt war, wobei Mumien mit goldenen Gesichtsmasken gefunden worden waren. Wohlgemerkt: Es wurde nichts mitgenommen und die Ausgrabungsstelle nachher unkenntlich gemacht, um sie vor Grabräubern zu schützen. Wenige Jahre später kam 1907 eine russische Expedition mit ähnlich archäologischen Zielsetzungen. Wie so oft, traten hiebei Schwierigkeiten mit den angeheuerten Hilfskräften auf, worauf der Leiter des Unternehmens, der schon genannte General P. K. Koslow, seinen Dienstrevolver zog, um seinen Anordnungen Nachdruck zu verleihen. Und dies ist bis heute die Mentalität des Stärkeren, der seine physische Überlegenheit auf irgend eine Weise demonstriert!

Der Umgang mit Schwingungen, also Energie, ist wohl eine der lehrreichsten Erfahrungen, die Spalding auf seiner Asienreise gemacht hat. Da Derartiges auch für unser aller Leben von Bedeutung ist, will ich noch das Folgende erwähnen, bevor wir uns wieder den eigentlichen Themenkreisen zuwenden. Ein andermal hatte die Expedition ihr Lager bei einem Dorf aufgeschlagen, das am Ende eines ausweglosen Tales (im Himalaya?) lag. Als die Meldung von einer diesmal größeren Horde von Banditen eintraf, war die Bestürzung entsprechend groß – doch kein Problem für die Meister! Deren Primus inter Pares begab sich auf einen Aussichtspunkt, um die Situation zu überblicken. Die Bande kam angeritten, mordlustig und beutegierig, doch nur bis zu einem Punkt, den der Eingeweihte zuließ. In seiner vollkommenen Beherrschung der Energieströme polte er die negative Schwingung der Eindringlinge in eine positive um, warauf der Haufen stutzte, die Reiter bremsten ihre Gäule ein, wendeten und stoben in wilder Flucht davon. Nachher glich der Dorfeingang einem Schlachtfeld, verursacht durch die zerstörerische Energie, welche auf die Angreifer zurückgefallen war! Ist dies ein Märchen? Nein, es war eine tatsächliche Begebenheit aus Spaldings Himalaya-Fahrt. Für uns stellt es eine Parabel dar, wie sie das tägliche Leben so oft bietet, damit wir endlich daraus lernen sollten!

Kurz vor Ende des zweiten Weltkriegs erließ Hitler den Befehl, seine engsten Mitarbeiter gefangen zu setzen oder gleich hinzurichten. Die aufgestaute Energie des linksdrehenden Symbols (ein Überbleibsel schwarzmagischer Praktiken Tibets der vor-buddhistischen Ära!) hatte sich gegen die Urheber gekehrt. Hiemit bin ich mitten in unserem Thema gelandet: Das rechtsdrehende Swastika (Sanskrit: Sou-astika) als uraltes Glückssymbol, das Sonnenrad von Rutas Mu! Der schon öfters zitierte Franzose Vincent scheint ein ganz besonderer Freund dieser Form des Swastikas zu sein: Die Titelseite seines Buche (Bd. 1) ziert, neben anderen Symbolen, ein solches Zeichen, während er im Text alle möglichen Varianten desselben einstreut: links- und rechtsdrehende, chinesische (siehe Abb. Seite 272) und indische.

Das Swastika:

Dem „Drehsinn“ dieses uralten Sonnensymbols wurde in Tibet folgende Bedeutung beigemessen:

Bön-Po-Religion: Drehsinn im Gegenuhrzeigersinn! Es war dies der vor-buddhistische Kult der schlimmsten Art von Schwarzer Magie und Zauberei!

Buddhismus: Drehsinn im Uhrzeigersinn, d. h. „rechtsdrehend“ als Symbol für das Sonnenrad, das wohltätige Himmelsfeuer! In diesem Drehsinn auch Vollzug ritueller Handlungen. Doch im Buddhismus werden auch rechts- und linksherum drehende Symbole verwendet, deren Drehsinn sich sozusagen „neutralisiert".

Wenn ich jetzt weiterschreibe, so klingt das Gesagte so, als würde ich nationalsozialistisches Gedankengut verbreiten. Dem ist jedoch überhaupt nicht so, sondern es handelt sich lediglich um Aussagen, die jeder Interessierte selbst bei den genannten Verfassern nachlesen kann, und diese sagen alle praktisch dasselbe aus: Der Amerikaner Spalding, der Engländer Churchward und der Franzose Vincent.

Und noch einer meldet sich hier zu Wort, der Russe Muldashev wörtlich: („Das Dritte Auge", S. 338): „Arier nennt man in allen alten Quellen die Menschen unserer Zivilisation: Die Arier oder Āryas." – Fast höre ich die Frage: Was hat dies mit dem verlorenen Kontinent im Pazifik zu tun? Die Antwort ist denkbar einfach! Rutas Mu wird als die ursprüngliche Heimat der „Weißen Rassen" gesehen. Demzufolge sind die Polynesier „richtige Kaukasier", wie Spalding es nennt (Bd. 4, S. 57), eine Ansicht, die von dem Maori-Völkerkundler Te Rangi Hiroa geteilt wird. In Rutas Mu hatte diese „Weiße Rasse" ihre höchste Zivilisation erreicht (Spalding, Bd. 1–3, S. 161). Es wäre durchaus möglich, daß Sanskrit deren Sprache war, wobei „Rutas" die Bezeichnung für die Bewohner gewesen wäre und „Mu" für Mutter stünde.

Nun wissen wir, daß diese pazifische Heimat als ehemaliges Paradies auf Erden allmählich diesen Status verlor, weswegen es zu Auswanderungen kam: Nach Osten, wie von den Hopis überliefert, also an die Westküste Amerikas, und nach Westen, in den Fernen- und Mittleren Osten. Hört sich verrückt an, was Weltgegenden betrifft, doch an Hand eines Globus ist dies nachvollziehbar! Dem nach (Süd-)Amerika ziehenden Flüchtlingsstrom halfen Außerirdische – so heißt es in der Hopi-Tradition, wie wir bereits wissen. Die ihr Heil zunächst in Ostasien suchten, waren von einer Bruderschaft weiser Lehrer begleitet, den Naacals (Spalding, Bd. 1–3, S. 138 u. 143). Letztere ließen sich in Hinterindien nieder, wo noch heute ein Fluß den Namen „Mu" tragen soll. Die weite Wanderung vom Mutterland endete für eine ganze Gruppe jedoch erst in Indien, wo sie schließlich im Hochland von Dekkan eine neue Heimat fanden und sich allmählich mit den braunen Ureinwohnern, den (Proto-)Draviden, vermischten. Das indische Epos Rāmāyana bestätigt obiges, wobei die Naacals zuerst den Volksstamm der Nagas in Burma belehrten, um dann nach Indien weiterzuwandern.

Bei der indischen Priesterkaste wird die Sache etwas komplizierter, wenn es heißt (Vincent, S. 382): Die Brahmanen wissen bis heute, daß ihre Vorfahren Indien überfallen haben. Diese Eindringlinge kamen vom Norden, dem Reich der Uiguren, einer Kolonie von Mu sowie aus China, das damals noch eine „Weiße Rasse" bevölkerte, die ebenfalls aus Mu gekommen war, bevor sie sich mit den Mongolen vermischte. Aus diesen beiden arischen Bevölkerungen im Reich der Uiguren und in China stammen die späteren Mongolen. Der legendäre erste Kaiser von China war weiß und bärtig! So will es unser Franzose wissen. Die Frage nach der seinerzeitigen rassischen Zugehörigkeit der Uiguren klärt sich auch bei weitern Nachforschungen nicht ganz auf. Vor unendlich langer Zeit waren diese also ein arisches Volk, das aus Rutas Mu eingewandert war. Heute sind sie Mongolen, die stark von Chinesen unterwandert wurden (siehe den Völkermord in Tibet!). Die Überraschung hiezu werde ich tieferstehend präsentieren![23]

---

23 Die Uiguren, „Die Herren der Seidenstraße", ein islamitisches Turkvolk in Chinesisch-Turkestan, einem Wüstengebiet mit Tagestemperaturen zwischen plus 50° und minus 10° nachts. Dieses Volk umfaßt etwa 9 Millionen Menschen, deren bedeutendstes Siedlungsgebiet die Stadt Kashgar ist. An der von den Chinesen gebauten „Tarim-Fernstraße", die rund 500 km Wüste durchquert, liegen die Städte (von West nach Ost): Samarkand, Kashgar, Turfan und Xian im eigentlichen China. Die genannte Straße endet in Peking/Beijing, das bereits von der Wüste Gobi bedroht ist.
Die Tarim-Mumien: Das Tarim-Becken mit der Takla-Makan-Wüste befindet sich in Ost-Turkestan. Die Seidenstraße durchquert dieses Gebiet, das von Sven Hedin (1865–1952) in mehrfachen Reisen erforscht wurde und der auch der Entdecker der Mumien war. Danach fanden Archäologen über 300 Mumien in diesem westlichen Teil Chinas. Die meisten der Leichen brachte man in ein Museum der Stadt Urumchi. Die Körper der Toten sind fast perfekt konserviert. Deren Bekleidung bestand aus dunkelvioletten Wollsachen und Fellstiefeln. Auffallend war der erstaunlich gute Erhaltungszustand der leuchtend gefärbten und gemusterten europäisch aussehenden Kleidung der Mumien. Die Besonderheiten der Gräberfunde: **Es handelt sich um deutlich europäische Rassenmerkmale,** die hier von anscheinend verschiedenen kaukasischen Volksstämmen repräsentiert werden, wie folgt: Haarfarbe blond, rot oder braun; Augenfarbe blau. Kopfform langschädelig, das Gesicht mit langer Nase und großen Augen. Der Körperbau war groß und schlank; ein Mann maß über 1,80 m, während eine Frau fast ebenso groß war. Diese kaukasischen Siedler waren wohl die ersten im (damals fruchtbaren) Tarim-Becken. Ihre Kultur (mit indogerma-

Spalding widmet diesem Reich der Uiguren als einer Gründung von Rutas Mu breiten Raum (Bd. 1–3, S. 151, 156, 191, 200, 203, 206, 222 und 223). Dieses riesige innerasiatische Gebiet erfreute sich damals eines warmen, sonnigen Klimas und die jetzige Wüste Gobi war ein fruchtbares Land. Darin entwickelte sich eine Hochkultur, die mehrere Städte mit megalithischen Bauwerken umfaßte sowie bequemen Häusern und einem Straßennetz, welches das umliegende Agrargebiet erschloß. Entsprechend dem hohen kulturellen Stand des Mutterlandes verfügte diese Zivilisation neben Ackerbau, Bergwirtschaft (mit dazugehöriger Metallverarbeitung) und Textilindustrie nicht zuletzt über Errungenschaften der Wissenschaften. Spalding, als Verfasser des zitierten fünfbändigen Werkes, kommt zu dem Schluß: All diese Fähigkeiten wurden im Reich der Uiguren weiterentwickelt und zur Vollendung gebracht; er schreibt:

„Dies ist die Geschichte der arischen Rasse in einem Reich, das sich über den größten Teil Asiens bis nach Europa erstreckte." (Spalding, S. 200)

Dann kam über das Gebiet der heutigen Gobi eine gewaltige Katastrophe und aus der restlichen Bevölkerung entwickelten sich die Indo-Europäer. Auf die Verbindung zwischen Rutas Mu und dem Reich der Uiguren – was Tibet mit einschloß – habe ich ausführlich hingewiesen. Doch auf den Zusammenhang Tibets mit der restlichen Welt, dem werden wir bald auf erstaunliche Weise begegnen!

Eines der beweiskräftigsten Zeugnisse der einstigen Existenz von Rutas Mu stellen laut Spalding die Tafeln dar, die den Teilnehmern der Expedition an zwei verschiedenen Örtlichkeiten gezeigt und manche der Inschriften übersetzt wurden. Ungefähr 37 Jahre später stieß Churchward auf ähnliche Tafeln, wie ich schon beschrieben habe, weswegen wir uns erinnern können: Dem Genannten wurden solche in Indien gezeigt, während der ihm bekannte Archäologe Niven inhaltlich gleichartiges Material in Mexiko entziffert haben will. Doch zurück in den Himalaya! Spalding spricht von einem alten Tempel, in dem zwei Stockwerke unter der Erde Tafeln aufgestapelt waren, deren Beschriftung von den Meistern inhaltlich verdol-

---

nischer Sprache?) blieb lange erhalten, bis sie schließlich von uigurischen Turkvölkern der ostasiatischen Steppen assimiliert wurde. Doch auch eine Abwanderung nach Nordindien würde im Bereich der Möglichkeiten liegen.

metscht wurde, sodaß sich die anwesenden Forscher Niederschriften anfertigen konnten. In dem Sammelband 1–3 (S. 328) heißt es hiezu weiter: Duplikate der genannten Tafeln wurden nach Mittelamerika gebracht, die Originale nach Lhasa in Tibet. Selbstverständlich entsteht sofort die Frage: Waren erstere diejenigen, welche Niven in Mexiko vorlagen?

Auf den folgenden Seiten (S. 337, 338 u. 395) schildert Spalding das spektakuläre Ende der Expedition (1894), das nicht nur in einer Einladung zum damaligen Dalai Lama in dessen Residenz im Potala zu Lhasa gipfelte. Man stellte der amerikanischen Reisegruppe u.a. einen Priester vor, der über die Herkunft der besagten Tafeln Bescheid wußte, von denen ihnen verschiedene zur Betrachtung vorgelegt wurden. Die Enthüllung deren Geschichte führte zunächst auf persisch-indisches Gebiet, wo ein Mönch unter den Resten eines uralten Sakralbaues Tafeln aufstöberte, die sich in einem tiefen Gewölbe befanden. Er erahnte den unschätzbaren Wert seines Fundes, worauf unter der Mithilfe anderer, die er in sein Geheimnis eingeweiht hatte, ein langjähriger Transport mit dem Ziel der tibetischen Hauptstadt erfolgte. Es gab Jahre dauernde Zwischenstationen (wohl in Indien), wobei dieser kulturgeschichtliche Schatz immer von Mönchen bewacht worden war. Hiebei soll es sich um die Aufzeichnungen der ältesten Zivilisation der Menschheit handeln/gehandelt haben: Unsere vielzitierten Tafeln!

Im Potala wurden den Mitgliedern der Expedition folgende Arten beschrifteter Tafeln gezeigt, wobei jedes dieser Einzelstücke ein Kunstwerk für sich darstellte, zum Teil mit Einlegearbeiten und Titelüberschriften in goldenen Lettern!

- Tausende von Tontafeln mit eingeritzten Schriftzeichen.
- Inschriften in Bronze-Tafeln.
- Aufzeichnungen auf Kupferblech.
- Gravuren in dünnen, weißen Marmorplatten.

Wohin sind all diese verschwunden? – womit ich nun bei der Schlußbetrachtung bin: Spalding konnte sich hochbetagt, mit all den Erkenntnissen seiner Reise zu den Meistern Indiens, des Himalayas und Tibets, sowie seinen Erlebnissen in der Wüste Gobi wohl in Vorträgen und Buchform an die Allgemeinheit wenden. Doch die Krönung dieser Reise seines Lebens blieb ihm leider versagt: Die Veröffentlichung seines Fotomaterials, der Skizzen und Croquis wurde von den Dunkelmächten verhindert; – die Menschheit hätte ja auf Grund dieser Informationen aus ihrem Alptraum erwachen können, um ihr göttliches Erbe anzutreten!

Wenn ich nun zusammenfasse, was für das einstige Bestehen von Rutas Mu ins Treffen geführt werden kann, so ergibt sich folgendes:

1) Der glaubwürdige Bericht Spaldings, der sich in seiner Kernaussage bezüglich der Tafeln mit der Darstellung Churchwards deckt.

2) Die sicherlich authentische Überlieferung der Hopis laut Blumrich.

3) Die verblüffende Aussage von Prof. E. Muldashev bezüglich des Ursprungs der heutigen Menschheit. Aufgrund der augenärztlichen Untersuchungen an seinen Patienten betreffs deren „Augen-Geometrie" kam er zu der Auffassung – und dies ist jetzt meine versprochene Überraschung: Wir Heutigen stammen alle aus Tibet! Und was lasen wir bei Spalding? Unsere Urheimat lag in Zentralasien, im Reich der Uiguren (einschließlich Tibets), die ihrerseits vor unvorstellbar langer Zeit aus Rutas Mu eingewandert waren!

4) Vincent zitiert (S. 221) den holländischen Seefahrer Moerenhout, der auf vielen Südseeinseln Megalithbauten vorfand, zu denen die heutigen Insulaner keine Beziehung haben. Doch deren Mythen sprechen von einem versunkenen Kontinent, dessen Reste die jetzigen Inseln im Pazifik sind. Die Überlebenden seien u.a. die Polynesier in Hawaii, Tahiti und Neuseeland.

5) Der Völkerkundler der französisch-belgischen Expedition auf die Osterinsel (1941), A. Métraux, glaubte zunächst nicht an einen einstigen Kontinent im Pazifik, doch nach monatelangen ethnologischen Studien kam er zu folgendem Schluß und schrieb wörtlich (Zitat aus Vincent, S. 225 u. 302): **„Von diesem Südkontinent ist nichts geblieben als die Berggipfel, welche heute die Archipele der Pünktchen der Inseln zwischen Asien und Amerika bilden." Und weiters heißt es wörtlich: „Durch einen glücklichen Zufall blieb die Osterinsel mitsamt ihren Statuen erhalten, welche die Herrlichkeit einer Zivilisation bezeugen, die in einem gigantischen Kataklysmus unterging. Das ist auch die gängige Erklärung für das Mysterium der Osterinsel!"**

Der Genannte bezieht sich auf den plötzlichen Abbruch der Arbeiten im Steinbruch, wobei etwa einhundert Statuen (Moai) nicht vollendet wurden. Deshalb müßte man an eine ganz unvermittelt hereingebrochene Katastrophe denken!

Nach der Darbietung so vieler Tatsachen, Wahrscheinlichkeiten und Möglichkeiten bezüglich der vorzeitlichen Existenz von Rutas Mu, führe ich nun noch ein „Lemurisches Milieu“ vor. Es sind das unwirklich anmutende Bilder, die ich am ehesten als „phantastischen Realismus“ bezeichnen möchte, in dem mehr als nur ein Körnchen Wahrheit enthalten sein mag, deren Manifestation längst in den feinstofflichen Bereich entschwunden ist. Doch urteilen Sie, liebe Leserschaft, selbst ...

Kristallstädte im „Land des Goldenen Lichts“

Zu meiner großen Überraschung fand ich das äußerst spärliche Angebot, was Literatur über Lemuria/Rutas Mu betrifft, eines Tages in einer esoterischen Buchhandlung erfreulich erweitert. Da standen mit rotem bzw. blauem Rücken die beiden Werke von Dietrich von Oppeln mit den Titeln: „Lemuria – Land des Goldenen Lichts“, Falk-Verlag, Seeon, Neuauflage 2004; „Die Kristallstädte von Lemuria“, gleicher Verlag, 1998.

Genannter Autor hält über sein Lemuria-Thema auch Seminare, und es ist ein schicksalhaftes Zusammentreffen, was die Örtlichkeit dieser Vorträge betrifft. Wie wir inzwischen zur Genüge erfahren haben, versank der sagenhafte Kontinent Rutas Mu im Pazifik durch Vulkanismus: Der basaltische Untergrund entleerte seine Magmakammern, sodaß das Land in manchen Gebieten langsam, in anderen schneller in glühenden Feuerschlünden sein Ende fand. Die tragische Analogie hiezu ereignete sich gegen Schluß des zweiten Weltkriegs in einem menschengemachten Feuersturm, in dem eine deutsche Stadt vernichtet wurde, was an die 300.000 Opfer – meist kriegsuntaugliche Flüchtlinge – eine Nacht lang qualvoll sterben ließ! Wie heißt diese altehrwürdige Stadt?

Herr von Oppeln hält seine Seminare wohl nach wie vor in dem wiedererstandenen Dresden. Die Teilnahme als persönliche Erfahrung ist für den Suchenden eine echte Bereicherung und wertvolle Ergänzung zu der genannten Literatur. Aus dieser möchte ich nun Schilderungen des Lebens in dem pazifischen Paradies wiedergeben. Hier ist gleich vorweg das Folgende festzustellen: Der Autor spricht von Lemuria, das er als Parallelwelt zu Rutas Mu sieht. Gemeint ist aber offensichtlich Rutas Mu, das bereits etwas stofflicher gewesen sein soll als die subduzierte (unterschobene) Kontinentalscholle von Lemuria im Indik.

Den Rest bzw. das spirituelle Zentrum von Rutas Mu sieht von Oppeln in seinen medialen Visionen in der hawaianischen Insel Kaua'i. Über dieser schwebt, so sagt er, das ins Feinstoffliche aufgestiegene Lemuria/Rutas Mu. Und das ist es, was mir an dieser Schilderung so gut gefällt: Diese Abgehobenheit von der Derbheit unserer Welt, losgelöst vom „American Way of Life", was das heutige Hawaii so von innen heraus zerstört, wie ich aus eigener, jahrelanger Erfahrung weiß! Lassen wir uns in diese Transparenz einer Welt verführen, in der Naturgeister ebenso zu Hause sind, wie Menschen, die noch der Sichtigkeit des „Dritten Auges" fähig waren und die Kristalle nach Belieben aus der Feinstofflichkeit materialisieren konnten!

Um diese uns traumhaft erscheinende Dimension von Lemuria/ Rutas Mu etwas näher zu unserer nüchternen Verstandeswelt mit ihrem Denken in Begriffen herunterzuholen, gliedere ich die mediale Schau des Herrn von Oppeln folgendermaßen:

1) Lemuria und Rutas Mu als Parallelwelten. Hawaii und andere Inseln. Natur und Landbesitz.
2) Grobstofflichkeit. Gehirnhälften und Schwingungsfrequenz; das „Dritte Auge".
3) Leben in der Familie; Essen und Feste; Alter und Tod.
4) Wesen und Charakter der Menschen; Ethik und Ästhetik.
5) Religion, Rituale und Gesetze; außerirdische Führer.
6) Sprache, Schrift und „Bücher"; Wissenschaften.
7) Kristalle: Arten und Verwendungszweck. Urkristalle, Kristall-Bibliothek, Kristall-Kraft, Kristall-Orgeln.
8) Riesenkristalle und Krieg mit Atlantis.

Lemuria und Rutas Mu waren ähnliche Parallelwelten, wobei letztere geringfügig dichter und daher vielleicht etwas jünger war (zunehmende Dichtigkeit bis Atlantis, dem tiefsten Fall!). Auch bei Steiner finden wir die Auffassung, daß die gesamte Erde damals (zur Zeit der 3. M-E) weniger dicht war als heute, worauf dann Knochenbildung beim Menschen einsetzte, während die schon längst stattgehabte Verhärtung der Erdkruste beim Planeten weiter fortschritt. Der Schauplatz des Geschehens betreffend Rutas Mu wird als Polynesien mit Hawaii im besondern angegeben, wobei Herr von Oppeln eine spezielle Vorliebe für die Insel Kaua'i zeigt. Aber es muß auch noch andere Inselwelten im Pazifik gegeben haben, umspült vom „Meer des Friedens", dessen Rauschen die Menschen von damals so liebten!

Die Natur von Rutas Mu wies im feucht-heißen Tiefland riesige Wälder auf, war also von üppigem Dschungel bedeckt, wobei große Farnbäume noch heute für die polynesische Inselwelt typisch sind. Die Siedlungen auf Rutas Mu hatten sich auf höhergelegene Landesteile beschränkt. Privaten Landbesitz gab es nicht und die landwirtschaftlich nutzbaren Flächen wurden von ortskundigen Verwaltern so verteilt, wie es den Notwendigkeiten der zu ernährenden Bevölkerung entsprach. Welch weise Entscheidung, wenn man die heutigen Grund- und Bodenspekulationen auf Hawaii kennt! Die erwähnte Landaufteilung erinnert an das ehemalige hawaianische Kapu-System, wobei die Adelsschicht der Ali'is ihre Gefolgsleute und deren Familien mit Landstrichen belehnte, die vom Meer bis hinauf in die schwer zugängliche Region der Vulkangipfel reichten. Damit war der Lebensunterhalt aller gesichert: Die Früchte des Meeres, landwirtschaftliche Erzeugnisse, als auch Holz für Bautätigkeit standen den Inselbewohnern in Fülle zur Verfügung.

Das Landeszentrum beherbergte eine „Kristallstadt", wobei auf Kristalle noch ausführlich zurückzukommen sein wird. Von Oppeln zeigt in dem einen seiner beiden genannten Bücher eine Abbildung der möglichen Oberflächengestalt der Hauptinsel von Lemuria/Rutas Mu, und deren Zentrum ist als morphologische Ringstruktur dargestellt. Dies gibt mir insofern zu denken, als ich nach einer geologischen Erklärung hiefür suche. Ringförmige Strukturen an der Erdoberfläche können folgendermaßen entstanden sein:

- durch Austritt des Mondes;
- zufolge des Einschlags eines kosmischen Körpers;
- als Folge des Ausbruchs eines Vulkans, was eine große Caldera schuf.

Um Sie, verehrte Leserschaft, nicht mehr mit Geologie zu befassen, als zum Verständnis unbedingt nötig, ersparen wir uns die Erörterungen über die drei genannten Möglichkeiten.

Wenn von Oppeln schreibt, daß innerhalb der Epoche von Lemuria/Rutas Mu die erste stoffliche Verkörperung des Menschen erfolgte, so deckt sich diese Aussage völlig mit der Auffassung

Steiners; nur den Zeitrahmen sehen wir (die Anthroposophen, aber auch ich) anders: Die unvorstellbar lange Zeitspanne der Menschwerdung bis zum Abstieg in die Grobstofflichkeit! Die Menschenwesen dieser 3. M-E verfügten schließlich über Körper wie wir Heutige, doch deren Innenleben hatte noch Zugang zu höheren Sphären. So z.B. waren beide Gehirnhälften völlig ausbalanciert und verharrten in Harmonie miteinander. Betreffs der Gehirnwellen befanden sich diese Leute vornehmlich im Zustand der Alphawellen, d.h. im Bereich zwischen 7 bis 14 Hertz, während unser gegenwärtiger Schwingungsbereich der Betawellen bis zu 30 Hertz erreicht, was eine Bewußtseinsspaltung in ein Innen und Außen zur Folge hat. Und damals sah das „Dritte Auge" immer mit, was zum räumlichen Sehen ein intuitives Erfassen der Umwelt hinzukommen ließ. Elektromagnetische Felder, wie sie heutzutage unsere Erde einhüllen, wären für diese sensiblen Menschen unerträglich gewesen!

Die Feststellung, daß diese „Damaligen" Körper besaßen, die zumindest im großen und ganzen den unsrigen entsprachen, wirft die Frage auf, wie sahen sie wirklich aus? Herr von Oppeln ist ihnen anscheinend schon begegnet, denn er berichtet: Diese Menschen hatten eine anmutige Körperhaltung und waren sehr schön, schlank aber doch kräftig. Ihre Hautfarbe entsprach der Sonneneinstrahlung der Gegend, in der sie lebten und wechselte demnach von hell bis dunkel. Die Haarfarbe war ebenfalls unterschiedlich und wies alle Tönungen von blond und rotblond bis dunkel auf. Die Gesichter waren fein geschnitten und zeigten eine hohe Stirn. Diese Menschen der lemurischen Epoche besaßen strahlend leuchtende Augen von hellblauer bis dunkler Farbe.

Wenn ich in der Folge über Familienleben schreibe, so möchte ich in Erinnerung rufen, daß das geisteswissenschaftliche Konzept der Menschheitsentwicklung diese 3. M–E als zunächst androgyn betrachtet und die Geschlechter-Trennung in die zweite Hälfte der lemurischen Zeit verlegt. Erst von da an sollte man von Sexualität im eigentlichen Sinn sprechen – womit wir beim Thema sind. Die Frau war zu der genannten Zeit völlig gleichberechtigt und schien sich ihres weiblichen Daseins ganz intensiv erfreut zu haben; so sieht es jedenfalls D.v.O.: Sex in freier Natur war angeblich ganz besonders beliebt, wobei es zu tiefen Gefühlsausbrüchen kam. Die Frauen erlebten sogar auch beim Gebären (was z. B. unter Wasser erfolgen konnte) einen Orgasmus,[24] ebenso wie beim Stillen! Hingegen verliebten sich Jugendliche ineinander, ohne sich schon Intimitäten hinzugeben.

Wenn man an Familie denkt, so kommen Kinder, Haustiere und ein fester Wohnsitz in den Sinn. Letzterer war möglichst naturnah gelegen und auch dementsprechend ausgestattet, gefügt aus natürlichem Baumaterial, wie Gestein und Holz. Zur Verschönerung dienten u.a. Teppiche. Was die friedlichen Stunden des geselligen Beisammenseins verinnerlicht, wie Musik, oder der Weiterbildung nützt, wie Literatur, war jedoch ganz anders beschaffen, als wir es kennen: Bild und Ton konnte entsprechend programmierten Kristallen entlockt werden, was ich am Beispiel einer Festlichkeit zeigen werde, wie auch eine Bibliothek ebenfalls an Kristallspeicher gebunden war. Und was uns noch mehr in Erstaunen versetzt: Die Kinder spielten zusammen mit Naturgeistern (die wir gegenwärtig durch den weltweiten Elektrosmog vergrämt und verjagt haben!).

Im Sinne einer spirituellen Lebensführung wurde kaum Fleisch verzehrt; es gab keinen Mord an Tieren ohne deren „Einwilligung"! Ähnlich wie bei den schon erwähnten Ureinwohnern der Kanaren, wurden wohl Schafe und Ziegen als Haustiere gehalten, jedoch keine Rinder. Und nochmals kann ich diese Guanchen zitieren! Dieses auf Einfachheit und Naturverbundenheit ausgerichtete Leben bescherte den Menschen eine Lebensspanne in Gesundheit, welche unser Durchschnittsalter mindestens um das Doppelte übertraf! Doch dies war, was die 3. M-E betrifft, auch einer Geisteshaltung zuzuschreiben, die keine „Alterungsmuster" kannte. Es erfolgte immer wieder eine völlige Regeneration des Körpers und der Zeitpunkt des Sterbens war eine eigene Entscheidung, ein bewußter Übergang. Haben wir das nicht auch bezüglich alter Indianer gehört?

Zu dem über Lebensspannen Gesagten, muß ich meine Auffassung bezüglich „Zeit" in Erinnerung rufen: Die Guanchen fallen sicherlich in den Zeitrahmen unserer nach-atlantischen Kulturepochen, nicht so die Erdenbürger von Lemuria/Rutas Mu! Für diese Ur-Ur-Urzeit kann unser aktueller Zeitfluß nicht gelten, denn zu viele Zeitzyklen

24 Hiezu ist bei Drunvalo Melchizedek zu lesen („Die Blume des Lebens", Koha-Verlag, Burgrain, 2000, Bd. 1, S. 194): „Frauen bei der Geburt ... sogar Orgasmen hatten, während sie ihre Kinder bekamen – lange, ausgedehnte Orgasmen, die etwa 20 Minuten dauerten. Es war Vergnügen pur!" Und dies geschieht im Hier und Jetzt!

haben inzwischen unsere Zeituhr verstellt und unser Zeitmaß – das Jahr – verändert!

Geburt und Tod, sowie andere familiäre Gedenktage, als auch jahreszeitlich bedingte Fixpunkte, wie Sonnenwenden, bildeten den Anlaß zu ausgedehnten Feierlichkeiten. Deren Dauer konnte bis zu einer Woche betragen, mit einem Höhepunkt am vierten Tag, der dann besonders geschmückte Festteilnehmer sah, die sich des Gesanges und der Festessen erfreuten, wobei u.a. Honigwein gereicht wurde. Auch an gegenseitig ausgetauschten Geschenken durfte es nicht fehlen. Stellen wir uns nun eine Art Südsee-Szenerie vor, genau zur Zeit des Vollmonds, und beobachten, was sich da so alles, für uns fast Unbegreifliches, abspielt und wie es unser Medium schildert!

Ein bestimmtes Einweihungsfest begann an einem herrlichen Morgen bei Sonnenaufgang und Trommler riefen die Bewohner der umliegenden Siedlungen zusammen, die alsbald auf einer hiefür vorgesehenen Waldlichtung eintrafen. An exponierter Stelle befand sich eine mit Blumen geschmückte Kristallorgel. Die Festgäste umgaben diese in einem Halbkreis, rings um ein auf dem Boden ausgelegtes Mandala. Dann betrat das Festtagskind den Schauplatz, begleitet von den Eltern und gefolgt von einigen zahmen Tieren, und nahm den Ehrenplatz ein. Das Mädchen war ganz besonders herausgeputzt: Es trug eine Halskette mit seinem Geburtskristall, Ohrringe und einen Armreifen aus Buntmetall. Der Anlaß für die Festlichkeit war die Vollendung des siebenten Lebensjahres. Ein Priester erschien, in seiner besonderen Stellung kenntlich an dem goldfarbenen Kristall, der über dessen Drittem Auge leuchtete.

Das Kind begann zu sprechen, indem es für die ihm entgegengebrachte Liebe dankte. Dann ertönte die Stimme des Mädchens in einem Gesang, mit dem diese Danksagung vorerst beendet war. Die Geschenke wurden verteilt: Salben, Essenzen, Kräuter und Früchte, jedoch auch seltene, edle Steine. Das Besondere war die Beteiligung von Tieren und Naturgeistern, vor allem der Zwerge. Einer von diesen trat hervor und sprach ein paar erklärende Worte bezüglich des Geschenkes der Erdzwerge: Köstliche Pilze! Nun folgte der Festschmaus, der bis zur Dämmerung währte. Anschließend ging das von allen erwartete Orgelspiel in Szene, gehalten von einem Maestro dieser Kunst.

Die gewaltige Orgel bestand aus riesigen Kristallen, wobei jeder der Kristallstäbe in seiner ureigenen Schwingung zum Klingen gebracht werden konnte. Diese verschiedenen Kristalle von Amethyst, Bergkristall, Rosenquarz und mehrfarbigem Turmalin besaßen auch unterschiedliche Größen. So war der tiefviolette Amethyst viele Meter hoch! Die sieben Kristallstäbe, welche die eigentliche Seele dieses gigantischen Musikinstruments darstellten, wurden während des Spiels von kleineren Programmier-Kristallen, die der Organist betätigte, angeregt. Hiedurch entstanden machtvolle Töne in Resonanz, welche die ganze mondbeschienene Umgebung mit einem nie geahnten Brausen erfüllten, begleitet von Lichtblitzen entsprechender Frequenz. Es entstand ein richtiges Klang- und Farbgewitter, das alles, was fühlen konnte, in einen veränderten Bewußtseinszustand jenseits von Raum und Zeit versetzte. Das Mädchen geriet dabei in Ekstase, umschwirrt von Elfen und gesegnet von einer gütigen Fee.

Obige Schilderung des Herrn von Oppeln könnte sehr wohl der damaligen Wirklichkeit nahekommen, denn sie ähnelt dem Leben, wie es von anderen Planeten berichtet wird, so z. B. vom Jupiter. Alle Planeten unseres Sonnensystems sind bewohnt, denn zu diesem Zweck wurden sie von den Schöpfergöttern (den Elohím) im Auftrag des Allerhöchsten erschaffen: als Stufen für den Aufstieg ins kosmische Bewußtsein. Das Leben auf ihnen vollzieht sich allerdings nicht auf der grobstofflichen Ebene – dazu herrschen auf diesen Himmelskörpern zu lebensfeindliche Bedingungen. Es wird auf ihnen ein herrliches Dasein in paradiesisch anmutenden feinstofflichen Sphären gelebt, total losgelöst von den Beschwernissen des Irdischen. Doch ein gewaltiger Unterschied zu den gezeigten Lebensbildern aus der 3. M-E besteht: Die Welt von Lemuria/Rutas Mu und später auch von Atlantis stand noch vor ihrem tiefsten Fall, während die oben angesprochenen Planetenwelten solche Tiefen des Abgrunds längst überwunden haben!

Die damalige Menschheit der 3. M-E befand sich mit der Schöpfung in Harmonie und besaß eine tiefe Verbindung zu der sie umgebenden Natur, was sich in einem Gespür für das Wesen von Gestein, Pflanzen, Tieren und Naturgeistern kundtat, wie wir gesehen haben. Die genannten Daseinsformen reagierten auf diese positive Ausstrahlung der Menschen, was letztere mit Dankesgebeten für Speise und Trank, sowie Segenswünschen erwiderten. Dieses enorme Charisma der Erdlinge von damals war durch deren edlen Charakter bedingt, denn nichts war ihnen heiliger als die Reinheit des Herzens, wobei jede kleine Verletzung der Makellosigkeit sofort ausgemerzt wurde: Ethik als Ästhetik des Geistes! Die Älteren zeigten Weisheit, die Jüngeren Frohsinn mit viel Lachen und Singen.

Religion, als der Bezug zum Göttlichen, war in der gesamten Lebensführung in Lemuria/Rutas Mu verankert, sodaß dies keiner speziellen Zeremonien bedurfte. Ob besondere Tempel der Andacht errichtet waren, davon erfahren wir nichts. Es gab auch keine festgeschriebenen Gesetze, da die sittliche Haltung in allen Lebenslagen tief in der Seele dieser Menschen eingeprägt war. Doch von Ritualen lesen wir sehr wohl bei von Oppeln, und es waren dies Anlässe, um Feste zu feiern, nämlich:

- Geburt und Namensgebung.
- Mit 7 Jahren Initiation der Ethik und Ästhetik.
- Mit 14 Jahren Feier zum Eintritt der Pubertät.
- Mit 21 Jahren festliches Begehen der Reifezeit.
- Mit 49 Jahren Fest zum Eintritt in die Lebensmitte.
- Mit 77 Jahren feierlicher Beginn des Lebensabschnitts der Weisheit. – Andacht anläßlich der Heimkehr.

Anstelle der „Gesetzeslosigkeit" dieser Gemeinschaft von Menschen, gab es jedoch einen Sittenkodex, der folgendes umfaßte:

- Die Natur gehört allen.
- Die Unantastbarkeit des Lebens von Körper, Seele und Geist.
- Das Heim als heilig.
- Die Ältesten haben das letzte Wort.

Dieses gesegnete „Land des Goldenen Lichts" Rutas Mu stand unter der höheren Führung Außerirdischer (siehe die Überlieferung der Hopis!), und zwar: Die Priesterschaft war von Wesen aus den Sternbildern Orion – Sirius geleitet, die Regentschaft geführt von Orion – Plejadiern. Unter deren Obhut entfalteten sich Sprache, Schrift und Wissenschaften. Die Sprache entwickelte sich aus Lauten wie sie bei der telepathischen Kommunikation ausgestoßen wurden, die Schrift aus Symbolen. Trotz dieser neu geschaffenen Möglichkeiten der Weitergabe von Informationen gab es keine Bücher in unserem Sinn! An deren Stelle traten Kristalle mit darin gespeichertem Wissen, das mental eingegeben wurde: Dies waren die Kristall-Bibliotheken!

Was Wissenschaften betrifft, wurden vor allem folgende gepflegt: Astronomie und Astrologie, Kristallkunde, Geowissenschaften, Metallurgie, aber auch Hellsehen und das Wissen um Wiedergeburten. In der Heilkunde „lemurischer Prägung" gab es die Homöopathie (der sanfte Weg!), während sich die Chirurgie (mit Bekämpfung!) erst in Atlantis etablierte. Es gab auch spezielle Siedlungen, z.B. nur für Künstler, Musiker, Mathematiker usw. Die Beherrschung der Levitation war eine geübte Fähigkeit für sich!

Kristalle bzw. Kristallkraft spielten eine dermaßen überragende Rolle in der Welt der 3. M-E, daß ich die folgende Aussage an die Spitze stellen möchte:

„Laß das Licht Deines Kristalls niemals erlöschen, Deines Wissens darum, daß Du ein Funke Gottes bist!"

Rutas Mu besaß den Riesenkristall von Lemuria, der aus dem feinstofflichen Bereich materialisiert und mittels Levitation transportiert worden war. In diesem Zusammenhang sind die drei Arten der Bildung von Kristallen zu erwähnen, wie sie damals noch praktiziert werden konnte:

1. Licht-Kristalle durch Materialisation von Licht, geschaffen von Meistern.
2. Von einem Meister-Kristall; vervielfältigt durch Gedankenkraft.
3. Mineralogisch, wie aus der Natur bekannt.

Fundorte von Kristallen müßte es in der Basaltlandschaft von Rutas Mu zur Genüge gegeben haben, analog der riesigen Geoden im Paraná-Becken im südlichen Brasilien, das für seine Amethyste berühmt ist. Bergbau wurde von den Erdzwergen betrieben, denen auch die Metallurgie und Schmiedekunst oblag. Heute kennen wir diese gern dem Menschen zu Diensten stehenden Naturgeister nur mehr als Zwerge, die in unseren Gärten unnütz herumstehen. Doch verweilen wir noch in Rutas Mu!

Das Programmieren von Kristallen stellte Lehrfach Nummer eins in den Schulen dar. Hiebei mußte zunächst das Prinzip der Kristallbildung verstanden werden, um dann die unzähligen Verwendungszwecke von Kristallen zu besprechen. Kristalle als eine Spielart von Lichtmustern: Durch Herabsetzen der Schwingung konnte aus Lichtmustern Materie geschaffen werden: Die Verwandlung von Licht in Materie! Solche Kristallisationsprodukte aus dem Feinstofflichen konnten dann beispielsweise folgendermaßen programmiert werden:

1. Urkristalle mit den Schöpfungs-Originalen der Organe von Mensch, Tier und Pflanze.
2. Urkristalle aller Elemente.
3. Heilkristalle (heute wieder verwendet!).

4. Kristalle für die Schau in Vergangenheit und Zukunft (immer noch ausgeübt!).
5. Speicherkristalle für Sprache, Bilder und Musik (heutige Tonträger!).
6. Kristalle als Sender und Empfänger.
7. Kristalle zur Kommunikation mit dem Kosmos.
8. Kristalle, programmiert mit Symbolen.

Unter „ferner liefen" ist die heute neuerlich in Gebrauch kommende Prägung von Trinkwasser mittels Kristallen im täglichen Leben zu nennen, während die Wiedergabe von Ton und Bild unseren Fernsehgeräten ähnelt – „Flüssigkristalle" in Bildschirmen!

Nun kommen wir aber zu Kristallen, deren Größe und Verwendung unserer Technik (bisher) fremd ist: Riesenkristalle dienten dazu, die Sonnenstrahlen einzufangen, um sie mit des Kristalls Eigenschwingung zu programmieren. Diese Frequenzen konnten als pulsierende Lichtwellen abgestrahlt werden, was u.a. zur Energiegewinnung eingesetzt wurde.

Je ein Riesenkristall stand im Mittelpunkt des Lebens, sowohl was Lemuria und Rutas Mu betraf, als auch Atlantis. Heute ist es der Riesencomputer mit der Zahl 666 als Symbol für den hexagonalen Kristall, welcher in der atlantischen Frequenz der Zerstörung schwingt!

Leider sind wir mit obiger Aussage bei dem Mutwillen zu Intoleranz, Zerstörung und Krieg angelangt: Dem Kampf zwischen Rutas Mu und Atlantis. Der Riesenkristall im Zentrum von Rutas Mu interferierte mit dem atlantischen „hexagonal" schwingenden Kristall in Poseidonia, was den Atlantern das Leben schwer machte! Es kam zum Krieg zwischen den beiden Weltmächten, wobei die Atlanter versuchten, den Schutzschild über Rutas Mu zu zerstören, um den Riesenkristall zu erbeuten und die Weltherrschaft zu erringen. Dies endete mit der Zerstörung von Rutas Mu, das in den Fluten des Weltmeeres versank. – Soweit die mediale Botschaft des vielfach Genannten, womit wir endgültig auf Atlantis gelandet sind.

Weltmacht Atlantis: Ihre Kriege, ihr Untergang

Abgesehen von den sogenannten „Heiligen Schriften", wie den umfangreichen vedischen Texten, der Bibel, dem Koran u.a., hat die jetzige Menschheit wohl nichts so sehr bewegt, wie Platons Atlantis-Bericht! Doch es muß uns längst klar geworden sein, daß diese Schilderung des weisen Philosophen Alt-Griechenlands lediglich das letzte Aufbäumen einer einstigen Weltmacht betraf, die sich schließlich in ihrem Todeskampf befand, nämlich um neuen Lebensraum zu gewinnen, während das Mutterland Stück um Stück im Meer versank: dieser Notlage entsprang der Eroberungsfeldzug gegen Hellas. Aber es erfolgte ein siegreicher Gegenschlag der Athener, worauf beide Heere durch ein Erdbeben vernichtet wurden, während gleichzeitig der Untergang der letzten Insel(n) von Atlantis im Nordatlantik erfolgte.

Wie erinnerlich, spricht E. Cayce von gleich drei Untergangsphasen betreffs Atlantis, die er auch zeitlich spezifiziert. So glaubwürdig dieser amerikanische Hellseher auch sein mag – tausende von zutreffenden Krankheitsdiagnosen gibt er in seinen „Readings"! – sowenig würde ich solchen Zeitangaben Glauben schenken, sobald diese weiter zurückgreifen, als die Datierung des Baues der Großen Pyramide (10.490–10.390 v.d.Ztw.). Zeiträume, die sich im grauen Nebel einer Urzeit verlieren, sind für uns nicht mehr faßbar, weshalb ich bewußt auf jegliche Zeitbestimmung hinsichtlich geologischer Ereignisse bzw. Epochen verzichte. Somit schließe ich mich dem Vorgehen von HPB, R. Steiner und D. Bosse an, die unserer M-E vorangegangene Hochkulturen wohl geologisch einordnen, ohne dies jedoch an eine absolute Altersfestlegung (in Jahren) zu knüpfen. Ein Blick zeigt, daß die Menschheit schon immer mit Mutter Erde verbunden war: Der Mensch als der Erstgeborene auf Erden!

- Polarische Epoche: Präkambrium.
- Hyperboräische Epoche: Paläozoikum.
- Lemurische/Rutas Mu-Epoche: Mesozoikum.
- Atlantische Epoche: Känozoikum einschließlich der Eiszeit.
- Nach-atlantische Menschheits-Epoche: Holozän.

Wenn wir diese Menschheits-Epochen im Sinne der „Geheimlehre" von HPB betrachten, so ergibt sich folgendes Schema (siehe Tabelle, Seite 218 sowie die Skizze auf Seite 16):

Dies zeigt: Atlantis als vierte Menschheits-Epoche am tiefsten Punkt der Menschheitsentwicklung – dem schwindelndsten Höhenflug folgte der allertiefste Fall!

Wir als die 5. M-E, die den endgültigen Ausstieg/Aufstieg aus der Stofflichkeit schaffen muß – im Hier und Jetzt!

Da wir nun schon in der Esoterik gelandet sind, möchte ich gleich hinzufügen, wie die Astrologie die bedeutendsten Aspekte in Bezug auf die jeweilige M-E deutet. Der Aszendent gibt hiebei die Grundschwingung der betreffenden M-E an:

Menschheits-Epoche:	**Aszendent:**	**Astrologische Bemerkung:**	**Urelement:**
Polar	im Wassermann	Menschwerdung	(Akasha?)
Hyperboräa	im Steinbock	Saturn: Verdichtung!	Erde
Lemuria	im Schützen	Jupiter: Irdisches Paradies!	Feuer
Atlantis	im Skorpion	Mars: Kampf, Selbstvernichtung	Wasser
Jetztzeit	in der Waage	Venus: Ausgleich!	Luft

Nach dieser skizzenhaften Übersicht bezüglich der Entwicklung der Menschheit während der bisherigen fünf Epochen von insgesamt sieben, will ich nun auf Atlantis im besonderen eingehen. Hiebei werden folgende Themen zur Sprache kommen:

- Der Name Atlantis. Forderungen bezüglich dessen Existenz. Warum Atlantis?
- Atlantis im Nordatlantik; das Azoren-Plateau – der „Basalt-Kontinent".
- Atlantis in Bezug zum geologischen Geschehen. Erde und Mensch.
- Der Impakt eines kosmischen Körpers.
- Das Ende der Eiszeit und das Tiersterben.
- O. Muck und der Golfstrom. Die Meeresstraße von Gibraltar. Die Antarktis und das Weltklima.
- Lebensbilder aus Atlantis: Der Autor F. Alper.
- Atlantis im Krieg. Die Weltreiche von einst; das Rama-Reich. Die Luftwaffe der Vimanas. Mohenjo Daro und der atomare Tod.

- Der Untergang von Atlantis. Nachrufe auf Atlantis: F. Alper, R. Steiner und E. Cayce. Lebenskräfte – Todeskräfte.
- Nach-Atlantis: Flüchtlingsströme und Gottesboten in die Gobi, nach Indien und Ägypten. Die Große Pyramide und die „Halle der Aufzeichnungen“. Levitation. Das Bermuda-Dreieck.

Der Name „Atlantis“ könnte aus vier verschiedenen Sprachen abgeleitet sein:

- Die älteste Version wäre aus der Ursprache Sanskrit mit dem Wort „Atyantika“ für Katastrophe.
- Eine andere Möglichkeit böte das Phönizische: „Atlah“ für Westen.
- Eine dritte Ableitung hinge mit dem Wortstamm für „Wasser“ zusammen, wie ihn die Náhuatl-Sprache der Azteken aufweist: Atl – Wasser, Atlan – inmitten von Wasser, Aztlán für Atlantis.
- Schließlich ist der Name „Atlas“ aus der griechischen Mythologie abgeleitet: Der Riese, welcher die Erde auf seinen Schultern trägt.

Der Duden über die Etymologie der Worte (Band 7, 2001), listet weder den Begriff „Atlantis“ noch „Lemuria“ in seinem Wortschatz. Dies zeigt wieder einmal die Unwissenheit der sogenannten Fachgelehrten!

Wenn Atlantis der Schilderung Platons entsprechen soll, so muß es folgende Forderungen erfüllen, bzw. den folgenden geologischen Erkenntnissen entsprechen:

1. Das besagte Inselreich lag im Nordatlantik, mit dem Zentrum auf etwa 30° Nord, entsprechend dem „Pyramiden-Gürtel“.
2. Atlantis lag westlich der Meeresstraße von Gibraltar, die im späten Miozän verschlossen war und sich erst danach langsam öffnete, worauf sich das Mittelmeer wieder voll etablierte.
3. Geologisch gesehen war Atlantis ein „Basalt-Kontinent“ ähnlich Island. Dieser war dem MAR östlich angeschweißt.
4. Das Klima von Atlantis muß folgendermaßen beschaffen gewesen sein: Gemäßigt und geschützt vor kalten Nordwinden, mit genügendem Niederschlag für eine grünende Landwirtschaft und reichliche Ernte.

Die Frage, „warum Atlantis?“, ist die nach dessen einstiger Existenz: was spricht dafür? Hiezu folgende fünf Argumente:

1. Die Glaubwürdigkeit der Persönlichkeit Platons und damit dessen Darstellung.
2. Das Phänomen des ungebrochenen Interesses an diesem Thema.
3. Die Tatsache, daß Kulturkreise wie Alt-Ägypten, Ur-Indien und diejenigen Mittelamerikas auf eine gemeinsame Wurzel hinweisen.
4. Die Aussagen der Mythen weltweit.
5. Das in der Großen Pyramide verschlüsselte Wissen, das nicht aus unserer Epoche stammen kann!

Der beste Beweis für Atlantis wären selbstverständlich Artefakte. Doch aus so ferner Vergangenheit solch handfeste Zeugnisse aus atlantischer Zeit aufspüren zu wollen, wäre ganz einfach Wunschdenken! Die am Meeresboden rasch einsetzende Überkrustung durch die Ausscheidungen von Meerestieren setzt zu schnell ein, wie schon kurz erörtert. Und doch ist (abgesehen von Berlitz' Jesmond-Geschichte) ein oder der andere Fall bekannt geworden, wo Artefakte – oder solche vortäuschendes Material – zutage gefördert wurden. So baggerte man vom Gipfel des „Atlantis Seamount" südlich der Azoren aus 300 Metern Meerestiefe etwa eine Tonne tellerförmiger Scheiben (siehe Fußnote Seite 274), die sich nach dem Heraufholen als künstlich aussehende Gebilde erwiesen: Es handelt sich um etwa 4 cm dicke Kalksteinplatten von rund 15 Zentimetern Durchmesser und einer Vertiefung in der Mitte.

Eine andere untermeerische Erhebung ist besonders interessant, nämlich der Kegelstumpf des versunkenen Vulkans „Ampère Guyot", dessen Tafelberg-artige Oberfläche nur 60 m unter dem Meeresspiegel liegt. Russische Forschungen erbrachten den Nachweis, daß sich auf dieser Erosionsfläche eine Mauer befindet. Weiters soll ein russisches U-Boot etwa 600 km südlich der Azoren-Insel São Jorge die Ebene von Poseidonia mit dem dreizackigen Berg entdeckt haben, der diese so dominiert hat, daß die atlantische Hauptstadt samt Umgebung vor arktischen Kälteeinbrüchen geschützt war. Es sind dies drei konische Spitzen von Vulkanen, die zwischen dem 32. und 34. Breitengrad liegen und die ihr Umfeld um etwa 2.500 m überragen.

Das Basalt-Plateau, auf dem sich die Schildvulkane der Azoren aufbauen, liegt in einer Meerestiefe von durchschnittlich 1.500 Metern. Daraus folgt, daß die genannten Vulkane, auf dem Azoren-Sockel fußend, rund 1.000 m über das Meeresniveau ragen – heute noch! Und das sind die azoreanischen Inseln, welche sich so etwa an die eintausend Meter aus den nordatlantischen Gewässern erheben – allerdings etwas weiter im Norden zwischen 37° und 39° Breite.

Verweilen wir noch im Bereich der Azoren, um uns das Azoren-Plateau etwas näher anzusehen. Es weist dieselben morphologischen Besonderheiten auf, wie wir ihnen schon in anderen Meeresgebieten begegnet sind:

- Trocken-Landoberflächen-Morphologie;
- Erosions-Terrassen unter dem Meeresspiegel;
- Canyons „ertrunkener" Flußtäler.

Diese drei genannten Fakten betreffend die Oberflächengestalt des Azoren-Plateaus weisen daraufhin, daß dies einst über die Fluten des Atlantiks herausgeragt hat. Ich erwähnte bereits die mittlere Tiefe, in der sich diese Plattform – die Basis der Azoren-Inselgruppe – befindet. Doch wie hoch ragen einige andere Erhebungen (abgesehen von den beiden genannten: Atlantis Seamount und Ampère-Guyot) über das Durchschnittsniveau des Azoren-Plateaus? Diese bezeichnet man als „Untiefen", deren eine ganze Reihe im Azoren-Meer bekannt sind:

1. Die Prinzessin Alice-Bank, die etwa 75 km südsüdwestlich der Insel Faial liegt und 29 m seicht ist.
2. Die Atlantis-Bank mit eine Tiefe von 267 Metern.
3. Die Azoren-Bank, um die 40 km südsüdwestlich von Faial gelegen; deren Tiefe: 144 m.
4. Die Untiefe João de Castro zwischen den beiden Azoren-Inseln São Miguel und Terceira mit weniger als 7 m Meerestiefe.
5. Eine Untiefe zwischen Faial und Flores von nur 18 Metern Tiefe: der MAR!
6. Die Große Meteor-Bank, etwa 830 km südsüdwestlich von Sta. Maria gelegen; deren Seichte beträgt 270 m.
7. Die Platon-Bank mit einer (Un-)Tiefe von 377 m.

Der Atlantologe N. Zhirov ist einer von den vielen, die – meist ohne Kenntnis der geologischen Gegebenheiten – das untergangsgeweihte Atlantis zu rekonstruieren versuchten. Doch dem genannten russischen Forscher, der in seinem Atlantis-Werk über 800 Literaturzitate (!) auflistet, kann man sicherlich eine gewisse Kompetenz zusprechen, wenn er das sagenumwobene Land folgerndermaßen lokalisiert:

Der eigentliche „Basalt-Kontinent", repräsentiert durch das Azoren-Plateau (von etwa 135.000 km^2 Fläche) war die Hauptinsel

Poseidonia mit der gleichnamigen Hauptstadt. Ihr schloß sich eine lange, schmale, südlichere Insel als Mittelstück des Territoriums an: Antillia. Es mag auch noch einen äquatorialen Archipel gegeben haben; soweit N. Zhirov. Vor allem aber sollte sich im Raum des heutigen Bermuda-Dreiecks ein Teil des atlantischen Reiches befunden haben, so behauptet jedenfalls E. Cayce. Er lokalisiert das erste Gebiet des Untergangs (der letzten Phase der Zerstörung) im Sargasso-Meer, das sich südwestlich der Bermuda-Inseln erstreckt. Dies war der Beginn des Endes der „seligen Inseln im westlichen Ozean", über die (zuletzt?) ein König Kronos geherrscht haben soll. Und weiters heißt es bei E. Cayce: Das Land teilte sich in fünf Inseln – was an die fünf Eilande der azoreanischen Zentralgruppe erinnert.

Wie schon erwähnt, ordnet die Geologie das Azoren-Plateau als vor-Miozän ein, da die darauf ruhende Azoren-Insel Sta. Maria bereits Sedimente des Miozän in Form einer Fossil-führenden Kalkplatte aufweist. Dies stellte der Verfasser des Sachbuchs „Geology of the Middle Atlantic Islands", R. C. Mitchell-Thomé schon 1976 fest, wobei er schreibt (S. 142ff.): „Das Azoren-Plateau liegt zwischen 24° und 30° westlicher Länge. In seinem Bereich befinden sich Untiefen ..." Diese weisen sanfte Rücken auf, was impliziert:

Das Azoren-Plateau lag einst, bevor es abgesunken ist, über dem Meeresspiegel.

Übrigens besteht in dem betroffenen Gebiet des Nordatlantiks das Phänomen, daß die Ausbreitungsraten des Ozeanbodens zu beiden Seiten des MAR unterschiedlich sind: Die Driftgeschwindigkeit gegen Osten beträgt 1,3 cm/Jahr, gegen Westen 0,7 cm/Jahr. Es könnte sein, daß die Schnelligkeit, mit der sich die Ablagerung von Sediment am Meeresboden vollzieht, in der Ost- und Westhälfte des Ozeanbeckens ebenfalls verschieden ist. Warum? Doch nur, weil der MAR hoch genug aufragt, um eine Nord-Süd-verlaufende Sperre am Boden des Atlantiks zu bilden; hoch genug als Hemmschwelle für die Sedimentation, zu niedrig, um die Warmwasser-Zirkulation des Golfstroms zu blockieren. Dies ist die gegenwärtige Situation, solange die Wärmepumpe des Golfstroms noch funktioniert! Wie lange noch?

Dem Begriff „Sperriegel" sind wir schon einmal begegnet, nämlich als die Rede von O. Mucks Atlantis-Theorie war, die sehr einleuchtend erscheint – falls man von einer Erklärung bezüglich des Endes der Eiszeit auf der Südhalbkugel absieht! Seine Thesen:

- Einschlag eines kosmischen Körpers;
- Untergang des Sperriegels Atlantis;
- Golfstrom in den Nordatlantik, was das Ende der Eiszeit bewirkte: auf der Nordhalbkugel!

Nun bekam der Wiener Ingenieur O. Muck jüngst Schützenhilfe, wie eine Meldung in der Zeitschrift „Der Spiegel" (vom 26.5.2007, S. 135) besagt:

Die heutige Geologie weiß um den Einschlag eines Geschoßes aus dem Weltall im Nordatlantik vor rund 13.000 Jahren v.d. Gegenwart.

Da kann man nur sagen: Herr Muck läßt grüßen, denn auf diesem Impakt fußt seine ganze Untergangstheorie von Atlantis (wenn auch seine zeitliche Berechnung nicht so ganz stimmig ist! Doch in diesem Buch spreche ich nicht über Zahlenangaben in Jahren, sofern diese älter sind als der Bau der Großen Pyramide).

Wie sieht nun dieses Impakt-Szenario unseres Ingenieurs aus? Ein greller Lichtblitz, gefolgt von einem ohrenbetäubenden Donnerschlag, läßt die Erde erzittern, doch dann öffnet sich die Büchse der Pandora, denn sämtliches erdenkliche Unheil folgt Schlag auf Schlag: Erdbeben, Flutwellen, Vulkanausbrüche, glühendheiße Stürme, durch Staub und Asche verfinsterte Sonne und im Gefolge eisige Kälte. Soweit das Naturgeschehen – doch wie hängt all dies mit dem selbstgemachten Unglück zusammen, das der Mensch über Atlantis gebracht hat? Sollen wir den Zorn der Götter heranziehen (wie bei Platon!), um den fehlenden Zusammenhang zu erklären? Die beleidigte Gottheit hätte der entarteten Menschheit dieses Inferno geschickt, um die Atlanter ob ihres Hochmuts und Frevels zu bestrafen! Doch Gott straft nicht; dann haben also die „Planetenwächter" das Ihre getan, um Atlantis zu vernichten, indem sie sich der reichlichst vorhandenen negativ schwingenden Energie bedienten ...

Somit ist Atlantis als untergegangen zu betrachten, womit es höchste Zeit ist, sich auf das rettende Ufer geologischer Tatsachen zu begeben. Dieses liegt, wie zu erwarten, an den Küsten des Landes der Verheißung: Amerika! Hiemit meine ich die Gestade bei Kap Hatteras, wo im Umfeld der Stadt Charleston an Hand von Luftbildern 1931 die Einschlaglöcher des Carolina-Meteoritenschwarms entdeckt wurden. Dieser Impakt der Trümmer aus dem Schweif eines Himmelsvagabunden schuf elliptische Strukturen im Boden dieses Gebietes an der Ostküste der USA, etwa 3.000 an der Zahl, mit Durchmessern meist über 400 Meter. Deren Längsachsen sind parallel, womit sämtliche Fakten den Beweis eines seinerzeit einschlagenden Weltraum-Geschoßes liefern. Dessen massiver Kern, in zwei Teile zerbrochen, ist möglicherweise für die beiden tiefen Löcher verantwortlich, die sich nahe bei Puerto Rico im Ozeanboden befinden. Doch hiezu ist zu vermerken, daß der Atlantik im Puerto-Rico-Graben an und für sich 7.000 bis 9.000 m tief ist.

Das Ende von Atlantis war also ein Ereignis, das zwangsläufig eintreten mußte, um durch Ausschaltung der negativen Kräfte einen positiven Neuanfang zu gewährleisten. Der einschlagende Asteroid war bestimmt keine Angelegenheit des „Zufalls“, denn derart welterschütternde Geschehnisse treffen eine in Entwicklung befindliche planetare Lebensgemeinschaft nicht ohne triftigen Grund; sie bewirken etwas, das im Plan der gemeinsamen Evolution von Erde und Mensch vorgesehen war. Inwieweit das schwarzmagische Denken, welches die Erde wie eine dunkle Wolke (im Astralbereich!) damals eingehüllt haben muß, eine Rolle gespielt haben mag, bleibt Sache der Spekulation. Wie absolut gewaltig die globale Erschütterung durch den Paukenschlag, welcher auf der Weltenuhr das Aus für Atlantis anzeigte, gewesen sein mag, dafür sprechen auch die Tierfriedhöfe. Dort liegen diese Riesenviecher der Eiszeitfauna zu Hauf verendet, deren Skelette zusammengefegt, wie von einem riesigen Besen in eine Ecke gekehrt.

Das Ende der Eiszeit fällt mit dem letzten Untergangsereignis von Atlantis zusammen – ein Rätsel, das O. Muck mit dem Abtauchen des „Sperriegels“ Atlantis zu erklären versucht, da der warme Golfstrom seither unbehindert Zugang in den Nordatlantik hat. Wir mußten jedoch erkennen, daß diese Beweisführung unbefriedigend ist, was das gleichzeitige Ende der Vereisung auf der Südhemisphäre betrifft. Das Enigma bleibt bestehen; es ist die ungelöste Frage schlechthin, der sich die Atlantologie zu stellen hat!

Mit dem genannten Klimawechsel auf der Nordhalbkugel fallen weitere Geschehnisse zusammen:

1. Ein drastisches Ansteigen des Wasserspiegels der Weltmeere, was für das Untergangs-Szenarium der Inseln von Atlantis von Bedeutung war: Welche von diesen ragten noch aus dem Ozean? (Abgesehen von den Azoren!)

2. Das Erfrieren der wohl typischsten Geschöpfe der Eiszeit, der Mammuts, die z. T. im Stehen, noch Äsung kauend, schockgefroren in Sibirien aufgefunden wurden.

3. Die Tatsache, daß eine Katastrophe unvorstellbaren Ausmaßes im hohen Norden (Alaska und Sibirien) Tierfriedhöfe schuf.

Zu 2., dem Ende der „fröhlichen Eiszeit": In diesem Zusammenhang sind die bekannten Berezovka-Mammutleichen zu nennen. Der genannte Name bezieht sich auf ein Gewässer, das ein Nebenfluß des Kolyma-Stromes ist, der im gleichnamigen Gebirge des nordöstlichsten Sibiriens entspringt und in das Eismeer mündet. Die Koordinaten dieses nördlichen Tiefkühlschrankes der Erde sind: 67° Nord und 155–160° Ost.

Diese perfekt erhaltenen Kadaver versetzen die Naturwissenschaftler in berechtigten Erklärungsnotstand (am besten, man schweigt die unbequeme Existenz dieser Leichen tot!), denn diese Riesentiere wurden offensichtlich während der Aufnahme pflanzlicher Nahrung aus dem Leben gerissen. Von einem allmählichen Klimawandel ist keine Spur zu sehen und nur ein außergewöhnliches Ereignis kann für solch einen jähen Temperatursturz verantwortlich gemacht werden! Übrigens kommen die in Maul und Magen der Mammuts gefundenen Pflanzenreste heute in dieser Gegend nicht mehr vor.

Nun möchte ich einen Erklärungsversuch bezüglich des plötzlichen Todes der Riesen vorstellen (Zeitschrift Natur, März 1990, Heft 3, S. 61–63): Das Mammut war der arktischen, trockenen Kälte angepaßt. Aber gegen Ende der Eiszeit erfolgte der Einbruch feuchtwarmen Klimas. Doch die Haut dieser Giganten besaß keinerlei Talgdrüsen, wie sie notwendig gewesen wären, um das wollig-weiche Haarkleid der Tiere wasserdicht zu machen. Daher bewirkte der Klimasprung folgendes:

- Naßkalte Niederschläge;
- bis auf die Haut gehenden Eisregen;
- dadurch Kälteschock und Erstarren wie beim Tiefgefrieren!
- Nachfolgende Kaltluft ließ den Tierleib festfrieren. Schnee, zu Eis geworden, bildete einen dauerhaften Eispanzer: Permafrost!

In Bezug auf 3. wenden wir uns noch kurz den Tierfriedhöfen zu. Sowohl in Sibirien als auch Alaska birgt der Permafrostboden die Beweise, daß ganze Tierpopulationen plötzlich von einem Kataklysmus überwältigt und in einer Zur-Schau-Stellung grauenvollen Sterbens und in Kälte erstarrt aufgefunden wurden. Selbst die Kadaver der großen Eiszeittiere lagen wie mißhandelte Spielzeugpuppen mit ausgerenkten Gliedern weitverstreut in der Landschaft! So schienen die

Neusibirischen Inseln nur aus über 100.000 Mammut-Skeletten zu bestehen („Knochen-Inseln"), während Weichteile noch genießbares Fleisch enthielten, was das Klima in 75° Nord seit dem Ende des Pleistozäns als nach wie vor höchst unwirtlich und kalt charakterisiert!

Da mit dem Ende der Eiszeit der Untergang der letzten Inseln von Atlantis zusammenfiel (wobei die Gipfel und sanften Bergrücken der Azoren nach wie vor aus dem Ozean ragen!), ist es angezeigt zu versuchen, etwas über das Klima der Schlußphase von Atlantis in Erfahrung zu bringen. Hiezu ziehe ich die Veröffentlichung der Bundesanstalt für Geowissenschaften über „Klimafakten" heran (U. Berner und H. Streif, Hannover, 2001; daraus entnommene Zeitangaben gebe ich kommentarlos wieder!):

Die letzte Kaltzeit ging vor etwa 14.500 Jahren zu Ende. Doch das Spät-Glazial dauerte dann noch etwa 3.000 Jahre, bis die heutige Warmzeit, das Holozän, begann: Schlagartig ging vor 11.560 bis 11.430 Jahren v. d. Gegenwart die Kaltzeit endgültig zu Ende. Hiebei stieg die durchschnittliche Jahrestemperatur um mindestens 5–6° C an, und dies sehr schnell, nämlich innerhalb von fünf bis höchstens fünfzehn Jahren!

Betrachten wir die noch vorhandenen großen Inlandeisflächen: Jenseits der vergletscherten Vulkane Islands („Thule"), liegt das jetzt im Süden teilweise wieder grün werdende Grönland/Grünland („Ultima Thule" der Wikinger) mit einer Eisdecke von 2,2 Millionen Kubikkilometern Volumen, während es die Antarktis auf 30 Millionen Kubikkilometer bringt. Diese antarktische Eisbedeckung, in der 90% des irdischen Süßwassers gespeichert sind, besteht laut Fachwissenschaft seit dem Oligozän. Und nun ein paar Superlative bezüglich dieses 7. Kontinents: Die mittlere Eisdicke beträgt 2 km, maximal 4,5 km. Dieses Polargebiet ist zu 98% eisbedeckt, wie auch die trockenste, windigste und kälteste „Eisscholle" unseres Planeten, wobei die niedrigste Temperatur, die je dort gemessen wurde, −89,2° C betrug! (Kalte Füße, kalter Kuß – kein Genuß!).

Für das Klima der Erde spielt die Antarktis eine entscheidende Rolle, denn sie ist die weltweite Klima-Maschine!

Was uns in Mittel- und Nordeuropa betrifft, so ist der Golfstrom der maßgebliche Klimafaktor. Er hängt mit dem Atlantis-Geschehen unmittelbar zusammen, weswegen ich ihn aus den beiden genannten Gründen einer Betrachtung unterziehen möchte. Dieses Warmwasser der Heizung Europas kommt aus dem subtropisch-warmen

Golf von Mexiko, warauf es in den Nordatlantik tritt. Über dem untermeerischen Vulkangürtel des MAR (siehe Abb. Seite 139) wird weitere Wärme getankt. Nun streicht der Golfstrom entlang der Westküste Europas, wo er z.B. an den Hängen der Lofoten-Inseln vor der Küste Norwegens Korallen im relativ warmen Meerwasser gedeihen läßt! Im Polarmeer, zwischen Grönland und Spitzbergen (auf 80° nördlicher Breite), kühlen dann eiskalte Winde das zuströmende Warmwasser ab. Die Folge ist das Absinken der nunmehr kalten Meeresströmung in die Tiefe, worauf ein Rückfließen des Kaltwassers in das warme Becken des Golfes von Mexiko erfolgt: Dies ist die gigantische Wärmepumpe, die von der Kälte des eisigen Nordmeeres in Gang gehalten wird!

Diese „Warmwasserheizung Europas" befördert pro Sekunde 24 Millionen Kubikmeter Meerwasser, während der Amazonas gleichzeitig 0,1 Millionen Kubikmeter Flußwasser ins Meer schüttet. Die Geschwindigkeit dieser enormen Wassermassen des Golfstroms wird mit 130 Kilometern pro Tag angegeben, was der Energieproduktion von einer Million Atomkraftwerken entspricht – zufolge einer Fernsehsendung von „3-SAT" vom 24.3.2005.

Dieser Golfstrom (siehe Abb. Seite 140) war O. Mucks Hauptargument, um das rätselhafte Zusammenfallen des Untergangs der letzten Inseln von Atlantis und dem Ende der Eiszeit auf der Nordhalbkugel zu erklären. Das klang einfach und stichhältig, wenn man nur die nördlichen Breiten in Betracht zieht, das Abschmelzen des Eises auf der südlichen Hemisphäre jedoch außer acht läßt. Aber es stimmt auch bezüglich unserer nördlichen Erdhälfte nicht: Es gab hier in unseren Breiten vier Eisvorstöße (mit Warmzeiten dazwischen) – ging Atlantis viermal unter? Durch E. Cayce wissen wir jedenfalls von drei atlantischen Untergangsphasen, wobei die Zeitfrage für mich offen bleibt. Damit besteht das große Rätsel weiterhin: Ende von Atlantis – Ende der Eiszeit; wieso diese Koinzidenz der Ereignisse?

Bei Platon lesen wir von den „Säulen des Herakles/Herkules", jenseits deren sich Atlantis befunden habe. Dies war der altgriechische bzw. römische Name für die Meerenge von Gibraltar, wo sich zufolge des damaligen Weltbildes der Rand der scheibenförmig gedachten Erde befand. Platon, der Weise, überschritt jedoch dieses Denkmodell und stellt Atlantis in seiner Erzählung als jenseits dieser Säulen befindlich dar. Diese Meeresstraße von Gibraltar war jedoch eine Zeitlang geschlossen, sodaß das Mittelmeer zu einer

Salzlauge wurde. Aber es bestand während des Eozäns und Miozäns in seinen südlichen Randgebieten sehr wohl, wo es weit nach Nordafrika übergriff, wie die Bausteine der Großen Pyramide aus dem nahen Dschebel Mokattam[25] belegen, die eozäner Kalkmergel sind, die als Seichtwasser-Bildungen abgelagert wurden. Das Eozän und/oder Miozän werden als die Blütezeit der atlantischen Hochkultur angegeben.

Wie haben „wir von Atlantis" damals dort gelebt?

Die „Inseln der Seligen" ermöglichten einem Teil der Bevölkerung ein Leben in Vollkommenheit: Ohne trennende Schranken, ohne persönlichen Besitz, aber in einer Gemeinschaft mit der Harmonie gleicher Schwingung, wobei die Fülle an Lebensnotwendigem erhalten blieb. Es waren dies die „Kinder des Gesetzes des Einen", die zunehmend um ihren Glauben an das Gute und um die Erhaltung der Werte und des Landes selbst zu kämpfen hatten. Doch schließlich gewannen die „Söhne des Belial" die Übermacht, als deren Philosophie des Größenwahns – alles sei machbar! – eine die Welt einhüllende Aura negativ schwingender Energie heraufbeschwor. Glücklicherweise gingen diesen mehrmaligen Untergangssituationen endlose Zeiten des allgemeinen Wohlstands voraus.

Dem schon genannten Autor F. Alper („Erkenntnisse aus Atlantis") entnehme ich nun Textstellen, die Schilderungen des Lebens in Atlantis zum Inhalt haben. Auch hier lesen wir von Riesenkristallen der allerhöchsten Qualität, die als Energie-Transformatoren dienten. Abgesehen von diesen, wurden Kristalle allgemein als Energiespeicher benützt; diese besaßen die Fähigkeit, je nach Programmierung Schwingungen umzuwandeln. Besonders der Gebrauch von Quarzkristallen (z.B. von Fingerlänge) sei besonders anzuraten. So erzielte man auf Atlantis mit Kristallen Spontanheilungen! Eine uns (noch) gänzlich unbekannte Art der Verwendung von Kristallen führt uns direkt in das „Klassenzimmer" einer Schule in Atlantis. Hier träfen wir u.a. Anlagen, in denen Kristalle durch Kupferdrähte mit Compu-

25 Es gibt verschiedene Schreibweisen dieses Namens.

tern verbunden sind, was die Direktübertragung des Lernstoffs in das Bewußtsein des Schülers möglich machte. Das zu übermittelnde Wissen war vorher auf die persönliche Schwingung des Lernenden abgestimmt worden, und zwar über das „Dritte Auge"!

Da wir bei unserer Zeitreise in die atlantische Vergangenheit nun bei der Erziehung der Jugend gelandet sind, ist es tunlich, deren Werdegang von Anfang an zu verfolgen. In einem domförmigen „Tempel der Heilung" gab es Nebenräume für Sonderzwecke, so z. B. um den Fötus einer Schwangeren positiv zu bestrahlen oder um Sterbebegleitung zu geben, damit sich die Seele nach einem friedlichen Übergang sofort wieder inkarnieren konnte, um ihre Arbeit fortzusetzen. Die Kinder erinnerten sich an frühere Leben und waren sich daher ihrer Aufgaben bewußt! Diese heranwachsenden Menschenwesen wurden in Gemeinschaftszentren unter der Obhut „vieler Mütter" großgezogen; sie gehörten allen! Das Erziehungssystem war je nach Kastenzugehörigkeit sehr unterschiedlich, wobei dieses auf den höheren Stufen dem heutigen weit überlegen war!

Das atlantische Kastensystem umfaßte folgende Gruppierungen: Arbeiter, Bauern, Techniker, Erzieher, Künstler, Priester und Älteste. Verbindungen sollten nur innerhalb derselben Kaste vollzogen werden; dies zur Wahrung der Reinheit der Schwingungsmuster. Genetische Vermischung mit Angehörigen niederer Kasten wurden als verheerende Folgen nach sich ziehend angesehen, daher: <u>Die Vereinigung zwischen zwei Mitgliedern verschiedener Kasten war verboten!</u>

„Dieses Gesetz war deshalb so streng, weil es gerade in einer derartig fortgeschrittenen Gesellschaft von größter Wichtigkeit ist, die Integrität der Rasse zu bewahren!" (Wörtliches Zitat von S. 175 aus dem Buch des genannten F. Alper, der Jude ist.) Doch es bestand keine Rassendiskriminierung! Trotz obiger Gesetze gab es sogar „Mutanten", die einer Genmanipulation von Tier – Mensch entsprungen waren und wie in der Mythologie von Hellas noch lebendig ist. Diese körperlich starken Hybridwesen dienten als Arbeitskräfte – ohne das dadurch geschaffene schwere negative Karma in Erwägung zu ziehen!

Wenden wir uns erfreulicheren (?) Angelegenheiten des Lebens zu: der Ehe! Eine Eheschließung erfolgte auf lockerer Basis gegenseitigen Einverständnisses zweier Menschen, die in geistiger Kameradschaft als Mann und Frau miteinander verbunden waren, wobei sich diese eheliche Gemeinschaft leicht auflösen ließ. Alleinerziehende Mütter gab es nicht, da die Kinder, wie gesagt, in Heimen heranwuchsen. Nun noch zur Klärung einer lebenswichtigen Frage, nämlich der Ernährung: Diese sollte natürlich und reinster Art sein, möglichst vegetarisch mit Obst, Gemüse und Getreide; je weniger Fleisch, desto besser! Und dies gilt heute noch!

Was die Baulichkeiten von Atlantis betrifft, so haben sich bekanntlich keine der Monumente als solche erhalten. Daher sind wir auf medial übermittelte Darstellungen angewiesen, wie u.a. Herr Alper sie uns kundgibt. Hinzufügen möchte ich, daß mir die Gemälde atlantischer Tempelanlagen usw., die ein italienischer Künstler von einer „Zeitreise nach Atlantis“ als geistige Erinnerung mitbrachte, sehr wohl bekannt sind. (Ich beziehe mich hiebei auf die kunstvollen Darstellungen im spirituellen Zentrum von „Damanhur“ bei Turin.)

Was verbarg sich nun hinter den goldenen Toren der Hauptstadt Poseidonia? Es gab dort zwölf Tempel mit dem großen, pyramidenförmigen „Tempel der Heilung“ nahe des Zentrums. Das „Haus der Weisheit“ war ein hohes, kreisförmiges Gebäude mit Kristallspitzen. Dem „Tempel von Oralin“ schien eine besondere Bedeutung zuzukommen. Er war nicht öffentlich zugänglich, um die Reinheit der Schwingung in seinen Hallen zu gewährleisten. Die einzige Möglichkeit in das fensterlose Gebäude zu gelangen, bot eine unter Kontrolle gehaltene Tür. Auch dieser Bau war rund bei einem Durchmesser von 17 Metern und über 50 Metern Höhe; er hatte zwölf Stockwerke. In seinem Erdgeschoß befanden sich drei große Kristalle von etwa 24 Metern Höhe, die eine dreiseitige Pyramide bildeten, welche mittels Kupferdrahtes einer Computer-Datenbank angeschlossen war. Diese Konstruktion diente zur Errechnung von Bio-Feedback, um auf besondere Personen die richtige Schwingung für gezielte Aufgaben zu übertragen. Die genannten Riesenkristalle waren von hohen Meistern direkt aus Energieschwingungen materialisiert worden. Gilt Gleiches für die sogenannten „Kristallschädel“?

Zum Abschluß sei es mir gestattet, etwas Persönliches hinzuzufügen. Da schloß vor wenigen Jahren hier in meiner Umgebung ein mir bekannter Ingenieur die Pforten seines etwas ungewöhnlichen Unternehmens, einer Kupferdrahtzieherei, worauf mir, aus welchem Grund auch immer, eine ganze Rolle solchen Drahtes geschenkt wurde. Zugegeben, ich hege eine Vorliebe für dieses „venusische Metall“, aber gleich so um die 20 kg nach Hause schleppen zu müssen?! Nun, große Kristalle besitze ich seit meiner Brasilien-Zeit. Somit stünde dem Nachbau eines verdrahteten, Computer-gesteuerten Kristallaggregats (nach den Anleitungen aus F. Alpers Buch) nichts mehr im Weg – außer den immer noch mangelhaften Erkenntnissen aus Atlantis!

Atlantis im Krieg: Strahlenwaffen und verstrahlte Leichen

Soweit es für uns heute überblickbar ist, führte Atlantis drei große Kriege, von denen der letzte für diese Weltmacht tödlich verlief: der Eroberungsfeldzug gegen Hellas, wie wir aus Platons Atlantis-Erzählung wissen.[26] Dieser endete mit dem Untergang des letzten Restes eines einst stolzen Reiches: „Während eines einzigen schlimmen Tages und einer einzigen schrecklichen Nacht versank Atlantis in den Fluten des Ozeans!"

Ein anderer Krieg wird in den meisten mir bekannten Atlantis-Darstellungen erwähnt: Der Kampf um die Weltherrschaft mit der Vernichtung der „feindlichen Schwester" Rutas Mu – des Landes im Pazifik, welches dann im Feuer des Vulkanismus unterging. Und ein dritter Krieg zwischendurch?

An verschiedenen Stellen der Erdoberfläche wurden Siedlungsreste ausgegraben, die – wieder einmal – so garnicht in das Bild der orthodoxen Archäologie passen: Artefakte-führende Schichten, welche mit einem verglasten, zusammengesinterten Horizont an ihrer Oberfläche enden, Tonwaren, die zu schwarzen Klumpen verglüht sind und vor allem: radioaktiv strahlende Skelette, die – wie von flüchtenden Menschen stammend – zwischen vor Hitze geborste-

26 Zufolge meiner Auffassung besteht auch da eine bestürzende Parallele zum Heute: Vorherrschaft einer Militärmacht in den bedeutendsten Staaten der Erde, was der atlantischen Krieger-Kaste von einst entspräche, sich zwei nicht gerade freundlich gegenüberstehende Weltmächte – Rußland und USA –, als auch das immer wiederkehrende Gerücht von einem dritten Weltkrieg!

nen Mauerresten hingestreut liegen. Wie zu erwarten, übergeht die etablierte Wissenschaft derartig schockierende Funde, denn diese brächten ihr gesamtes Lehrgebäude zum Einsturz! Doch die erwähnten Phänomene lassen nur eine Schlußfolgerung zu: Atomare Explosionen schufen diese Stätten des Grauens, und da ist vor allem ein Name zu nennen: Mohenjo Daro[27] im Industal des heutigen Pakistans (siehe Karte Seite 260).

Wenn die Fachgelehrten nicht bereit sind, ein für sie heißes Eisen anzufassen, um auch über heikle Themen wahrheitsgemäße Aussagen machen zu können, so stehen den ernsthaften Forschern immer noch zwei Quellen der Erkenntnis offen: Die Veröffentlichungen ehrlicher Wissenschaftler, wie z.B. betreffs des umfangreichen Werkes „Verbotene Archäologie" angenommen werden kann. Die Mythologie wäre eine andere Fundgrube, aus der Informationen gewonnen werden könnten.[28]

Nun behaupte ich jedoch keineswegs, letztere liefere beweiskräftige Fakten, aber das andere Extrem, nämlich diese Überlieferungen der Völker gänzlich zu ignorieren, wie die Fachwelt es tut, ist meines Erachtens ebenso falsch. Überlegen wir einmal:

Waren Menschen je Zeugen solch erschütternder Ereignisse, wie des Einsatzes atomarer Waffen, so muß sich dies in deren mündlichen und schriftlichen Berichten niedergeschlagen haben! Uns allen ist bekannt, daß es solche gibt, und in einem bestimmten Kulturkreis nehmen diese aufgrund ihrer Dichtkunst auch einen ganz besonderen Platz ein: Die Veden Alt-Indiens – ein Monument der Weltliteratur!

Wir können annehmen, daß es in der fernen bzw. fernsten Vergangenheit die folgenden (Welt-)Reiche gegeben habe:

---

27 Im Jahr 2001 wurde im Golf von Khambhat (unmittelbar nördlich von Bombay, Indien) in etwa 40 Kilometern Entfernung vom Strand eine Schwesterstadt zu Mohenjo Daro entdeckt. In etwa 35 Metern Meerestiefe fand man in Form von Fundamenten großer Gebäude die Überreste einer großen, versunkenen Stadt, welche ein rechtwinklig-geometrisches Muster aufweisen. Es sind dies Belege für eine menschliche Besiedlung vor tausenden von Jahren. Inzwischen wurde eine weitere schachbrettartige Struktur am Meeresboden entdeckt, ein Rest von Atlantis (?) auf 31°15'15'' Nord, 24°15'30'' West.

28 Das Buch des Geologen-Ehepaars Tollmann „Und die Sintflut gab es doch!" hat die Mythen der globalen Flutsagen aller Völker zur Grundlage!

1. Die Hochkultur von Lemuria im Indik.
2. Die Hochkultur von Rutas Mu im Pazifik.
3. Das Reich der Uiguren in Zentralasien.
4. Die Hochkultur von Atlantis im Nordatlantik.
5. Das Rama-Reich in Indien.
6. Das Reich des Osiris in Ägypten.

Das Rama-Reich des alten, vor-vedischen Indien ist in dem Rāmāyana-Epos in 25.000 Versen beschrieben, die vor möglicherweise 6000 Jahren in der damaligen Weltsprache Sanskrit niedergeschrieben wurden. Es schildert u.a. fürchterliche Schlachten, auf die ich noch einzugehen habe. Dieses Rama-Reich bezog sein Kulturerbe höchstwahrscheinlich von Lemuria und Rutas Mu. Jedenfalls wäre es auf dem indischen Dreieck anzusiedeln, als Vorläufer des Sanskrit-Kulturkreises. Es bestand lange vor dem Indien der Sanskrit-sprechenden Rishis, deren Weisheit der Überlieferung dieses Kulturgutes entspricht.

Auch das uralte dravidische Kulturerbe sollte keinesfalls unterschätzt werden! Aus seiner Verschmelzung mit dem der Āryas entstand die heutige Hindu-Zivilisation, die ihren Reichtum und ihre Tiefe nicht zuletzt aus dem Alt-Dravidischen schöpft (verwandt der gegenwärtigen Umgangssprache Tamil Südindiens). Die Invasion der Āryas aus dem Norden als Repräsentanten der Sanskrit-Philosophie ist Inhalt des Rig-Veda mit seinen 10.800 Strophen. Der Kriegsbericht über die mit Atomwaffen geführte Auseinandersetzung mit Atlantis findet sich sowohl im Māhābharata- als auch im Rāmāyana-Epos.

Das genannte Rama-Reich umfaßte sieben größere Städte, darunter Mohenjo Daro und Harappa; somit stellte die Industal-Kultur einen Teil dieses Staatswesens dar. Gleichzeitig bestand Atlantis, und beide Mächte verfügten über Flugkörper. Da in Atlantis die Clique der Kriegerischen den Ton angab, begann man einen Angriff auf das Rama-Reich, was zu einem nuklearen Schlagabtausch führte, wobei die bedeutendsten Städte des Rama-Reiches von der Luft aus zerstört wurden. Die Tatsache, daß es sich hier um Kernwaffen-Systeme, verbunden mit überschnellen Flugkörpern, handelt, geht eindeutig aus Beispielen entsprechender Textstellen hervor. So steht diesbezüglich im Māhābharata:

„Gurkha flog ein schnelles und kraftvolles Vimana. Er entsandte ein einziges Projektil, geladen mit der ganzen Kraft des Universums. Es war eine unbekannte Waffe, eine Art Donnerpfeil, ein gigantischer

Todesbote, der die gesamte Feindesmacht zu Asche verbrannte!“ Des weiteren wird gesagt, daß dieses Geschoß bei seiner Detonation wie 10.000 Sonnen strahlte.

Bevor ich mit noch einem Zitat aus den vedischen Schriften das buchstäblich Unerhörte dieses Waffenganges aufzeige, will ich glaubhaft machen, daß Flugkörper zur Zeit von Atlantis nichts Außergewöhnliches waren. Hiezu E. Cayce (Reading Nr. 2437-1 vom 23.1.1941), der von Luftschiffen der Atlanter sprach, die sowohl in der Atmosphäre, als auch im Wasser manövrierfähig gewesen sein sollen. Und er führte weiter aus: Um Flugkörper handelt es sich, die sowohl auf als auch unter Wasser eingesetzt werden konnten. Zusätzlich gab es Vergnügungsvehikel, die lediglich knapp über dem Erdboden dahinzugleiten in der Lage waren. Soweit unser Gewährsmann aus Virginia, womit wir uns wieder den alten indischen Schriften zuwenden wollen, um Näheres über diese Vimanas zu erfahren.

Das Traktat „Vaimanika Shastra“ (Sanskrit „shastra“ in Bezug auf Wissenschaft), der bedeutendste Text über Vimanas, die Flugmaschinen des vorgeschichtlichen Indien, wurde Anfang des 20. Jh. in der Baroda-Sanskrit-Bibliothek aufgefunden. Diese Abhandlung hatten seinerzeit nicht weniger als 36 Techniker zusammengestellt. Sie datiert aus dem 8. Jahrhundert v.d.Ztw., wenn sie nicht wesentlich älter ist. Das genannte Werk wurde in Sanskrit abgefaßt und trotzdem wird es den erforderlichen Fachausdrücken gerecht. Die Gesamtausgabe konnte der Öffentlichkeit vom Direktor der Akademie für Sanskrit-Forschung in Mysore am 15.3.1973 übergeben werden. Die darin behandelten Themen betreffs Flugkörpern umfassen: Uniformen der Piloten, deren Verköstigung, Rohstoffe zum Flugzeugbau, Kraftstoffe, Flugrouten, Typen von Flugmaschinen u.a.

Als spezielle oder vielleicht zusätzliche Kraftquellen für Vimanas werden sieben kosmische Kräfte genannt („shaktis“), doch auch Kristalle. Was mich in Erstaunen versetzte, ist die Erwähnung von Quecksilber-Dampfturbinen, die nach dem System der Implosion gearbeitet haben sollen. Letzteres ist die Kraftquelle, deren sich eine neue Menschheit u.a. bedienen wird. Das österreichische Naturforscher-Genie V. Schauberger hat das Wesen der Implosion schon vor rund 60 Jahren erforscht! Wo und wozu diese Luftschiffe oder gar Raumfahrzeuge auch immer eingesetzt worden sein mögen, es konnte auch friedlich zugehen. So erfährt man in einem der vedischen Texte von einer ganzen Flotte, die sich am Himmel präsentierte. Es waren offensichtlich auch Außerirdische mit im Spiel, ...

„In wolkengetragenen Triumphwagen kamen die Götter,
leuchtende Adityas in ihrem Glanze,
Maruts in den beweglichen Lüften,
geflügelte Suparnas, schuppige Nagas,
Deva Rishis rein und erhaben,
für ihre Musik berühmte Gandharvas
und liebliche Apsaras des Himmels.
Leuchtende Himmelswagen segelten geschlossen
über das wolkenlose Firmament."

... die uns noch beschäftigen werden, wobei ich besonders an die „schuppigen Nagas" denke, die Reptiloiden!

Wenn ich mich nun nochmals in diesen Alptraum gegenseitiger Vernichtung begebe, so lediglich mit dem Ansinnen zu beweisen, daß derartige Kriegsereignisse nur aus unserer heutigen Kenntnis nuklearer Kriegsführung heraus zu interpretieren sind. Die folgende Textstelle aus dem Māhābharata ist nicht die einzige, welche auf die gewollte Freisetzung tödlicher Strahlung hinweist:

„Die Sonne schien sich im Kreis zu drehen. Von der Glut der Waffe versengt, taumelte die Erde vor Hitze. Das Toben des Feuers ließ die Bäume wie bei einem Waldbrand reihenweise stürzen. Es sah aus, wie nach einem fürchterlichen Brand. Dann senkte sich tiefe Stille über die Erde. Die Leichen der Gefallenen waren von dem fürchterlichen Inferno verstümmelt; sie sahen nicht mehr wie Menschen aus ... Niemals zuvor haben wir eine derart grauenhafte Waffe gesehen, noch von ihr gehört ...!"

Doch! Wir alle haben von ihr vernommen: Hiroshima, Nagasaki ...!

Eine Archäologie, die der unabdingbaren Forderung nach Wahrheitssuche gehorchte, könnte an der Tatsache nicht vorbeigehen, daß es ein Mohenjo Daro gibt, eine urzeitliche Stadt, die den Strahlentod starb (siehe Abb. Seite 260)! Der über die Ausgrabungsergebnisse berichtende D. W. Davenport schreibt in seiner Abhandlung von einer frühgeschichtlichen Atomkatastrophe! Hier fand man über 30.000 Skelette, die in völlig verrenkter Lage aufgefunden wurden. Die gemessene radioaktive Strahlung betrug immer noch das 20-fache des „Normalwertes". Die Hitze soll, des Zustandes der ausgegrabenen Haushaltsgeräte zufolge, um die 2.000° C betragen haben. Diese

Skelette sind die am stärksten radioaktiv verstrahlten, welche je gefunden wurden – gleich denen der beiden genannten Städte in Japan! Mohenjo Daro, der „Hügel der Toten".[29]

In einem Nachruf können wir feststellen: Es war eine intakte Zivilisation, die hier schlagartig ausgelöscht wurde, mit schachbrettförmig angelegtem Straßennetz, Wasserleitungen und einem Kanalsystem: eine Handelsstadt am schiffbaren Indus-Fluß gelegen, erbaut aus gebrannten Ziegeln und mit Lagerhäusern. Sie war wohl eine der sieben Städte des Rama-Reiches, die atlantischen Machtgelüsten zum Opfer fiel – wie so manche nach ihr: Alles schon dagewesen auf diesem Planeten, die Segnungen der Zivilisation, als auch der Horror atomarer Vernichtung![30]

Atlantis versank nicht sang- und klanglos, auch wenn noch immer keine handfesten Beweise für seine einstige Existenz vorliegen. Es lebt in uns und sein selbstverschuldetes Schicksal sollte uns aufrütteln, wo doch bereits so viele Parallelen zu Atlantis in der Welt von heute sichtbar werden: Die Dunkelmächte spielen mit dem Planeten und in deren Hintergrund lauern „Wesen von draußen", die sich „die Erde untertänig" machen wollen – mit uns als ihren Sklaven.

---

29 R. Pinotti: „Ein atomares Bombardement in der Frühgeschichte Indiens ..." (Zeitschrift Archeomisteri, Nr. 8, März–April 2003). Der genannte italienische Autor schreibt u.a.: Lord David William Davenport war ein in Indien geborener Wissenschaftler der Orientalistik und Sanskrit-Forscher, der schon mit 35 Jahren von einer unheilbaren Krankheit dahingerafft wurde. Betreffs der Ruinen von Mohenjo Daro nahm er eine atomare Explosion mit den bereits beschriebenen Folgen an: Verkohlung bzw. Verglühen der Skelette, sowie ein Verglasen der Oberflächen keramischer Materialien und Ziegel. Den Beweis für die hiezu erforderlichen hohen Temperaturen lieferten die Untersuchungen des italienischen Professors für Mineralogie und Petrologie Bruno di Sabatino, der herausfand, daß das betroffene Gebiet im Industal ganz kurzfristig einer Temperatur von über 1.500° C ausgesetzt gewesen sein mußte! Die Fachleute am Institut des genannten Wissenschaftlers kamen zu der Schlußfolgerung, daß kein natürliches Ereignis für solch eine Hitzeentwicklung verantwortlich gewesen sein konnte! Der Artikel spricht auch von Vimanas ...
Weiterführende Literatur: Davenport, „Excavations at the New Royal Baths 1998–1999" (Oxford Archaeology Monograph 3, September 2007).

30 Über die Kultur und das Leben der Sumerer wird in etwa 25.000 Tontafeln der Bibliothek von Niniveh berichtet: Es gab Kämpfe der Außerirdischen untereinander, wobei nukleare Waffen eingesetzt wurden. Dies erklärt, warum eine Schicht geschmolzenen Sandes gefunden wurde.

Je mehr wir über Atlantis erfahren, desto besser sollten wir die Zeichen der Endzeit verstehen! Was sagen die schon vielfach zitierten Autoren im Sinne von Nachgedanken zu Atlantis?

F. Alper, der Zugang zur Kristallwelt von Atlantis hatte: In Hinblick auf die positiven Kräfte von Atlantis meinte er, daß die heutige Menschheit noch immer nicht auf dem Bewußtseinsstand von Atlantis sei. Und bezüglich des Negativen: Es ist nicht notwendig, daß die Erde nochmals zu einem Atlantis wird!

R. Steiner, der in der Akasha-Chronik lesen konnte: Mit Atlantis war der tiefste Punkt der abwärts gehenden Entwicklung erreicht: Der äußerste Grad der Verfestigung von Erde und Mensch ... der Beginn des Aufstiegs!

E. Cayce, der sich medial in andere Menschen hineinversetzen konnte: Atlantis besaß eine unerreichte Kultur und Technologie, die der unseren weit überlegen war!

G. Paris, der Sterndeuter der Vergangenheit: Die lemurische Menschheit mißbrauchte die Lebenskräfte, an denen sie sich vergangen hatte: die Zeugung von Mischwesen Tier – Mensch; Bestialität!

Die atlantische Menschheit mißbrauchte die Todeskräfte in Form von Schwarzer Magie – bis zur Selbstvernichtung! Der Homo magicus. (Der genannte Autor: „Das Horoskop der Menschheit“, Urania Blaue Reihe 5, Waakirchen, 1981).

Was Atlantis betrifft, möchte ich zu dem Obigen gleich eine Feststellung treffen: Die höchste Entwicklung zog durch Mißbrauch des Wissens den tiefsten Fall der Menschheit nach sich – eine Sache der Logik! Und betreffs der Gegenwart: Da wir aus der Atlantis-Katastrophe nichts gelernt haben, wäre es eine Katastrophe, wenn die kommende Katastrophe nicht bald käme!

Nach-Atlantis: Der lange Weg ins Hier und Jetzt

Der Anfang der nach-atlantischen Zeit war von Flüchtlingsströmen geprägt, die unter einer besonderen Führung standen. In der Stammesgeschichte der Hopis waren dies, wie wir gehört haben, Außerirdische, welche den Exodus nach Südamerika überwachten. Eine andere Gruppe aus Rutas Mu zog jedoch nach Innerasien bzw. Hinterindien und hatte schließlich in Indien eine neue Heimat gefunden. Wenn ich Innerasien erwähne, so wird dieses ehemals fruchtbare Gebiet, wie erinnerlich, von B. Spalding als das Reich der Uiguren beschrieben – ein Siedlungsraum Überlebender aus Rutas Mu, den auch R. Steiner im Sinn eines besonderen Zentrums in der Wüste Gobi nennt. Doch nun blicken wir auf Atlantis zurück und kommen zu denen, welche die versinkenden Inseln rechtzeitig verlassen konnten, um sich in die bedeutendste Kolonie von Atlantis zu begeben, den grünen Landstrich am Nil.

Über das alte Ägypten belehren uns die beiden klassischen Meister unserer Atlantis-Betrachtung R. Steiner und E. Cayce folgendermaßen:

„Manus" hießen die großen Eingeweihten von Atlantis, denen es oblag, der überlebenden Menschheit den Weg zu weisen, sodaß diese aus eigener Kraft zurück in die Geistigkeit finden möge. Von den fähigsten Schülern des jeweiligen Manus ausgehend, entstanden nun Kulturzentren in den verschiedensten Teilen der Welt und Zivilisationen wurden gegründet. Eine neue Art von Eingeweihten entstand aus der Mitte der Menschen selbst. Währenddessen zogen sich die genannten Götterboten von der Erde zurück und überließen den menschlichen „Vaishnavas" (Gottgeweihten) die Führung. Wir erinnern uns, eine gleichartige Mitteilung bei den Hopis gefunden zu haben!

Es erfolgte die Entwicklung von blühenden Gemeinwesen und Königtümern im Land der Mayas, in Indien und vor allem an den Ufern des Nils. Bezüglich einer Gesamtdarstellung der Abfolge der Kulturkreise verweise ich auf die Abbildung des Weltenjahres (siehe Abb. Seite 130), das die Weltenmonate mit ihren jeweiligen Zivilisationen im Rahmen der fünften M–E zeigt.

In Ägypten sollte das Wissen aufbewahrt werden. Hiezu wurde die Große Pyramide errichtet, deren Bauzeit E. Cayce bekanntlich mit 10.490 bis 10.390 Jahren „vor der Einweihung Jesu in diesem Tempel" angibt. Zu dieser Zeit wurde auch die Einrichtung der Bibliothek von Alexandria begonnen. Eine ganz besondere Schatzkammer der Weisheit aus Atlantis stellt die „Halle der Aufzeichnungen" dar, von der E. Cayce wiederholt spricht. Es handelt sich um die Geschichte von Atlantis, die hier in altägyptischer Schrift festgehalten ist, aber auch um das Geheimnis der Herstellung der Riesenkristalle, worauf gleich zurückzukommen ist. Ich habe die genannte Halle schon erwähnt und daß diese höchstwahrscheinlich bereits von den Dunkelmächten geplündert wurde, um neue Technologien für deren Machenschaften auszuhecken. Es wäre dies ein Raub an dem bedeutendsten Weltkulturerbe der Menschheit! Wozu sonst die Giza-Mauer?

Die atlantischen Flüchtlinge hatten fast nichts mit der ägyptischen Urbevölkerung gemeinsam, da sie dieser turmhoch überlegen waren! Doch es entwickelte sich zu einem geglückten Versuch des Zusammenlebens in Harmonie. Hiezu wurden soziale Einrichtungen geschaffen und auch Bauten, die der Gesunderhaltung von Geist- und Körper dienten: „Tempel des Opfers“ und der Schönheit. Aber auch betreffs ihrer Hochtechnologie hatten die Atlanter grundlegende Kenntnisse in die neu aufzubauende Zivilisation herübergerettet: Das Knowhow bezüglich der Kristallkraft!

In Atlantis war alle Energie von den „Sonnentempeln“ ausgegangen: geballte Sonnenenergie mittels Kristallen gebündelt. Diese „Freie Energie“ war in Sternwarte-ähnlichen Domen eingefangen worden, um drahtlos an die Verbraucher übertragen zu werden. Dieses Spezialwissen um den Schliff der Kristalle und deren Einsatz in den entsprechenden Anlagen war also nach Ägypten gelangt, ebenso auch das Wissen um die Anwendung von Anti-Gravitationstechnik – wie hätte sonst die Große Pyramide gebaut werden können?

Der atlantische Riesenkristall war prismatisch, wobei die geschliffenen Flächen derart angeordnet waren, daß die erzeugte Energie zwischen den beiden Enden vibrierte. Das Geheimnis um ihn ruht nach wie vor im Schoß des Pyramiden-Komplexes von Giza, wenn es sich nicht schon in unbefugten Händen befindet: „Der schreckliche, gigantische Kristall, der vornehmlich Zerstörung brachte!“ So lesen wir bei E. Cayce und hörten eine gleichartige Aussage bei R. Steiner (Vortrag in München am 26.8.1911).

Der lange Weg in die Gegenwart führte, wie wir aus der Geschichtsschreibung wissen, über die Kulturkreise Alt-Indiens, Persiens und des Zweistromlandes, Ägyptens und Hellas (um nur die wichtigsten zu nennen; siehe auch Höhlenzeichnungen, Abb. Seite 141), in die christliche Ära, um schließlich in das gegenwärtig an seinem Beginn stehende Wassermann-Zeitalter zu münden. Somit befinden wir uns zu guter Letzt im Hier und Jetzt, und da möchte ich Atlantis in Form einer Vision ausklingen lassen. In unserer Vorstellung befänden wir uns nun auf den Azoren, in Horta auf der Insel Faial: Flughafen, SATA-Maschine: „Nosso voo vai para Flores!“ Die

Propeller begännen sich immer schneller zu drehen, wir heben ab. Grüne Hügel, der ausgebrannte Vulkanschlot des Capelinhos. Eine Wolkenbank, dann freie Sicht auf den Ozean, blauer Himmel, stahlblaue See mit vereinzelten Schaumkronen. Wir könnten bis auf den Meeresgrund blicken, so klar ist das Wasser. Doch alles erscheint wie in einen fahlen Schimmer getaucht: Schemenhafte Umrisse von Säulen, Treppen und Tempeln wären fast wie Märchenschlösser zu erkennen. Traum oder Wirklichkeit? Unter uns das Azoren-Plateau mit den genannten, verfallenden Bauten und nicht mehr „funktionierenden" Pyramiden. Hier lag es, das Atlantis unserer Vergangenheit. Wir, die wir dies lesen, sind diese Vergangenheit, so wie wir die Gegenwart sind, mit Atlantis in uns (siehe Abb. Seite 258/259)!

Shirley Andrews: Eine Amerikanerin entdeckt Atlantis

Nach amerikanischer Gepflogenheit werde ich diese Frau gleich beim Vornamen nennen. Shirley kam mit echt weiblicher Logik zu folgendem Schluß: Sie hat sechs Kinder und möchte diesen den Weg in ein erfülltes Leben sichern. Daher kombinierte sie haarscharf: Die Menschheit hat in ihrer kriegerischen Vergangenheit so viel Grundlegendes falsch gemacht, daß sie als Wahrheitssuchende beabsichtigt, diesen Fehlleistungen der Völker (USA!) auf die Spur zu kommen, um das Los der kommenden Generation zu verbessern. Aufgrund ihrer Studien (besonders in der E. Cayce-Nachfolgestiftung in Virginia Beach) glaubte sie erkennen zu müssen: Wenn wir die Fehler der atlantischen M-E aufdeckten, könnten wir zukünftiges Fehlverhalten vermeiden! Daher heißt ja auch der Untertitel zu dem einen ihrer beiden Bücher: „Studying the Past to Survive the Future!"[31]

Wieder sehen wir uns mit einer Fülle von Aussagen über Atlantis konfrontiert, die sich selbstverständlich mit bereits dargelegten Tatsachen und Annahmen mehr oder weniger decken, weswegen

31 Die beiden Bücher der Autorin über „Atlantis" und „Lemuria und Atlantis" sind erschienen bei: Llewellyn Worldwide, Woodbury, Minnesota, USA, 7. Nachdruck 2005. Die Autorin verstarb 2001 im 86. Lebensjahr.

Wiederholungen unvermeidbar sind! Um diesem Übermaß an Information aus Shirleys angloamerikanischen (und z.T. ins Portugiesische übersetzten) Werken zu einer gewissen Übersicht zu verhelfen, möchte ich die folgende Gliederung des Inhalts vornehmen – ohne mich jedoch allzu wörtlich daran zu halten.

- Der Lebensraum von Atlantis.
- Atlantische Geist-Seele-Kräfte; Religion.
- Lebensbilder aus Atlantis: Energiegewinnung, Kristallkraft, Tempel und Pyramiden u.a.
- Die Stadt der „Goldenen Tore".
- „Artefakte" aus Atlantis? Die Scheiben vom Meeresgrund. U-Boot in Seenot durch Pyramidenkraft? Das Rätsel des Bermuda-Dreiecks.
- Die Endphase von Atlantis: Der Kampf zwischen zwei rivalisierenden Gruppen.
- Kriege und Untergang: Die Geschichte von den wilden Tieren. Der Atomschlag gegen Indien. Die Niederlage in Hellas und die Wellen schlagen zu!
- Golfstrom, Klimawechsel und das Ende der Eiszeit.
- Die nach-atlantische Diaspora: Die Rasse der Cro-Magnon: Basken, Berber und Guanchen.
- Atlantis und die Azoren.
- Gegenüberstellung mit schon Bekanntem von R. Steiner, E. Cayce und J. Churchward.
- Abschließend: Bergbau der Vorzeit?

Was Lebensräume der Vorzeit betrifft, macht unsere Amerikanerin in ihrem Buch „Lemuria und Atlantis" (S. 11) eingangs einen Ausspruch, der wortwörtlich von R. Steiner stammen könnte:

„Die Menschheit entwickelte sich vom Spirituellen her. Daher bestand sie in Früh-Lemuria aus Wesen, die über der Erde lebten, mehr als auf der Erde und nicht wirklich ein Teil von ihr waren, sondern als Ätherwesen des Lichts auf die Erde herabschwebend."

Dieses Lemuria – sobald die Erdkruste nach Äonen verfestigt war – sieht Shirley als unter dem Äquator gelegen und erwähnt das tropische Klima von Rutas Mu, dem Erdteil des vulkanischen Feuers. Atlantis, der Basalt-Kontinent, sei vom warmen Golfstrom umspült worden. Aufgrund dieser Aussagen über die allgemeinen Wetterbedingungen können wir uns nun dem Leben auf den Inseln des atlantischen Weltreichs zuwenden. Fast alle folgenden Feststellungen bezüglich Atlantis sind den genannten Büchern Shirleys entnommen, die sie wiederum aus der genannten Quelle in Virginia bezog. So die Mitteilungen auf den folgenden Seiten:

Das Hauptareal von Atlantis sei das Azoren-Plateau als auch der MAR gewesen (siehe Abb. Seite 139), wobei letzterer sich im Süden bis zum Romanche-Graben über dem Meeresspiegel befunden habe. Zu dieser weiten Süderstreckung von Atlantis bis zum Äquator muß ich gleich Kritik anmelden: Wir haben diesen Romanche-Graben in Zusammenhang mit der Veröffentlichung des schwedischen Geologen Kolbe (Seite 153) schon kennengelernt und gesehen, daß ein Teil des MAR nachweislich über den Wassern des äquatorialen Atlantiks lag. Doch wie könnte dann der Golfstrom die Ostküste von Atlantis umflossen haben, wenn der MAR als langer Über-Wasser-Rücken soweit nach Süden gereicht hätte? Bestand Atlantis nicht eher aus einer Hauptinsel und anderen kleineren Inseln?

Auch Shirley sieht im Azoren-Plateau das wichtigste Siedlungsgebiet von Atlantis, eine Meinung, der ich mich – wie nunmehr zur Genüge festgestellt – vollinhaltlich anschließe. Außerdem faßt sie die Eilande im Bermuda-Dreieck als Teil von Atlantis auf, wobei dieses hauptsächlich die folgenden Inseln bzw. Inselgruppen umfaßt:

- Die Bermudas,
- Bimini vor Florida,
- die Bahamas (z. B. Andros) sowie
- Puerto Rico in den Antillen.

Den Bahamas werden wir bei der Spurensuche nach Atlantis noch unser besonderes Augenmerk zuwenden. Doch bevor wir betrachten, was an versunkenem Kulturgut auffindbar ist, das sich Atlantis zuschreiben ließe, will ich das dortige Leben als solches darstellen, wie Shirley es nachempfindet: Atlantis als ein natürliches Paradies mit viel Sonnenschein und einem fruchtbaren (vulkanischen!) Boden. Also Lebensbedingungen, wie sie heute z.B. auf den Azoren vorherrschen, wo Fischfang eine der Nahrungsgrundlagen darstellt. Die Landwirtschaft der Atlanter ermöglichte durch ein ausgeklügeltes Bewässerungssystem zwei Ernten pro Jahr. Die Fläche des bewässerten Ackerlandes läßt sich folgendermaßen berechnen, wobei die Schreiberin amerikanische Maßeinheiten verwendet, nämlich eine Quadratmeile gleich 640 Acker: 640 Acker mal 77.000 Quadratmeilen gleich 49,280.000 Acker, also rund 50 Millionen

Acker Land, wobei ein amerikanischer Acker in unseren Maßen 0,40 Hektar entspricht.

Was aus dieser Rechnung jedoch nicht hervorgeht, ist die Frage nach dem atlantischen Zeitabschnitt, auf den sich obige Zahlenangabe bezieht. Bekanntlich nennt E. Cayce drei Untergangsphasen von Atlantis, was selbstverständlich jedesmal eine andere Gesamtfläche des Landes bedingt. Doch nur bei Paton finden wir die Größe der Nutzfläche der atlantischen Hauptinsel zahlenmäßig erfaßt, und dies bezieht sich auf deren letztes Dasein vor dem Untergang. In diesem Sinn verstehe ich auch Shirleys Angaben. Doch eine stetig wachsende Bevölkerung beanspruchte Überseebesitzungen. Daher war es Landhunger, der die kriegerische Haltung dieser Menschen der 4. M-E zum Anlaß hatte. Daher: Seefahrt tat Not! So war Atlantis zu seiner Blütezeit die bedeutendste Handels- und Kriegsmacht der Erde.

Das Leben auf Atlantis spielte sich, wenn nur irgendwie möglich, im Freien ab. Man gab dem Landleben den Vorzug und baute – abgesehen von der Hauptstadt – keine großen Städte, sondern lebte in kleinen Dorfgemeinschaften. Die Lebensführung war von den gleichen Notwendigkeiten und Wünschen geprägt, wie sie auch unsere heutige Existenz bestimmen. Es gab Heirat, Scheidung, Kindererziehung und das Wissen um die Wiedergeburt. Alleinlebende verfolgten oft spirituelle Ziele, was das Thema Religion anspricht, welches tieferstehend erörtert wird. Die Kleidung der Allgemeinheit entsprach dem warmen Klima und wäre der des alten Hellas am ähnlichsten gewesen: Tunika-artige Gewänder, wozu Sandalen paßten. Das Haar trugen beide Geschlechter lang, die Frauen mit entsprechendem Schmuck. Die Priesterschaft hatte ihre Kleidung je nach Rang zu wählen, wobei weiße Roben dem höchsten Stand der Geistlichkeit vorbehalten waren.

Das Wohnen erfolgte in einfachen Behausungen[32], doch es gab auch reichlich ausgestattete Tempelanlagen, die den verschiedensten Zwecken gewidmet waren. Eine der wichtigsten Aufgaben tempelartiger Gebäude war, als Schulen zu dienen. Hier wurden den Kindern die Grundkenntnisse kultivierten Lebens vermittelt, wie Lesen und Schreiben, Mathematik und Astronomie. Geschrieben

32 Bescheidene Wohnverhältnisse fürs Volk, jedoch gewaltige Tempelkomplexe sakraler und öffentlicher Anlagen, waren anscheinend gleichermaßen typisch für Atlantis, als auch für das nach-atlantische Ägypten!

wurde auf einer Art Pergament und Rollen hievon bewahrte man als Erfahrungsschatz in den Tempelarchiven. E. Cayce sagte aus, daß die riesige Bibliothek von Alexandria in Ägypten im Jahr 10.300 v.d.Ztw. (also bald nach dem Bau der Großen Pyramide) gegründet wurde, wo die Atlanter Wissen aus aller Welt zusammengetragen hatten. Der Umfang des gesammelten Materials sei damals bis auf eine Million Schriftrollen und Bücher angewachsen.

Eine in vollster Entfaltung befindliche Zivilisation – wie von E. Cayce vielfach beschrieben – erforderte logischerweise auch besonders ausgebildete Fachkräfte, denen ihre speziellen Kenntnisse in entsprechenden technischen Hochschulen beigebracht wurden. Solch praktische Berufsausbildung umfaßte u.a. Landwirtschaft und Fischerei, als auch naturwissenschaftliche Studien. Aufgrund der ständigen Bedrohung durch Naturkatastrophen wußte jeder auf Atlantis um die wichtigsten geologischen Tatsachen Bescheid! Hiezu bestand eine jedermann zugängliche Universität für Geowissenschaften. Doch es gab auch ganz besondere Lehrfächer, wie sie uns Heutigen „offiziell“ fremd sind!

Der Begriff „Okkultismus“ würde der Wissenschaft unserer Tage nur ein mitleidiges Lächeln entlocken, und doch stellte diese Verbindung des Menschen zum Übersinnlichen in Atlantis eine besondere Lehre dar, die von Priestern im Tempel des Poseidon für das spirituelle Wachstum des Adepten unterrichtet wurde. Hieher gehörte z.B. die Schaffung materieller Dinge durch Gedankenkraft. Diese Fähigkeit, die uns allen eigen ist, wurde schon während der 70er Jahre wieder aktiviert, wie die „Montauk-Experimente“ (siehe Seite 394) des US-Militärs auf allerdings brutalste Art und Weise bewiesen! In Atlantis wurden diese okkulten Kräfte – neben Praktiken der Schwarzen Magie – auch für durchaus positive Zwecke eingesetzt: zu Heilungen durch Gedankenkraft und zum Lernen auf telepathischem Weg. Schon die Kinder wurde angehalten, beide Gehirnhälften – besonders die rechte Gefühlssphäre – zu trainieren. Auch die Erziehung zum Umweltbewußtsein ist nichts Neues, wobei die gesamte Umgebung als belebt empfunden wurde, einschließlich der Minerale und Gesteine!

Dieses Erfühlen der Zusammenhänge zwischen Natur, Mensch und Schicksal war in Atlantis für die Jugendlichen von besonderer Bedeutung. Vor die Berufswahl gestellt, erschienen sie vor dem Hohepriester, der entscheiden konnte, welche Begabungen bzw. welches

Karma bei dem Betreffenden vorlagen. Es war eine Berufseignungsprüfung nach dem Bewußtseinsniveau des jungen Menschen und den sich daraus ergebenden Möglichkeiten. Im Kontext mit dem Begriff „Karma“ (mögliche Übersetzung aus dem Sanskrit: „das Handeln und seine Folgen“) möchte ich R. Steiners Auffassung zitieren: „... Naturkatastrophen haben ganz tiefe Ursachen:

Der geheimnisvolle Zusammenhang zwischen Erdkatastrophen und dem Karma der Menschheit!“

Somit hat schon R. Steiner richtig erkannt, daß in einem offenen System, wie ein Planet es darstellt, alles mit allem verbunden ist, und dieses Alles heißt Schwingung. Musik ist Klangschwingung und gibt Auskunft über die Seelenzustände des Menschen. Für die positive Wirkung auf Seele und Körper war schöne Musik bei den Atlantern sehr geschätzt: Harmonische Klänge für entspannte Situationen, als auch für Haustiere und Pflanzen. Aufgrund ihrer holistischen, also ganzheitlichen Lebenseinstellung, kombinierten atlantische Heiler alle Möglichkeiten zur Wiederherstellung der Gesundheit ihrer Patienten: Klänge, Farben, Kristalle, Pyramiden und Gedankenkraft. Die „Tempel der Heilung“ z. B. waren mit blauem Lapislazuli ausgelegt. Für Operationen wurde Hypnose eingesetzt, ebenso wie Laserstrahlen.

Die Kenntnis der Trepanation hat sich von Atlantis besonders in folgende Gebiete bzw. zu folgenden Völkern hinübergerettet: nach Alt-Europa, zu den Berbern, den Guanchen und nach Peru. Von einer mißlungenen Schädeloperation ist es zu einer Begräbnis-Zeremonie sicherlich nicht weit, die in Atlantis eine sehr rituelle Angelegenheit war: Einbalsamierung und Mumifizierung erinnert gar sehr an das spätere Ägypten!

Festlichkeiten fanden aus verschiedenen Anlässen statt, wie beispielsweise bezüglich des Wechsels der Jahreszeiten (Sonnwendfeiern oder z. Zt. der Tag- und Nachtgleichen), das Fest des Frühlings am 1. Mai sowie das Fest zu Ehren der Göttin der Vulkane (was beides auch in Hawaii gefeiert wird). Musik, Tanz, Prozessionen und der Besuch von geweihten Stätten führt uns gedanklich näher an die Seele von Atlantis heran. Über die „Tempel des Opfers“ und „der Schönheit“ wissen wir von E. Cayce, der uns auch bezüglich der schließlichen Spaltung der atlantischen Gesellschaft in die „Kinder des Gesetzes des Einen“ und die „Söhne des Belial“ informiert. Falls wir in Polaritäten denken wollten, entspräche dies der Scheidung der Geister in „gut und böse“, wobei Belial für das Böse, nämlich die Schwarze Magie von Atlantis stünde. Die Jünger des Ein-Gott-Glaubens veranstalteten Gruppen-Meditationen, wodurch sie befähigt wurden, in der vierten Dimension bewußt Wissen zu erwerben (was jeder von uns nachts im Tiefschlaf tut – meist unbewußt!).

Was den Werdegang junger Mönche betrifft, so lernten diese ihren Körper nach Belieben zu verlassen, womit sie nicht mehr an Raum und Zeit gebunden waren. Ihre Meditationen und Studien währten rund 20 Jahre, um durch rigorose Prüfungen abgeschlossen zu werden. Wenn dies nicht an die Einweihung der Novizen im alten Ägypten erinnert! Die Priesterschaft konnte telepathisch miteinander in Verbindung treten: ein weites Netzwerk (ohne Mobilfunk!). Priester zu sein, stellte für Mann und Frau ein mögliches Berufsziel dar, eine Tradition, die es dann noch bei den Alt-Kanariern gab, bevor die spanischen Eroberer diese „Steinzeitkultur“ der Guanchen mit Schwert und Bibel auslöschten.

Der Ein-Gott-Glaube ist ein uraltes, atlantisches Erbe, das sich ebenfalls in Alt-Ägypten wiederfand (Echn-Aton!), von wo aus sich seine Aufnahme ins Alte und Neue Testament vollzog. Es gab das tägliche (Sonnen-)Gebet als Verehrung unseres Tagesgestirns (und wieder Ägypten!) und auch Andachten, die sich an die bedrohlichen Naturkräfte richteten.

Nach diesem Ausflug in die Region der Geist-Seelenkräfte der Atlanter, die ihnen das Können auf wohl allen Gebieten der Künste verliehen, wollen wir nun noch die architektonischen Schöpfungen von Atlantis betrachten. Dies mutet etwas seltsam an, denn diese liegen seit mindestens 12.000 Jahren am Meeresgrund des Nordatlantiks! Aber nicht nur Shirley schreibt über die „Stadt der Goldenen Tore“ mit ihren ringförmigen Kanälen, Schiffswerften, Hafenmolen und Wehranlagen, welche besonders das Zentrum mit den Pyramiden und dem Tempel des Poseidon schützten.

Diese Hauptstadt von Atlantis, Poseidonia (siehe Abb. Seite 142), wurde mehrmals durch Naturereignisse heimgesucht. Platon beschrieb ihren letzten Lebensabschnitt, wie schon mitgeteilt: Drei Ringkanäle umgaben den Stadtkern, einen mittleren und einen Außenbezirk. Diese waren von drei gleich breiten Erdwällen eingedämmt, doch es gab Verbindungen zum offenen Meer. Die Zinnen der Wehrtürme an den Hafeneinfahrten schimmerten von metallbeschlagenen Befestigungsanlagen. Der äußerste Ringwall war für

Wettkämpfe vorgesehen: Wagenrennen mit Pferdegespannen, Wettkämpfe mit Elefanten, aber auch für blutige Stierkämpfe. Während der Neujahrs-Feierlichkeiten hatte das Volk Zutritt zu den Schätzen im Tempel des Poseidon, der das Stadtzentrum wie eine Akropolis krönte. Dessen überragende Ausmaße werden mit einer Länge von 130 bis 200 Metern und entsprechender Breite angegeben. Schwimmbecken und Bäder in den umliegenden Gärten dienten der Entspannung und Regeneration.

In einer gewissen Entfernung vom Zentrum befand sich der „Tempel von Incal", einem Wallfahrtsort mit dem genannten pyramidenförmigen Bauwerk als Sitz paranormalen Wissens, nämlich dem Unterrichtsfach „Incal", über okkulte Phänomene wie: Astrologie, Gedankenlesen und Gedanken-Übertragung, Prophetie, Traumdeutung, Materialisationen und dem Verkehr mit der Geisteswelt. Eine genaue Beschreibung des „Innenlebens" dieses fensterlosen Gebäudes ähnelt so sehr einer Darstellung aus F. Alpers Buch („Erkenntnisse aus Atlantis", Reichel-Verlag, 2003), daß sich eine Wiederholung des schon Geschilderten erübrigt. Nur auf den überdimensionalen Bergkristall möchte ich hinweisen, der die „Seele" dieses Tempels verkörperte. Mit Hilfe seiner Eigenschwingung konnten Dematerialisationen bewirkt werden. Es gab weitere Pyramiden in der Hauptstadt, von denen manche Pyramidions aus Bergkristall an ihrer Spitze trugen.

Die Verwendung speziell präparierter Riesenkristalle zur Energiegewinnung auf Atlantis wurde schon ausführlich erwähnt, besonders bei E. Cayce. Die Energie-Übertragung erfolgte von Pyramide zu Pyramide drahtlos über Land. Es handelte sich um in den Kristallen gebündelte Sonnenenergie. Doch einer dieser Solar-Konverter war zu hoch eingestellt, worauf die gespeicherte Energie plötzlich freigesetzt wurde. Dies löste eine der Untergangskatastrophen von Atlantis aus, oder war es die Ursache des letzten Kataklysmus? Und da wir nun schon bei Katastrophen sind – wir haben es bereits im Zusammenhang mit Bombardierungen erfahren müssen: es gab Kernkraft in Atlantis, die für Krieg und Frieden eingesetzt wurde. Hiebei handelt es sich um aus spaltbarem Uran gewonnene Atomkraft, wobei das Erz (die Pechblende) laut Shirley in den alten Minen von Gabun im äquatorialen Westafrika gewonnen worden sein soll (siehe Seite 275).

Im Gegensatz zu den weiten Gebieten von Rutas Mu im Pazifik, waren die Atlanter ein Volk ohne Raum, dessen wachsende Bevölkerung noch dazu durch die immer wieder eintretenden Landverluste zufolge Untergangsphasen noch mehr eingeengt wurde. Zudem hatten sie angeblich stets Kämpfe mit wilden Tieren auszufechten, die in den Niederungen ihres Territoriums gehaust haben sollen – eine Geschichte, die Shirley wohl von ihrem Landsmann E. Cayce übernommen hat. Es entsteht die Frage: Gab es zu atlantischer Zeit noch Dinosaurier? Ich werde dem Problem „Dinos – Dracos – Reptos" in einem eigenen Abschnitt nachgehen (siehe Seite 357).

Jedenfalls glaubten die Atlanter, berechtigte Argumente ins Treffen führen zu können, sich nicht nur verteidigen, sondern sogar Angriffskriege vom Zaun brechen zu müssen! Wenn Land durch umwälzende Naturgewalten verloren ging, so wurde ganz einfach Neuland in Form von Kolonien erobert. Die schrecklichen, brutalen Soldaten von Atlantis! Über deren „Kriegskunst" berichtet das vedische Epos Rāmāyana: Der Kampf gegen das Rama-Reich des vorzeitlichen Indiens mittels Flugkörpern, wie schon in Beispielen aufgezeigt. Der Eroberungsfeldzug gegen Hellas (wie in der klassischen Erzählung Platons festgehalten) war dann nur mehr ein letzter, verzweifelter Versuch, ein moralisch bereits verfallenes, ehemaliges Weltreich zu retten. Irgendwie gibt es hiezu eine Analogie zum Heute, und Sie, liebe Leserschaft, werden die Antwort wohl gleich bei der Hand haben!

Atlantis war schließlich durch innere Zwistigkeiten ausgehöhlt: Die „Kinder des Gesetzes des Einen" standen im Kampf gegen die „Söhne des Belial", die sich den Dunkelmächten verschrieben hatten – die heutzutage gleichermaßen aus dem Hintergrund heraus wirken: Schwarzmagische Rituale, schwarze Forschungen, Menschen-verachtende Experimente, Völker-verhetzende Kriege! Doch zurück zu Atlantis: In der Endphase brachte man den zürnenden Naturkräften Tieropfer dar. Als die Katastrophen jedoch immer bedrohlicher wurden, verlangten die „Priester" in schwarzmagischen Messen immer größere Sakrifizien: Lebende Opfergaben in Form von abgeschlachteten Menschen! Es waren dies bluttriefende Rituale, wie sie später in Mittelamerika praktiziert wurden. Somit war Atlantis reif für den endgültigen Fall!

Über die letzten Stunden auf Atlantis berichtet uns Shirley (Buch Lemuria und Atlantis, S. 166) zufolge einer medialen Durchgabe, die ich sinngemäß aus dem Amerikanischen übertrage: „Damals in Atlantis wußten wir um die Wiedergeburt. Ich hätte mit anderen nach Ägypten gehen können, doch ich wollte die Erfahrung der letzten Augenblicke von Atlantis. Besonders entsinne ich mich des allerletzten Tages dort. Die Erde verwandelte sich in eine Masse wie Treibsand, als sie begann, unter meinen Füßen zu versinken. Dies ereignete sich so schnell, daß es einem keine Zeit ließ, zu überlegen. Doch mein letzter Gedanke war der des Horrors, als ich den Boden unter meinen Füßen verlor ... Dieses schreckliche Erlebnis hat sich tief in meine Seele eingeprägt: Ich könnte heute nicht in einem Erdbebengebiet leben!" – Diese Seele erlebte ihre letzte irdische Wiedergeburt in Tibet.

Soweit die Aufzeichnungen Shirleys, aus deren beiden Büchern ein amerikanisch sprechender Leserkreis sicherlich viel Wissenswertes entnehmen kann! Uns haben diese Veröffentlichungen Neues gebracht und andere Aussagen bestätigt. Eine Feststellung, die sich durch die Atlantis-Literatur zieht, ist die bezüglich des Bimssteins, der nach dem Versinken des letzten Restes von Atlantis Meeresteile im Nordatlantik unschiffbar gemacht hatte. In diesem Zusammenhang erinnere ich mich eines persönlichen Erlebnisses, das ich zur Auflockerung des manchmal doch etwas konzentrierten Textes zum Besten geben möchte.

Es begab sich auf den Fidschi-Inseln, daß ich eine Brücke überquerte, von der Leute auf das Flußbett darunter schauten. Ich konnte jedoch nichts entdecken, was meine Aufmerksamkeit erweckt hätte. Geraume Zeit später nahm ich denselben Weg und noch immer blickten die Menschen auf etwas nicht Erkennbares unterhalb des Flußübergangs. Doch ich sah da nur die abgerundeten Gerölle eines trockenliegenden Gewässers, so schien es mir. Aber plötzlich bewegten diese sich: In die hellgraue Einförmigkeit dieser Schottermassen kam Leben, denn sie schaukelten im Rhythmus vom Meer hereinkommender Wogen: Es war Bimsstein, der zufolge seiner Vulkangaserfüllten Poren auf dem Wasser schwamm!

Was es nicht alles gibt: Da driftete vulkanisches Gestein auf dem Ozean und die Schiffahrt hatte ihre Mühe, den betreffenden Meeresgebieten auszuweichen! Dies betraf die nach-atlantische Zeit, der wir uns nun endgültig zuwenden wollen.

Die Wissenschaft von heute ist nach wie vor im dreidimensionalen Weltbild gefangen, doch die Weisheit der kommenden Menschheit wird im kosmischen Bewußtsein verankert sein, was multidimensionales Denken bedeutet. Der Faktor „Zeit" wird ganz anders bewertet werden: Die „Montauk-Experimente“ zeigten – so unmenschlich sie auch waren –, daß „Zeit“ ein sehr variabler Parameter ist. R. Steiner erkannte dies schon vor rund einhundert Jahren, wenn er vom zyklischen Zeitablauf sprach, der sich gegen die jetzige Endzeit zu beschleunigen scheint, was wir heute alle empfinden. Welche wichtige Feststellung trifft Steiner also (zitiert von D. Bosse, S. 187): **„Die Erde muß in früheren Zeiten ganz andere Verhältnisse gehabt haben, als sie heute vorherrschen!“**

Diese Zyklizität des Zeitablaufs war in unserer Epoche schon den alten Griechen bewußt, wenn sie vom Goldenen, Silbernen, Kupfernen und Eisernen Zeitalter redeten, wobei der Sprung vom Letztgenannten zum neuerlichen Goldenen naturgemäß ein gewaltiger ist: Der Quantensprung der jetzigen Menschheit! Ähnliches lesen wir in den vedischen Schriften über Kālā, die Zeit, wo ein Zyklus folgendermaßen abläuft: Satya Yuga, Tretā Yuga, Dvāpara Yuga und Kali Yuga. Auch hier folgt auf diese finsterste Zeit des Nicht-Wissens (Kali Yuga) das abrupte Ende, genannt Pralaya, welches dem Neubeginn auf höherer Ebene Tür und Tor öffnet.

Nun könnte mancher hier einwenden: Wir haben es mit unserer Technik doch schon so herrlich weit gebracht! Darauf meine Antwort nach über 25 Jahren naturwissenschaftlicher und esoterischer Studien: Ja, haben wir, mit Hilfe egoistischer, also negativer Außerirdischer:

- Über 400 Atomkraftwerke sind auf der Erde in Betrieb, die ständig radioaktive Strahlung abgeben. Deren Müll würde den Planeten (falls wir so weitermachen könnten) auf tausende Generationen belasten. Daher deren wirklicher Name: Kathedralen Satans! Der Mensch zerspaltet frevelntlich, was Gott zusammengefügt hat!
- Gentechnik: Der Mensch fügt zusammen, was einen Eingriff in die göttlichen Baupläne des Lebens darstellt.
- Noch kurze Zeit, und Mutter Erde wäre am Ende. Wir haben es wirklich weit gebracht in dieser nach-atlantischen Zeit der fünften M-E, weshalb ich die besten Grüße und Wünsche von Atlantis übermitteln darf! Atlantis lebt im Hier und Jetzt mitten unter uns in Form der neuerlich inkarnierten Söhne des Belial:
  „Den Teufel spürt das Völkchen nie, und wenn er es beim Kragen hätte!“ (Goethe)
  Laut R. Steiner verfügt jede M-E über seelisch-geistige und

körperliche Eigenschaften, die von denen der vorhergehenden M-E durchaus verschieden sind. Die hochentwickelten Geist-Seelenkräfte der Atlanter machten das Leben von damals sehr unterschiedlich von unserem: Die Atlanter dachten in Bildern, heute denken wir Menschen in Begriffen.

Die jetzige Menschheit hat gegenüber der von Atlantis den logischen Verstand voraus, das Kombinationsvermögen. Hiezu mein Einwand: Dies kann sich nur auf das abstrakt-philosophische Denken von heute beziehen, nicht jedoch auf die außerordentliche technische Erfindungsgabe der Atlanter!

Zum Verständnis der grundlegenden geistig-seelischen Verschiedenheit der Damaligen und uns Heutigen hat also wiedereinmal R. Steiner den Denkanstoß gegeben. Doch nun rein geographisch überlegt: Von wo nahmen die Flüchtlingsströme von dem versinkenden Atlantis ihren Ausgang? Wollen wir die endlos diskutierte Frage „wo lag Atlantis?“ nochmals kurz aus unserer jetzigen Perspektive betrachten. In diesem Zusammenhang ist der sogenannte „Pyramidengürtel“ zu nennen: Ein Band ähnlicher Bewässerungs- und Pyramidenkulturen, das sich etwa in 20°–40° nördlicher Breite erstreckt. Es sind folgende Kulturen, die sich innerhalb dieses Gürtels befanden/befinden, in dessen Bandbreite auch Atlantis gelegen war:

Mexiko mit Yucatán, Nordafrika mit Ägypten, Naher Osten mit dem Zweistromland sowie Persien und Indien.

In Bezug auf die genannten 40° Nord möchte ich noch den griechischen Philosophen Proklos (um 410–485) erwähnen; ihm zufolge hätte Atlantis eine Gruppe von sieben Eilanden umfaßt, einschließlich (oder zuzüglich?) dreier großer Inseln. Alle wären bis zu 40° nördlich des Äquators gelegen, was übrigens auch für die Azoren zutrifft.

Gegenwärtig wird in Bewußtseins-bildenden Seminaren häufig von „Worten der Kraft“ gesprochen, sogenannten „Mantras“, wobei dies eine Rückerinnerung an Atlantis darstellt, wo die Schwingung eines Wortes zufolge dessen innewohnender Kraft gezielt eingesetzt wurde: Als Heilkraft, um Pflanzenwachstum zu fördern oder zur Zähmung wilder Tiere. Letzteres beschreibt E. Haich („Einweihung“) bezüglich der Löwen im Gehege am Hof des Pharaos im alten Ägypten.

Ist von diesem Land am Nil die Rede, so denkt der Atlantologe an die Flüchtlingswellen, welche von Atlantis ausgingen, um Leben, Zivilisation und Kultur des versinkenden ehemaligen Weltreiches zu retten. Hiemit wurde der Keim zur jetzigen fünften M-E gelegt, der vielfältige Entwicklungszentren zugrunde liegen. Hiebei ist Ägypten als das wichtigste Einwanderungsland zu nennen, denn das atlantische Wissen wurde vor allem hieher herübergerettet, um in der Großen Pyramide in Stein codiert zu werden. Dieses atlantische Erbe könnte niemals mittels der uns heute bekannten Technik konstruiert werden, denn das Schlüsselwort zur Errichtung dieses Dokuments in Stein lautet Levitation!

Antigravitation

Es gibt eine Kraft, die der irdischen Schwerkraft entgegenwirkt: Die Antigravitation. Technische Geräte, welche die Schwerkraft gleichsam „umpolen", wurden von zwei Forschern entwickelt: Dem Österreicher Viktor Schauberger (1885–1958) und dem Russen V. St. Grebennikow (1927–2001). Die diesbezüglichen Entdeckungen der beiden Autodidakten waren ganz verschiedener Art. Der Förstersohn Schauberger hatte die Spiralbewegung von fließendem Wasser studiert und hiebei Grundlegendes beobachtet: In der Natur herrscht die zentripetale Bewegungsrichtung vor, die aufbauend ist. Unsere heutige Technik bedient sich jedoch nach wie vor der zentrifugal expandierenden Kräfte (z.B. im Explosionsmotor und Düsenantrieb), was zerstörerisch ist und schließlich in den Untergang durch Umweltprobleme führen muß!

Fußend auf obiger Erkenntnis, konstruierte Schauberger die sogenannte „Sogturbine", die nach dem Prinzip der Implosion arbeitete. Aus deren Weiterentwicklung entstand ein „Flugkreisel", der gleich beim ersten Versuch (in der Nähe von Steyr am 28.2.1956) so vehement levitierte, daß er an der Decke des Versuchsraums zerschellte!

Der Russe war Insektenforscher und befaßte sich vor allem mit den Flügeln dieser Tiere, besonders der Hummeln und Bienen. Nun ist in Fachkreisen bekannt, daß die Hummel eigentlich gar nicht flugfähig sein sollte; sie ist zu plump hiezu – und dennoch fliegt sie! Die Erklärung findet sich am augenscheinlichsten beim Flügel der Bienen, dessen Zellen eine sechseckige Struktur aufweisen, die sich gleich einer sechsseitigen Pyramide konisch verjüngt.

Grebennikow benützte diese hexagonale Geometrie, um eine Plattform zu konstruieren, mit der er sich tatsächlich – ohne eine andere Antriebskraft – in die Luft erheben konnte. Die ersten Versuchsflüge fanden 1990 statt. Das Buch mit der genauen Anleitung zum Nachbau dieses Fluggerätes wurde schon zur Zeit seines Erscheinens (1992) verboten, denn Rußland und die Welt hätten ja hievon profitieren können! Der eigentliche Nutznießer wurde das Militär, weshalb solche Hexagonal-Strukturen und die berüchtigten HAARP-Sendeanlagen (siehe Seite 279) schon seit geraumer Zeit auf den verschiedensten Teilen der Erdoberfläche installiert sind.

Levitation kann mit Begleiterscheinungen verbunden sein, nämlich dem Unsichtbarwerden eines Flugapparates (samt Besatzung), als auch mit einer gewissen Zeitverschiebung. All dies sind Phänomene, welche in Militärkreisen höchste Geheimhaltungsstufe besitzen! Die Existenz einer Gegen-Schwerkraft wird von der Physik seit 1998 anerkannt. Ein entsprechend konstruierter Flugkörper erzeugt um sich herum ein abschirmendes Schwerefeld, das ihn von der irdischen Gravitation isoliert: Eine Raum-Zeit-Blase.

Das Beste kommt zuletzt: Die Erkenntnis und alte asiatische Weisheit, **daß Schwerkraft und Bewußtsein Gegenpole sind!** Dies beweist, daß die Anwendung der Levitation in bewußtseinsmäßig höher entwickelten Daseinsformen eine Selbstverständlichkeit war: So zur Zeit der lemurischen M-E, in Atlantis und dessen ägyptischer Kolonie (mit dem Bau der Großen Pyramide!), ja sogar noch in Tibet vor dessen geistiger und physischer Unterdrückung durch den chinesischen Materialismus und dessen Militärmacht, der/die aber bald der Selbstzerstörung zum Opfer fallen wird (wie von J. Hurtak in „Die Schlüssel des Enoch" prophezeit).

Da gibt es Außerirdische, welche uns beobachten (wie lange schon?) und die der Menschheit gegenüber sehr kritisch eingestellt sind, wie das folgende Buch kundtut: Die Santiner – eine Menschheit vom Sternbild Alpha Centauri (M. Fieber, Bergkristall-Verlag, Bad Salzuflen, 2004). Hierin wird die Umpolung der Schwerkraft als das Wesen der Levitation genannt. In Atlantis als auch in Ägypten wurde das Wissen der genannten ETs angewendet, und zwar mit Hilfe des Zusammenklangs von fünf Tönen, von denen zwei für das menschliche Ohr unhörbar sind. Doch benötigen wir die Santiner hiezu? In Tibet wurde dieses Können noch bis vor der unseligen Invasion durch die Chinesen in der Praxis eingesetzt.

Die Information, die ich soeben über Levitation in Tibet mitgeteilt habe, hat eine eigenartige Geschichte: Vor Jahren stieß ich in Neuseeland auf das Buch des Flugkapitäns B. L. Cathie

(„The Bridge to Infinity“, America West Publ. Boulder, Co. 1989, S. 139ff), in dem ich einen deutschen Artikel abgedruckt fand. Darin wird die Aufhebung der Schwerkraft durch Mönche beschrieben, die mittels typisch tibetischer Musikinstrumenten solch einen Spektakel vollführten, daß bereitgelegte Gesteinsblöcke entlang einer parabelförmigen Kurve so levitierten, daß sie gezielt dort landeten, wo sich in 250 Metern Höhe über dem Ausgangspunkt in einer Felswand eine Höhlung befand, vor der auf einem Vorsprung eine Mauer errichtet werden sollte.

Zurück in Österreich, suchte ich das Original des besagten Artikels ausfindig zu machen, mit Erfolg: In der Zeitschrift „Implosion“, Heft 13 (ohne Impressum, doch in späteren Heften „Verein für Implosionsforschung“, Offenburg) fand ich tatsächlich (S. 19–22) diesen Beitrag eines Ing. O. Alexandersson über das Erlebnis seines schwedischen Landsmanns Dr. Jarl damals (1939) in Tibet. Der Genannte, ein Arzt, beschreibt in allen Einzelheiten, was sich vor seinen staunenden Augen abspielte. Und mehr noch: Alle Maße und Gewichte sind angegeben, und gefilmt hatte Dr. Jarl das unglaubliche Geschehen ebenfalls. Dieser Film verschwand spurlos!

Die atlantischen Flüchtlinge, welche Ägypten zu einem spirituellen, wissenschaftlichen und kulturellen Zentrum aufgebaut hatten, waren nicht die einzigen, die nach Nordafrika gekommen waren. Im Atlas-Gebirge finden sich die Berber, welche als atlantische Nachfahren gelten können: hellhäutig, oft rothaarig, mit grauen oder blauen Augen und adlernasig. Auch die Tassili-Berge Algeriens waren einst eine lebensfreundliche Landschaft mit reicher Tierwelt. Heute leben dort die Tuareg als Nomaden der West-Sahara. Auch diese Wüste war vor etwa 10.000 Jahren ein fruchtbares Gebiet mit reicher Flora und Fauna, wie Felszeichnungen beweisen. In der Libyschen Wüste gab es vor der genannten Zeit das Triton-Binnenmeer (westlich der Stadt Gabès und an der Grenze Tunesien–Algerien gelegen), das ebenfalls ein Siedlungsgebiet aus Atlantis geflohener Menschen war – weshalb es einer der unzähligen Pseudo-Atlantisforscher für das eigentliche Atlantis hielt; als könnten diese Leute nicht lesen: „Vor den Säulen des Herakles“, heißt es bei Platon!

Wenn wir andere Völker betrachten, auf welche die Bezeichnung „atlantische Flüchtlinge“ höchstwahrscheinlich zutrifft, so fallen uns Gemeinsamkeiten auf, die für all diese völkischen Splittergruppen typisch sind, nämlich die Merkmale der Cro-Magnon-Rasse, wie: Körpergröße, Hellhäutigkeit, blondhaarig und blauäugig. Ein besonders gutes Beispiel stellen die schon besprochenen Guanchen dar, die stolz durch die Niedertracht der Spanier starben, da sie als sogenannte „Steinzeitmenschen" deren Musketen nichts entgegenzusetzen hatten als ihren Mut der Verzweiflung. Ein weiteres gemeinsames Rassenmerkmal atlantischer Völker und ihrer Nachkommen ist die Tatsache, daß sie alle die Blutgruppe „0" und Rhesus negativ hatten/haben. Auch bei den Basken finden wir zu 75% Blutgruppe „0" mit am häufigsten „Rhesus negativ" auf der Welt.

Es gibt auch eine eigenartige Sprachverwandtschaft zwischen den drei genannten atlantischen Volksstämmen: den Basken, den Berbern und den Guanchen. Bei den Basken, deren Idiom Eskuara eine gewisse Einzigartigkeit besitzt, gibt es einen Dichter namens Jacinth Verdaguer, der 1978 das Gedicht „L'Atlântida" verfaßte, in dem er seine verloren gegangene Heimat wie folgt beschreibt: Vulkane, schneebedeckte Berge, Blumengärten, Getreidefelder mit gelbem Korn, aber auch wilde Tiere ... Eskuara steht in der Sprachwissenschaft völlig isoliert da, ohne Bezug zu anderen bekannten Umgangssprachen. Es ist reich an Erzählungen über eine ferne Vergangenheit!

Wenn auch der Begriff „Rasse" in Mißkredit geraten ist, so stellt sein Inhalt dennoch eine unverzichtbare Vokabel in der Anthropologie dar. Es gab mehr als eine Menschenrasse in Atlantis:

- Die langschädelige Cro-Magnon-Rasse,
- eine dunkelhäutige negride Rasse und
- die schon genannten Mischwesen Tier – Mensch von Früh-Atlantis. Diese Tiermenschen können wir, Gott-sei-Dank, wohl als von diesem Planeten hinweggerafft ansehen!

Die Betrachtung der nach-atlantischen Zeit müßte naturgemäß auch eine Spurensuche, was Überreste der Hochkultur von Atlantis betrifft, mit einschließen. Das vielfach genannte Azoren-Plateau sollte doch voll atlantischer Reste sein, wenn auch längst von Algen überkrustet. Die Menschheit aber hat immer noch anderes im Sinn, als nach Atlantis zu buddeln, um ihre Urgeschichte zu entziffern und aus deren Fehlern zu lernen: Wir müssen Waffensysteme ausprobieren, wenn schon nicht gleich beim feindlichen Nachbarn, so doch in irgendeiner, von uns geschaffenen Wüste. Oder wir stehen im Kampf gegen den Terrorismus, den die eigene Regierung ihren eigenen Bürgern beschert. Oder müßten wir nicht auch noch Technologien entwickeln, um z. B. die letzten Ressourcen an mineralischen Rohstoffen vom Ozeanboden heraufzuholen – die Manganknollen aus dem Pazifik – was lediglich dort das Ökosystem zerstören würde (auf 180 Millionen Quadratkilometern!), aber sonst „völlig harmlos" wäre?[33]

Somit ist ernsthafte, kostenaufwendige archäologische Forschung vorerst im Selbstmordprogramm der Menschheit nicht vorgesehen. Und dennoch wurden ein paar Funde bekannt, welche die Schulwissenschaft besser – nach bewährter Methode – verschwiege, ableugnete oder gleich ganz verschwinden ließe!

Bevor wir bezüglich des Pazifiks ganz in medias res eintauchen, ein bißchen Karibik. Dieses inselreiche Gewässer liegt bekanntlich unmittelbar südöstlich der USA, weshalb vor allem amerikanische Autoren darüber berichten, wie Shirley Andrews, Charles Berlitz, Edgar Cayce und David Zink.

In deren Veröffentlichungen werden Örtlichkeiten genannt, die man als „Atlantis-verdächtig" bezeichnen kann:

1. Die Bahama-Bank mit der Insel Andros.
2. Das Inselchen Bimini, direkt vor Florida gelegen.
3. Das genannte Bermuda-Dreieck und auch
4. die Gewässer um die Azoren.

Die Bahama-Bank befand sich zur Zeit von Atlantis über Wasser, was sich heute noch bei Ebbe manchmal ereignet. Den Beweis für obige Behauptung liefern Höhlen („Blaue Löcher") mit Tropfsteinen auf der Insel Andros. Gegenwärtig liegen diese Höhlen in bis zu 50 Metern Meerestiefe, doch solche Stalagmiten und Stalaktiten können sich selbstverständlich nur gebildet haben, als diese Höhlensysteme über dem Meeresspiegel lagen – wie höchstwahrscheinlich zu atlantischer Zeit.

Das Meer rund um Bimini wurde schon im Jahr 1968 von dem Forscher und Taucher Dr. J. M. Valentine erkundet. Dieser entdeckte vor der Küste die sogenannte „Bimini-Unterwasser-Straße", die in

33 Diese an Kartoffel erinnernden Gebilde enthalten neben Mangan noch andere Metalle, wie Nickel, Kobalt und Kupfer. Sie finden sich besonders am Tiefseeboden des Stillen Ozeans, wobei angenommen wird, daß Niederschläge aus vulkanischen Aushauchungen für ihre Entstehung verantwortlich sind.

In den Maya-Codices findet sich die Beschreibung einer Weltkatastrophe. Ein Überlebender in einem Boot sucht dem Kataklysmus zu entkommen, während im Meer Leichen driften, im Hintergrund ein Tempel einstürzt und ein Vulkan ausbricht.

Hawaii, Vulkan-Ausbruch ... (Foto aus dem Archiv des Autors)

Zeitgenössische Darstellung im Spital zu Horta, Faial, Azoren. (Foto H. Kruparz mit Genehmigung der Krankenhaus-Leitung)

Die Ruinen von Mohenjo Daro im Industal, Pakistan. (Foto: H. Kruparz)

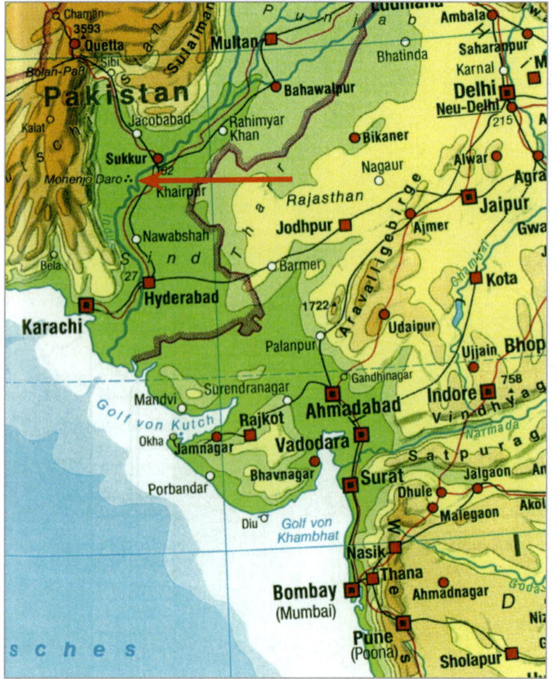

Die Lage von Mohenjo Daro im Industal sowie der Golf von Khambhat, wo sich eine Schwesterstadt von Mohenjo Daro befindet.

Einhorn auf einem Rollsiegel von Harappa/Mohenjo Daro.

Ein Vergleich zwischen Schriftzeichen der Industal-Kultur und den Glyphen der Rongo-Rongo-Tafeln der Osterinsel. (nach W. v. Hevesy)

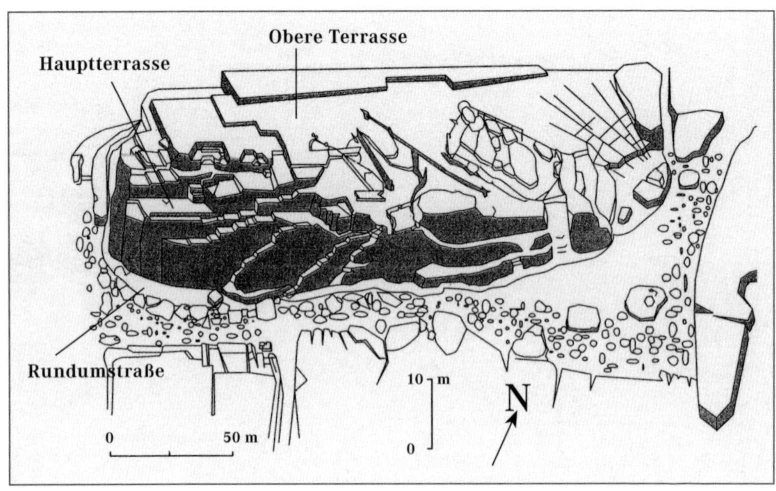

Yonaguni, eine rätselhafte Ruinenstadt am Südzipfel des japanischen Inselbogens, nahe der Küste Taiwans, erforscht von den Unterwasser-Archäologen der Universität Okinawa. (nach Masa'aki Kimura)

Die pilzartigen Säulenreihen auf der Marianen-Insel Tinian. (nach L. C. Vincent)

Die Basaltsäulen der Ruinen von Nan Madol. (Alle Fotos auf dieser Seite: freundlicherweise zur Verfügung gestellt aus dem Archiv von Erich von Däniken)

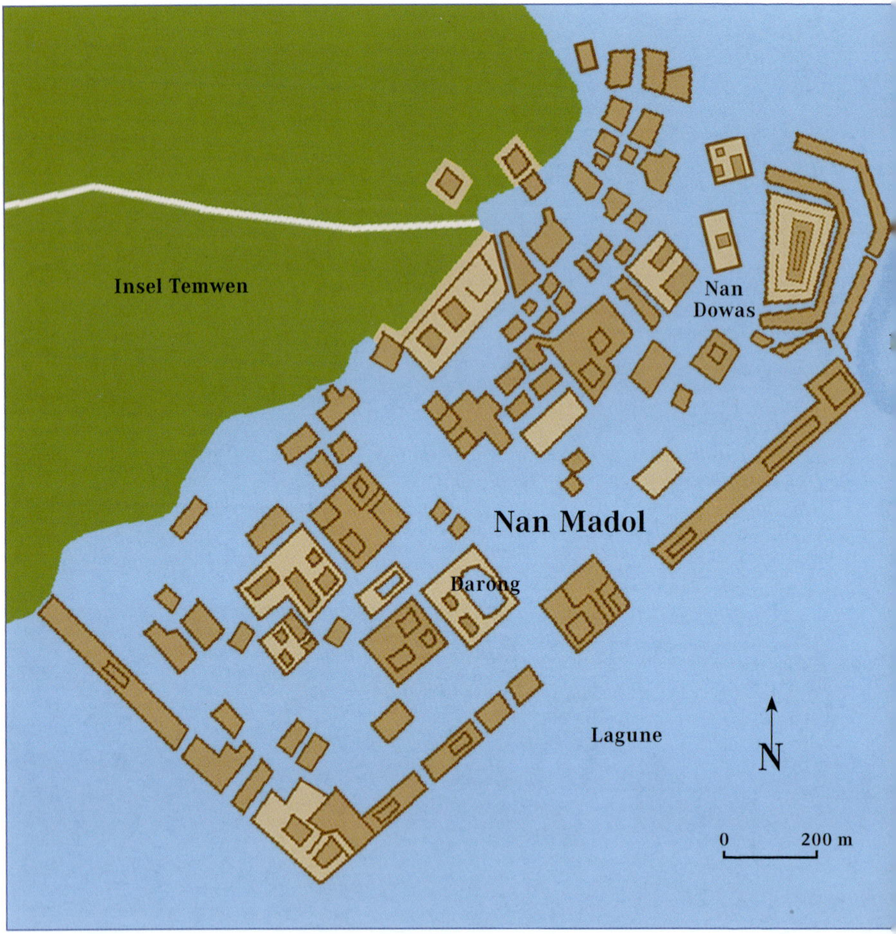

Insel Temwen
Nan
Dowas
Nan Madol
Darong
Lagune
N
0
200 m

Die nur teilweise aus dem Ozean ragenden Ruinen von Nan Madol, Karolinen, Mikronesien.

Insel Pohnpei
Bucht mit Insel Temwen
Nan Madol am Korallenriff

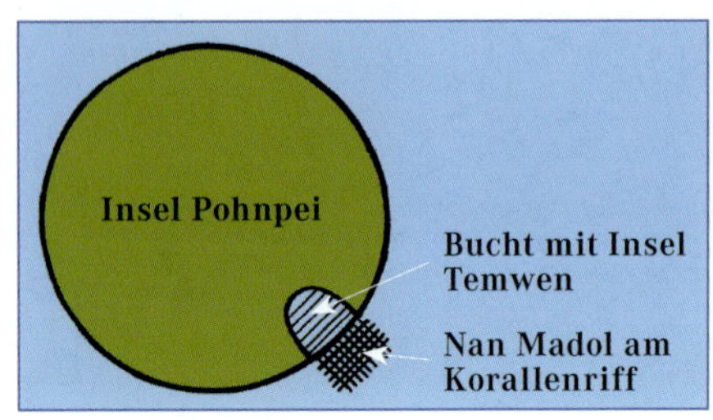

Schematischer Lageplan von Nan Madol.

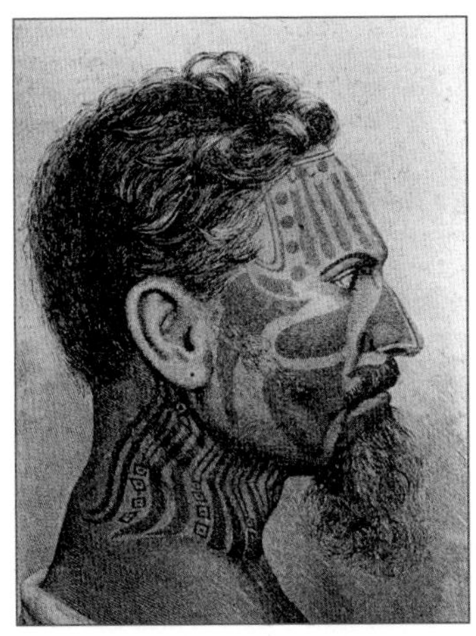

Das Profil eines reinrassigen Osterinsulaners unterschied sich wesentlich von dem Gesichtsausdruck eines Moai. (Abb. nach H. Petri)

Gigantomanie auf einer winzigen Insel in der Weite des Pazifiks: die berühmten Moais auf der Osterinsel.

Eine von hunderten überlebensgroßen steinernen Statuen auf der Osterinsel. Die Tatsache, daß viele dieser Moai tief in der Erde stecken, ist ein Beweis für deren hohes Alter: Sie „ertrinken" gleichsam im Verwitterungsschutt des vulkanischen Gesteins der Insel.

Es gibt etwa 60 Moai, die im Erdboden vergraben stecken. Doch es kann sich nicht um das Verschütten durch Vulkanasche handeln, da der Vulkanismus schon seit Millionen Jahren erloschen ist. (Abb. nach Thor Heyerdahl, „Aku Aku")

Ausschnitt aus der „Großen Santiago-Tafel“ aus dem Buch von Thomas Barthel, „Die Grundlagen zur Entzifferung der Osterinsel-Schrift“ (De Gruyter-Verlag, Hamburg, 1958). Die Osterinsel-Idiogramme stellen eine Bilderschrift in Telegrammstil dar. Diese Gesänge besitzen sakralen Charakter, wobei die Schriftzeichen Stichworte für ausführliche Rezitationen darstellen.

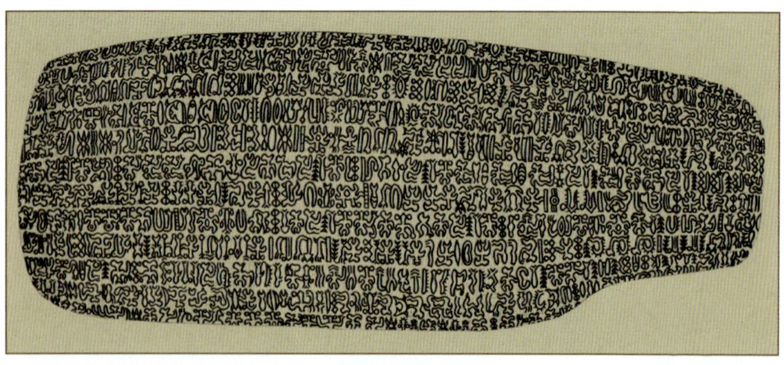

Eine der letzten Rongo-Rongo-Tafeln. Die Glyphen darauf stellen eines der größten Rätsel des Pazifiks dar.

Sind solche aberrante Formen von Sauriern tatsächlich Schöpfungen nach göttlichen Bauplänen?

Ica-Gesteinsgravur: Flugkörper mit zwei Beobachtern, die mittels Fernrohren Saurier beobachten. Museo Aeronautico, Lima, Peru.

Eine von über 30.000 Tonfiguren, die vielfach Saurier (und auch Menschen) darstellen: Acámbaro, Mexiko.
(Foto: Stefan Ken Dona)

Ica-Gesteinsgravur: Eine humanoide Rasse im Kampf gegen Saurier. Die Darstellung ist ein künstlerisches Halbrelief. Museo de las Piedras Grabadas, Ica, Peru. (Foto H. Kruparz)

Dr. Cabrera mit einem Halbrelief, u.a. einen Saurier darstellend. Gesteinsgravur aus dem Museo de las Piedras Grabadas, Ica, Peru. (Foto H. Kruparz)

Lageplan von Tiahuanaco

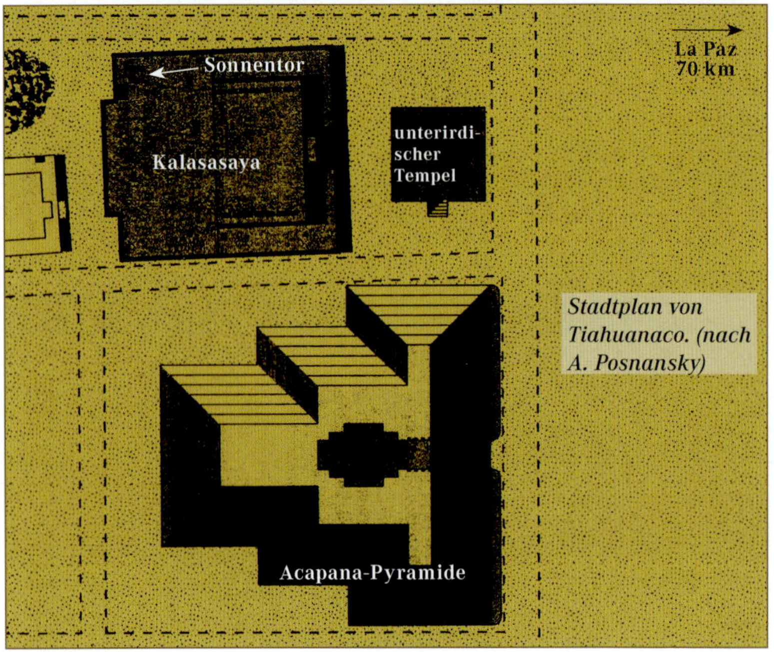

Stadtplan von Tiahuanaco. (nach A. Posnansky)

Darstellung auf einem „Keru“ (Becher) aus Tiahuanaco, Bolivien. Es handelt sich um die Zentralfigur des Sonnentors. (nach A. Posnansky)

Die Zentralfigur des Sonnentors von Tiahuanaco, ein hohes Geistwesen darstellend. (nach A. Posnansky)

Symbolische Elemente am Sonnentor von Tiahuanaco: Condor und Puma. (nach A. Posnansky)

Der gigantische Gesteinsquader von Baalbek, Libanon.

Nach Churchward ein Symbol aus Lemuria bzw. Rutas Mu.

Nach L. C. Vincent bis heute in weiten Teilen Asiens verbreitetes Swastika-Symbol.

Der „unvollendete Obelisk" von Assuan, Ägypten. (Foto H. Kruparz)

etwa sechs Metern Meerestiefe liegt und nur aus der Luft sichtbar ist. Jahre später erforschte die Expedition des Dr. D. Zink („Die Steine von Atlantis") in diesem Meeresgebiet in seichten Küstengewässern Megalithbauten. Hier zeigen Satellitenbilder große geometrische Strukturen, die sich kilometerlang unter der Meeresoberfläche hinziehen. Dort soll es eine atlantische Stadt namens „Murias" gegeben haben, die am Ende der Eiszeit ein Opfer des steigenden Pegels der Weltmeere wurde.

Bevor wir nun das Gebiet der Karibik verlassen, möchte ich auf die ungeklärten Ereignisse hinweisen, die dem sogenannten Bermuda-Dreieck seinen berüchtigten Namen eingetragen haben. Es ist sicherlich nicht aus der Luft gegriffen, was Ch. Berlitz hierüber herausgefunden hat. Die glaubwürdigste Erklärung wäre eine atlantische Pyramide (mit einem Kristall-Pyramidion an der Spitze), die immer noch „aktiviert" ist. Die von ihr hervorgerufenen Kräfteanomalien würden meines Erachtens für das spurlose Verschwinden von all den Schiffen, deren Besatzungen und den Flugzeugen verantwortlich sein. Dokumentiert sind hier auch Zeitsprünge!

In diesem Zusammenhang ist ein ebenso eigenartiges Vorkommnis in azoreanischen Gewässern zu nennen. Ein russisches U-Boot geriet östlich der Azoren in den Bereich einer unbekannten Strahlung, worauf die Maschinen während 15 Minuten stoppten, die Instrumente verrückt spielten und die Mannschaft so traumatisiert war, daß der Hafen von Ponta Delgada – der größte der Azoren – angelaufen werden mußte. Ich würde zwei Erklärungsmöglichkeiten in Betracht ziehen:

Entweder handelt es sich hier neuerlich um ein Phänomen aus atlantischer Zeit, das immer noch in gewissen Meeresgebieten herumgeistert, oder die Amerikaner haben ihren russischen „Freunden" damals (1989) einen Gruß besonderer Art geschickt. Beide Großmächte sind im Raum der Azoren seit Jahren präsent: Die Russen mit ihren U-Booten, die USA mit Strahlen-Experimenten von ihrer Militärbasis in Lajes (Insel Terceira) aus. Erstere Mitteilung entnehme ich der portugiesischen Ausgabe des Atlantis-Buches von Shirley. Die Nachricht über die lebensverachtende Bestrahlung der Weltmeere (ELF-Wellen) stammt aus einem Leserbrief, abgedruckt in einer azoreanischen Lokalzeitung. Hierin beschwert sich ein Azoren-Emigrant und US-Universitätsprofessor Coelho über diese selbstherrlichen Machenschaften des US-Militärs, dem jedes Jahr

Gehör-geschädigte und damit orientierungslos gewordene Meeressäuger zum Opfer fallen!

Ein weiteres Geheimnis der azoreanischen Gewässer stellen die schon beschriebenen tellerartigen Scheiben dar, von denen rund eine Tonne aus etwa 300 Metern Meerestiefe geborgen wurde. Im Originaltext heiß es:[34]

Hiemit sind wir wieder bei der Geologie angelangt, und zwar muß ich jetzt endlich ein Thema aufgreifen, welches vielleicht das schwierigste darstellt, mit dem sich die Erforschung der Vorvergangenheit der Menschheit auseinanderzusetzen hat: Den Lagerstätten, oder mit anderen Worten: Woher bezogen versunkene Hochkulturen ihre mineralischen Rohstoffe, diese nicht erneuerbaren Ausgangsmaterialien, auf deren Verarbeitung jegliche Technologie aufbauen muß? Die uns bereits vertraute Shirley ist meines Wissens die einzige, welche dieser Frage nachging und Beispiele für Bergbautätigkeit, besonders die USA betreffend, anführt. Sie behauptet, die Atlanter hätten Erze aus Südamerika eingeführt, doch ist mir – der ich jahrelang eine Professur für Lagerstättenlehre in Brasilien (Montan-Akademie in Ouro Preto) innehatte – nichts über Spuren vorgeschichtlicher Minen auf diesem Erdteil bekannt.

Die von Shirley zitierte Uranerz-Lagerstätte von Gabun in Westafrika erwähnte ich schon; was ist der gegenwärtige Stand unserer Kenntnis über dieses Pechblende-Vorkommen? Vorzeitlicher Bergbau oder nicht?[35]

---

34 Scheiben aus dem Nordatlantik (Bulletin, Geolog. Soc. of America; Vol. 80, Oct. 1949, p. 1527–1540 und besonders Seite 1537): Das Forschungsschiff „Atlantis“ befand sich 1947 im Einsatz im Nordatlantik im Gebiet 30°15’ West und 34° Nord. Hier wurden von der flachen Oberfläche eines Guyots in etwa 200 Faden Tiefe eine große Menge von Kalksteinplatten heraufgeholt (15 cm Durchmesser, 4 cm dick). Da diese alle ein Loch in der Mitte aufwiesen, müßte eigentlich eine künstliche Entstehung angenommen werden! Doch wäre deren Bildung wissenschaftlich erklärbar, so hätte man davon vernommen. Da dem nicht so ist, kann angenommen werden, daß es sich hiebei wirklich um atlantische Artefakte handelt, die totgeschwiegen werden.
Faden: 2.240 Faden entsprechen 4.000 Metern, daher befindet sich die Oberfläche des genannten Guyots in rund 357 Metern Tiefe (1 Faden = 1,785 m).

35 Die einzige mir zugängliche fachliche Arbeit über dieses Uranvorkommen ist die des Franzosen F. Gauthier-Lafaye: „Les Gisements d’Uranium du

In ihrem Atlantis-Buch teilt uns die Genannte folgendes mit, was möglicherweise Bergbau einer früheren Menschheit betrifft (S. 274):

- Kupfererzbergbau ging im Einzugsgebiet des Mississippi um und hinterließ: Abbauterrassen, Tunnels, Entwässerungskanäle, aber auch Werkzeuge wie Schlägel und Taue sowie Halden mit Erz.
- Ein Kohlebergwerk mit einem 2,5 km langen Stollen bestand in Utah.
- Der Zinnerzbergbau in Cornwall (im Südwestzipfel Englands) dürfte ebenfalls auf vorgeschichtliche Zeit zurückgehen. Die Römer gaben diesem Landvorsprung den fälschlichen Namen „Cassiterides Insulae", Zinninseln, eine Bezeichnung, die bezüglich zweier indonesischer Inseln (Bangka und Billiton) zutreffend gewesen wäre!

Die Zinnen der Wehrtürme von Poseidonia – ihr einst prunkvolles, „erzübergossenes" Gemäuer – liegen am Meeresboden. Wie würden die Römer gesagt haben: „Sic transit gloria mundi!"

Unser atlantisches Vermächtnis

Als ich Shirley vorstellte, erwähnte ich, daß deren Anliegen zukunftsbezogen sei: Aufarbeitung der Fehlleistungen der Atlanter sollte uns – über ein geistiges Erwachen im Hier und Jetzt – in eine sinnvoller gestaltete Zukunft führen! Nun verfolge ich diesen Gedankengang weiter und fasse eine ganz andere Zukunft ins Auge, als einem Großteil der Menschheit immer noch vorschweben mag: Materie-gebunden! Doch wie vielen Menschen dämmert es bereits, daß es mit unserem Konsumverhalten auf Erden nicht so weitergeht. Eine völlige Veränderung, wie ich sie vorhersehe, zieht als neuer Menschheits-Äon schon unverkennbar am Horizont herauf.

Gabon." (Sciences Géologiques, Univ. L. Pasteur, Straßburg, No. 78, 1986) Wie zu erwarten, ist in dieser detaillierten Lagerstätten-Geologie kein Wort bezüglich Spuren einer vorzeitlichen Bergbautätigkeit erwähnt, von Ruinen eines einstigen Kernreaktors ganz zu schweigen! Doch es fragt sich, ob die in dieser Arbeit angenommene „natürliche Kernreaktion" analog des technischen Vorgangs in einem heutigen Kernreaktor wirklich als „spontan-natürlich" erklärbar ist?

Astronomen haben erkannt, daß unser Sonnensystem bereits einer galaktischen Konstellation zueilt, die den Einzug in das kommende Goldene Zeitalter ankündigt, nämlich unseren Eintritt in den lichtvollen „Photonen-Gürtel".

Obige Aussage beinhaltet den Vollzug eines gewaltigen Quantensprungs der Menschheit, welcher nicht nur unser wiedererwachendes kosmisches Bewußtsein betreffen wird, sondern sämtliche Lebensbereiche, alle! So wird sich die Dichte der Materie wesentlich verringern, die Dinge werden transparent und im übertragenen Sinn auch der Mensch. Nun sollten wir uns fragen: Gab es solch eine mehr feinstoffliche Welt schon vor unserer Epoche? Ja, selbstverständlich, und zwar während der 3. und 4. M-E. Also was Atlantis betrifft, die Entwicklung bis zu dessen tiefem Fall! Wir Heutigen werden nach unserem Aufstieg Eigenschaften und Fähigkeiten wiederentdecken, die – um bei Atlantis zu bleiben – damals bereits gang und gäbe waren, wie: Die Praxis der Levitation, Telepathie, Hellsichtigkeit durch Öffnung des „Dritten Auges", das Wissen um Heilungen durch Gedankenkraft und nicht zuletzt die Möglichkeit, Gegenstände zu Materialisieren bzw. zu De-Materialisieren, z.B. Kristalle; und wir werden natürlich uneingeschränkten Zugang zu Freier Energie besitzen – kostenlos!

All das verstehe ich unter „unser atlantisches Vermächtnis"! Um dies ein bißchen zu spezifizieren, möchte ich stichwortartig nochmals auf Atlantis zurückkommen. Was machte Atlantis zu solch einer Hochkultur, die unserem morbiden Abglanz einer Zivilisation so unglaublich überlegen war? Wir werden es gleich erfahren. Doch warum kam es dann dennoch zu dem katastrophalen Absturz? Die Antwort ist einfach: Durch den fatalen Eingriff der Dunkelmächte irdischer und außerirdischer Herkunft! Daß es heutzutage fast wieder so weit ist, kann am Beispiel des sogenannten „Montauk-Projekts" nachgewiesen werden (Seite 394). Aber es kommt kein zweiter Atlantis-Kataklysmus, denn die Menschheit hat den materiellen Tiefstpunkt ihrer Wanderung durch die insgesamt sieben Welten der sieben M-E schon überwunden: Atlantis! Schauen wir einmal, was damals der tiefere Sinn des Lebens der Menschen war, denn dies wird das Alpha und Omega unserer Zukunft: Zurück in die Zukunft!

Solch einer tiefschürfenden Frage auf den Grund zu gehen, bedarf es selbstverständlich der Hilfe medial empfangener Durchgaben aus höheren Sphären. Diese sind mittels Vernunft und Intuition auf ihre Glaubwürdigkeit zu prüfen, bevor sie als Wahrheit akzeptiert werden können. Was das spirituelle Leben auf Atlantis betrifft, bietet sich eine Quelle an, die ich – abgesehen von einer groben geologischen Unstimmigkeit[36] – als glaubwürdig erachte: Kerstin Simoné: „Thoth" (Bd. 1: Projekt Menschheit. Bd. 2: Pforten von Atlantis. Smaragd-Verlag, Woldert, 2007; siehe Abb. Seite 143).

Dieser „Gott Thoth" sollte uns aus dem ägyptischen Pantheon als der Verkünder von Wahrheit, Weisheit und Liebe bekannt sein. Wohl in Hinblick auf diese genannten drei Axiome des Lebens wurde er in Hellas unter dem Namen „Hermes Trismegistos" (siehe Abb. Seite 144) als der dreimal Weise verehrt. Nun zurück zu Alt-Ägypten, wo Thoth als Bauherr des bedeutendsten erhaltenen Bauwerks der Menschheit gelten kann – und das zur Zeit des letzten Aufbäumens von Atlantis gegen sein Schicksal errichtet worden war: Die Große Pyramide von Giza, deren Mathematik und Geometrie wohl mit Recht den Berechnungen der ETs vom Orion zugeschrieben werden kann. Bezüglich des Pyramiden-Komplexes von Giza erfuhren wir von Thoth noch weitere Einzelheiten, wie ich sie schon mitgeteilt habe.

Unterhalb des Plateaus von Giza, das die drei Pyramiden trägt, befinden sich gleich zwei Räumlichkeiten, welche unabhängig voneinander sind: Die schon mehrfach genannte „Halle der Aufzeichnungen", welche die Darstellung der Geschichte der Menschheit in sich birgt. Die andere unterirdische Anlage umfaßt die „Hallen von Amenti" als den Ort, an dem die Seelen der Verstorbenen während sieben Tagen zur Rückschau auf das vergangene Leben verbleiben. Übrigens bestätigt Thoth, daß die Bauten der Außerirdischen in Ägypten nur mittels Levitation des verwendeten Gesteinsmaterials errichtet werden konnten, und das mit einer Präzision, die Feinmechanik gleichkommt! Die Anordnung der von den Ägyptologen fälschlich den Pharaonen Cheops, Chephren und Mykerinos zugeschriebenen Pyramiden entspricht der Konstellation der drei Gürtelsterne des Orion-Sternbilds (siehe Abb. Seite 143).

Die Eingeweihten von Atlantis – was sowohl Atlanter als auch Außerirdische betraf – sahen also das kommende Unheil voraus, weshalb sie das bisherige Wissen der Menschheit in Form von Auf-

36 Eine „Schaukelbewegung" mit den Ozeanböden über dem Meeresspiegel und den Kontinenten unter Wasser – und umgekehrt – und dies in wechselnder Abfolge, kann es aus Gründen der Isostasie nicht geben! Isostasie: Das Gleichgewicht der globalen Gesteinseinheiten in der Lithosphäre.

zeichnungen und in Stein verewigt in Ägypten deponierten. Einige der grundlegendsten Erkenntnisse, die in unsere Zeit herübergerettet werden sollten, waren vor allem:

1. Der Mensch ist ein feinstoffliches Wesen, das gegenwärtig eine grobstoffliche Erfahrung macht, um schließlich wieder in das Reich des Nicht-Materiellen zurückzukehren. Dies impliziert, daß der menschliche Körper in seiner göttlichen, gleichsam immateriellen Form bereits von allem Anbeginn der planetaren Entwicklung (mit der Erde aus zunächst unverfestigter Solarmaterie) bestand.

2. Gedankenkraft ist die größte schöpferische Kraft im Universum. Gedanken erschaffen in jedem Augenblick unseres Daseins unsere Wirklichkeit bzw. Lebensumstände. Emotionen verstärken diese Gedankenkraft!

3. Zur Zeit der Hochblüte von Atlantis verfügten die Menschen noch über die Möglichkeit der Einsicht in die Akasha-Chronik, wodurch sie Zugang zum kosmischen Wissen erlangten. In bestimmten Tempeln konnte jede Wesenheit Einblick in ihren persönlichen Lebensplan erhalten.

4. Telepathie diente der Verständigung mit allen Bereichen der Natur, vom Mineralreich über das Pflanzenleben, die Tierwelt bis zur Kommunikation unter den Menschen selbst. Über Mantras (Worte, die ganz besondere Gedankenkraft aussenden) entwickelte sich dann die Sprache. Das „Dritte Auge“ diente der Innenschau der Dinge, um deren Qualität bewußt werden zu lassen. Seit dieses mit dem Fall von Atlantis erloschen ist, betrachtet und beschreibt der Mensch meist nur mehr Quantitäten, wie ja auch das Wissen um die Qualität der Zeit nur mehr der Astrologie geläufig ist!

5. Im Zusammenhang mit „Zeit“ entsteht die Frage nach der Lebensspanne der Menschen von Atlantis. Auch diese viel feinstofflicheren Wesenheiten von damals waren an einen Körper gebunden. Doch den Alterungsprozeß, wie er uns leidvoll bekannt ist, kannten sie nicht! Denn die Atlanter konnten die Materie mit der Kraft ihres Geistes bewußt verändern. Daher erhielten sie ihren Körper mittels Geisteskraft jung und vital. Es war vollkommen „normal“, viele hundert Jahre in einem gesunden und schönen Körper zu wandeln! Das Sterben erfolgte auf Wunsch, sobald das Lebensziel erreicht war, um in einer neuerlichen Inkarnation schöpferisch weiterzuwirken.

6. Bevor sich der Teufelskreis des Niedergangs und moralischen

Verfalls in Bewegung setzte, folgten die Atlanter dem kosmischen Prinzip, welches die Verhaltensweise von Mann und Frau betrifft: Die Vereinigung auf der körperlichen Ebene dient dem Verschmelzen der feinstofflichen Energien im Bereich der Seelen.

Und jetzt kommt der springende Punkt: All das Gesagte betrifft unsere atlantische Vergangenheit – es ist zugleich unsere Zukunft, in der wir endlich unser atlantisches Erbe antreten!

Thoth, der Außerirdische vom Orion (siehe Abb. Seite 143), der Weise aus Atlantis, der „Gott des Wissens und der Schriftgelehrten" des alten Ägyptens, bietet seine eigene Version des Untergang-Geschehens von Atlantis: Wie wir gehört haben, spricht der bekannte amerikanische Meister der Empathie, des Sich-Einfühlens bzw. Hineinversetzens in andere Personen, E. Cayce, von drei Untergangsphasen von Atlantis; Thoth bezieht sich auf nur eine. Auch warum der Fall von Atlantis überhaupt stattgefunden hat, sei einem einzigen Akt des Eingriffs in die Menschheitsentwicklung zuzuschreiben. Weiters offenbart Thoth:

Was bedeutet Atlantis für uns heute? Das Wissen und die Weisheit des ehemaligen **Atlantis in seiner Herrlichkeit als Manifestation unseres wahren Selbst!**

Was verursachte dessen Untergang? Die Endzeit trat für Atlantis ein, als **die Gen-Manipulation der 12-Strang-DNS des Menschen erfolgte, wobei diese auf eine Doppel-Helix reduziert wurde.**

Es war dies die bis damals ruchloseste Untat egoistischer ETs mit dem Ziel, die Menschheit zu versklaven! Sie findet ihr gekonntes Gegenstück im Hier und Jetzt mit der totalen Überwachungsmöglichkeit jedes Handy-Benutzers mittels des inzwischen weltweit installierten Mobilfunknetzes und der teuflischen HAARP-Sender[37],

37 Das HAARP-Projekt beeinflußt die (elektrisch positiv geladene) Ionosphäre, hiemit durch Reflexion der Strahlung auch die (elektrisch negativ geladene) Erdoberfläche bzw. den gesamten Erdkörper (durch die entstandenen ELF-Wellen). Die Letztgenannten sind gleichbedeutend mit der Schumann-Frequenz, welche auch als der „Herzschlag der Erde" bezeichnet wird. Diese Schumann-Resonanzschwingung des Planeten steht in Mitschwingung zu den eingangs genannten Impulsen durch das HAARP-Experiment. Damit werden auch die Gehirnwellen des Menschen beeinflußt, die sich in Resonanz zur Schumann-Frequenz befinden; deren Wert liegt derzeit bei etwa acht (siehe auch Seite 383).

die eine Kontrolle jeglicher Art ermöglichen. Doch zurück in unsere Zukunft!

Aber die Jahrtausende-alte Unterdrückung der Geistigkeit des Homo sapiens zufolge der genannten Gen-Manipulation, zusammen mit dessen physischer Ausbeutung durch Vorspiegelung begrenzender Raum-Zeit-Strukturen, hat nun ein Ende. Die Planetenwächter bestanden auf dem Exodus dieser negativen ETs, worauf lediglich deren unverantwortliche Lakaien verzweifelte Rückzugsgefechte liefern, wie sie das Fernsehen täglich vorspielt: Die letzten Akte der Dunkelmächte!

Nun stelle ich die Kernaussagen des kosmischen Baumeisters Thoth klar heraus:

Erstens: Die Atlantis-Katastrophe schlug der Menschheit eine Wunde, die ihrer Heilung harrt, worauf auch die Genesung von Mutter Erde erfolgen wird.

Zweitens: Die Erinnerung an den damaligen Kataklysmus ist tief in den heutigen Menschen gespeichert. Daher der Wunsch der Seelen, dieses Trauma abzuschließen und die daran gebundene Energie zu erlösen.

Drittens: Es ist der tiefe Wunsch unserer Seelen, genau im Hier und Jetzt dabei zu sein, um an diesem einzigartigen Geschehnis des kommenden Aufstiegs teilzuhaben.

Viertens: Wir sind in einen großartigen Augenblick der Schöpfung mit eingebunden! Unser Heimatplanet wird an seine Heimat-Galaxie angeschlossen.

Fünftens: Die Energie von Atlantis ist noch nicht erlöst. Doch nach deren Erlösung wird Atlantis ein Teil des Zukünftigen sein und nicht mehr der Vergangenheit angehören! Das Vermächtnis von Atlantis wieder auferstehen zu lassen!

Unser Aufstieg in die fünfte Dimension, den die Menschheit gemeinsam mit unserem Planeten gehen muß (die gemeinsame Entwicklung von Erde und Mensch!), bewirkt, daß Terra wieder ihren Platz in der kosmischen Ordnung einnimmt. Abgesehen von den damit einhergehenden gänzlich veränderten Lebensumständen des Menschen im körperhaften Bereich sowie der Höherschwingung des Bewußtseins, ist weiteres Umdenken erforderlich: Die Zeitfrequenz wird sich der des nunmehr fünfdimensionalen Planetensystems anpassen. Etwas weiteres Neues betrifft die Erfüllung von Wünschen, die sich in unserer bisher dreidimensionalen Welt zu ihrer möglichen Verwirklichung bekanntlich meist geraume Zeit lassen.

In der Welt der fünften Dimension verwirklicht sich Gewünschtes augenblicklich, was auch „ins Auge gehen" kann! Ein Wunsch, losgeschickt mit der Energie von Gedankenkraft und beladen mit der Schwingung von Emotionen, und durch das Eingehülltsein in den Atem des Senders mit dem Schöpfergott verbunden, muß erfüllt werden! Daher ist völlige Gedankenkontrolle notwendig – sonst nimmt ein Zauberlehrlings-Geschehen seinen Lauf: Die Geister, die ich rief ...

Eine weitere Anpassung an die Neue Erde betrifft einen geophysikalischen Parameter des Planeten, nämlich das sich neu strukturierende Magnetfeld der Erde; es entsteht ein neues Magnetgitter, das eine höhere Schwingungsfrequenz aufweist. Magnetismus wird in der jetzigen Endphase der irdischen Naturereignisse überhaupt eine ganz besondere Rolle spielen, weshalb die Illuminati mit allen Mitteln versuchen, diese, das seelische Gleichgewicht des Menschen so grundlegend beeinflussende Schwingung zu stören; dies mit Frequenzen, die denen unseres Gehirns gleich sind. Damit soll die Ausbildung unseres „Lichtkörpers", wie er für den Aufstieg unerläßlich ist, gestört und womöglich verhindert werden! Es ist dieses „Mer-ka-ba"-Vehikel das „Fahrzeug" für die Reise in die nächst höheren Schwingungsbereiche.

Wieder einmal war es unvermeidlich, die Dunkelmächte, die Global Players, ins Spiel zubringen, denn es ergibt sich die Frage, wohin mit diesen Big Bad Boys, wenn unser Aufstieg vor der Tür steht? Diese armen Narren wollen weitermachen wie bisher, denn die Schwingungen der Angst, die Gelüste der Macht, das Grauen der Kriege und das Leid der Menschen sind ihr Metier. Aber deren Schicksal ist besiegelt: Kein Platz für sie auf der Neuen Erde, wo Nächstenliebe das wichtigste Gebot ist! Daher wird für diese Sitzenbleiber ein sogenanntes Hologramm geschaffen, wo sie in einer ihrer niedrigen Gesinnung angemessenen Scheinwelt sich weiterhin gegenseitig bekämpfen können, um ihren Haß auszuleben! Dieses

Geschehen wird in anderen Offenbarungen als „Neubannung“ beschrieben.

Wenn das geistige Erbe von Atlantis in uns wiedergeboren ist, wird eine neue Hochkultur auf Erden erblühen, noch vergeistigter als damals. „Kristallstädte“ werden entstehen, in denen mit Riesenkristallen bestückte Tempel in den Himmel ragen und in denen Kristalle der Genesung des Menschen an Leib und Seele dienen werden. Die Neue Menschheit der 6. M-E wird zufolge ihrer medialen Begabung in der Akasha-Chronik lesen und das aus ihrer bewußt gesteuerten Lebenserfahrung gewonnene Wissen in Kristall-Bibliotheken allen zugänglich machen bzw. in Kristall-Datenbanken speichern. Pyramiden werden nicht nur Freie Energie aus dem Kosmos anzapfen, sondern auch Energie- und Zeittore ins Weltall öffnen. Aber auch die Welt zu unseren Füßen wird uns durch Kristalle erschlossen werden, sobald unsere Seelen bereit sind, sich mit diesen reinen, klaren und formvollendeten Gebilden der Mineralwelt (Bergkristalle!) zu verbinden, um an der in Mutter Erde kodierten Weisheit der Natur teilzuhaben: Wie oben, so unten!

Lemuro-Atlanter: Ein Augenarzt erforscht das „Dritte Auge“

Es ist eine Erfahrungstatsache, daß man beim Arbeiten an einem bestimmten Thema dazugehöriges Schriftmaterial automatisch anzieht. Solches flattert einem gleichsam aus dem Nichts plötzlich auf den Schreibtisch! Was hat z. B. das Buch eines Augenarztes, der „hinten am Ural“ seine Praxis hat, mit unserem Anliegen bezüglich Atlantis zu tun? Noch dazu, wo das Werk dieses Optometristen im deutschen Sprachraum zur Zeit gar nicht erhältlich ist, um sich über dessen Inhalt informieren zu können. Aber die darin beschriebenen Forschungsergebnisse sind für den Atlantologen von großem Interesse, und so hielt ich dieses Buch von E. Muldashev: „Das Dritte Auge und der Ursprung der Menschheit“ (B. u. S.-Verlag, Berlin, 2001) eines Tages in Händen. Wie der Titel impliziert, sind wir hiemit schon beim Thema, denn was sind die M-E von Lemuria und Atlantis anderes als der Werdegang der Menschheit durch Äonen und Generationen! Doch worin ist der Zusammenhang mit den eigenartigen Augendarstellungen auf den Chorten und Tempeln im Himalaya und Tibet zu sehen?

Prof. Dr. Muldashev kam auf die Idee, hinter diesen Augendarstellungen könnte sich ein tieferer Sinn verbergen. Durch seine Analysen des menschlichen Auges fand er heraus, daß die Gesichtszüge um die Augen herum bestimmte Aussagen enthalten, ja er ist sogar sicher, eine vollständige Persönlichkeitsbeschreibung auf Grund dieser „Augengeometrie" geben zu können! Das Nächstliegende für ihn war, die genannten Augendarstellungen auf den buddhistischen Tempeln Nepals zu untersuchen. Ich darf in diesem Zusammenhang erwähnen, daß ich vor Jahrzehnten als junger Student einer der ersten Europäer war, der in Kathmandu diese zu Gesicht bekam und im Bild festhalten konnte (Buch: „Shisha Pangma – Reisebilder aus Indien, Nepal und Tibet", Buchgemeinschaft Donauland, Wien, 1955).

Aufgrund der Einmaligkeit der Sichtweise des Augenarztes, muß ich mich in der Folge ganz auf die Aussagen dieses Fachgelehrten stützen, die ganz neue Aspekte in der Erforschung der Vorvergangenheit der Menschheit zeitigen. Selbstverständlich ergeben sich auch Überschneidungen mit schon Bekanntem, während das Neue vornehmlich vier Punkte beinhaltet:

1. Die Tatsache der Überlegenheit der Hochkultur von Lemuria über die nachfolgende Zivilisation von Atlantis und ganz besonders bezüglich unserer gegenwärtigen!
2. Die Erkenntnis des Mediziners, daß die Lemuro-Atlanter sich auch das Meer als Lebensraum erschlossen hatten, da sie körperlich an längere Aufenthalte unter Wasser angepaßt waren.
3. Die Gewißheit, daß der Untergang von Atlantis letztlich durch die Freisetzung eines Übermaßes an negativer Energie erfolgte, die sich gleich einer Gewitterwolke über der Erde zusammengebraut hatte. – Die Analogie zum Heute läßt sich nicht übersehen!
4. Es gibt einen „Gen-Fond" der Menschheit, der von hohen Meistern im Bereich des Himalayas und Tibets (so nicht von den Chinesen geschändet!) gehütet wird; wie, das lesen wir im Folgenden.

Zu Obigem muß hinzugefügt werden, daß ich in diesem Abschnitt über die Aussagen von Muldashev unter dem Begriff „Lemuria" auch Rutas Mu mit einschließe, um eine zu komplizierte Begriffsabgrenzung zu vermeiden.

Wenden wir uns nun dem Thema zu, welches das eigentliche Spezialgebiet des Russen aus Ufa (nahe dem Südural gelegen) ist: Jedoch weniger das uns geläufige Sehvermögen, sondern das „Dritte Auge" betreffend. Dieses ist der Medizin unter dem Namen Epiphyse oder Zirbeldrüse bekannt, während es in die Mythologie des alten Hellas unter der Bezeichnung Zyklopenauge einging. Es ist ein Organ, das im Innersten des Gehirns liegt. Seine Funktion ist die Abstimmung des menschlichen Bewußtseins auf die Frequenz der Akasha-Chronik, des Informationsraums des Wissens, das im interplanetaren „Weltäther" aufgezeichnet ist. Dieses „Dritte Auge" wanderte ins Schädelinnere, wo es seiner Wiedererweckung harrt! Dem Menschen der 3. M-E verhalf es als aktiviertes „Stirnauge" zu einer Lebensführung, von der wir heute nur träumen können, nicht zuletzt, was die Nutzung „psychischer Energie" betraf – nämlich das unerschöpfliche kosmische Potential der sogen. „Freien Energie". Doch hierüber wird noch zu sprechen sein, wenn ich tieferstehend das Grundsätzliche des Daseins z.Zt. der lemurischen Epoche zusammenfasse.

Die Lemurier waren also sehr vollkommene Wesen, da sie sowohl in der grobstofflichen als auch feinstofflichen Welt sehen und handeln konnten. Doch die Technologie dieser 3. M-E beruhte vor allem auf deren Kenntnissen der Gesetze des uns Heutigen unsichtbaren Bereiches der Schöpfung. Wie beherrschten die Lemurier diese psychisch-kosmische Energie? Dies erfolgte über Kraftworte, sogenannte Mantras, d.h. über magische Beschwörungsformeln! Hiebei nutzten sie sich selbst als mächtigste Energiemaschine zur Erzielung von Levitation, Materialisationen und De-Materialisationen sowie zwecks Heilungen. Mit welcher Kraft wirkte in der lemurischen Hochkultur die Liebe und das Gute!

Die Lemurier waren also mit den tiefsten Geheimnissen der Natur vertraut. Mit Lemuria war das „Goldene Zeitalter" angebrochen! Sie erreichten das höchste technologische Niveau auf Erden, womit sie bis heute den Maßstab für irdische Errungenschaften darstellen. Warum, das enthüllt uns der Professor der Augenheilkunde auf Seite 368 seines Buches:

1. Sie würden sich nie für „Götter" gehalten haben!
2. Sie verfügten über die volle Kenntnis der unvergleichlichen Kraft der psychischen Energie, die unvergleichlich größer ist, als die der physischen Energie!
3. Sie würden sich nie als Herrscher über die Natur fühlen!

4. Sie würden sich niemals als von affenartigen Wesen abstammend halten!

Wie lange währte nun diese Hoch-Zeit der Menschheit? Hiezu Muldashev: Die lemurische Zeit war mit ihrer Millionen von Jahren Dauer nicht nur die längste, sondern auch die schöpferischste der Menschheitsgeschichte! Der Bruderkrieg mit Atlantis brachte dieses Paradies auf Erden schließlich zu Fall, was in einer schrecklichen Naturkatastrophe endete. Doch vorerst zehrte Atlantis noch vom tiefgründigen Wissen Lemurias: **die Lemuro-Atlanter.**

Die Augengeometrie, als auch die besondere Art der Augen- und Nasendarstellungen auf den Tempeln in der wohl mystischsten Region der Welt, nämlich dem Himalaya und Tibet, sowie Gespräche mit buddhistischen Würdenträgern, hatten Ernst Muldashev zu der Auffassung geführt, daß die Lemurier und nachfolgenden Lemuro-Atlanter an eine zeitweilige Lebensweise unter Wasser angepaßt waren. Im Klartext heißt es hiezu (S. 258), was eine Schützenhilfe für R. Steiner darstellt, der wiederholt auf eine Luft-Wasser-Sphäre zu lemurischer Zeit hinweist:

<u>Die Lemurier als auch anfänglich die Atlanter besaßen eindeutige Merkmale, die von einem teilweisen Leben unter Wasser zeugen.</u>

Die wichtigsten Körpermerkmale der Lemuro-Atlanter waren:

1. Körpergröße 7–8 Meter und mehr; helle Hautfarbe.
2. Große Schädel.
3. Große, ungewöhnliche Augen mit einer Ausformung des oberen Augenlids in einer Weise, daß die Lidspalte beim Schließen der Augen nicht völlig geschlossen war. Die Besitzer dieser Augen konnten so auch ein fallweises Leben unter Wasser führen.
4. Sie besaßen eine „Hasenscharte“, d.h. eine senkrechte Spalte in der Oberlippe. Beiderseitig von der Genannten hatten diese Land-Wasser-Bewohner kleine Kiemen, was einen längeren Aufenthalt unter Wasser ermöglichte. Dem gleichen Zweck dienten:
5. Eine verschließbare Nasenöffnung und auch
6. Flossenartige Füße, sowie Schwimmhäute zwischen Fingern und Zehen.

Bei den Atlantern verschwanden dann diese physischen Merkmale allmählich, um einem „normalen“ Aussehen Platz zu machen: Das Körpermaß schrumpfte auf 3–5 Meter, die Nase wurde zu einer Adlernase, wie sie z.B. für die Basken als atlantische Nachfahren typisch ist. Die Hautfarbe bildete sich je nach Rasse und klimatischen Bedingungen verschieden aus. (Anmerkung: Riesenskelette sind bekannt, doch diese Tatsache wird von der Schulwissenschaft verschwiegen; siehe Seite 356).

Somit sind wir bei den Atlantern angelangt, die ihren zivilisatorischen Fortschritt den Lemuriern verdanken, denn sie konnten deren unvergleichlich hohes Wissen über die Akasha-Chronik mittels des Dritten Auges abrufen. Dies ermöglichte ihnen, u.a. folgende Vorhaben zu verwirklichen: Unterwasser-Anlagen am Meeresboden zu errichten, ihre Städte mittels Pyramiden mit Energie zu versorgen, als auch Flugapparate zu konstruieren (Seite 234). Doch diese Herrschaft über die Materie erweckte in ihnen Machtgelüste, aber auch untereinander verfeindete Gruppen spalteten die Gesellschaft. Dieser auf die Spitze getriebene technische Fortschritt – wesentlich höher entwickelt als unser gegenwärtiger! – trug jedoch bereits den Todeskeim in sich und die Dekadenz des atlantischen (Welt-)Reiches ließ nicht lange auf sich warten!

An dieser Stelle möchte ich den Niedergang von Atlantis kurz festhalten:

1. **Die Lemuro-Atlanter als die höchst entwickelte Kultur und Zivilisation auf Erden.**
2. **Atlantis, am Höhepunkt seiner Macht, führt Eroberungskriege, u.a. gegen Lemuria.**
3. **Das Atlantis Platons versucht verzweifelt Neuland als Ersatz für sein versinkendes Inselreich zu gewinnen, verliert jedoch den Kampf gegen Hellas.** Und während eines schlimmen Tages und einer schrecklichen Nacht versank Atlantis ...

Unser russischer Asienforscher sieht die eigentliche Untergangsursache ganz im Sinn des österreichischen Erfinder-Genies Viktor Schauberger: Implosion im Gegensatz zu zerstörerischer Explosion als Mittel zur mechanischen Krafterzeugung. Muldashev, belehrt von hohen Lamas: Die psychische Energie ging vom zentripetalen in den zentrifugalen Zustand über, wobei erstere nach innen gerichtet sein sollte! Im Endergebnis kam es zu einer kosmischen Katastrophe durch die Ansammlung negativer psychischer Energie. Möglicherweise kann negative Energie Kataklysmen begünstigen. – Stehen wie heute nicht vor demselben Abgrund?

Jetzt kommen wir zu einer Aussage des Mediziners, die ich ohne Kommentar wiedergebe, und die als einzigartig im Raum steht

– wörtlich genommen: im Raum des Himalayas. In diesem gewaltigsten Gebirgssystem unseres Planeten befinden sich Höhlen in denen Menschen in Meditation versunken sitzen. Für das klassische Gebiet der Selbstversenkung, nämlich im buddhistischen Tibet und Bhutan, sollte dies nichts Besonderes sein. Doch die genannten Wesen verharren seit undenklichen Zeiten hier in einem Bewußtheitszustand, der als „Samādhi" bekannt ist, der tiefstmöglichen Versenkung. Es ist dies eine todesähnliche Daseinsform, in welcher der Stoffwechsel auf null abgesenkt ist, wodurch der Körper endlose Zeit hindurch erhalten bleibt und in dem der Mensch praktisch unsterblich wird! Doch der eigentliche Zweck dieser Übung ist nicht (nur) die Selbsterfahrung des Ichs, sondern um etwas besonders Kostbares der Nachwelt zu erhalten: den Gen-Fond der Menschheit!

Der Augenarzt und Atlantisforscher wollte der Sache auf den Grund gehen und versuchte, selbst in solch eine „besetzte" Höhle einzudringen, was sich schon in der Vorbereitung als „quasi Übertretung eines Geheimnisses" erwies. Doch lassen wir ihn selbst seine Darstellung geben (S. 281–282), was es mit diesen Höhlen auf sich hat. Es gibt also einen Gen-Fond der Menschheit, um das menschliche Leben auf Erden im Fall einer globalen Katastrophe zu bewahren. Dessen Grundlage bilden die Lemurier, da sie die geistig fortgeschrittensten Erdenbewohner waren. Dieser Gen-Fond umfaßt Vertreter aller drei M-E: Lemurier, Lemuro-Atlanter, Atlanter und uns, die Āryas, deren Ursprache das Sanskrit war.

Nun sei mir doch zumindest eine Bemerkung gestattet: Diese zu Mumien vertrockneten Wesen sollten im Ernstfall – so sieht es jedenfalls Ernst Muldashev – ihren Samen an junge Frauen einer kommenden Menschheit abgeben! Wie groß soll ich jetzt das Fragezeichen machen?

Doch zurück zu des Autors Erlebnis in solch einer Samādhi-Höhle: Allein! Angst! Rasende Kopfschmerzen – fluchtartiges Verlassen der Finsternis! Diese Höhlen sind durch eine psycho-energetische Barriere geschützt!

Der Kreis beginnt sich zu schließen: Es begann mit den tibetischen Chorten (in Indien Stupas genannt) und Tempeln, und den darauf befindlichen, die vier Weltgegenden überblickenden, Augen. Gerade diese gewaltigen, ungewöhnlichen Augendarstellungen hatten Muldashev und seine Mitarbeiter einer optometrischen Analyse unterzogen. Besonders sie dienten als Grundlage für die optische Rekonstruktion des Menschen mit dem für uns ungewöhnlichen Äußeren, den wir für einen Atlanter halten. Soweit bezüglich unserer atlantischen Vorfahren; und nun zu der gegenwärtigen fünften M-E:

Die Augenanalyse führt zu dem Schluß, daß die heutige Menschheit einer einheitlichen tibetischen Wurzel entstammt: Die „tibetische Wurzelrasse"! Tibet als das Ursprungsland der nach-atlantischen Menschheit.[38] Dies erinnert an die einstige Hochkultur in der heutigen Wüste Gobi, an das Reich der Uiguren und an Agartha als Ort des Guten, während Shambhala ein Zentrum von Gewalt und Macht gewesen sein soll, das seine unheilvollen Fäden bis Hitler-Deutschland gesponnen haben könnte!

Hiemit möchte ich ein Beispiel für ein Denken einfügen, das eigentlich einer höheren Logik gehorcht, indem ich behaupte, den Tibetern könnte es gelingen, den Chinesen eine bleibende Lehre zu erteilen; dies sei doch unmöglich! Das kleine, wehrlose Volk gegen weit über eine Milliarde zum Teil best bewaffneter Menschen! Doch ich bleibe bei meiner Behauptung: Der Opfergang der von ihren Unterdrückern zu einer Minderheit im eigenen Land herabgewürdigten Tibeter könnte das Völkerkarma Chinas so belasten, daß diese auf der Neuen Erde nichts mehr zu suchen hätten!

Leider fand obiges seine allzu traurige Bestätigung in der Fernsehsendung des ORF2 vom 23.7.2008 (zwischen 23.00 und 23.45 Uhr) unter dem Titel „Menschen und Mächte – Todesangst in Tibet". Dieser Film wurde von einem tibetischen Flüchtling aufgenommen, der seiner Heimat einen Besuch abstattete. Zufolge der unvorstellbar grausamen Gewaltherrschaft war dies ein sehr riskantes Unterfangen, denn hätten die Chinesen solch schockierende Bilder entdeckt, wäre es unserem Berichterstatter schlecht ergangen! Die begleitenden Interviews sprechen eine Sprache für sich: Es herrscht tiefstes Mittelalter in Tibet wie zur Zeit der Inquisition in Europa! Die Tiefpunkte dieser Schreckensherrschaft der chinesischen Besatzungsmacht sind:

38 Die Nationalsozialisten suchten ebenfalls „Germanische Menschen" in Tibet, ja man schuf sogar tibetische Kolonien in Deutschland. Dies offensichtlich in Unkenntnis des Unterschieds zwischen dem eigentlichen Buddhismus, der das rechtsdrehende Swastika als Symbol kennt und der alten Bön-Religion, welche das linksdrehende Hakenkreuz als schwarzmagisches Zeichen benützt!

- Flüchtlinge werden auf dem Marsch über die eisigen Pässe des Himalaya als Zielscheiben für Scharfschützen benützt.
- Männer, besonders Mönche, werden zu Tode gefoltert.
- Tibetische Frauen werden (oft ohne Narkose) zwangsweise sterilisiert.
- Nomaden werden durch Berauben ihrer Lebensgrundlage – der kargen Weideflächen – dem Hungertod preisgegeben.

Während sich all dies ereignet, blickt die Welt auf die Wettkämpfe der Olympischen Spiele 2008; doch dieselbe Welt schaut weg, wenn es um den Völkermord an Tibet geht. Die Spiritualität, welche am Dach der Welt zu Tode getrampelt wird, ist ein Teil der Weisheit von Mutter Erde. Daher geht es in Tibet um wesentlich mehr, als um das Überleben eines kleinen Völkchens. Es geht, in Hinblick auf China, um uns alle!

Abschließend möchte ich ein paar Bemerkungen aus Muldashevs Buch erwähnen, die ganz unabhängig von anderen Quellen mitteilen, was er selbst auf seinen Reisen und Kongressen für Nachrichten erhielt, wenn er mit den entsprechenden Informanten ins Gespräch kam. Zitate aus dessen Buch:

S. 348: Die Tamilen Südindiens betrachten sich als Nachfahren der Lemurier.

S. 34: Ein indischer Arzt dravidischer Rasse sagte, angesprochen auf das Thema Vorfahren: „Es heißt, daß meine Ahnen von den polynesischen Inseln nach Indien kamen."

Selbe Seite: Ein Ainu beantwortete die Frage nach der Herkunft dieser Ureinwohner Nordjapans: „Meine Stammväter kamen mit Schiffen aus dem fernen Polynesien nach Japan." Der Ainu sah gar nicht japanisch aus ...

Hiemit sind wir gedanklich in Polynesien angekommen, wohin sich auch Herr Muldashev begeben hatte, um seine Augengeometrie auf die starr vor sich hinblickenden Statuen der Osterinsel anzuwenden. Dies bringt uns mitten in den Pazifik, dem wir uns nun zuwenden wollen, denn die Südseeinseln sind voll von stummen Zeugen einer rätselhaften Megalithkultur – und das betrifft nicht nur die Osterinsel, Rapa Nui!

3. Die Kulisse und der Text zum Spiel: Zyklopenbauten und Mythen

Megalithkultur: Ewige Zeugen vergangener Zeiten

Vor über zwanzig Jahren schrieb ich in meinem Südseebuch (Südsee – Traum und Wirklichkeit, Steiger-Verlag, Innsbruck-Berwang, 1986) folgendes als Einleitung: „Für mich ist der Stille Ozean, der mit seinen ewig windbewegten Wogen seinen Namen ganz zu Unrecht trägt, voller Rätsel. Zwar wissen die Fachgelehrten Antworten auf manches pazifische Problem, die sich bei kritischer Betrachtung besonders grundlegender Fragen jedoch meist als bloße Theorien erweisen, die solange vorgetragen werden, bis die Wissenschaft diese als gesicherte Erkenntnisse akzeptiert. Ich beziehe mich hiebei vor allem auf das nach wie vor ungelöst erscheinende Rätsel der Herkunft der Polynesier."

Diese Feststellungen traf ich nach einer fast zweijährigen Südseereise, und sie sind heute noch genauso gültig, wie vor vielen Jahren! Schon damals glaubte ich an das einstige Bestehen eines „Kontinents" im Pazifik, was Fachkollegen mit überlegenem Lächeln quittierten, während ein oder der andere Völkerkundler mein Südseebuch aus ihrer Bibliothek verbannten, da ich deren Wanderungstheorien – die polynesische Besiedlung sei von Indonesien aus erfolgt – kritisierte. Selbst Th. Heyerdahl gab in einem Briefwechsel seinem Erstaunen Ausdruck, daß ich als Geologe eine bevölkerte Landmasse im Pazifik postulierte, statt seine „Kon-Tiki-Theorie" – die Polynesier wären einst von Südamerika aus eingewandert – vollinhaltlich anzunehmen.

Bezüglich dieses Kontinents „Pazifika" stellte ich damals fest (S. 223): „Nach den neuesten geowissenschaftlichen Erkenntnissen kann es keinem Zweifel unterliegen, daß sich in der geologischen

Vergangenheit unseres Planeten im Stillen Ozean ein Kontinent befunden haben mußte. Dieser mag über einem ozeanischen Rücken von der Art des „Ostpazifischen" zerborsten sein (siehe Abb. Seite 135 und 138), worauf seine Bruchstücke auseinanderdrifteten und mit den Kontinentalmassen des pazifischen Randgebietes kollidierten. Was den pazifischen Raum besonders im Bereich Südamerikas betrifft, verursachte dieser Zusammenstoß die Entstehung des gewaltigen Gebirgswulstes der Anden, ähnlich wie der Zusammenschub des indischen Subkontinents mit Zentralasien die Auffaltung des Himalayas bewirkte."

Somit vertrat ich bereits vor 23 Jahren die Meinung, daß es im Pazifik in fernster Vergangenheit eine größere Landmasse gegeben hätte, und jetzt ergänze ich diese Auffassung mit der Behauptung: dieses Gebiet war bewohnt – hauptsächlich von den Urahnen der heutigen Polynesier. Übrigens kennen die vedischen Schriften sieben Kontinente!

Befassen wir uns nun mit diesem Großraum Pazifik, um die zyklopischen Zeugen vergangener Zeiten aufzuspüren. Hiebei erscheint es sinnvoll, einem gewissen System zu folgen, um auf dieser 180 Millionen Quadratkilometer weiten Fläche halbwegs orientiert zu bleiben. Somit möchte ich, von Westen nach Osten fortschreitend, die folgende Reihung einhalten (bitte zu beachten: Der Westen des Pazifiks entspricht unserem Fernen Osten, während dieses Ozeans Ostküste dem amerikanischen Westen entspricht!). Nun die zu besprechende Megalithkultur im Pazifik und an dessen Küsten (siehe inneren Buchdeckel):

- Vor den Gestaden Japans;
- Nan Madol im Westpazifik;
- im zentralen Pazifik, besonders betreffs der Marquesas-Inseln;
- Pitcairn als „Gegenstück" zur
- Osterinsel (Rapa Nui);
- Hawaii;
- an der Westküste beider Amerikas.

Einem der zahllosen Rätsel des Stillen Ozeans begegnet der Erforscher megalithischer Bauwerke in der Inselwelt, die Südostasien vorgelagert ist, nämlich in dem südjapanischen, ertrinkenden Gebirgszug der Ryu-Kyu-Inseln, wo sich auf 123° östlicher Länge und der Höhe des nördlichen Taiwans ein winziges Eiland von 10 x 4 km Ausdehnung namens Yonaguni befindet. Hier wurden in den 90er Jahren von einheimischen Tauchern monumentale Anlagen entdeckt, welche von einer unbekannten Zivilisation errichtet wurden und heute in bis zu 35 Metern Meerestiefe liegen. Es handelt sich um gut erhaltene Steinbauten, die von der nächstgelegenen japanischen Universität in Okinawa fachgerecht untersucht werden. Dankenswerterweise schickte mir der zuständige Leiter dieser Unterwasser-Expeditionen, Herr Prof. Dr. Masa'aki Kimura, eine englische Zusammenfassung der Forschungsergebnisse, die sich folgendermaßen betitelt und dem Stand der Arbeiten vom 22.12.2005 entspricht:

„Ancient Megalithic Construction beneath the Sea off the Ryukyu-Islands, Japan", veröffentlicht vom Dept. Physics and Earth Sciences, Univ. of the Ryukyus, Okinawa, Japan (siehe Abb. Seite 262).

Die Vermessungen und das Bergen von Artefakten konzentrieren sich auf die Südküste des genannten Eilandes, das sich schon fast in den Küstengewässern östlich von Taiwan befindet. Einst gab es in diesem Gebiet eine Landbrücke, welche die Verbindung zur ostasiatischen Kontinentalscholle hergestellt hatte. Es müssen zweierlei Vorgänge zusammengespielt haben, die ein Überfluten der aufgefundenen Baulichkeiten bewirkten:

A) Ein Absinken des Inselbogens, bedingt durch eine „aktive Subduktionszone", wobei der Westrand der pazifischen Platte unter das chinesische Festland geschoben wird.

B) Das Ansteigen des Meeresspiegels um etwa 40 m zufolge eiszeit- und warmzeitlicher Schwankungen des Niveaus der Weltmeere. Den Beweis hiezu liefern heute unter Wasser befindliche Kalksteinhöhlen mit Tropfsteingebilden, wie wir sie im Bermuda-Dreieck bereits kennengelernt haben. Solche konnten sich nur über der Strandlinie gebildet haben!

Die entdeckten künstlichen Bauten umfassen eine richtige Stadt mit einer Festungsanlage bzw. einem Tempel sowie andere megalithische Steinbauten, wobei alle Gebäude durch ein gepflastertes Straßennetz miteinander verbunden sind. Zu einer sechs Meter breiten Umgehungsstraße verläuft ein Kanalsystem parallel. Besonders monumentale Bauten sind die genannte Festung, die auch eine Tempelanlage sein könnte, sowie eine Pyramide. Der gesamte Komplex ist aus einem Sandsteinmassiv herausgehauen, ebenso die Pyramide von 26 m Höhe, die sich in 25 Metern Wassertiefe vom

Meeresboden erhebt, wobei deren Spitze den Meeresspiegel um einen Meter überragt. Die folgenden Einzelheiten entnehme ich der zitierten Literatur:

Die Maße des „Tempels“ betragen: Länge 200 m, Breite 140 m, Höhe 20 m. Der festungsähnliche Megalithbau umfaßt zahlreiche kleinere Tempel, Stufenpyramiden, sowie ein Stadion am Meeresboden in 35 Metern Tiefe, das eine Fläche von 50 x 60 Metern besitzt. Es finden sich Werkzeugspuren an den bearbeiteten Flächen als auch steinerne Artefakte. Etwa 1,5 km östlich der genannten Pyramide wurde eine Skulptur ans Tageslicht heraufgeholt, die ganz besonders das Interesse der Fachwelt erwecken sollte, denn sie ähnelt den sogenannten „Moais“, den bekannten Steinriesen der Osterinsel!

Japanische Forschungen spielen auch bei der nun zu betrachtenden megalithischen Anlage von Nan Madol eine wichtige Rolle. Doch die erste Kenntnis von diesen Sandkörnchen winzigster Inselchen in der Weite des Ozeans verdanken wir Europäern. Der Portugiese Magalhães sichtete auf seiner, als „erste Weltumseglung“ (um 1520) bezeichneten Seereise die Insel(n). Ein schiffbrüchiger Ire konnte sich 1826 dorthin retten, wobei er weder von Haien angeknabbert, noch von Kanakas verspeist wurde (wie es damals auf mancher Südseeinsel ein ritueller Brauch war!). Ganz im Gegenteil! Der Häuptling der Insulaner fand so sehr Gefallen an dem (rothaarigen?) Matrosen, daß er ihm seine Tochter zur Frau gab. Nach elf heißen Jahren verließ dieser J. O’Connell die Tropeninsel wieder und berichtete zu Hause: Nan Madol weist eine Architektur auf, die mit der gegenwärtigen Bauweise der Inselbewohner nichts gemeinsam hat!

Nach dieser Romanze wenden wir uns nun den nüchternen Tatsachen zu. Die besagte Lokalität weist die Koordinaten 6°59’ Nord und 158°12’ Ost auf; es ist dies ein „Inselschwarm“ im Staatengebilde von Mikronesien, bekannt als die Inselgruppe der Karolinen. Fast 50 Jahre nach Veröffentlichung der Tatsache, daß diese Korallengesäumten Basaltfelsen der Insel einen archäologischen Schatz aufzuweisen haben, begann das Interesse an diesem zu erwachen. Der erste Fachkundige, welcher dort Ausgrabungen durchführte, war der Deutsch-Pole Joh. Stanislaus Kubary (1846–1896). Zum Unterschied von dem glücklichen Ausgang der Geschichte des Iren, ist das Ende des Forscherlebens des genannten Archäologen sehr traurig, wobei es nicht nur den Menschen, sondern auch dessen Forschungsergebnisse betrifft – es könnte ein Beispiel für das Schicksal irgendwelcher Artefakte und Aufzeichnungen aus irgendeinem Teil der Welt sein!

Der Genannte führte um 1870 in Nan Madol Ausgrabungen durch, was eine Sammlung von Artefakten, Beschreibungen und Skizzen erbrachte. Dieses wissenschaftliche Material wurde zur weiteren Bearbeitung nach Europa geschickt. Doch das Schiff mit den Artefakten versank im Meer. Ein gerettetes Manuskript des Forschers verbrannte und Kubary beging Selbstmord!

Nan Madol ist eine etwa 800 m hohe Insel, die ihre Existenz einem nunmehr erloschenen Vulkan verdankt. Das sie umgebende Korallenriff diente als Plattform für den Aufbau von 92 künstlichen Inseln, deren monumentale Ruinen sich vor der Südostküste der Insel mit einem Zugang vom Meer her befinden. Das Baumaterial stammt von einem weit entfernten Steinbruch und es kann unmöglich über das gebirgige Inselinnere transportiert worden sein! Es handelt sich nämlich ausschließlich um gewichtige Basaltsäulen, die für jenes rätselhafte Bauvorhaben verwendet wurden. Solche Säulen stellen eine ganz eigenartige Ausbildungsweise von Basaltlava dar, verursacht durch besondere Abkühlungsbedingungen während des Erstarrens. Derartige natürliche Säulenformationen sind vor allem von folgenden Örtlichkeiten bekannt:

- The Giant's Causeway in Nordirland;
- der Westküste Schottlands, wo sie eine ganze Insel unterlagern;
- der Sierra Nevada in USA mit Höhen von bis zu 20 Metern;
- der Kanareninsel La Gomera („Los 'Organos") und
- der Azoreninsel Flores mit dem „Rocha dos Bordões" (wie in meinem Azoren-Bildband dokumentiert).

Solche meist fünf- oder sechseckige Basaltsäulen sind in Nan Madol in der Bauweise eines Blockhauses übereinandergestapelt (siehe Abb. Seite 263 und 264), wobei die Höhe der Mauern zehn Meter und mehr betragen kann. Die besterhaltene künstliche Anlage ist die Festung Nan Dowas, die zufolge ihrer Ausdehnung von 137 Metern Seitenlänge zu ihrer Errichtung schätzungsweise etwa 32.000 Basaltsäulen erforderte. Hier befindet sich ein doppelter Mauerring im Geviert und ein äußerer Wellenbrecher. Bei einer Mauerhöhe von neun Metern, weist diese eine Breite von fast drei Metern auf.

Im Durchschnitt besitzt eine einzelne Säule 7,5 m Länge und einen Querschnitt von 60 Zentimetern. Nimmt man beispielsweise ein Mindestgewicht von je fünf Tonnen an, so errechnet sich allein für den genannten Festungsbau eine Transportleistung von 32.000 x 5 = 160.000 Tonnen. Dieses Gewicht soll – so die klassische Lehrmeinung – mittels Kanus befördert worden sein? Die Absurdität solch einer Vorstellung: Ein Südsee-Auslegerboot, beladen mit solch einem Fünf-Tonnen-Brocken![39]

Das Rätselhafte dieser Gigantomanie in Stein ist unter Wasser noch erstaunlicher. Es gibt Tunnelsysteme sowie Hafenanlagen, die sich heute in 20 bis 30 Metern Meerestiefe befinden, gesäumt von Reihen senkrecht stehender Basaltsäulen, die zwischen 5–10 m hoch sind und rund ein Meter Durchmesser aufweisen. Doch dem Besucher der sich mit einer Besichtigung der über dem Wasserspiegel befindlichen Baulichkeiten begnügt, sei geraten, auf den Gezeiten-Rhythmus des Meeres zu achten: Nan Madol ist für sein künstlich angelegtes Kanalsystem bekannt, dessen Befahrbarkeit von Flut und Ebbe bestimmt wird, was einst von steinernen Schleusen kontrolliert wurde. Die Wasserstraßen trugen diesem kleinen Südsee-Königreich den Namen ein: „Ort der Zwischenräume“. War es die ehemalige Hauptstadt des Mutterlandes Mu?

Zusammenfassend kann gesagt werden: Jede der künstlichen Inseln muß wohl eine bestimmte Aufgabe besessen haben, denn die gesamte Anlage war wohl durchdacht und verfügte über eine hochentwickelte Infrastruktur. Also handelte es sich doch um ein wohlgeordnetes Siedlungszentrum einer längst untergegangenen Zivilisation? Ich weiß keine bessere Erklärung!

Die Betrachtung von Nan Madol wäre unvollständig, würde ich nicht auf etwas noch Rätselhafteres hinweisen. Abgesehen von der Berliner Südsee-Expedition (1908–1910), die unter der Leitung des Wissenschaftlers Dr. Paul Hambruch stand – der die beste Forschungsarbeit leistete, die je auf Nan Madol vorgenommen wurde –, waren es u.a. japanische Archäologen, welche vor Ort tätig waren.

---

39 Sowohl unter der Bevölkerung Mikronesiens als auch Polynesiens finden wir die besten Seefahrer der Weltmeere. Die Segel wurden aus den geflochtenen Blättern des Pandanus- oder Schraubenbaumes gefertigt. Typisch ist der Anblick der Eingeborenenboote mit dem auf die Spitze gestellten Dreieck des Segels. Der Küstenschiffahrt dienen kleine Auslegerboote für 3–6 Personen. Die klassischen Hochsee-Segelboote waren 20 bis 30 Meter lang und boten bis zu 40 Reisenden Platz. Solch eine Fahrt wurde bei Dunkelheit angetreten, da die Navigation unter dem Sternenhimmel der Südsee die beste Orientierungsmöglichkeit bietet.

Nun geistert die Nachricht durch gewisse Literatur,[40] japanische

40 H. Rittlinger: „Der maßlose Ozean", Stuttgart, 1939, München, 1954, (S. 110–114). Rittlingers Informationen liegen 70 Jahre zurück und erweisen sich als beachtlich interessant! Er spricht von einer möglichen kulturellen Verbindung der Osterinsel mit der Indus-Kultur über Nan Madol und schreibt: Vielleicht lag hier Lemuria! – Doch nun zu Nan Madol: Die „rätselhafte Südseestadt Mtolenim" (Nan Madol) soll sehr alt sein und die heutigen Inselbewohner wären mit Sicherheit erst viel später nach Ponape (früherer Name der Insel Pohnpei) gekommen. Sie hätten zu der versunkenen Stadt absolut keine Beziehung! Doch deren Medizinmänner wüßten viel zu erzählen: Einst – vor ungezählten Jahrtausenden – soll Mtolenim der prachtglänzende Mittelpunkt eines ruhmvollen Reiches gewesen sein und es war voll der kostbarsten Schätze! Noch vor der japanischen Mandatszeit hatten Perlenfischer am Meeresboden Nachforschungen angestellt und verwirrend sei der Anblick zahlloser Steingewölbe, Säulen und Monolithen gewesen. Auch behauene bzw. beschriftete Steintafeln hätten sich in manchen Häuserruinen neben den Straßen gefunden. Eine Meldung aus dem Jahre 1939 besagte, daß japanische Tiefseetaucher vom Meeresgrund Platin zutage gefördert hätten. Sie brachen wasserdichte Särge auf, die aus diesem Edelmetall gefertigt waren und brachten die erbeuteten Fragmente zum Verkauf. In dieser Zeit sei Platin einer der Hauptausfuhr-Artikel der Insel gewesen! Doch zu guter Letzt sollen zwei Taucher nicht mehr an der Meeresoberfläche erschienen sein, worauf diese Art der Grabschändung ein jähes Ende fand.
„Aber die Platinfunde bleiben eine höchst reale Tatsache!", so Rittlinger (S. 112).
Lassen wir den Genannten ausführlicher zu Wort kommen:
„Nun kommt das Einmalige: Jeder Leichnam lag in einem wasserdichten Platinsarg! Und diese Särge seien es gewesen, welche die japanischen Taucher gefunden hätten! Von dort holten sie tagein, tagaus Platin-Bruchstücke an die Meeresoberfläche. Plötzlich sei die Hauptausfuhr der Insel nicht mehr Kopra, Vanille, Sago oder Perlmutter, sondern Platin gewesen. Kein Zweifel: Die Japaner mußten das „Haus der Toten" entdeckt haben!" Und weiter heißt es bei Rittlinger (S. 114):
„Es fällt auf, daß es auf der Südhalbkugel einen ganzen Gürtel merkwürdiger, rätselhafter Kulturen gibt, der sich von Südasien mit seiner hochstehenden Indus-Kultur über die Inselbrücken der Südsee bis zur fernen Osterinsel und bis nach Südamerika – vor allem Peru – hinüberzieht ... Was liegt näher, als diese tote Stadt Mtolenim auf Ponape (gemeint ist das heutige Nan Madol; meine Anmerkung) in einen Zusammenhang mit diesem Kulturgürtel zu bringen! ... Vielleicht lag hier Lemuria, ein legendärer Erdteil, der von einer Naturkatastrophe betroffen war und versunken sein soll wie Atlantis!" Soweit der ehemalige Südsee-Reisende Herbert Rittlinger.

Taucher hätten aus den Untiefen um Nan Madol Metallgegenstände heraufgeholt, die sich, sage und schreibe, als aus Edelmetall gefertigte Erzeugnisse erwiesen: aus Platin![41] Diese kostbaren Objekte sollen zeitweise sogar zu einem regelrechten Exportartikel der Insel geworden sein! Was auch immer für „Artefakte" das gewesen sein mögen, so möchte ich hiezu ganz kurz das Folgende feststellen:

– Im Pazifik selbst kann es aus geologischen Gründen keine (derartigen) Metallvorkommen geben – abgesehen von den Manganknollen am Ozeanboden in etwa 4.000 Metern Meerestiefe.

– Die einzig bedeutende Lagerstätte von Platinmetallen befindet sich in Südafrika, wo sie erst nach der Besiedlung des Landes durch Europäer entdeckt wurde. Aber auch Fundstellen dieses Edelmetalls, wie im Ural oder in Kolumbien, sind immer noch weit genug entfernt, um für die sagenhaften, angeblichen Funde im Westpazifik verantwortlich zu sein.

– Um Platin zu verarbeiten, bedarf es einer Technik, die dieses edelste unter den Metallen bei 1.764° C zu schmelzen vermag.

Und wohin sind all diese Schätze verschwunden? Nicht einmal wirklich glaubwürdige diesbezügliche Aufzeichnungen haben sich meines Wissens erhalten!

Die Basaltsäulen von Nan Madol und der Einsturz der tragenden Pfeiler der Archäologie

Nan Madol (siehe Abb. Seite 263, 264) gibt mehr als irgend eine andere Anlage Zeugnis von der Größe und Herrlichkeit megalithischer Bauten einer fernsten Vergangenheit. Hier steht die klassische Archäologie vor Rätseln, die sie mit ihrer Lehrmeinung nicht zu erklä-

41 Die weitaus bedeutendste Lagerstätte von Platinmetallen befindet sich im Bushveld-Tiefengesteinskomplex des Transvaals in Südafrika. Sie wurde 1924 durch einen Farmer entdeckt, doch geologisch in ihrer ganzen Ausdehnung über hunderte Kilometer nachgewiesen wurde sie von dem Geologen Dr. Hans Merensky, nach dem sie auch als „Merensky-Reef" benannt ist. Dies war 1930, doch der wirtschaftliche Abbau erfolgt erst seit den 1950er Jahren.

ren vermag! Ja, mehr noch, sie erkennt nicht einmal alle Probleme, um die es hier geht:

1) Welche Zahl an Arbeitskräften war nötig, diesen gewaltigen Komplex in Basalt zu erbauen?
2) Wo fand sich diese gigantische Zahl von Basaltsäulen, wie sie für den Bau von Nan Madol eingesetzt wurden?
3) Welche Transportmittel waren notwendig, diese unvorstellbar große Tonnage zu befördern? Flöße aus lokalen Holzbeständen?
4) Es existieren Bauwerke, die heute unter dem Meeresspiegel liegen; diese wurden doch wohl zu Lande errichtet! Warum verschweigt die Schulwissenschaft diese Tatsache? Erklärungsnotstand?
5) Wäre die klassische Auffassung zutreffend – Nan Madol sei erst vor wenigen Jahrhunderten gebaut worden –, würden die heute lebenden Inselbewohner stolz auf die Glanzleistung ihrer Vorfahren hinweisen. Hat man je davon gehört?

Nun werde ich im einzelnen auf jede dieser Fragen eingehen, wobei ich mich besonders auf das im wahrsten Sinn des Wortes „klassische“ Werk (der orthodoxen Lehre) über Nan Madol stütze: W.N. Morgan: 1988– „Prehistoric Architecture in Micronesia“ (Univ. Texas Press, Austin).

Zufolge eines Lageplans in dem Buch des Archäologen-Teams Morgan besitzt Nan Madol folgende Ausdehnung: Länge der äußeren Hauptmauer: 7,5 km, deren Breite 4,1 km, womit sich die verbaute Fläche auf 30,75 km^2 berechnet. Nan Dowas allein bedeckt eine Fläche von etwa einem Quadratkilometer.

Der genannte Wissenschaftler ist dermaßen von der Perfektion der Bauweise der künstlichen Inseln Nan Madols beeindruckt, daß er bezüglich des überaus großen technischen Geschicks der Erbauer schreibt (Pohnpei, S. 58–85); um den gewollten Eindruck des Gesagten nicht zu verfälschen, gebe ich den Originaltext unübersetzt wieder:

- „The most sensitively proportioned example of stacked prismatic basalt masonry!“
- „The wall-stones are carefully chosen and fitted together with exceptional skill!“
- „The exceptional examples of Nan Madol’s megalithic masonry!“

Und nun meine Meinung zu obiger Ansicht des Fachmanns: Die Mikronesier sind wohl die geschicktesten Seefahrer der Welt, doch die Baumeister von Nan Madol waren sie nicht! Die Beweise hiezu im Folgenden:

1) Über die Zahl der zur Verfügung stehenden Arbeitskräfte findet sich bei Morgan die Ansicht: Die Population der Insel Pohnpei (Fläche 19 x 22,5 km) hätte eintausend nicht überschritten oder wäre noch wesentlich geringer gewesen. Selbst wenn wir diese Schätzung als für die Zeit des Baues zum Richtwert nähmen, so blieben von diesen nur ganz wenige hundert, die für das Bauvorhaben zur Verfügung stünden. Die übrigen fänden wir für die Erhaltung des Lebensnotwendigen im Einsatz, während der Rest sich für solch schwere Arbeit mit Basaltsäulen als unfähig erwiesen hätte.

2) Was die Zahl der verbauten Basaltsäulen betrifft, habe ich bezüglich eines einzigen, gewaltigen Komplexes von angenommener Maßen 32.000 solcher Säulen gesprochen, entsprechend dem Mindestgewicht von 160.000 Tonnen. Um nur diese eine riesige Last (für einen Teil der Anlagen) vom Steinbruch übers Meer bis zu Baustelle zu schaffen, um sie dort sachgerecht einzufügen, sind meines Erachtens wesentlich größere Arbeitsgruppen erforderlich! Man gewinnt den Eindruck, darüber hätten sich die Archäologen nie den Kopf zerbrochen. Sowohl Morgan als auch Frau Prof. Dr. G. Weiss (Museum für Völkerkunde, Wien) schreiben bezüglich des Gewichts einzelner Bauelemente von 45 bis 50 Tonnen. Wie solche Brocken bewegt wurden, haben diese Fachgelehrten uns Außenseitern allerdings nicht verraten!

Die Frage nach der Herkunft der riesigen Zahl von Basaltprismen mehrerer Meter Länge kann die Archäologie grundsätzlich nicht beantworten, denn dies ist Sache der Geologie. Wo befinden sich Vorkommen, welche eine derartige Menge von Basaltsäulen verfügbar machten? Auf dem Eiland Pohnpei ist ein oder der andere Steinbruch bekannt, wo „Säulen-Basalt“ gebrochen werden konnte. Doch wieviele solcher natürlicher Gebilde wurden für die Errichtung der Stadtanlagen Nan Madols benötigt, wobei meine äußerst vage Annahme in der Größenordnung von etwa 100.000 als Mindestzahl liegt. Das besagte Inselchen war sicher nicht in der Lage, einen derartig großen Bedarf zu befriedigen.

Um obiger Schätzung nachzugehen, nahm ich mein Azorenbuch zur Hand, um den Abschnitt über die Insel Flores aufzuschlagen. Hier (S. 174–175) ist mein Foto des „Rocha dos Bordões“ (des „Felsens der Wanderstöcke“) abgedruckt, auf dem mehr oder weniger 150 solcher Säulen zu erkennen sind. Selbst wenn die abgebildete Bergkuppe zur Gänze von dieser seltenen Ausbildungsform des Basalts unterlagert wäre, käme der Betreiber eines Steinbruchs bei seiner Vorratsberechnung dort sicher nicht auf die geforderte Größenordnung von mindestens 100.000 Säulen. Das Inselchen Pohnpei besitzt, wie schon angemerkt, nur eine Ausdehnung von rund 20 x 20 Kilometern. Dessen kleiner Vulkan kann niemals diese enorme Anzahl von Säulen produziert haben! Und jetzt kommt die Vulkanologie zu Wort: Nur flächendeckende Ergüsse von Flutbasalt, Lavadecke um Lavadecke, kann unter ganz bestimmten Abkühlungsbedingungen solche Einschaltungen von „Säulenbasalt" zwischen gewöhnlicher Basaltlava in unübersehbarer Ausdehnung entstehen lassen haben. Daraus schließe ich geo-logisch:

Hier muß es einst eine größere Landmasse gegeben haben, welche reiche Lagerstätten von säulenförmig erkalteter Basaltlava aufwies. Diese Vulkanlandschaft ist vor Äonen von Jahren stetig abgesunken, während die Korallenriffe ringsum emporwuchsen. Innerhalb welch langer Zeiträume dies geschieht, haben wir bereits bezüglich der zahllosen versunkenen Vulkane des Pazifiks, den Guyots, gesehen. Versunken ist ja auch ein Teil Nan Madols, womit dessen hohes Alter dokumentiert erscheint, wie tieferstehend noch darzustellen sein wird.

3) Zufolge der Schulweisheit erfolgte der Transport all des basaltischen Baumaterials mittels Wasserfahrzeugen, also auf Kanus oder Flößen. Ohne jetzt die Tragfähigkeit solcher Holzkonstruktionen für Basaltsäulen von über fünf Tonnen Gewicht auch nur zu diskutieren, möchte ich in diesem Zusammenhang auf ein anderes Problem hinweisen: die Beschaffung der hiezu nötigen Holzmengen. Eine kleine Insel, wie Pohnpei, verfügt über einen nur sehr beschränkten Reichtum an Bauholz. Wenn solche Wälder der Tropen und Subtropen abgeholzt sind, wächst – wie ich durch eigene Erfahrung aus dem Amazonas und von der Osterinsel weiß – nur Busch nach. Also wäre für die Verschiffung einer derartig riesigen Zahl von gewichtigen Basaltsäulen niemals genügend Holz für die Flöße vorhanden gewesen! Denn jedes hölzerne seetüchtige Gefährt zersplittert im Laufe der Verwendung unter der enormen Last des Gesteins. Das Problem des Transports der meterlangen Säulen würde noch dadurch vergrößert, falls tatsächlich die Steinbrüche von Pohnpei als Örtlichkeit der Herkunft der gewünschten Basaltart infrage gekommen wären, denn sie liegen auf der abgelegenen Seite der Insel.

4) Die zitierte Monographie, die u.a. Nan Madol behandelt, liefert eine dem Thema gerechte Beschreibung der Baulichkeiten, soweit sich diese mehr oder weniger über dem Meeresspiegel befinden. Doch Morgan schweigt sich darüber aus, was Taucher seit Generationen hier unter Wasser entdeckt haben. Das Hinabtauchen zu den Haifischen ist sicherlich mit Gefahren verbunden, aber nicht minder gefährlich ist es auch für die Archäologie, Dinge zu entdecken, die nicht in ihr Konzept passen: Nan Madol sei vor etwa 700 bis 800 Jahren von den Einheimischen erbaut worden!

In einer Meerestiefe von 20 bis 30 Metern werden Hafenanlagen sichtbar, gesäumt von Reihen senkrecht stehender Basaltsäulen, die Höhen von bis zu zehn Metern und Durchmesser von einem Meter aufweisen. Ist dies lediglich „Seemannsgarn" der Taucher? Es wird berichtet, der Komplex der Bauten erstrecke sich unter dem Meeresspiegel noch viel weiter ...

Wie bedeutsam diese Unterwasserbauten für die gesamte Anlage von Nan Madol auch immer sein mögen, sie sind durch eine Reihe von Beschreibungen nicht nur japanischer Taucher glaubhaft, weshalb sich die Feststellung aufdrängt: Sicherlich lagen all diese Baulichkeiten einst über dem „Normalpegel" des Weltmeeres. Naturgemäß bieten sich zwei Erklärungsmöglichkeiten an.

A) Der Meeresspiegel sei gestiegen – doch seit dem Ende der letzten Eiszeit vor etwa 10.000 oder 12.000 Jahren hat keine diesbezügliche drastische Veränderung stattgefunden.

B) Gebiete, die einst über dem Meeresniveau lagen, sind abgesunken – ein Phänomen, dem wir nun schon öfter begegnet sind! Es entsteht die Frage, wann solch ein Untergehen von Land erfolgt sein könnte? Hätte sich dieses Versinken eines Teils der Insel Pohnpei in geschichtlicher Zeit ereignet, so wüßten die heutigen Insulaner durch Überlieferungen darüber; doch hievon ist keine Rede!

Also versank ein Teil von Nan Madol in grauer Vorzeit, wofür auch das schon erwähnte langsame Emporwachsen des Korallenriffs spricht. Somit kommen wir den Tatsachen näher: Nan Madol ist uralt; es war einst eine Königsstadt von Rutas Mu.

Wozu sonst sollte man eine dermaßen aufwendige Anlage wie Nan Madol auf einer so winzigen Insel errichtet haben? Wozu sollte man um die 600 Moai-Statuen auf der kleinen Osterinsel aufgestellt haben, wenn nicht ein weites Hinterland dies für irgendeinen uns unbekannten Zweck geboten hätte? Dies führt uns zu einem weiteren

Gegenargument bezüglich der klassischen Auffassung der Archäologie: Diese Wissenschaftler sehen und beschreiben Nan Madol usw., aber sie bringen ihre Erkenntnisse nicht in den großen Zusammenhang, in den Rahmen des unermeßlichen pazifischen Raumes. Wo bleibt die Entsprechung zur genannten Osterinsel, zu den Marquesas, zu Pitcairn, Tinian etc.? Warum kommt das Gemeinsame der Megalithkultur des Pazifiks nicht zur Sprache?

5) Einen Erfahrungsschatz, den die Ethnologie bisher völlig ignoriert, sind die Überlieferungen der Völker, also dessen, was die Menschen im Laufe der Zeiten selbst erlebt haben und was sich in ihren Seelen eingeprägt hat. In Bezug auf die Geschichte Nan Madols heißt dies, daß die Mikronesier auf die Glanzleistung ihrer Vorfahren, diese gewaltigen Anlagen in Stein erbaut zu haben, stolz sein müßten! Sind sie dies auf Nan Madol? Nein, keine Spur davon, denn sie wissen weder wer diese Zyklopenbauten errichtet hat noch wann diese gebaut wurden und auch nicht, wozu sie gedient haben mochten. Dies sollte zu denken geben – nicht zu Überlegungen Anlaß gibt es jedoch gewissen engstirnigen Spezialisten ihres Faches, denn Unwissenheit ist der Zustand, in dem man über nichts nachdenken muß!

Die Ortsansässigen wissen nichts über diese Megalithbauten, zu denen sie keine Beziehung haben (wie schon der erste europäische Besucher, der genannte Ire O'Connell, festgestellt hatte). **Dieses Fehlen von Wissen über die Bauten der Epoche der Megalithkultur gilt für den gesamten pazifischen Raum und dessen Randgebiete!**

Die besten Beispiele hiefür sind: Nan Madol, die Marquesas und die beiden Inseln Rapa Ití und Rapa Nui, die Osterinsel. Bezüglich dieses Megalith-Kulturkreises keine Überlieferung zu besitzen, ist psychologisch unmöglich, falls die Ahnen dieser Inselbewohner die Baumeister der auf den genannten Inseln befindlichen Monumente gewesen wären! Doch im ganzen pazifischen Raum verstreut finden sich Megalithbauten und Legenden über unbekannte Urheber dieser Zyklopenbauten, während die Mythen von einem Geschlecht der Riesen als deren Schöpfer berichten.

Im Klartext heißt dies: Es ist nicht bekannt, daß frühere Generationen diese Steinmonumente geschaffen hätten. Doch Mythen aus einer fernsten Vergangenheit berichten sehr wohl über diese von einem „Geschlecht der Riesen" errichteten steinernen Zeugen einer längst vergangenen Urzeit.

Und über Nan Madol gab es keine Mythen? Doch, H. Rittlinger war, wie erwähnt, 1939 wohl einer der letzten Reisenden, der diese von Medizinmännern zuhören bekam, bevor naive Touristen und besser wissende Völkerkundler solche „Gerüchte“ zum Schweigen brachten. Was besagten diese „Kindermärchen“? Sie erzählten von einem versunkenen Reich voller Pracht und paradiesischem Leben erweckter Menschen unter der Herrschaft weiser Könige – wie „Märchen“ dies eben tun.

Wenn wir abschließend in die harte Realität zurückkehren, so kann ich nur an die dargelegten Tatsachen erinnern und diese sprechen lassen: Nan Madol wird folglich für die damit befaßten Wissenschaften ein Stolperstein megalithischer Größe, denn von deren Thesen bleibt bald kein Stein mehr auf dem anderen! Prof. D. Hanlon der Universität von Hawaii in Honolulu schreibt in seiner ebenfalls 1988 (wie die von Morgan) veröffentlichten Studie über das führende Geschlecht von Pohnpei: Diese Herrscher haben den künstlichen Inselkomplex von Nan Madol zwischen dem 12. und 17. Jahrhundert errichtet. – Und solch einen Unsinn sollen die Studenten glauben!

Die neuesten mir zugänglichen wissenschaftlichen Arbeiten über Nan Madol stammen von dem Fachmann für Mikronesien Prof. William S. Ayres, Vorstand des Dpt. of Anthropology, Univ. of Oregon, Eugene, USA, veröffentlicht in: Society for American Archeology, Bulletin, Vol. 10, Washington D. C., Nov. 1992.

Hierin werden die aus Basaltsäulen errichteten Baulichkeiten, welche auf dem flachen Korallenriff ruhen, wie folgt umrissen: Bedeckte Fläche über 18 km^2, wobei die unter dem Meeresniveau befindlichen Ruinenstätten offensichtlich nicht miteingeschlossen sind. Geschätztes Gewicht des verbauten Materials: zwischen 500.000 und 750.000 Tonnen, das aus verschiedener Entfernung herbeigeschafft worden war. Diese Anlagen wurden bis zu zehn Metern Höhe aufgetürmt, wobei sie Tempel, Steingräber, Versammlungshäuser, aber auch Einzelobjekte umfassen. Etwa einhundert steinerne Anlagen wurden allein auf Nan Madol gezählt, doch um die zweitausend auf Pohnpei. Die Art der Anordnung der Bauten läßt auf eine hierarchisch gegliederte Gesellschaft schließen. Was auch in dieser Monographie ungeklärt bleibt:

1. Wer waren die Erstbesiedler der Inseln.

2. Wie erfolgte der Transport der Basaltsäulen von 25 bis 50 Tonnen Gewicht?

3. Über die Unterwasseranlagen erfahren wir nur, daß in dreißig Metern Meerestiefe aufrecht stehende Säulen entdeckt wurden. – Doch dort unten weiterzuforschen, könnte wohl zu viel Ungereimtes enthüllen, was der klassischen Archäologie gar nicht in das Konzept passen könnte. – So mein abschließender Gedanke hiezu: Aber vielleicht sollten auch die Wissenschaftler darüber nachdenken: Geschätzte 500.000 bis 750.000 Tonnen Materials so zum Zeitvertreib von Ort zu Ort transportieren und (zum Teil unter Wasser) zu verbauen. Wozu?

Die Anthropologen-Archäologen der Universität Oregon meldeten sich nochmals mit dem folgenden Beitrag betreffs des Transportes der Basaltsäulen von Nan Madol: „Experiments in Stone Transport, Pohnpei." (Dpt. Anthropology, Univ. Oregon, W.S. Ayres und Ch. J. Scheller, Eugene, USA, vom 18.11.2001).

1) Das Material: Es handelt sich um säulenförmigen Basalt (mit fünf-, sechs- und achtseitigen Abkühlungsflächen) von 50 bis zu 60 Tonnen Gewicht, wobei die größten „Brocken" von der Insel Temwen stammen. Im Durchschnitt besitzen diese natürlich entstandenen Säulen etwa 60 cm Durchmesser, eine Länge von maximal acht Metern und ein Gewicht von sechs bis acht Tonnen.

2) Die Menge: Die Gesamtmasse des verbauten Materials wird auf 750.000 Tonnen geschätzt.

3) Die Transportfrage: Auf Seite 11 der genannten Arbeit lesen wir: „The long-distance transport of this basic building material!"

Der Transport erfolgte von der anderen Seite der Insel Nan Madol über die Lagune/das Korallenriff bei Flut. Die Entfernung betrug 10 bis 30 km, wobei die für die Beschaffung von Basaltsäulen nächste in Frage kommende Insel Kosrae über 400 km entfernt ist.

Es werden fünf Tonnen als Obergrenze dessen angegeben, was (bei entsprechender Wassertiefe) über das Riff bewegt werden kann. Größere Basaltsäulen müßten gezogen werden. Zu den hier angeführten Erklärungsversuchen der Archäologen möchte ich gleich meine Bedenken anmelden [in eckigen Klammern, wie z. B. „gezogen werden" – über das Korallenriff?].

Übrigens besteht die Schwierigkeit, daß nur eine sehr begrenzte Anzahl von Helfern an dem Bauteil/der Basaltsäule anfassen können! [Es fragt sich, ob die aus Pflanzenfasern gefertigten Seile hiebei eine große Hilfe gewesen wären?]

Die Archäologen aus Oregon führten zwei Experimente durch, um festzustellen, wie man damals vor Ort an das Bauvorhaben herangegangen wäre: Hiezu verwendeten sie zunächst eine Basaltplatte von etwa 380 kg und dann eine sechsseitige Basaltsäule von etwa einer Tonne Gewicht. Bezüglich letzterer heißt es auf Seite 9: „Could be just barely lifted!" [Nicht einmal dieses Ein-Tonnen-Gewicht konnte ohne Schwierigkeiten bewegt werden – da erübrigt sich jeglicher Kommentar!]

Eine kleine Säule von 422 kg konnte auf ein Floß gehievt werden, worauf die Wissenschaftler das (maximale) Gewicht berechneten, das von einem Mann als Durchschnittsleistung bewegt werden konnte: 31–33 kg.

Fazit: Zur Bewegung von 1,5 Tonnen „über eine kurze Strecke" waren 35 Mann nötig. [Wenn wir dies auf 750.000 Tonnen hochrechnen, so frage ich mich, ob diese Südseeinsulaner nicht auch die Cheops-Pyramide gebaut hätten?]

4) Abschließende Bemerkungen: Die beiden Autoren zitieren Paul Hambruch: „Ergebnisse der deutschen Südsee-Expedition 1908 (De Gruyter, Hamburg, 1932–36): Es gibt keine Berichte über den Transport der Basaltsäulen, doch: Die Eingeborenen besitzen eine mündliche Überlieferung, daß die Basaltsäulen „durch die Luft geflogen kamen". Dies auf Veranlassung der Schamanen. Was ist glaubwürdiger: 500.000–750.000 Tonnen auf zerbrechlichen Kanus/Flößen zu verschiffen und dann übers Riff zu zerren, oder Levitation? Die Antwort ist für uns wohl eindeutig!

Somit verlassen wir eine der bedeutendsten Stätten pazifischer Megalithkultur, auf die ich in einer abschließenden Betrachtung noch zurückkommen werde. Doch bevor wir uns dem zentralen Pazifik Französisch Polynesiens zuwenden, will ich noch andere Lokalitäten erwähnen, die für megalithische Ruinen bekannt sind. Da es sich hiebei um ein oder das andere kaum bekannte Eiland handelt, das nur selten in Reiseberichten erwähnt wird, halte ich mich an einen amerikanischen Schriftsteller, der, wie nicht sobald jemand, den Stillen Ozean durchpflügt hat: D.H. Childress, „Lost Cities of Ancient Lemuria and the Pacific" (Adventures Unlimited Press, Stelle, Illin., USA, 1988).

Die zu betrachtenden Inseln und Inselgruppen liegen naturgemäß kunterbunt in der Unendlichkeit des Stillen Ozeans verstreut.

Um ein gewisses System in die Darstellung zu bringen, werde ich mehr oder weniger von West nach Ost fortschreiten, wobei ich folgende Reihung vornehmen möchte:

Die Marianen.

Die Fidschi-Inseln und Rotuma.

Die Tonga-Inseln.

Französisch Polynesien mit den Inseln „nahe" bei Tahiti:

Die Tubuai-Inseln mit Raivavaé.

Die Gambier-Inseln und Mururoa. Die Malden-Insel.

Die Marquesas-Inselgruppe (in Französisch Polynesien): Hivaoa, Nuku Hiva und Fatu Hiva.

Die ostsüdöstlichste Insel des Austral-Rückens Rapa Ití (zum Unterschied von Rapa Nui, der „Osterinsel").

Die Osterinsel, sowie die ihr archäologisch ähnliche Insel: Pitcairn. Von dort machen wir den Sprung in den Nordpazifik zur Inselgruppe von Hawaii und der Necker-Insel.

Abschließend begeben wir uns auf das amerikanische Festland zum Mt. Shasta. Mit einem Rückblick auf Tiahuanaco sei dann das Thema Megalithkultur abgeschlossen.

Besuchen wir zunächst Tinian (siehe Abb. Seite 262), ein Eiland im Süden des Marianen-Bogens, der sich im Westpazifik nördlich von Guam (der größten Insel) erstreckt. Die meisten Inseln hier weisen etwas für die Marianen sehr Typisches auf: Kolonnen von Kapitelle tragenden Säulen, die auf einem „latte" genannten Unterbau ruhen. Meist sind es je sechs Säulenpaare, also Anordnungen von 12 Säulen, und es finden sich nicht weniger als 18 solcher Gruppen in der Landschaft von Guam verstreut.

Die eindrucksvollsten Überreste solcher gigantischer „Pilze" finden sich auf dem genannten Inselchen Tinian, wo eine Doppelreihe gewaltiger, quadratischer Säulen aus Korallenkalk auf einer Fläche von 18 x 3,6 Metern steht. Am Sockel besitzen sie eine Breite von 1,4 Metern und verjüngen sich nach oben auf 1,2 m. In etwa fünf Metern Höhe tragen sie bis zu 2,5 m Durchmesser aufweisende halbkugelförmige Kapitelle, womit das Gewicht jeder dieser Monolithe auf viele Tonnen geschätzt wird. Auch hier bildeten sie einst zwei parallele Reihen von einem Dutzend solcher Kolosse, von denen schon etliche umgefallen sind.

Nördlich der Fidschi-Inseln (einst berüchtigt für Kannibalismus, der mit großen Zeremonial-Gabeln rituell vollzogen wurde) liegt die einsame Insel Rotuma, wo sich eine Steinplatte megalithischen Ausmaßes findet.

Das Königreich Tonga kann auf der Hauptinsel Nuku'alofa gleich zwei gigantische Monumente aufweisen: Den Trilithon von Ha'amonga und die Zyklopenmauer Langi Tauhala. Der genannte „Dreistein" aus Korallenkalk besitzt eine Höhe der beiden tragenden Pfeiler von 4,88 Metern bei einer Länge des Querbalkens von 5,80 Metern. Letzterer ist in die zwei Träger eingelassen und nicht nur daraufgelegt. Die Mauer von Langi Tauhala mißt um die 200 m in der Länge, wobei die Bausteine ineinander verzahnt sind, wie aus Peru bekannt ist.

Französisch Polynesien:

Der holländische Kapitän J.A. Moerenhout beschrieb in seinem Buch „Reisen zu den Inseln des Großen Ozeans" (Paris, 1837) etwas für die Erforschung der Siedlungsgeschichte des Pazifiks sehr Interessantes: Den Steinskulpturen der Osterinsel ähnliche Statuen traf er auch auf den folgenden polynesischen Inseln an:

In Raivavaé, einem Eiland in der Tubuai-Inselgruppe südlich von Tahiti; in den Gambier-Inseln ostsüdöstlich von Tahiti, wo sich zudem das unglückselige Mururoa-Atoll[42] befindet. Auch die Malden-Insel

42 Mururoa ist ein Eiland in der Inselgruppe der Tuamotus und befindet sich am Südostende von Französisch Polynesien, 1.300 km von Tahiti entfernt. Die Kolonialmacht Frankreich führte dort ab 1966 Atombombenversuche zunächst in der Atmosphäre durch, wobei etwa 40 atomare Sprengsätze gezündet wurden. 1974 begannen anschließend Untergrund-Versuche in einem in das Riff abgeteuften Schacht in einer Tiefe zwischen 600 und 1.000 Metern. Hiezu ist festzustellen, daß der Riffkalk für ein an und für sich lebensfeindliches Unterfangen, wie Atomexplosionen, ein noch erhöhteres Gefahren-Risiko darstellt: Das von Natur aus poröse Korallenriff bekommt hiebei zahllose Risse, durch die verseuchtes Meerwasser und radioaktive Gase austreten! 1979 klemmte ein Sprengkörper in dem Versuchskanal; er wurde auf höherem Niveau zur Explosion gebracht, worauf ein beträchtlicher Teil des Riffs abbrach und in der Meerestiefe versank. Kurz darauf kam es zu Wirbelstürmen, die eine unvorstellbar große Menge Plutoniums aus einem Zwischenlager ins Meer fegten! Dieses Spiel mit dem atomaren Feuer umfaßte auf Mururoa nicht weniger als 120 Kernwaffen-Versuche, die zur Folge hatten, daß allein in dem riesigen Gebiet des zentralen Pazifiks eine alarmierende Zunahme von strahlenbedingten Krankheiten zu verzeichnen war.

nördlich von Tahiti – auf 4° Süd und 155° West – gelegen, ist hier zu erwähnen. Da stehen Reste von vielen Steintempeln, von denen Basalt-gepflasterte Straßen in alle Richtungen ins Meer führen. Die Ruinen selbst bestehen aus Korallenkalk. In Zusammenhang mit den genannten Osterinsel-Steinstatuen (den Moai) muß besonders auch die einsame Insel Pitcairn besprochen werden (Seite 311).

Die Inselgruppe der Marquesas ist wohl die romantischste, schroffste und wildeste Ansammlung von Vulkanruinen im zentralen Pazifik! Es sind elf Hochinseln, von denen Nuku Hiva die größte ist, wobei deren Berge eine Höhe von 1.185 Metern erreichen. Heute leben etwa 6.000 Marquesaner auf den Inseln, die unter französischer Verwaltung stehen. Entdeckt wurden die felsigen Gestade dieser Eilande 1595 durch Mendaña, der sie nach seinem spanischen Landsmann und Politiker Marqués de Mendoza benannte. Die Eingeborenen der Marquesas lebten in dem feuchtheißen Klima dieser isolierten Inselwelt in einer Fülle von tropischer pflanzlicher Nahrung, verstanden es jedoch, sich das Leben durch folgende Gewohnheiten zur Hölle zumachen: Kämpfe untereinander, rituelle Menschenopfer und zelebrierten Kannibalismus.

Im Gegensatz zu dieser primitiven Lebensführung stand das künstlerische Schaffen der Menschen, besonders in Form von Holzschnitzereien, der Steinbearbeitung zur Anfertigung von „Tikis" (Göttersymbolen), sowie der Darstellung ganz bestimmter Motive als Bemalung auf Baststoff und auf dem menschlichen Körper; diese ganzheitliche Tätowierung vom Kopf bis zum Fuß wurde von dem deutschen Völkerkundler Karl von den Steinen 1925 in einem reich bebilderten Werk dokumentiert. Doch die vorsintflutlichen Megalithbauten, wie sie besonders auf diesem Archipel allerorts anzutreffen sind, haben mit dem genannten Kunstschaffen nichts gemeinsam. Solche riesenhafte Konstruktionen in Stein werden beispielsweise in dem klassisch gewordenen Buch von Herman Mellville: „Typee" (1846) folgendermaßen beschrieben (frei übersetzt):

„... eine riesige Steinterrasse, die sich stufenförmig erhebt und schätzungsweise über einhundert Meter erstreckt, bei einer Breite von etwa zwanzig Metern. Das Erstaunliche ist die riesenhafte Größe der Steinblöcke, welche die Anlage aufbauen: Einige dieser Quader messen bis zu fünf Meter in der Länge und sind fast zwei Meter breit. Deren Flächen sind glatt und weisen keine Spuren einer Meißelbearbeitung auf; sie fügen sich in regelmäßiger Anordnung ohne Zement zusammen. Im Laufe der Zeit wurde diese Anlage vom Dschungel überwuchert. Sie scheint sehr alt zu sein! Und keiner der Marquesaner wußte eine Erklärung, wer hier Basalt auf Basalt, Baublock auf Baublock übereinander geschichtet hat ..."

Der genannte Kapitän Moerenhout kannte diese Örtlichkeit auf Nuku Hiva, wo sich im Tal von Taipivai („Typee") die besagte Terrasse befindet, und auch er bestaunte die fugenlos gefügten Steinkolosse.

Auf dem Inselchen Fatu Hiva wurde zweierlei entdeckt: Am Taleingang der Bucht von Hanavave behauene Steinfiguren, als auch eine mit riesigen Gesteinsplatten gepflasterte Straße, die das Tal hinauf führte.

Fatu Hiva! Welche Erinnerung an diese „Insel Thor Heyerdahls", wo er sich – damals mit seinem jungen, tapferen Weibe – seine ersten Sporen als Abenteurer und Forscher verdiente! Auf meiner Südseereise hatte ich u.a. die bewohnten Inseln der Marquesas besucht und schon damals (1982–1984) Informationen über die Megalithkultur und Mythen des pazifischen Raumes gesammelt. So schrieb ich in dem anschließend erschienenen Buch (S. 67):

„Mein Gastwirt, ein stattlicher Vertreter seiner polynesischen Rasse, hatte es mit viel Geschick und erstaunlich wenig Aufwand verstanden, das Hatiheu-Tal (auf Nuku Hiva) zu dem auszugestalten, was sich der – romantischen Vorstellungen nachhängende – Fremde unter einer stillen Meeresbucht in der Südsee vorstellt. ... Nun hatte mir mein Gewährsmann zugesagt, mich zu den Resten uralter Tempelplattformen, hier pae pae genannt, zu bringen, wo auch noch wetterzerfurchte Stein-Tikis zu finden seien. Er kannte kraft seiner Stellung Land und Leute seit frühester Jugend, und einst hatte ihn sein Vater in die Geheimnisse eingeweiht, die der nahe Regenwald im Inneren der Bucht oberhalb der Kokosplantagen barg. Dorthin lenkten wir jetzt unsere Schritte.

Nachdem wir einige Kilometer einem lehmigen Fahrweg folgend bergan gestiegen waren, führte uns ein kaum erkennbarer Steig in die Büsche. Der Palmenhain machte alsbald dem Gewirr von Farnen, Baumstämmen und Luftwurzeln Platz, wie sie nur ein immerfeuchtes Tropenklima hervorzubringen vermag. Ich kannte diese Art der Vegetation von anderen äquatorialen Zonen der Erde, trotzdem riß ich vor Staunen Mund und Augen auf, als wir vor einem Regenbaum haltmachten, dessen Umfang weit jenseits des mir bisher Bekannten lag.

Der zweiten Überraschung wurde ich bei näherer Betrachtung

der unzähligen verflochtenen Stämme, mannshohen Brettwurzeln und des Geflechtes der Luftwurzeln dieser tropischen Abart des Feigenbaumes gewahr. Er wuchs nämlich auf den zyklopischen Grundmauern einer weitläufigen Tempelanlage, neben deren Ruinen wir beiden nicht eben kleinen Männer uns wie Zwerge ausnahmen.

Einen Sakralbau – denn um einen solchen mußte es sich wohl handeln – dieses Ausmaßes hatte ich bisher weder in den heiau Hawaiis, noch den marae von Tahiti (beides bedeutet Tempelplattformen) kennengelernt. Der Tempelbau stand, soweit im Dämmerlicht des Regenwaldes erkennbar, auf einer sich den Berghang hinziehenden Flucht von Plattformen, eben diesen pae pae, die säuberlich aus gewaltigen, zubehauenen Felsblöcken gefügt waren. Die sichtbaren Oberkanten dieser monumentalen Steinmauern bestanden hauptsächlich aus Basaltplatten von bis zu zwei Metern Länge, die sich als genau zusammenpassend erwiesen. Was für eine eindrucksvolle Leistung ...

Bei näherer Untersuchung zeigte sich, daß steingefaßte Schächte in die Tempelplattformen eingelassen waren, wie wir diese von Brunnenanlagen her kennen ...“

Es bleibt der Einbildungskraft jedes einzelnen von uns überlassen, über das Wann und Wozu dieser megalithischen Bauwerke Spekulationen anzustellen. Herausgefunden haben wir damals jedenfalls nichts außer der Tatsache, daß pazifische Inseln reich an Schätzen sind, die zur Zeit unlösbare Rätsel bergen. Auch die Archäologie ist meines Wissens nicht zu glaubwürdigen Ergebnissen gelangt, ja sie hat dort auf den Marquesas noch kaum einmal den Spaten angesetzt![43] Die in der Fußnote genannten Steinskulpturen auf Hiva Oa sind dreieinhalb Meter hoch.

---

43 Die dortigen Megalithbauten erwähnt der Ethnologe K. Kohlenberg in seinem Buch „Enträtselte Vorzeit“ (Langen-Müller-Verlag, Wien, 1974, S. 327). Desgleichen zitiert Th. Heyerdahl in seinem Erstlingswerk „Fatu Hiva“ (Bertelsmann-Verlag, Wien, 1974, S. 228–229) die Steinstatuen im Puamau-Tal auf der Insel Hiva Oa. In diesem Zusammenhang gibt er die Meinung des deutschen Völkerkundlers Karl von den Steinen kund, der in seinem Dokumentar-Werk „Die Marquesaner und ihre Kunst“ (1895) schrieb: **Die Statuen waren bereits da, als die Vorfahren der heutigen Bewohner auf die Inseln gekommen waren und ein früheres Volk ins Gebirge getrieben hatten.** Und weiters heißt es in diesem Sinn bei den beiden Forschern: **Es gab in ganz Polynesien hartnäckige Überlieferungen, deren zufolge**

Mit dieser lapidaren Feststellung möchte ich die Marquesas verlassen, um mich einer anderen geheimnisvollen Insel im Südmeer zuzuwenden: Rapa Ití. Dieses kleine (ití) Eiland hat wenig mit seiner Namensschwester Rapa Nui („Groß-Rapa"), der Osterinsel, zu tun. Hier stehen keine „Moai" in der Gegend herum, sondern es sind sozusagen „Festungsbauten", welche die bergige Insel als so einzigartig charakterisieren! Rapa liegt etwas über 1.000 km südöstlich von Tahiti, wurde von Th. Heyerdahl 1957 archäologisch untersucht und in seinem Buch „Aku Aku" in Wort und Bild festgehalten (Ullstein-Verlag, Wien, 1957, S. 342ff.). Was der norwegische Forscher dort vorfand, sind eine Reihe von Terrassen um das tief verwitterte vulkanische Gebirge herum, das von einem Pyramidenstumpf von 20 Metern Höhe gekrönt wird. Es konnten insgesamt sieben „Festungen" gezählt werden, die jede eine Fläche von etwa 10.000 m^2 einnehmen. Dies auf einer Insel von rund 6 x 15 km! Heyerdahl wählte eine der Bergkuppen aus, die „Festung Morongo Uta", um dort die angeheuerte Bevölkerung Ausgrabungen vornehmen zu lassen. Nichts Aufregendes scheint gefunden worden zu sein, doch das Faktum, daß eine winzige Insel derartige (Wehr-?)Anlagen aufweist, gibt zu denken und unser Franzmann Vincent sagt in seinem Buch („Mu", S. 337) hiezu: Diese Festungsbauten sind sehr alt, errichtet durch eine mächtige Zivilisation, die verschwunden ist. Sie sind nicht die Arbeit von Eingeborenen einer winzigen Insel, die sich niemals der Mühe unterzogen haben, ihre bergige Insel zu kultivieren!

Pitcairn, eine Südseeinsel auf 25° südlicher Breite und 130° westlicher Länge, wurde durch „die Meuterei auf der Bounty" (1788 oder 1789) berüchtigt. In der Folge besiedelten die Meuterer das verlorene Eiland, wobei die Namensgebung durch einen der Neusiedler erfolgte: „Cairn" (aus dem Englischen) für Hügelgrab. Damit begann, was so vieles, für die Kulturgeschichte der Menschheit so wertvolles Material zugrunde gehen ließ und sich durch die Archäologie wie ein roter Faden zieht:

- Es wurden rätselhafte Funde gemacht.
- Diese wurden verschleppt oder zerstört.
- Daher kann die Wissenschaft nichts darüber aussagen!

Wenden wir diese traurige Erkenntnis auf die genannte Insel an:

---

ein anderes Volk auf diesen Inseln gelebt habe, als die Vorfahren der jetzigen Bevölkerung eintrafen (Fatu Hiva, S. 229).

Auf der 3,2 x 4,8 km großen Insel wurden aus riesigen Gesteinsblökken gebaute Tempelplattformen mit gut bearbeiteten Steinstatuen darauf entdeckt, die einst auf den Berggipfeln gestanden hatten, wobei das Eiland Höhen bis zu 335 m aufweist. Diese Steinbauten samt den Statuen wurden von den ersten Siedlern zerstört! Somit waren auf der Insel Reste einer (sehr?) alten Kultur gefunden worden, wobei die Steinskulpturen von 3–4 Metern Größe im Stil an die Moai der 2.000 km entfernten Osterinsel erinnert haben sollen. Wieder ist es der schon genannte Erkunder des Pazifiks, Kapitän Moerenhout, der in seinem 1837 in Paris erschienenen Reisebericht die folgenden Einzelheiten kundtut:

Es wurden vier rechteckige Plattformen mit je einer Statue an den Ecken und mit dem Rücken zum Meer (wie auf der Osterinsel!) aufgefunden. Diese Tempelplattformen trugen, wie gesagt, auf Sokkeln stehende Steinskulpturen, was eine Gesamthöhe von etwa vier Metern ergab, wobei zur Zeit der Neusiedler alles schon ein ruinenhaftes Aussehen aufwies. Am Gipfel eines „hohen Berges" (dem holländischen Seebären kam ein 300-Meter-Hügel wohl bereits hoch vor!) waren die Reste eines entsprechend alten Tempels zu sehen, der einst eine Büste von 1,4 Metern Höhe beherbergt hatte. Hervorzuheben ist, daß die Bausteine der Anlagen sehr gut zusammengefügt waren: Selbst große Steinblöcke erwiesen sich als feinst behauen und Steinwerkzeuge zeigten eine sorgfältige Bearbeitung. An manchen von ihnen war eine auffallende, außerordentliche Größe festzustellen!

Wurden auch menschliche Überreste entdeckt, vielleicht von Riesen, welche diese Werkzeuge handhabten? Es fand sich tatsächlich ein Skelett nahe einer der Plattformen, dessen Kopf auf einer großen Muschel lag. Wo sind diese Knochen? Und suchst du nach den Riesen, du findest sie nicht mehr ...

Selbst die etwa 2.000 auf Pitcairn gefundenen Steinäxte würden heutzutage nur mehr schwer zu orten sein. Dies ist also das Schicksal nicht nur der weltweit geborgenen, doch verloren gegangenen Reste einst riesenhafter Erdenbewohner und ihrer Artefakte!

Pitcairn, eine fruchtbare Insel, reich an Wasser; warum war sie von den einstigen Bewohnern verlassen worden? Waren diese unter den kümmerlichen Epigonen der untergegangenen Hochkultur von Rutas Mu? Und während ich immer wieder den Großen Weltatlas konsultiere, um auch diese entferntesten Winkel der Südsee aufzuspüren, fällt mir auf: Die Inseln Rapa Ití – Pitcairn – Rapa Nui liegen alle drei fast auf dem 25. bis 27. Grad südlicher Breite. War dies nicht die Südgrenze des versunkenen Kontinents, der im Sanskrit und uns als Rutas Mu bekannt ist? Dessen südöstlichster Zipfel wäre dieses Rapa Nui gewesen, die „Osterinsel", und der wollen wir uns jetzt zuwenden.

Das Eiland mit den drei Namen: Osterinsel, Rapa Nui und „Te Pito o te Henua"

Wer wüßte nicht um das verlorene Eiland irgendwo in der Weite eines südlichen Meeres: die Osterinsel! Der holländische Kapitän Roggeveen und seine Schiffsbesatzung sichteten diese Insel als erste Europäer und benannten ihre Entdeckung nach dem Kalendertag: Es war Ostersonntag, der 6. April des Jahres 1722. Wenige Jahrzehnte zuvor hatte ein Feuersturm des Unheils über die Insel gefegt, als 1680 eine der beiden ethnischen Gruppen der Insel während eines Bürgerkrieges fast gänzlich durch einen gelegten Brand ausgerottet wurde, womit die Herrschaft der sogenannten „Langohren" ein jähes Ende fand. Daraufhin konnten die „Kurzohren" die hügelige Gras- und Buschlandschaft zwischen den drei (eigentlich vier) längst erloschenen Vulkanen für sich allein beanspruchen. Die einstigen Wälder waren schon längst menschlicher Unvernunft zum Opfer gefallen und das Leben auf dem Inselchen wurde karg und eintönig, seit Bootsbau und damit Fischfang auf hoher See unmöglich geworden waren.

Man hatte zum Zeitvertreib ein Spiel erfunden, nämlich das erste Ei einer Seeschwalbenart von nahen, brandungsumtobten Felsklippen im Meer im Wettkampf heimzuholen. Wem der Wagemutigen dies gelang, der sollte für ein Jahr der ungekrönte König der Insel sein! Dies impliziert eine Rangordnung unter den Insulanern und tatsächlich gab es eine, sowohl dem hawaianischen als auch indischen Kastensystem von einst, sehr ähnliche Hierarchie. Priester rezitierten bei dem erwähnten Ereignis alte Gesänge an Hand von Holztafeln (siehe Abb. Seite 266), die eingeritzte Schriftzeichen trugen. Heute sind diese „Rongo-Rongo-Glyphen" weltbekannt, wenn auch kaum entziffert!

Doch das isolierte Dasein auf der Osterinsel, von den Polynesiern Rapa Nui genannt, blieb seit 1722 nicht mehr von der restlichen Welt abgeschieden. Nach Roggeveen kamen und gingen andere Seefahrer, wohl sehr zum Vergnügen frustrierter Insel-Weiblichkeit, Piraten jedoch fielen über die Männer her, um sie auf peruanische Guano-Inseln als Arbeitssklaven zu verschleppen. Und nicht zuletzt: Missionare entdeckten die Insel als dankbares Ziel für ihre Glaubensverbreitung, wobei alsbald fast alle „heidnischen" Kulturgüter den Flammen anheimfielen (die Rongo-Rongo-Holztafeln!). Somit war der Weg geebnet, die Insel in ein zivilisiertes Staatswesen einzugliedern (Chile, 1888) und sie den Anforderungen einer Volkswirtschaft unterzuordnen, wobei Schafzucht und Tourismus als lukrative Standbeine in Frage kamen.

Der Inseltourismus lebt vor allem – paradoxerweise – von etwas Totem und wir finden diese in ihrer Kraft erloschenen Steinkolosse auf jedem Osterinsel-Prospekt abgebildet: die Moai-Statuen. Diese Skulpturen wurden aus dem Berghang des Vulkans Rano Raraku herausgehauen, wie unfertige Torsi beweisen. Man brachte sie, wenn vollendet, zu ihrem Bestimmungsort. Dies klingt sehr einfach, doch das WIE bleibt nach wie vor ein ungelöstes Rätsel der damit befaßten Wissenschaft. Sie wurden im Laufe ihrer „Entwicklung" immer größer, sodaß die letzten ihrer Art es auf immerhin geschätzte 80 Tonnen Gewicht brachten. Zudem setzte man diesen Steinriesen „Hüte" auf, zylindrische Gebilde aus rotem Tuff, die ihrerseits bis zu 12 Tonnen wiegen. Diese Moai stehen auf Steinplattformen (Ahus) – soweit sie nicht beschädigt oder umgeworfen sind – und finden sich stellenweise in Reihen zu je sieben. Sie blicken mit starren Augen aus Korallenkalk in Richtung Inselmitte und nicht aufs weite Meer, wie eigentlich zu erwarten gewesen wäre. Die weißen Korallenaugen in dem dunkelgrauen Basaltgesicht verleihen ihnen ein weltentrücktes Aussehen!

Hiemit drängen sich die immer wieder gestellten Fragen auf:

- <u>Wer</u> hat diese Statuen aus dem Fels herausmodelliert?
- <u>Wie</u> erfolgte deren Transport über Stock und Stein, woraufhin diese tonnenschweren Kolosse aufgestellt wurden, und vor allem:
- <u>Was</u> war deren Zweck? Wir wissen es nicht, doch die Analogie zu Nan Madol ist offensichtlich:

Etwa 600 solcher Steingiganten auf der kleinen Osterinsel entsprechen der ungefähr ein Quadratkilometer umfassenden Anlage von Pohnpei vor dem winzigen Inselchen Temwen! Hat nicht etwa auch hier die unkonventionelle Ansicht recht: Was sollen zyklopische Werke in solch beschränktem Rahmen? Waren diese nicht einst in einen weiten Raum gestellt? Zur Zeit können wir diese Fragen nicht endgültig beantworten – wenn wir von der längst unhaltbaren klassischen Lehrmeinung absehen, die ihre Augen vor den Tatsachen verschließt und nicht zu einer Gesamtschau fähig ist! In dem Versuch, den Fakten eher gerecht werdende Erklärungsmöglichkeiten anzubieten, möchte ich nun einige „Kenner der Szene" zu Wort kommen lassen.

Vor allem sind es zwei Forscher, die auf der Osterinsel fachkundige Arbeit geleistet haben: Der berühmte Norweger Thor Heyerdahl sowie der Belgier A. Métraux. Den amerikanischen Reiseschriftsteller D. H. Childress habe ich schon vorgestellt; auch dessen Aussagen sollten für unsere Betrachtungen wertvoll sein, denn er war nicht nur ein profunder Kenner der Südsee, sondern scheint zudem manchem pazifischen Rätsel auf der Spur gewesen zu sein.

Heyerdahls Osterinsel-Expedition fand in dem Buch „Aku Aku" seinen Niederschlag, wobei neben den Beschreibungen der Forschungen vor Ort vor allem die Bilddokumente ganz besondere Aussagen enthalten (S. 96, 97 und 145 des genannten Buches): Da gruben die Expeditionsteilnehmer Moai aus, die tief in der Erde steckten, was Ritzzeichnungen und andere Einzelheiten auf diesen „Steinmännern" enthüllte. Meinen Kommentar hiezu gebe ich als Schlußfolgerungen (Seite 324) wieder. Die bereits zitierten Maße und Gewichte der Steinfiguren entnehme ich gleicherweise Heyerdahls Schilderungen. Um uns diese gigantischen Werte in Erinnerung zu rufen, seien sie hier nochmals kurz zusammengestellt:

Ein 12-Meter-Brocken eines Moai wiegt .... 80 Tonnen;

mit „Hut" (Pukao oder Pukeo) .... 12 Tonnen.

Größter bekannter Pukeo: 3 m Durchmesser, 2,5 m Höhe, dessen Gewicht: Grundfläche (hier Kreisfläche) mal Höhe gleich Volumen mal spezifischem Gewicht des vulkanischen Tuffs von mindestens 2, woraus sich errechnet:

Radius des Zylinders r=1,5 m, dessen Höhe H=2,5 m, spezifisches Gewicht des Tuffs 2,0;

r^2 x pi x H x spez. Gew. ergibt:

$(1,5)^2$ x pi x H = 3/2 zum Quadrat x pi x H = 9/4 x pi x H = 27/4 x 2,5 = 6,75 x 2,5 = 16,8 m^3 Volumen x 2 = 33,6 Tonnen.

Allein der „Hut“ des Moai wiegt 33,6 Tonnen! Aber mit solchen Gewichten geht die klassische Archäologie „spielend“ um, und das bezüglich einer Insel, wo es bald nach der Besiedlung kein Holz mehr gab! Der größte Moai, der noch unfertig im Steinbruch liegt, besitzt eine Länge von 21 Metern. Dessen Gewicht wage ich nicht einmal zu schätzen (siehe Abb. Seite 265)!

A. Métraux ist ein anderer „Insider“, was die Völkerkunde von Rapa Nui betrifft. Er war Mitglied der französisch-belgischen Expedition von 1934–35; sein Bericht betitelt sich: „Ethnology of Easter Island“ (Bulletin 160, Bishop Museum Press, Honolulu, 1971). Hierin finden wir drei Kernaussagen:

1) Die Frage des genannten Ethnologen: „Gab es eine Urbevölkerung auf der Osterinsel?“ (Der ahnungsvolle Engel!).

2) „Die heutigen Bewohner wissen nicht, wie diese Moai-Statuen transportiert wurden. Ebenso blieb ihnen deren Bedeutung unbekannt!“

3) Das plötzliche Verlassen der Arbeiten im Steinbruch Rano Raraku: Ein Ereignis kam, das die Insel in ihren Grundfesten erschüttert haben muß! (Diese Aussage trifft übrigens auch auf Tiahuanaco zu!) Und Heyerdahls Expedition grub einen knienden, bärtigen Steinmann aus – wie sie auch in Mohenjo Daro und Tiahuanaco gefunden worden waren.

An die peruanisch-bolivianische Megalithkultur gemahnt auch die perfekt gefügte Steinmauer von Vinapu auf der Osterinsel, die eine Länge von 30 und eine Höhe von 2,35 Metern besitzt. Auf die Westküste Südamerikas kommen wir zum Abschluß der Betrachtungen über die Megalithbauten noch einmal zurück.

D. H. Childress scheint diese Moai seiner ganz besonderen Zuwendung für würdig befunden zu haben, denn er hat sie alle genau gezählt: Am Hang des Rano Raraku-Vulkans finden sich deren 276, von denen 193 fertig herausgemeißelt sind, während sich 83 noch in Bearbeitung befanden, als eine Katastrophe eintrat, die das Ende der Steinmetzarbeiten bewirkte. Er führt drei Gründe für das seiner Meinung nach hohe Alter der „Steinmänner“ an:

– Die heutigen Inselbewohner haben keine Beziehung zu ihnen. Die Moai stehen ohne Zusammenhang in Raum und Zeit.

– Flechten wachsen auf dem basaltischen Gestein der Kolosse und diese symbiotischen Algen-Pilz-Gewächse gedeihen bekanntlich sehr langsam, weshalb es endlos dauert, bis sie eine größere Fläche bedecken, was bezüglich der Moai der Fall ist.

– Viele Moai stecken tief in der Erde als Folge von jahrtausendelanger Erosion, die Verwitterungsmaterial ringsherum anhäufte (siehe Abb. Seite 265).

Meine Meinung zu letzterem, wichtigen Punkt gebe ich unter den Schlußbetrachtungen zu diesem Kapitel.

Wenn wir jetzt die megalithischen Zeugen vorerst verlassen und dennoch der Osterinsel treu bleiben, so stoßen wir unweigerlich auf das Rätselhafteste, das der gesamte pazifische Kulturkreis zu bieten hat: die Rongo-Rongo-Schrift.

Da ragt ein Name hervor, dem die Völkerkunde eine bahnbrechende Entdeckung verdankt, die der Wissenschaft heute noch Kopfzerbrechen bereitet: 1932 fand der ungarische Sprachforscher Wilhelm von Hevesy heraus, daß die Schriftzeichen der Rollsiegel von Mohenjo Daro und die Glyphen auf den Rongo-Rongo-Tafeln nicht nur Ähnlichkeiten aufweisen, sondern sage und schreibe 160 Zeichen sich als ganz oder fast identisch erweisen! Dieses die Fachwelt in berechtigte Aufruhr versetzende Ergebnis der vergleichsweise durchgeführten Studie veröffentlichte Hevesy dann 1934 in der damaligen Fachzeitschrift: Orientalistische Literaturzeitung, 37. Jahrgang, Heft 11, S. 665–673 (Hinrichs Buchhandlung, Leipzig, 1934, bzw. Bibliothek für Orientalistik, Univ. Wien). Ein Vergleich der beiden Schriften findet sich auf Seite 261.

Beide Schriften sind in „Bustrophedon" verfaßt, wobei Hevesy die Osterinselschrift als die Urform auffaßte. Mit dem genannten Fremdwort bezeichneten die alten Griechen die Art und Weise, wie ein Acker gepflügt wird: „Ochsenwendig", d.h. von links nach rechts, dann von rechts nach links usw.

Verweilen wir etwas bei den wenigen erhaltenen Tafeln, die den Menschen von Rapa Nui als Zeugnis einer unbekannten Siedlungsgeschichte heilig waren. Die verwendete Holzart soll angeblich vom Toromiro-Baum (Hibiskus) gewesen sein, doch es fragt sich, ob dieses Malvengewächs auf der kleinen Insel einst Baumgröße erreicht hatte, um Bretter von maximal 90 Zentimetern Länge zu liefern? Eine Rongo-Rongo-Tafel dieser Größe weist etwa 1.500 Zeichen auf. Die Bezeichnung solch einer Schrifttafel lautete: ko (Stück, Teilchen) hau (Holzart) Rongo-Rongo (Nachricht bzw. deren Überbringer: der Sänger). Insgesamt also: ko hau Rongo-Rongo; doch das „Know-how

Rongo-Rongo" fehlt uns nach wie vor: Ist diese Schrift unentziffert (siehe Abb. Seite 266)?

Der erste Fund einer beschrifteten Tafel erfolgte 1851[44], doch der früheste Versuch einer Deutung der Glyphen wird mit 1864 datiert, als ein Pater Eyraud die Insulaner befragte. Aber schon damals gab es keine Erklärung von Seiten der Polynesier bezüglich einer Auslegung der Schriftzeichen. Diese Bilderschrift ist meisterhaft im Stil, wobei die Zeichen u.a. folgende Darstellungen umfassen: Mensch, Vogelmensch, Vögel, doppelköpfige Vögel, Körperteile, Meerestiere und Pflanzen. Außerdem finden sich Schiffe, Waffen, Ornamente und geometrische Motive sowie Himmelskörper, wobei bis heute über 600 Einzelzeichen bekannt sind. Und was ist über diese Schrift bei den Antipoden, den „Gegenfüßlern" in Mohenjo Daro auszusagen?

In dem gut ausgestatteten Bildwerk „Das alte Indien" (Heinr. G. Franz, Bertelsmann-Verlag, München, 1990) findet sich ein Abschnitt über die Siegel und die Indusschrift („Indien", S. 69). Aus dieser Monographie sind weitere Einzelheiten über die Industal-Zivilisation zu entnehmen. Neuere Ausgrabungen bestätigen die damalige kulturelle Bedeutung der beiden einstigen Metropolen Harappa und Mohenjo Daro weit über deren Gebietsgrenzen hinaus. Die Einwohnerzahl der letztgenannten Stadt mag etwa 50.000 Menschen betragen haben. Eine genaue Raumplanung ist aus der schachbrettförmigen Gesamtanlage ersichtlich, wobei eine Oberstadt mit einer Art Zitadelle sowie eine Unterstadt unterscheidbar sind. Nach vielen Jahrzehnten immer wieder durchgeführter Ausgrabungsarbeiten wurden Straßenzüge freigelegt, die von bis vier Meter hohen Ziegelmauern gesäumt werden. Es fragt sich, von wo das Feuerungsmaterial für diese Abermillionen gebrannter Ziegel herkam, aus denen die oft ein- oder mehrstöckigen Bauwerke bestanden.

Mit Heizmaterial scheint man überhaupt großzügig umgegangen zu sein, wie die Anlage des „Großen Bades" (11,7 x 6,9 m bei einer Tiefe von 2,4 Metern) beweist. Ganz allgemein war der Stand der Hygiene für damalige Verhältnisse ein einmaliger: Es gab Häuser mit privaten Brunnen als auch allgemein zugängliche Quellen. Dementsprechend ausgebaut war das Kanalsystem.

---

44 Auf der Südseeinsel Woleai (südlich von Guam, in den Karolinen gelegen, 7°24 Nord und 143°5 Ost) wurden 1913 etwa 60 Schriftzeichen ähnlich den Rongo-Rongo-Glyphen entdeckt.

Über die Siegel, wie sie meist für das Kennzeichnen von Handelswaren Verwendung fanden, lesen wir in dem genannten Bildband: Bisher sind etwa 4,200 solcher meist aus Speckstein gefertigte Kunstwerke à Miniatur bekannt. Fast alle diese Rollsiegel tragen Inschriften, wobei – je nach Auffassung des Interpreten – zwischen 200 bis 400 Zeichen unterschieden werden. Die Größe dieser quadratischen Steinschnitzwerke (vielfach Tiermotive darstellend) schwankt zwischen 17 und 30 Millimetern (siehe Abb. Seite 260).

Nun fällt mir, während ich diese Daten zu Papier bringe, folgendes auf: In Mohenjo Daro diente diese Art Stempel dem Versiegeln von Konsumgütern. Hingegen sind die mit obigen meist identischen Glyphen auf den Rongo-Rongo-Tafeln der Osterinsel als mögliche Gedächtnishilfe für das Rezitieren heiliger Gesänge aufzufassen. Welch ein Gegensatz: Hier Warenhandel und Kunsthandwerk, dort religiöse Andacht, auf die sich der Gebrauch der Schriftzeichen bezieht! Hat je ein Gelehrter versucht, diese Diskrepanz zu erklären? Nun mache ich mir hiezu meine eigenen Gedanken:

Am Anfang steht, wie dargelegt, das Goldene Zeitalter mit dem vollen Gottesbewußtsein des Menschen. Gegen Ende der Zeitzyklen herrscht der Materialismus. Die Antwort bezüglich des aufgedeckten Gegensatzes ist auf der Hand liegend: Die Urform der besagten Schriftzeichen sind die Hieroglyphen (die „heiligen Zeichen") auf den Rongo-Rongo-Tafeln. Die Induskultur ist dementsprechend eine viel später entstandene Oase versprengter Flüchtlinge aus Rutas Mu!

Die Lektüre des Kapitels über Mohenjo Daro in dem genannten Bildwerk erweckt den Eindruck, alles wäre zumindest in großen Umrissen erforscht und die Geschichte der Induskultur so klar wie die Sonne über dem indischen Subkontinent. Doch diese Darstellung des Autors ist falsch! Sie ist ganz einfach deshalb irreführend, als die totale Übereinstimmung der Schriftzeichen von Mohenjo Daro einerseits und der Osterinsel andererseits überhaupt nicht zur Sprache kommt. Ein Wissenschaftler beschreibt einen Kulturkreis, ohne das Rätsel des Zusammenhanges mit einer rund 20.000 km entfernten Kultur überhaupt zu erwähnen: Was unbequem ist, verschweigt man besser!

Erinnern wir uns an diese sogenannte Induskultur: Sie wurde bereits in den Jahren 1924 bis 1929 von dem Archäologen E. Mackay ausgegraben. Das eine der beiden Zentren, Mohenjo Daro, liegt in Sind, etwa 320 km nördlich von Karachi, während sich Harappa im Punjab befindet. Die erstgenannte Stätte war ein riesiger Schutthügel, der die Fundamente von Mauern aus rotgebrannten Ziegeln barg. Hier lebte einst eine feingliederige Menschenrasse beachtlicher Gehirnkapazität, die großen Wert auf Hygiene gelegt haben mochte, wie die aufgefundenen sanitären Anlagen nahelegen. Dieses vorarische Volk Indiens besaß eine hochentwickelte Handwerkskunst und kannte die Metallverhüttung, wobei manche ihrer Gerätschaften aus Bronzeguß waren. Doch das Besondere sind Zylinder-Siegel, deren Ritzzeichnungen in weichem Ton abgedruckt wurden. So entstanden Siegel-Amulette sowie auch „Stempel“ zum Versiegeln von Handelsware. Erstere weisen u.a. sehr gekonnte Tierdarstellungen auf, die ganz besonderes künstlerisches Können bezeugen!

Der finnische Professor A. Parpola verfaßte eine Abhandlung über diese Siegel mit der Industal-Schrift („Deciphering the Indus Script“; Cambridge Univ. Press, 1994). Doch erst durch die lebenslange Arbeit des Autodidakten K. Schildmann wurde die Industal-Schrift entziffert. Dies ermöglichten Tierbilder (siehe Abb. Seite 260) auf Kupferplatten aus Mohenjo Daro und Harappa, welche die zugehörigen Namen dieser Lebewesen trugen. Die Bezeichnungen derselben sind aus der Sprache der heutigen Hindus bekannt, womit ein Sprachvergleich möglich wurde. Dies führte zu der folgenden wichtigen Schlußfolgerung:

Die Sprache der Industal-Texte war ein vor-vedisches Sanskrit einer globalen Hochkultur mit der Weltsprache des späteren Sanskrit: Das Proto-Sanskrit der Industal-Schrift.

Der Inhalt dieser Texte umfaßt doch nicht nur Handelsverkehr, sondern vor allem die Götterwelt, wie sie aus dem Hinduismus bekannt ist, ferner das Staats- und Kriegswesen (des Rama-Reiches). Katastrophen werden erwähnt sowie der Kampf der Götter gegen die Dämonen geschildert. Bezüglich des qualitativen Wertes des Textinhalts kann festgestellt werden, daß er

- die Aspekte einer Hochkultur vermittelt und philosophisches Denken zum Ausdruck bringt,
- sich mittels einer künstlerischen Schrift in Bildsymbolen manifestiert und
- auf vielen Rollsiegeln fein gravierte Tierdarstellungen aufweist.

Da diese Schrift zufolge ihres Übersetzers weltweite Verbreitung gefunden hatte, seien folgende Fundorte von entsprechend beschrifteten Artefakten genannt:

1. Glozel[45] in Frankreich.
2. In einer Höhle, genannt Burrows Cave, in Illinois, USA.
3. In einer Sammlung von Kunstgegenständen unbekannten Alters in Cuenca, Ecuador.
4. In den inzwischen zahlreichen entdeckten Siedlungen des Industals, die sich bis in die heutige Wüste Thar erstrecken.

Betreffs der Burrows-Funde ist es interessant, daß in diesem erst 1982 entdeckten Versteck ein beschrifteter Stein ans Tageslicht gebracht wurde, der die Ritzzeichnung einer Karte des Mississippi aufweist. Besonders der Oberlauf dieses Flusses ist mit Proto-Sanskrit-Namen beschriftet. Dieses Fundstück wird den Establishment-Archäologen der USA ein ganz besonderer Dorn im Auge sein, und diese Leute haben sich nicht gescheut, unliebsame Artefakte, die das hohe Alter der Besiedlung Nordamerikas bewiesen, zu vernichten!

Die Industal-Schrift ist durch ihre Schriftzeichen mit den Rongo-Rongo-Glyphen der Osterinsel verwandt.

Eine Bestätigung dieser Annahme findet sich in den Untersuchungsergebnissen einer Studie des Anthropologen H. Petri, die ich hier in Wien sozusagen „aufstöberte": „Eine Schädelserie von der Osterinsel" – (Mitteilungen d. Anthropologischen Ges. in Wien, 1936, 66. Bd. S. 17–29). Auf Seite 28 heißt es: „Es besteht eine nahezu restlose Identität in der Gesamtstruktur mit Schädeln von Mohenjo Daro." (siehe Abb. Seite 265).

Wie um den Reigen der Nationalitäten, die auf Rapa Nui Forschungen betrieben, zum vorläufigen Abschluß zu bringen, erwähne ich nun einen Polen namens Szalek, wobei die Erkenntnisse des uns schon bekannten Russen Muldashev noch nicht endgültig vorliegen.[46] Der Titel der Veröffentlichung des polnischen Professors ist fast länger als die Arbeit selbst, doch diese ist dafür umso brisanter, nämlich die Einbeziehung Nan Madols in die Verbindung Mohenjo Daro – Rapa Nui:

Prof. Dr. B. Z. Szalek: „The Axis 27° N – 27° S as a Geographic Proof for the Dravidian Interpretation of the Easter-Island and Mohenjo

45 In Glozel, einem Ort bei Lyon im französischen Zentralmassiv, etwa 20 km von Vichy entfernt, wurde 1924 eine Begräbnisstätte entdeckt, in der sich uralte Keramik fand, die Schriftzeichen aufweist.

46 E. Muldashev besuchte erst kürzlich die Osterinsel, um auch den Moai in die Augen zu schauen. Sein vorläufiger Bericht ist in der russischen Zeitung „Argumenti i Fakti", Nummern 19 bis 22 von 2007 abgedruckt und über deren deutsche Redaktion in Wiesbaden beziehbar (siehe Seite 324).

Daro Inscriptions.“ (Zeitschrift Migration & Diffusion, Odyssee-Verlag, Wien, Bd. 1, Nr. 1, Jänner bis März 2000, S. 95–118.)

Hierin stellt der Autor den gemeinsamen Ursprung der Schrift von Mohenjo Daro und der Osterinsel fest, und dieser sei Proto (Ur-) Dravidisch, was durch die Arbeit Schildmanns widerlegt erscheint. Doch das Interessante ist **die Annahme einer Weltachse 27°–27° mit Nan Madol auf halbem Weg! Es ist dies die Nabelschnur von Rapa Nui, dem „Nabel der Welt“: Te Pito o te Henua!**

Den Beweis für die Behauptung, Nan Madol liege auf halbem Weg zwischen Rapa Nui und Mohenjo Daro, liefern die Koordinaten tatsächlich (Daten zufolge Dr. Szalek):

Induskultur: 27°17’ N

Osterinsel: 27°00’ S (Differenz 0,02% der Breitengrade)

Induskultur: 68°05’ O

Osterinsel: 109°20’ W (Differenz 1,41% der Längengrade)

Nan Madol: 6°59’ N, 158°12’ O

Über die Verbindung zwischen der Osterinsel und der Induskultur kann also kein Zweifel mehr bestehen! Zufolge der bisher dargelegten Gedankengänge, bieten sich zwei Erklärungsmöglichkeiten an:

– Die pazifische Landmasse versank, während ein Teil der Flüchtlinge schließlich nach Indien gelangte, wo sie die Induskultur gründeten. So fand die Schrift ihren Weg auch nach Mohenjo Daro.

– Die beiden Kulturkreise bestanden gleichzeitig, d.h. der im Pazifik (mit Rapa Nui im südöstlichen Zipfel) und ein ebenbürtiger auf dem Indischen Subkontinent, zwischen denen ein reger geistiger Austausch stattfand. Wenn wir unsere Aufmerksamkeit noch kurz auf Indien richten, so kommt uns eine andere Übereinstimmung in den Sinn: Langohren! Wir begegneten ihnen schon auf der Osterinsel, wir treffen sie in den Buddhastatuen Mittel- sowie Ostasiens, und die Moai hatten auch lange Ohren! Symbole der Weisheit?

In späteren Einwanderungswellen (Rückwanderungswellen!) betraten die Polynesier die Bühne des Dramas Rapa Nui und in gewissem Sinn sind sie deren Nachfahren – Epigonen der Riesen von Rutas Mu! Das Gesagte ist meine Meinung bezüglich des Ablaufs der Ereignisse und ich möchte diese durch die Darstellungen anderer Forscher ergänzen. In seinem Buch „Zwischen den Kontinenten“ (Bertelsmann-Verlag, Gütersloh, 1975, S. 84) schreibt Th. Heyerdahl:

Die Polynesier vom „Uru-keu-Typ“ (meine Anm.: rot-weiß) sind weiße, rothaarige Menschen. Deren Abstammung von einer früheren Rasse blondhaariger, weißhäutiger „Götter“, welche die Inseln früher bewohnt hätten ... – Und auf S. 93 lesen wir von den riesigen, blonden Vorfahren der Osterinsulaner.

Eine knappe, doch inhaltsreiche Aussage von HPB könnte den Tatsachen sehr nahe kommen; sie lautet:

„Die dritte Wurzelrasse lag im ‚Gürtel der Erde‘. Einen Rest stellt die Osterinsel dar. Diese ist mit ihren Steinmonumenten ein Zeugnis der Riesen von Lemuria, das im Pazifik als auch im Indischen Ozean lag. Eine lemurische Stadt befand sich etwa 50 km westlich der heutigen Osterinsel. Übrigens Riesen: Die Polynesier als die größten bekannten Menschen sind Reste einer der ältesten Rassen.“

Soweit die „Große Dame“ der Theosophie. Wir werden ihr noch einmal begegnen, wenn von rätselhaften Volksstämmen als auch von Riesen die Rede ist. Letztere gab es und deren Skelette wurden weltweit verstreut gefunden, u.a. im Pazifik:

– Nan Madol: Japanische Archäologen fanden hier 1928 Riesenskelette von (weit) über zwei Metern Größe.

Daß es im Bereich von Rapa Nui eine versunkene Stadt des einstigen Rutas Mu gegeben haben könnte, entbehrt nicht einer gewissen Wahrscheinlichkeit. Es besteht nämlich tatsächlich eine Untiefe sowie auch ein größeres, sedimentbedecktes untermeerisches Plateau nahe der Osterinsel. Sind dies Ausläufer des „Ostpazifischen Rückens“? Von dessen Seitenarm, der als „Nazca-Rücken“ in Richtung Südamerika abzweigt, sprach ich schon im Zusammenhang mit den Flüchtlingen aus Rutas Mu, die zufolge der Erzählung des „Weißen Bären“ dann Tiahuanaco im heutigen Bolivien erbauten. Wie wir bereits wissen, hat dies J. Blumrich in seinem Buch über die „Sieben Welten“ festgehalten, und daraus möchte ich abschließend seine Auffassung wiedergeben (S. 210–211 des genannten Buches):

„Die Herstellung dieser riesigen Skulpturen (gemeint sind die Moai; meine Anm.) in einer Vielzahl stand in keinem Verhältnis zu der Größe der Insel. Doch dies wird für eine Landmasse von der Ausdehnung eines Erdteils sinnvoll!“

In der folgenden Zusammenfassung versuche ich, etwas Licht in die verlorene Vergangenheit der Osterinsel zu werfen.

1. Es wurden Moai ausgegraben, die auf ihrem unter der Erde befindlichen Torso Gravuren bzw. Reliefs aufweisen, wie aus Th. Heyerdahls Buch „Aku Aku“ ersichtlich (gegenüber S. 96, 97 u. 145; im vorliegenden Buch auf Seite 265).

2. Die Annahme, die Inselbewohner hätten diese Statuen vor ein paar Jahrhunderten aufgestellt und so tief in den Boden eingegraben, daß diese Darstellungen in der Erde verschwanden, entbehrt jeglicher Logik.

3. Daraus folgt, daß zur Zeit der Errichtung der heute tief in der Erde steckenden Moai auch deren Rümpfe frei sichtbar waren, die jedoch seither durch Verwitterungsschutt und Erdreich zugedeckt wurden. Dies nahm unvorstellbar lange Epochen in Anspruch: **Die Moai sind daher uralt!**

4. Fast alle diese Steinfiguren blicken nicht aufs Meer, sondern in Richtung Inselinneres, als wollten sie ihre ganze Kraft auf das Zentrum der Insel fokussieren. Solch eine Ausrichtung der Moai schließt nicht aus, daß es ringsherum eine größere Landmasse gegeben haben mag, wobei das Gelände der heutigen Osterinsel möglicherweise plateauartig herausgeragt hätte.

5. Die antipodale Lage von Osterinsel und Mohenjo Daro könnte in ferner Vergangenheit sehr wohl eine Bedeutung als zwei Pole eines Energiestroms gehabt haben. Doch dessen Fließen ist längst zum Stillstand gekommen: Mohenjo Daro versank in Schutt und Asche, während die Moai mit leerem Blick vor sich hinstarren. War Nan Madol der Transformator dieses Kraftstroms?

Ein Wissenschaftler hebt ab zu einer weiten Reise

Der Fachgelehrte ist Prof. E. Muldashev, und er hob tatsächlich ab, um nach langem Flug schließlich auf der Osterinsel zu landen. Doch ich habe ein anderes Abheben im Sinn, denn der Genannte ließ bei seinen anschließend durchgeführten Forschungen auf Rapa Nui sein ganzes wissenschaftliches Weltbild hinter sich: Er wirft es sozusagen über Bord und taucht in eine Welt spiritueller Intuition ein. In der Veröffentlichung seiner Eindrücke auf der Osterinsel ist deshalb auch nicht von meßbar nachvollziehbaren Arbeitsergebnissen die

Rede, sondern von Impressionen, die auf surrealistische Art versuchen, die Siedlungsgeschichte der Insel auf okkulte Weise zu erklären. Da werden Moai erwähnt, welche „selbstgeboren" dem Vulkan entsteigen, um auf dem Inseldreieck herumzuwandern! Also seien wir auf das Phantastischste vorbereitet, wenn wir nun die Zusammenfassung dessen lesen, was der Professor den Journalisten mitteilte (russische Zeitung mit Redaktion in Wiesbaden: Argumenti i Fakti v. 2007, Nummern: 19, 20, 21, 22 u. 24). Er und seine Mitarbeiter kamen u.a. zu den folgenden, erstaunlichen Ergebnissen:

1. Die Moai, also die Steinkolosse, wurden aus dem einen Vulkan der Insel geboren, der sie gleichsam aus seinem tätigen Schlot ausspie! Abgesehen von dieser erstaunlichen Feststellung, hätte dies auch einen Bezug auf deren Alter: Nur ein aktiver Vulkanismus könnte etwas Derartiges zustande gebracht haben (wenn überhaupt!). Und wann wäre das gewesen? Der letzten Phase vulkanischer Tätigkeit auf Rapa Nui schreibt die Geologie ein Alter von „mehreren Millionen Jahren" zu.

2. Es lassen sich zwei Arten von Moai unterscheiden: Ortsgebundene, die als „Einzelwesen" schon immer bis zu einer gewissen Tiefe ins Erdreich gesteckt waren, sonst wären sie umgefallen – wobei sich der Verwitterungsschutt erst später um sie herum angehäuft hätte. Die andere Art wären die „Beweglichen", welche in Gruppen von meist sieben auf den steinernen Plattformen stehen. Letztere könnten theoretisch Ausflüge unternehmen, um nachher wieder auf ihre Ahus zurückzukehren (so etwa, wie die „Schreckensteiner" zur Geisterstunde um Mitternacht, um anschließend neuerlich ihren Platz in der Ahnengalerie einzunehmen). Oder wäre dies ein Totentanz?

3. Der Geist Aku Aku durchdringt mit seiner negativen Schwingung die Insel, wobei die Moai als „Todesboten" fungieren; die Lebensenergie Mana wird durch sie abgewürgt. Forscher, die in unterirdische Lavahöhlen und Tunnelsysteme einzudringen versuchen, können von ihr erfaßt werden und nicht mehr ans Tageslicht zurückkehren.

4. Die Maße des größten der Moai, der unfertig und noch mit der Felswand des Vulkankraters verbunden ist, gibt die russische Expedition mit einer Höhe von 22 Metern an, bei einem geschätzten Gewicht von 300 Tonnen. Überlegen wir einmal: Solch ein Riesenstandbild hätten die einstigen Inselbewohner nur so aus Spaß zu sei-

nem Standort bewegt und aufgestellt, wobei Bauholz auf dem kleinen Inselchen wohl immer schon Mangelware war. Und es gibt hunderte dieser Moai, wenn auch nicht dieser Größe!

5. Es wurden Wege gefunden, die ins Meer führen. Ich füge hinzu: Diese Meldung gilt auch für andere Südseeinseln. Dies wird nur bei Annahme einer größeren pazifischen Landmasse verständlich, auf der gepflasterte Straßen verliefen!

6. Jetzt komme ich zu einer Kernaussage Muldashevs, welche einen weiteren Beweis für das vorsintflutliche Alter der Moai liefert. Diese betrifft eine sehr handfeste Tatsache bezüglich der Arbeiten im Steinbruch, nämlich das Herausmeißeln der Skulpturen mit Steinwerkzeugen, wie die klassische Lehre (aufgrund tatsächlich aufgefundener Basaltmeißel) annimmt. Die Russen fanden Stellen, an denen sich zwischen unfertigen Statuen lediglich ein Zentimeter Zwischenraum befand! Nun kann man mit Steinzeittechnik nicht in solch einem engen Spalt in die Tiefe des Felsens hineinarbeiten – doch mit gebündelten Energiestrahlen ...

7. Ein erst kürzlich erfolgtes Forschungsunternehmen führte Muldashev nach Innerasien, in das Altai-Gebirge (zwischen der Takla-Makan-Wüste bzw. dem Tarim-Becken im Süden und dem Baikalsee im Norden), dessen südöstliche Ausläufer bis in die Wüste Gobi reichen. Dort wurden Steinskulpturen von 0,5 bis 2,5 Metern Größe entdeckt. Diese besitzen einen sehr freundlichen, gütigen Gesichtsausdruck! Sie sind weiblich und weisen eine gewisse (doch keine besondere) Ähnlichkeit mit den Moai auf, wobei sie auch hier eine Art „Hut“ tragen. Es lassen sich zwei Arten unterscheiden:

– solche mit dem Aussehen alter „Omas“ und

– sogenannte „Hirschsteine“ von bis zu drei Metern Größe, wobei manche der Figuren tief in der Erde stecken: Torsi mit den Händen am Bauch. Der Legende zufolge dienten auch diese Statuen hier als Antennen. Sie waren beseelt und besaßen die Kraft des Gesteins: Wie auf Rapa Nui!

Nun frage ich mich, könnte all dies auf eine Polarität der beiden Kulturkreise hindeuten: Die Osterinsel mit den durchaus männlich wirkenden Moai, die ernst und streng in die Ferne blicken im Gegensatz zu den Darstellungen einer weiblich orientierten Kultur in diesem Teil Mittel- bzw. Südasiens? In Mohenjo Daro stieß man auf Anzeichen eines Kultes um eine Mutter-Göttin!

Der Vogelmann-Kult findet sich auch im Altai mit Vogelmensch-

Symbolen wie auf der Osterinsel, nämlich Petroglyphen, die auf dementsprechende Zeremonien hinweisen. Auch in der Mongolei bestehen Höhlen mit derartigen Felszeichnungen. Hiezu die Aussage der Schamanen: Es gab seinerzeit eine Rasse von großen, blonden Menschen, welche diese Petroglyphen schufen und die auch fliegen konnten. Hiezu eine Meldung aus dem „Bild der Wissenschaft" (4.2008, S. 60–62):

In dem schon genannten Gebiet des Tarim-Beckens, also der Takla-Makan-Wüste wurden nahe der Seidenstraße weiße Mumien einer europiden Bevölkerung gefunden: Groß, blond und langnasig. Solch einem Rätsel sind wir bereits begegnet – Menschen europäischer Rasse in einem zentralasiatischen Umfeld –, als von einem Flüchtlingsstrom aus dem Pazifik die Rede war, der sich in der genannten Gegend niederließ und das spätere Reich der Uiguren gründete (S. 203).[47]

Proto-Dravidischer Subkontinent Lemuria – Proto-Sanskrit-Weltreich Rutas Mu

Lemuria: Dessen einstiges Bestehen

1) entspricht den Aussagen der Mythen der reichhaltigen Tamil-Literatur Südindiens. Deren Sprache ist vom Proto-Dravidischen abgeleitet, welches das Verständigungsmittel Lemurias gewesen sein sollte.

2) geht mit der anthroposophischen Sichtweise konform, die auf der medialen Schau R. Steiners fußt.

3) stimmt mit dem geologischen Konzept der Kontinentaldrift über-

47 In den „UFO-Nachrichten" (Heft Nr. 397 v. Sept./Okt. 2008, S. 7) ist ein Artikel aus Rußlands bedeutendster Zeitung abgedruckt, der das Leben eines „Indigo-Kindes" betrifft. Demzufolge kann sich der heute Zwölfjährige Boris Kipriyanovich aus Zhirinovsk (Wolga-Region) an sein Leben in Lemuria erinnern, was vor 70.000 Jahren stattgefunden haben soll. Die damaligen Menschen sollen neun Meter groß gewesen sein und waren Mangels spiritueller Weiterentwicklung zu Grunde gegangen. Übrigens sollte das höhere Bewußtsein der Indigo-Kinder als Zeichen einer bevorstehenden großen Umwandlung der Erde gewertet werden.

ein, wobei die Unterschiebung einer Erdkrustenscholle Hochhebung (Tibet), der Zusammenstoß des indischen Dreiecks mit Zentralasien Gebirgsbildung (Auffaltung des Himalayas) bewirkt hat.

Rutas Mu als „versunkener Kontinent" im Pazifik, eine Annahme, beweisbar durch

1) die Legenden in ganz Polynesien, welche nicht nur vom einem verschwundenen Inselreich, sondern auch von dessen ehemaligen Bewohnern sprechen, dem Uru-keu-Typ: hellhäutig, (rot-)blond und oft blauäugig, wie er noch heute im Pazifik anzutreffen ist.

2) die Überlieferung der Hopi-Indianer, erzählt vom „Weißen Bären" und aufgezeichnet von J. Blumrich, worin die Flucht eines Teils der Einwohner nach Südamerika geschildert wird.

3) die Geologie des pazifischen Raumes, was zwei Möglichkeiten offen läßt: Das Zerbrechen einer echt-granitischen Kontinentalscholle über einem MOR, woraufhin die Bruchschollen an den Westrand Nord-und Südamerikas angeschweißt wurden. Oder es erfolgte der Untergang von Basaltplateaus (Darwin-Rücken und Ontong-Java-Plateau) zur End-Kreide-Zeit.

4) die Megalithkultur, deren Zeugen im gesamten Pazifik und dessen Randgebieten nachweisbar sind, wie auf der Karte des pazifischen Raums verzeichnet ist (siehe vorderer Buchdeckel).

5) die Schrifttafeln, welche J. Churchward in Südindien und W. Niven in Mexiko fanden und die von einem „vorsintflutlichen Land" namens Mu sprechen: Dravidische und Maya-Texte.

6) die Übersetzung der Rollsiegel und Kupfertafeltexte der Induskultur, welche in der Sprache eines archaischen Sanskrit abgefaßt sind und die Mitte der 1990er Jahre von K. Schildmann entziffert wurden. Diese Schriftsprache fand von der Osterinsel über Zentralasien bis in die Stadtstaaten Mohenjo Daro, Harappa und darüber hinaus Verwendung. Die Überlieferung dieses pazifisch-asiatischen Kulturkreises ist im hinduistischen Indien heute noch sehr lebendig, welches über das äußerst umfangreiche Schrifttum des in Sanskrit abgefaßten Vedischen verfügt.

7) Während dieses Medium Proto-Sanskrit im Industal seine sprachliche, philosophisch-Gott-bezogene und künstlerische (Tierdarstellungen!) Hochblüte erfuhr, verkümmerte diese Schrift auf der Osterinsel inhaltsmäßig durch extreme Isolation nach dem Untergang der Landmasse von Rutas Mu zu einem Hilfsmittel für stereotype Rezitationen. Diese Minikultur von Rapa Nui ging schließlich

im Bürgerkrieg zugrunde. Mohenjo Daro ereilte das Schicksal durch einen mit Atomwaffen geführten Angriff der Atlanter auf die sieben heiligen Städte des Rama-Reiches.

Hawaii: Mythos der Urzeit, HerrscherInnen der Vergangenheit, verlorenes Paradies der Gegenwart

Hawaii liegt nicht irgendwo im Pazifik, sondern auf einem ganz bestimmten Punkt, der geometrisch genau fixiert ist: einem der vier Berührungspunkte eines der Erdkugel eingeschriebenen Tetraeders. Ein Tetraeder ist bekanntlich ein von vier gleichseitigen Dreiecken begrenzter (platonischer) Körper. Stellen wir uns einen solchen so in die Erde hineingestellt vor, daß eine Spitze mit dem Südpol zur Deckung käme, womit drei Eckpunkte unseres gedachten Tetraeders frei blieben. Diese ordnen wir gedanklich so an, daß einer hievon mit dem Riesenvulkan des Mauna Kea auf Hawaii zusammenfiele, dem höchsten Vulkan unseres Planeten, der runde 9.400 m vom Meeresboden aufragt. Die anderen drei Eckpunkte des Tetraeders lägen mitten im indischen Dreieck, mitten im Nordatlantik bzw. genau am Südpol wie eingangs festgelegt. Was hat dies zu bedeuten – wobei ich bezweifle, daß das Folgende der Geophysik bekannt ist.

Der Punkt, welcher den Vulkankoloß Mauna Kea markiert, ist dem Urelement Feuer zugeordnet, der in Indien dem Erdelement mit der massivsten Verdickung der Erdkruste im Himalaya, während der Punkt nahe des Mittel-Atlantischen-Rückens im Nordatlantik dem Wasserelement zugeordnet ist: Atlantis! Und der vierte Punkt: Die Antarktis als der stürmischste Kontinent mit immerwährenden Orkanen, die vom Hochdruckgebiet im Inneren in Richtung ringförmiger Tiefdruckzonen des umgebenden Eismeeres rasen; dies als der Bezug zum Luftelement. Die ersten drei Punkte unseres Tetraeders lägen in einem wesentlich freundlicheren Klimagürtel, nämlich auf fast genau 19 1/2 Grad nördlicher Breite – und jetzt kommt das Verblüffende:

Auf derselben Breitenlage einiger Planeten unseres Sonnensystems finden sich ebenfalls Besonderheiten, deren exakte Lage mit 19,47 Grad (nördlicher) Breite angegeben wird:

- Der Vulkankomplex von Hawaii mit dem tätigen Kilauea bzw. Mauna Ulu.
- Das „Marsgesicht“ auf dem gleichnamigen Planeten.
- Der „Große Rote Fleck“ des Jupiter – wahrscheinlich ein permanentes Sturmtief.
- Der „Große Blaue Fleck“ des Neptun.
- Die beiden Ringe auf der Nord- bzw. Südhalbkugel des Saturn.

Vor allem aber betrifft dies die totale Übereinstimmung in der Position des Vulkangiganten auf dem Mars (dem Olympus Mons mit einer Höhe von über 16 Kilometern bei einem Basis-Durchmesser von fast 600 Kilometern) mit dem gigantischsten irdischen Vulkankomplex, nämlich Hawaii.

Die andauernde Tätigkeit des Kilauea mit dem Seitenkrater des Mauna Ulu auf der großen Insel von Hawaii wird – wie erinnerlich – durch eine als „Hot Spot“ bezeichnete heiße Stelle im Erdmantel verursacht, wo ständig Magma „mobilisiert“ wird, das als Basaltlava an der Erdoberfläche austritt. So entstehen die Vulkane der Eilande inmitten der Weltmeere, die der dünnen, ozeanischen Erdkruste aufsitzen. Diese driftet während geologischer Zeiträume über den stationären Hot Spot, sodaß sich eine Reihe hintereinander liegender Vulkane bildet, wie z.B. die von Hawaii.

Das Magma beginnt seinen Aufstieg in etwa 60 Kilometern Tiefe, wobei sich ein Magma-Reservoir in wenigen Kilometern unterhalb der Erdoberfläche bildet, das die Lava-Effusionen speist. Die Bewegung der Gesteinsschmelze in diesem Hohlraumsystem innerhalb der Erdkruste kann messend verfolgt werden, sodaß besonders stärkere Ausbrüche vorhersagbar sind. Nach einer Lebensdauer, welche die Vulkanologie mit rund 1–2 Millionen Jahren angibt, ist auch ein größerer Feuerberg erloschen und erodiert, während in tropischen Gewässern gleichzeitig ein ihn umsäumendes Korallenriff emporwächst. Sinkt der Vulkankegel mit seiner durch Verwitterung und Wellenschlag eingeebneten Oberfläche ab, so spricht man von einem Guyot, wie schon in Beispielen dargelegt.

Dieses Absinken des pazifischen Meeresbeckens mit seinen mehr oder weniger 10.000 Vulkanen, ist in der Beweisführung für das einstige Bestehen einer basaltischen Landmasse im Pazifik von entscheidender Bedeutung! Der Mauna Kea soll allein im Pleistozän etwa 1.000 Meter abgesackt sein und die hawaianische Inselkette über einen längeren Zeitraum bis zu 3.000 m. Auch Canyons sind hier bis zu 3.000 m tief in die Flanken der Inseln eingeschnitten, wie sie nur über dem Meeresspiegel ausgewaschen worden sein konnten! Diese allgemeine Tendenz drückt der amerikanische Geologe H. T. Stearns in seiner Geologie von Hawaii folgendermaßen aus (Pacific Books Publishers, Palo Alto, Kalifornien, 1966, S. 78):

„Die geologische Geschichte des Pazifiks ist die des großen Absinkens!“ (des Meeresbodens).

Obiges habe ich uns nochmals in Erinnerung gerufen, da diese Aussage von einem Kenner der Geologie des Pazifiks stammt, der damals damit sicherlich nicht darauf aus war, einen Kontinent im Stillen Ozean zu postulieren!

Zufolge meiner Feststellung, daß der Ozeanboden sich über dem Hot Spot weiterschiebt, sind die östlichen Inseln Hawaiis die jüngsten; je weiter man sich gegen Westen bewegt, desto älter sind diese Vulkane, sodaß schließlich nur mehr deren erodierte Kuppen etwas über den Wasserspiegel ragen, umkränzt von den weißen Stränden der Korallenriffe, den Atollen. Die Necker-Insel, etwa 800 km westlich von Honolulu, ist eine hievon. Es ist dies ein winziges Eiland, das jedoch archäologisch insofern von Interesse ist, als dort Statuen gefunden wurden, die denen der Marquesas (z.B.: von Puamau auf Hiva Oa) ähneln. Diesen wird daher ein Alter zugeschrieben, das vor der polynesischen Kulturepoche einzureihen wäre.

Das klassische Lehrgebäude der Völkerkunde stellt die Besiedlung Polynesiens folgendermaßen dar, wobei es sich auf Funde von Keramikmaterial stützt, das den Wanderweg der polynesischen Neusiedler belegen soll. Der älteste Fund im Rahmen dieses „Lapita-Kultur-Komplexes“ wurde auf den Fidschi-Inseln gemacht und mit über 3.000 Jahren v.d.Ztw. datiert. Der Weg der polynesischen Völkerscharen konnte aufgrund dieser geometrisch gemusterten Keramikscherben wie folgt rekonstruiert werden: Bismarck-Archipel, Neukaledonien (dem Locus typicus), Fidschi, Samoa und Marquesas. Mit der Gruppierung zufolge der Altersbestimmungen in

früh-östlich, spät-östlich und
polynesisch einfacher Typ

hat die Wissenschaft all dies wunderbar in ihr Denkschema eingeordnet. Das Ganze hat nur einen (kleinen) Fehler: Es kann nicht stimmen, wie in einem eigenen Abschnitt nachgewiesen werden wird. Nur eines sei vorweg genommen: Die größte Menschenrasse auf Erden, die Polynesier, und die zierlichen Volksstämme der Malaien bzw. Indonesier kamen nie in hautengen Kontakt miteinander. Doch die Polynesier ohne Vermischung über Südostasien einwandern lassen zu wollen, ist meines Erachtens purer Unsinn (siehe Seite 344ff)!

Das soziale Leben zur Zeit der Entdeckung der hawaianischen Inselgruppe durch Kapitän James Cook (1779, dem Jahr seiner Ermordung ebendort) war ein Feudalsystem unter einem König, der über alle Ländereien gebot, um seine Fürsten damit zu belehnen. Diese gaben es an ihre Untergebenen weiter, sodaß jede Familie über einen Landstrich verfügen konnte, der von der Küste bis hinauf in die Wälder an den Vulkanhängen reichte, womit für alle und alles gesorgt war (sehr zum Unterschied seit der USA-Verwaltung!). Der erste Monarch, der alle Inseln unter seiner Herrschaft vereinte, war Kamehameha, der „Einsame", der 1819 starb. Es folgte rege Missionarstätigkeit, aber auch ein sogenannter „wirtschaftlicher Aufschwung" setzte mit Sandelholz-Export (durch Kahlschlag der Bestände) und dem Aufbau einer Zukkerrohr-Industrie (unter chemischer Schädigung des Bodens) ein.

Das politische Geschehen war bald durch die steigende Einflußnahme der USA geprägt. Hiebei kam es unter Königin Lili'u-o-ka-lani 1893 zu einer Revolution, wobei diese Adelige zwangsweise (!) abgesetzt wurde. Die Weiterentwicklung führte 1898 zur Annexion durch die USA. Am 7.12.1941 setzten die Japaner den berüchtigten Angriff auf Pearl Harbor in Szene, wovon die Regierung der Vereinigten Staaten rechtzeitig Kenntnis hatte ohne jedoch eine Vorwarnung zu veranlassen; daraufhin fanden an die 3.000 Mann den Tod.

Besonders nach dem 2. Weltkrieg setzte ein gewaltiger Ansturm auf die Inseln in Form von Tourismus ein. Hawaii war in dieser Zeit (1959) als 50. Bundesstaat den USA einverleibt worden und somit wirtschaftlich vorerst abgesichert. Auf dieser Basis konnten Investitionen besonderer Art getätigt werden, denn die Gipfelregion des 4.205 Meter hohen schlafenden Vulkans Mauna Kea wurde für die Astronomie entdeckt: ein Sterngucker-Paradies! Der Mauna Kea ist der beste astronomische Beobachtungsort auf Erden. Die Sichtmöglichkeiten erstrecken sich vom Polarstern bis zum Kreuz des Südens. Laut eines Beitrags in der Hawaii Tribune Herald (Sonderausgabe vom 22.6.2003) befanden sich zu dem genannten Zeitpunkt 12 Teleskope in der Gipfelregion des Vulkanriesen, so z. B. gleich zwei von der Universität von Hawaii, als auch dem Subaru-(Plejaden-)Observatorium der Japaner, ausgerüstet mit einer Digitalkamera für schärfste Bilder. Bezüglich der meisten dieser hochspezialisierten Anlagen bietet sich eine unentgeltliche Möglichkeit des nächtlichen Besuchs mit monatlichen astronomischen Darbietungen.

Nach diesem Ausflug in die Sphären des Weltalls ist es angezeigt, einen Höhenflug in das geistige Gedankengut Polynesiens anzutreten. Hiebei werden zwei Themen zur Sprache kommen: Der hawaianische Schöpfungsmythos, als auch die Lebensphilosophie des Kahuna. Wenden wir uns zunächst den Mythen zu, wobei uns deren Aussagen Rückschlüsse auf längst vergangene Zeiten und Ereignisse im Dasein eines Volkes ziehen lassen. Das nachsinnende Denken des Menschen schuf anfangs nicht Wissenschaft, sondern Mythen. Diese waren die geistige Brücke zwischen dem irdischen Dasein und der Welt des Unfaßbaren, zwischen der Wirklichkeit und dem Jenseitigen, zwischen Mensch und göttlicher Allmacht. Keine Kultur ohne Mythen! Keine Kultur ohne Kultstätten: Der Mensch und sein Tempel; dessen Bausteine haben Äonen überdauert: Die Megalithkultur!

Der Ethnologe K. F. Kohlenberg (in seinem zweibändigen Werk „Enträtselte Vorzeit", Langen-Müller-Verlag, Wien, 1974, S. 143) sagt hiezu: „Je mehr die Erkenntnisse unserer heutigen Wissenschaft zunehmen, desto deutlicher ahnen wir, daß sich in Mythen und Sagen eine erstaunliche Kenntnis von den Naturgesetzen verbirgt, ein Wissen, ein Schatz von Einsichten ..."

Mythen besitzen im Vergleich zu alten Bauten den Vorteil ihrer Unzerstörbarkeit, vorausgesetzt, das Kulturgut Sprache geht nicht verloren. In Hawaii versuchte die amerikanische Besatzungsmacht das hawaianische Idiom durch Verbot seiner Verwendung in der Öffentlichkeit zu unterdrücken, doch ohne Erfolg: Das Hawaianische überlebte, stärker denn je. So ist auch das hawaianische Weltschöpfungs-Epos erhalten und übersetzt: der Kumulipo. Dieses Epos besteht aus über 2.000 Versen und ist eine detaillierte Naturgeschichte, in der in sieben Zeitaltern eine immer lichter werdende Dunkelheit zu stetig höheren Entwicklungsstufen führt. Es begann mit der finstersten Nacht: Pō'ele. Mu war der erstgeborene Mensch, Kailua der erste Kontinent; er versank im Ozean. Pō als Nacht, als die Zeit, zu der die Seelen der Menschen (noch) nicht inkarniert waren.

Der erste Übersetzer des genannten Epos war der deutsche Anthropologe A. Bastian (Leipzig, 1881). Ihm folgte die Übertragung ins Englische durch M. Warren Beckwith (Univ. Press of Hawaii, 1951, 1972 und 1981). Erwähnen möchte ich auch die Arbeit von Prof. F. Scholz (Wien, 1989). In der Zusammenfassung des Letztgenannten heißt es (11. Gesang): Der Gott Kāne, der König, der vom Himmel kam (o ka lani, „von dem Himmel") beschloß, die ungehorsame Menschheit zu vernichten. Betroffen war ein Kontinent, der sich im Pazifik befunden haben soll. Hiezu wörtlich aus dem hawaianischen Schöpfungsepos:

„Die Erde erbebte und erzitterte, wurde erschüttert und erschauerte ... Explosion der Vulkane, welche die Erde in Stücke rissen. Das Land barst und sank, sank tiefer und tiefer in die wirbelnde See, während die Winde aus allen vier Richtungen heulten. ... Der wirbelnd vorstürmende Ozean erklomm das Gebirge, sog es in sich und verschlang alles Leben, als er höher und höher stieg, hinweg über die Heimstätten der Ansässigen. ... Mit übernatürlicher Kraft und in beängstigender Schnelle schlug die wütende See gegen die Berggipfel, während die Vulkane Feuer spien und Rauch, der die Bewohner nach Luft ringen, in Erstikkung sterben, in die Tiefe sinken, sinken, sinken ließ, während ihre verzweifelten Schreie im Raum verhallten."

Soviel bezüglich des mir vorliegenden Auszugs (S. 28) von Prof. Scholz, wobei auch die folgenden Aussagen (S. 38 u. 41) nicht zu übersehen sind: Die Hawaianer behaupten, der ersten Menschenrasse anzugehören: „Wir, die von Mu!" Doch das folgende Statement ist für unser Gesamtthema das Entscheidendste: Es habe einst ein Kontinent namens Mu oder Ka Lua im Pazifik existiert. Hiezu die Kernaussage (S. 72 des genannten Textes):

Ka Lua ist der alte hawaianische Name für den untergegangenen Kontinent, der sich vor Urzeiten über die Oberfläche des Pazifiks erhob – der verlorene Kontinent Mu.

Sprachlich gesehen steht „ka" für den Artikel, „Lua" für Feuerpfuhl oder Vulkankrater, „Mū" für legendäres Volk (von Kaua'i). (Hawaianisches Wörterbuch v. M. Pukui).

Abschließend noch eine Zusammenfassung zum Kumulipo: Nach der Überlieferung der ersten Bewohner Polynesiens sind die Inseln alles, was über der Oberfläche des Pazifiks geblieben ist, als der Kontinent Ka Lua durch gewaltige vulkanische Explosionen, Erdbeben und Tsunamis in Stücke brach und unterging. Zufolge der Legende sind die Polynesier die Nachkommen der wenigen Überlebenden, die in den Bergen Zuflucht gefunden hatten: Die Mū von Ka Lua!

Als Überleitung zum Begriff „Kahuna“ zitiere ich S. 84 des genannten Exzerpts von Herrn Scholz: Wie die Kahuna vom Orden des heiligen Mu behaupten, stammen sie von den Mū, den Bewohnern des legendären Kontinents Ka Lua ab. Diese hätten vor Zeiten die erste fortschrittliche Zivilisation geschaffen. Zufolge der überlieferten geheimen Lehre waren die Kahunas (Priester) mit Fähigkeiten ausgestattet, die uns wissenschaftlich und technisch orientierten Menschen unglaublich, unbegreiflich und unerklärlich erscheinen, wie z.B. Spontanheilungen, Wettermachen und das Schreiten über glühende Lava!

Derjenige, welcher das bisher esoterische Kahuna-Wissen der heutigen Zeit entsprechend einer interessierten Allgemeinheit zugänglich macht, ist ein gewisser S. Kahili King. Nachdem ich diesen „Kane King“ auf der Insel Kaua'i nicht erreichen konnte, da er auf Vortragsreise war, nahm ich den kürzeren Weg: Ich besuchte eines seiner Seminare in Basel, was ich keineswegs bereue. Über Mu, den Begriff aus dem alten, echten Hawaii, spricht sich Kahili folgendermaßen aus: Mu als der vorsintflutliche Erdteil, bewohnt von einer Rasse vor den Polynesiern. Meine Frage: Sind die Polynesier Nachfahren der Menschen von Mu? Antwort: Ja, in manchen Familien ist dieses Wissen darum noch lebendig! Und zu Kahilis Lokalpatriotismus: Der älteste Rest dieser ehemaligen Landmasse im Pazifik sei das hawaianische Eiland Kaua'i, wie auch bei Herrn von Oppeln.

Die Kahunas wußten um die Synchronizität der Zeit und im Hawaianischen gibt es nur das (ewige) Hier und Jetzt. Dies zufolge der Struktur der Zeit: Die Vergangenheit mit zu langsamer Schwingung, um wahrgenommen zu werden. Die Zukunft mit zu schneller Frequenz, um wahrgenommen zu werden. Nur die Gegenwart besitzt die Schwingung, in der wir augenblicklich leben. Um die günstigen Gelegenheiten des Hier und Jetzt voll auszuschöpfen, weiß der bewußt lebende Kahuna um die vier Ebenen der Erfahrung:

1. Die objektive Erfahrungswelt: Alles wird getrennt wahrgenommen: Ursache – Wirkung.

2. Die subjektive Erfahrungswelt: Alles wird als Einheit wahrgenommen, daher läuft alles synchron ab. Kommunikation mit Gestein, Pflanze, Tier und Mitmensch.

3. Die symbolische Erfahrungswelt: Alles ist symbolisch, daher Ausschau halten nach Vorzeichen wie Wolkenformationen, Vogelflug, aber auch Träume als Symbole!

4. Die holistische Erfahrungswelt: Alles ist Eins; das Gefühl der Identität, das kosmische Bewußtsein – mit Liebe gewinnen!

Anschließend an die genannten Bewußtseins-Niveaus möchte ich ein paar Begriffe erklären. Dem obersten Gott der Hawaianer sind wir schon begegnet: Kāne ist sein Name. Eine Göttin, die in Zusammenhang mit Vulkanausbrüchen immer wieder genannt wird und der bis heute Opfergaben dargebracht werden, wenn ein Lavastrom eine Siedlung bedroht, heißt Pele. Übrigens Lava: Zwei hawaianische Ausdrücke haben weltweit in die Vulkanologie Eingang gefunden: Pāhoehoe für Strick- oder Fladenlava und 'A'ā bezüglich völlig entgaster, brockiger Schlackenlava.

Durch die umfangreiche Literatur über Hawaii geistert im wahrsten Sinn des Wortes ein Name, der ein Zwergenvolk betrifft, das der Menehune: das Völkchen von geheimer Kraft. Dieses war zufolge der Mythologie ein Teil der Urbevölkerung von Rutas Mu, nämlich die einstigen Zwerge, die Naturgeister des versunkenen Landes. So hätte es auf der Insel Kaua'i bis 1824 folgende Bevölkerungsgruppen gegeben: Die Mū, die Hawaianer und diese Menehune. Doch dieses Zwergenvolk war im gesamten polynesischen Dreieck (Hawaii – Neuseeland – Osterinsel) bekannt: „The Menehune of Polynesia" (K. Luomala, Bishop Mus. Bull. 203, Honolulu, 1951 u. N.Y. 1986). Wenn diese Wesen hellsichtigen Menschen erschienen, hatten sie die Gestalt von Gnomen, die höchstens ein Meter groß waren.

Diese Geschöpfe, die an der Grenze zur Astralwelt zuhause sind, arbeiteten gerne für andere, waren intelligent, fleißig, diszipliniert und gehorchten ihren Vorgesetzten, wobei sie sich einer hierarchischen Ordnung fügten. Ihre freiwillig übernommenen Aufgaben verrichteten sie nur nachts; diese mußten bis zum Morgengrauen beendet sein, oder das Vorhaben wurde nicht vollendet, da sie das Tageslicht scheuten. Die Steinbearbeitung war ihre Spezialität – womit ich nicht behaupten will, die weltweiten Megalithbauten seien ihr Werk gewesen! Auf Island nimmt man heutzutage bei Projekten im Gelände Rücksicht auf die Naturgeister, doch im allgemeinen haben wir diese „Heinzelmännchen" durch die Brutalität unserer Technik so vergrämt, daß wir solche Helfer des Menschen, der Tier- und Pflanzenwelt längst verscheucht haben!

Nun möchte ich das Thema Mythologie in Bezug auf Hawaii abschließen, aber nicht ohne eine erstaunliche Aussage zu erwähnen, die der wohl beste Kenner der Kultur dieser Inselwelt schon vor geraumer Zeit niederschrieb: A. Fornander (1812–1887), der Sohn eines schwedischen Missionars, galt als führende Autorität, was hawaianische Geschichte und Überlieferung betrifft. Er war mit einer hawaianischen Prinzessin verheiratet und sprach das Hawaianische fließend. Ihm verdankt die Völkerkunde der Inseln das Werk: „An Account of the Polynesian Race", (Boxerbooks, Zürich, 1973). Hierin findet sich die ganz aus dem Rahmen fallende Feststellung: Monster-Reptilien existieren in den hawaianischen Erzählungen, Ungeheuer, wie sie die Südseeinsulaner nicht einmal in Form jetzt lebender Krokodile und Schlangen kennen!

Auf Grund meiner polynesischen und vor allem hawaianischen Erfahrung, möchte ich noch ein Schlußwort hinzufügen. Der „American Way of Life" und die Lebensphilosophie, welcher das Kahuna-Wissen zugrunde liegt, sind unvereinbare Gegensätze! Mit dem Hinscheiden der letzten weisen Priester des alten Hawaii verflüchtigt sich auch das Letzte an Spiritualität dieser Inselwelt. Dann welkt die Seele Hawaiis dahin, wie eine „gepflückte Blume". Damit wird auch der Geist von Rutas Mu aus unserer Dimension verschwunden sein – bis zu dessen Wiedererweckung in einer anderen Welt – vielleicht auf der „Neuen Erde"?

Zu guter Letzt möchte ich Hawaii ausklingen lassen, und zwar mit dem Text zu einem kleinen Lied, das ein Jüngling seiner Liebsten singt, als er vor ihrer Tür steht und auf Einlaß wartet, während ein Unwetter über die Insel fegt. Es ist die Fülle der Vokale dieser klangreichen Sprache, die sich hiemit unserem Gehör einprägt:

Eia ka pu'u nui o waho nei la,
He ua, he 'ino, he anu, he ko'eko'e.
E ku'u aloha e,
Maloko aku au!

Hier die Schwierigkeit groß draußen hier
der Regen, der Sturm, die Kälte, die Abkühlung.
Erlös' mich, meine Geliebte,
laß' mich hinein! (Aus: Hawaian Songs, Univ. Press of Hawaii, Honolulu 1974; siehe auch Abb. Seite 257.)

Im Wilden Westen und zu den Hohen Anden

Bevor ich Sie, liebe Leserschaft, jetzt an die Westküste der USA mitnehme, wird es leider wirklich wild! Angenommen, wir säßen im Flugzeug von Hawaii kommend und blickten hinab in die Tiefe, wo sich das blaue Meer von Horizont zu Horizont erstreckt. Unberührter Ozean, so unsere Gedanken – doch weit gefehlt: Welch ein Irrtum! Zwischen Hawaii und Kalifornien ist der Pazifik total verschmutzt, denn es wurde hier bereits jede Menge Abfalls in das Weltmeer gekippt: Geschätzte drei Millionen Tonnen Zivilisationsmüll, wobei der Abfallteppich schon so groß wie Westeuropa ist. Diese extrem bestürzende Tatsache („Der Spiegel", Nr. 31 vom 26.7.2004) verursacht ein Tiersterben unvorstellbaren Ausmaßes:

Eine Million Seevögel sowie um die 100.000 Meeressäuger und Seeschildkröten verenden hier jährlich. Hiezu gesellt sich die Verseuchung durch Schleppnetze, die den Tiefseeboden aufwühlen, ELF-Wellen, welche Wale und Delphine töten, sowie Leerfischen als auch „Walfang" und zerbrechende Öltanker, wie das Fernsehen immer wieder berichtet. Um das Maß übervoll zu machen, kommen noch die langsam leck werdenden im Ozean versenkten Behälter hochstrahlenden radioaktiven Unrats hinzu, dem tödlichsten Übel der ganzen Palette. Und vielleicht läßt unser Flugzeug vor der Landung noch ein bißchen überschüssigen Treibstoff über die Landschaft rieseln ...

Was soll diese ganze, unfrohe Botschaft? Wir wissen doch das alles! Wirklich? Ich will damit nur meine Ansicht bekräftigen, daß diese Konsumgesellschaft am Ende ist, wobei dieser „ganz normale Wahnsinn" höchstens noch bis zum Jahr 2012 vorhält. Mit dieser Vorahnung sind wir auf die USA vorbereitet.

Unser Abstecher führt uns nach Nord-Kalifornien zum geheimnisumwitterten Vulkan Mt. Shasta. Der Name ist insofern etwas eigenartig, als „Shastra" auf Sanskrit Wissen oder Weisheit bedeutet. Das buddhistische Wesak-Fest zu Ehren der Erleuchtung Buddhas wurde hier alljährlich abgehalten, bevor es in die Welt hinaus übersiedelte. Der 4.317 m hohe Doppelgipfel des zur Zeit ruhenden Vulkans ist am nördlichen Ende der Sierra Nevada gelegen. Es gab dort eigenartige Erscheinungen fremdartiger Menschenwesen, die manchmal im Umfeld des Berges gesehen wurden. Diese scheuen Gestalten waren groß, feingliederig und beweglich-graziös. Sie schienen alt, jedoch jugendlich im Gehaben. Ihre Köpfe fielen durch deren enorme Stirn auf.

Für die Indianer ist der Mt. Shasta ein heiliger Berg, ohne daß von ihnen dort irgendwelche Rituale abgehalten werden. Dennoch wurden vor Ort eigenartige Zeremonien beobachtet, aber ein Näherkommen von Neugierigen wurde jedesmal auf mysteriöse Weise verhindert. Angeblich führt ein Tunnel in das Innere des Vulkans, der sich zu einer riesigen Weite mit einer Siedlung darin öffnet. Dort sollen Flüchtlinge aus Rutas Mu ein Zuhause gefunden haben. Diese Legende, daß Menschen in dem Höhlensystem einer entleerten, unterirdischen Magmakammer leben, hat vielleicht einen realen Kern. Telos ist eine feinstoffliche (astrale) Stadt in diesem Vulkankomplex. Das dort wohnende Volk sind Überlebende von Rutas Mu. Als solche besitzen sie die Fähigkeit, die Grenze zu unserer grobstofflichen Welt nach Belieben überschreiten zu können! Wir werden diesem Phänomen noch unter „Shape-Shifters" begegnen (siehe Seite 373).

Begeben wir uns nun nach Südamerika, das ja bekanntlich sozusagen die „Heimat der Megalithbauten" darstellt, wobei wir jedoch wissen, daß diese ursprünglich im Pazifik lag. Hier ist man sogar schon vor der Küste auf rätselhafte Spuren einer versunkenen Kultur gestoßen. Mir liegen zwei inhaltlich ähnliche Nachrichten vor (nämlich die New York Times vom 17.4.1966, als auch die Zeiten-Schrift: Atlantis & Lemuria, Heft 31/3 von 2001, S. 14–26), zufolge deren die amerikanische Duke-Univers., Durham, NC, in den Jahren 1965–66 unter der Leitung von Dr. R. J. Menzies eine Expedition zur Küste Perus durchführte. Etwa 80 km westlich des Hafens Callão erforschte man den 700 km langen Milne-Edward-Graben, wobei in 2.000 Metern Tiefe Unterwasser-Fotografie Steinsäulen sichtbar werden ließ, die Schriftzeichen aufweisen. An Bord des Forschungsschiffes „Anton Brunn" hieß es dann, die Ruinen einer prähistorischen Stadt seien am schlammigen Meeresboden entdeckt worden.

Auf die Megalithbauten der Vor-Inka-Zeit wie Cuzco und Sacsayhuamán, möchte ich gar nicht erst eingehen, da dies zu weit führen würde. Das perfekte Aneinander–Gefügtsein der Gesteinsblöcke dieser Zyklopenmauern ist allgemein bekannt! Uns interessiert hier Tiahuanaco, da es in der bereits geschilderten Erzählung der Hopis eine entscheidende Rolle spielt. Der zufolge war es der erste Anlaufhafen der Flüchtlinge aus dem untergehenden Rutas Mu. Und nun noch einige Daten: Die wissenschaftliche Erfassung der gewaltigen

Anlagen von Tiahuanaco, die – gleich anderen – vor ihrer Vollendung verlassen wurden, ist gänzlich mit dem Namen eines Wiener Ingenieurs verknüpft: Arthur Posnansky (1873–1946). Der Fachwelt hinterließ er das dreibändige Werk: „Tiahuanaku. Eine prähistorische Metropole in Südamerika" (Reimer-Verlag, Berlin, 1914). Gleich eingangs (Bd. 1, S. 13) gibt der Verfasser Kunde von dem weitgespannten Bogen seiner langjährigen Erkenntnisse (als Tiefbau-Ing. vor Ort), wenn er schreibt: „Ozeanien als Rest eines Kontinents? Die dortigen Eilande tragen Denkmäler einer alten Kultur, die sich nur entfalten konnte, wenn diese Inseln nicht einst Teile eines ausgedehnten Festlandes gewesen wären. Die meisten Bauwerke auf den Südseeinseln stehen technisch in inniger Beziehung zu denen des andinen Hochlands!" Und bezüglich des nahen Sees heißt es weiter:

Der Titicacasee reichte einst bis an den Rand der Hafenstadt Tiahuanaco. Der Beweis hiefür ist ein Kanalsystem, ein Netz von Kanälen, wobei immer noch die Kaimauern des Hafens sichtbar sind. Der See besteht aus hochgehobenem Meerwasser! Dies impliziert eine Seefauna mit marinen Anklängen sowie den Rest einer einst subtropischen Flora. Soweit Ing. A. Posnansky, dessen Aussagen sehr glaubwürdig klingen, umso mehr, als er sich zuzüglich auf seine astronomische Interpretation des Kalenders stützen kann, wie sie auf dem „Sonnentor" in Stein verewigt ist. Nicht zuletzt war es ja auch die Erzählung des „Weißen Bären" (J. Blumrich), die genau in obiges Gedankengebäude paßt!

Aus Gründen der Wahrheitsfindung muß ich eine französische Veröffentlichung zitieren, die mit den beiden oben genannten Aussagen nicht übereinstimmt. Es handelt sich um eine gletscherkundliche Arbeit, die letztlich nur ein Spezialist auf diesem Fachgebiet beurteilen kann: „Les Lacs Quaternaires des Hauts Plateaux des Andes Boliviennes" (J. C. Fontes & M. Servant, O.R.S.T.O.M. Série Géologie, Vol. X, No. 1, S. 9–23, Paris, 1978). Die Zusammenfassung: Zur Zeit des Höhepunktes der Vergletscherung zu Ende der letzten Eiszeit (um 11.000 J.v.d.Ggw.) betrug die Ausdehnung der Seenplatte des Planalto Boliviano 50.000 km^2. Die heutige Seefläche wird mit lediglich 8.375 km^2 angegeben. Da fällt mir sofort folgendes auf:

1. Als das meiste Wasser in Form von Gletschereis gebunden war, erreichte die Ausdehnung des Sees 50.000 km^2. Nach weitgehendem Abschmelzen des Eises zu Ende der letzten Eiszeit ist der See jetzt so viel kleiner – statt größer? Da stimmt etwas nicht!

2. Bei Posnansky als auch Blumrich bildete der heutige See vor über 11.000 Jahren eine schiffbare Bucht des Pazifiks im subtropischen Meer.

In der französischen Darstellung hatte zur gleichen Zeit der letzte Eisvorstoß seinen Höhepunkt erreicht, wobei der See in rund 4.000 Metern Meereshöhe lag – wohl in Form eines Eislaufplatzes von 50.000 km² Fläche. Da wird uns wohl ein bißchen viel zugemutet!

Wollen wir jetzt Eiszeiten und Gletscher hinter uns lassen, um uns der Sonnenseite von Tiahuanaco zuzuwenden: Dem sogenannten „Sonnentor". Für dessen Beschreibung ziehe ich die vergriffene Veröffentlichung von J. M. Luizaga zu Rate. Der betreffende Torbogen ist aus einem einzigen Block vulkanischen Gesteins gefertigt, der leider einen Sprung aufweist. Die Maße dieses Portals werden wie folgt angegeben:

Länge 3,84 m, Breite 0,50 m, Höhe 2,75 m. Dieses Tor befindet sich im Bereich des Sonnentempels von Kalasasaya. Die Hauptfigur stellt einen Hohepriester dar, dessen 24-strahliges Sonnengesicht (das Emblem von Tiahuanaco) gegen Osten blickt (siehe Abb. Seite 271). Seitlich hievon befinden sich zwei Gruppen von je 24 Priestern in je drei Reihen: 3 x 8 = 24 x 2 = 48 Figuren als Halbreliefs, wobei das Ganze einen Kalender darstellt.

Der Sonnentempel von Kalasasaya mit seinem unvollendeten Sonnentor ist mit 135 x 118 Metern Ausdehnung die bedeutendste Anlage von Tiahuanaco, doch nicht die einzige. Es gab außerdem die Pyramide von Akhapana, den Venustempel von Khantataita und die Mondpyramide von Puma Punku, wo sich auch die Steinmetzwerkstatt befand. Hier lag ein Monolith von über 130 Tonnen Gewicht, der heute im Freilichtmuseum von La Paz aufgestellt ist. Das Baumaterial stammt von dem über 50 km entfernten Vulkan Kayappia. Das Gestein ist benannt nach dem Anden-Vulkanismus, Andesit (ein Ergußgestein mit mehr Kiesel („Kieselsäure", SiO_2) als der ozeanische Basalt).

Da gibt es noch ein paar Einzelheiten, die in Zusammenhang mit unserer Gesamtschau – Megalithkultur des Pazifiks und seiner Randgebiete – von Interesse sind.

- Es wurden Kasematten-artige unterirdische Wohnanlagen entdeckt. Vor welcher Gefahr von oben wollte man sich schützen?
- Aus dem Titicacasee barg man Skulpturen der ältesten Bauperiode. Wie sahen diese aus? Unbekannt blieb auch das

Erscheinungsbild der Steinfiguren, die man auf dem Gelände von Tiahuanaco selbst gefunden hatte und die zu Schotter zerschlagen wurden, den man für einen Bahnbau benötigte!

- Das „weinende Auge“ vom Sonnentor findet sich bei den „Vogelmännchen“ auf der Osterinsel wieder.
- Ebenfalls auf der Osterinsel wurde eine kniende Statue ausgegraben, wie solche aus Tiahuanaco desgleichen bekannt sind.
- Vorräte von behauenen Steinplatten, fertig zur Verwendung, standen an beiden Lokalitäten (Osterinsel und Tiahuanaco) herum.

Noch haben wir den Kalender am Fries des Sonnentores nicht befragt. Was sagt Posnansky hiezu? Er sei auf die Tag- und Nachtgleichen ausgerichtet und zeige als Beginn das Datum 13.650 v.d.Ggw., wobei er wörtlich feststellt:

„Tiahuanaco ist die Wiege der Menschheit Amerikas.“

Deckt sich dies nicht genau mit der Aussage des „Weißen Bären“ der Hopis?

Steinerne Zeugen der Megalithkultur finden sich weltweit. Indien ist voll davon und dem Forschergeist öffnet sich hier ein reiches Betätigungsfeld! Vor der Küste Pakistans wurden erst kürzlich jetzt unter der Meeresoberfläche liegende Bauten entdeckt: Eine Schwesterstadt von Mohenjo Daro? Auf den Malediven fand Th. Heyerdahl auf einer seiner letzten Expeditionen Spuren einer Urbevölkerung, die groß, adlernasig, hellhäutig und mit braunem Haar sowie blauen Augen gewesen sein soll. Er stieß auf Reste alter Sonnentempel, gefügt aus Mauern mit genauestens passenden Steinblöcken. Doch das Interessanteste waren Statuen mit langen Ohren, ähnlich denen auf der Osterinsel.

Ein fast unbekanntes Monster megalithischer Größe liegt abseits der Touristenpfade in Baalbek am Fuß des Antilibanon: Der „Stein des Südens“ als riesiger Quader aus Kalkstein oder Marmor aus einem ein Kilometer entfernten Steinbruch. Dessen Maße werden wie folgt angegeben: Länge 21,36 m, Breite 4,60 m, Höhe 4,33 m. Daraus errechnet sich ein Volumen von 425,45 m^3, mal der Dichte des Gesteins (bzw. dessen spez. Gewicht in g/cm^3) von etwa 2,7; das ergibt ein Gewicht von 1.148,71 Tonnen (siehe Abb. Seite 272)!

Unsere Techniker könnten diesen Brocken heute nicht in einem Stück bewegen, doch die klassische Archäologie kann es spielend!

Neuseeland: Die Patu Paiarehe

In Neuseeland sind megalithische Bauten kaum zu erwarten, da der seinerzeitige innerpazifische Kontinent wohl nicht bis in diese Südwestecke des Stillen Ozeans gereicht haben mag. Und doch gibt es Interessantes von diesem „schönsten Ende der Welt“ zu berichten, wie aus den Mythen der Einheimischen, den Maori, zu entnehmen ist, beschrieben von J. Cowan in „Fairy Folk Tales of the Maori“ (Whitcomb & Tombs Ltd., London, 1930, erhältlich durch die H.B.W., Memorial Library, Gisborne, Neuseeland).

Da ist von einem „alten Volk“ die Rede, das Neuseeland bewohnte, bevor die späteren „Ureinwohner“, eben diese Maori, mit ihren hochseetüchtigen Booten aus der eigentlichen Südsee dort ankamen. Wie alle polynesischen Völker, behaupten auch die Maori, von einer Urheimat namens Hawaiki gekommen zu sein, die einst im äquatorialen Pazifik gelegen habe.

Doch zurück zu dem Urvolk, das die beiden Hauptinseln Neuseelands vor der Maori-Einwanderung bewohnt hatte, wie dies in zahllosen Legenden berichtet wird und denen die Maori noch von Angesicht zu Angesicht entgegengetreten waren. Es sollen friedliche Menschen gewesen sein, und doch begegnete man diesen Wesen meist mit Furcht, da sie übernatürliche Fähigkeiten und Kräfte besaßen. Hiemit sind wir bei der Kernaussage der Legenden: Diese Vorfahren der Maori waren eine sozusagen „gottähnliche Rasse“, die vom Himmel (Rangi) herabgekommen war und daher den Namen trug: „Whanau a Rangi“ oder in Hinblick auf deren Göttlichkeit (Atua): „Iwi Atua“. Doch im Volksmund hatte sich noch eine andere Bezeichnung eingebürgert: „Patu Paiarehe“. Und nun kommt das Eigenartigste!

Man fühlt sich in den Götterhimmel der Germanen versetzt, wenn es heißt: Es waren rot-blonde Menschenwesen, oftmals blauäugig und die Weiblichkeit richtige Blondinen – sehr schöne Frauen von blendend weißer Hautfarbe. Dieses rot-blonde Rassenmerkmal ist seit den spanisch-portugiesischen Entdeckungsreisen bekannt und auch Th. Heyerdahl erwähnt ihn: den Uru-keu-Menschentyp des Pazifiks, den Uru-kehu-Vorfahren der Maori (rot-weiß). Es handelt sich um eine sehr, sehr alte Rasse, deren Erbmerkmale noch heute im Blut der Maori aus„mendeln“.

Diese Urahnen besaßen einen starken Körperbau, waren

„normal" groß und bauten Behausungen aus Zweigen und Blättern. Ihre außerordentlichen Fähigkeiten sollen u.a. – so die Maori-Legenden – Unsichtbarmachen als auch Ortswechsel durch Fliegen umfaßt haben.

Übrigens behauptet der neuseeländische Kenner des Pazifiks und Sprachwissenschaftler J. M. Brown in seinem Buch „The Riddle of the Pacific" (Auckland, N.Z., 1924): „Es gab einen Kontinent im Pazifik!"

Somit gibt es schon eine ganze Anzahl namhafter Forscher, die das ehemalige Bestehen eines Kontinents im Stillen Ozean als gegeben betrachten. Wir erinnern uns hiebei an die Aussagen folgender Persönlichkeiten:

- A. Métraux als Archäologe (siehe Seite 206),
- J. Blumrich als Techniker der NASA (siehe Seite 187),
- A. Posnansky als Tiefbau-Ing. (siehe Seite 340) und
- E. Dacqué als Paläontologe und Naturphilosoph (siehe Seiten 136 und 357).

Die Namen einer ganzen Reihe von Geologen würde diese Aufzählung noch wesentlich erweitern, könnte man sie alle befragen!

Schlußbetrachtung Pazifik: Lapita – Versuch und Irrtum

Der „Lapita-Kulturkreis" kann nur lokale Wanderungen betreffen. Er läßt die grundlegenden Unterschiede zwischen den Malaien bzw. Indonesiern einerseits und den Polynesiern andererseits völlig außer acht! Dies wurde schon von Th. Heyerdahl festgestellt, und ich als Schreiber dieser Zeilen weiß es aus eigener Erfahrung, da ich längere Zeit sowohl auf Java als auch in Hawaii gelebt habe. Eine Gegenüberstellung zeigt, daß die von der Völkerkunde geforderte Ähnlichkeit der beiden genannten Völkerschaften nur ein paar gemeinsame Wortwurzeln betrifft, sich sonst jedoch ausschließlich Gegensätzlichkeiten bzw. Unterschiede entscheidenster Art aufzeigen lassen. Der Übersichtlichkeit wegen, fasse ich die betreffenden Lebensaspekte unter den folgenden Gesichtspunkten zusammen:

1. Der Menschentyp.
2. Bezug zum Göttlichen.
3. Kunst und Kunsthandwerk.
4. Ernährung.
5. Sprache.
6. Besonderheiten.

Polynesien:

1. Die physisch größten Menschen auf Erden, wohl Nachfahren der Riesen der 3. M-E! Sie zeigen vielfach einen europäischen Einschlag im sogenannten „Uru-keu-Typ“: rotblond, langschädelig, mit Adlernase und starkem Bartwuchs. Die Haltung dieser kraftstrotzenden, ungeschlachten Menschen war eher kampfbereit und sie führten Kriege untereinander. Ihre Kriegskunst war der offene Kampf vornehmlich mit Keulen, wobei sie zur See mittels großer Kriegskanus andere Inseln überfielen.

2. Der Bezug zum Numinosen war durch eine Sonnenverehrung gekennzeichnet: Ra! Hoch in der Achtung standen Götterbilder (Ki'i auf Hawaii, Tiki in Französisch Polynesien), die auf Tempelplattformen gestellt waren. Es herrschte ein ausgeprägtes Kastensystem, wobei hohe Würdenträger zu Festlichkeiten gelbe oder rote Federmäntel trugen. Priester forderten zu gewissen Einweihungszeremonien Menschenopfer!

3. Ganz typisch für Polynesien ist die Tätowierung mit Inselspezifischen Mustern, was seinen absoluten Höhepunkt auf den Marquesas fand, wo der ganze Körper mit Darstellungen bedeckt wurde (wie von Karl von den Steinen dokumentiert ist). Die ursprüngliche Kleidung der Polynesier war – und ist auf einigen Inselgruppen heute noch – ebenfalls ganz einzigartig: Sie entstammt dem Bast einer gewissen Pflanze, dem Papier-Maulbeer-Baum und ist als Tapa bekannt.

„Sag' es durch die Blume“ betrifft nicht nur die Gepflogenheit Hawaiis, Blumengirlanden zu überreichen: Auf Tahiti trägt die (jüngere) Weiblichkeit Blüten im Haar. Je nach Art des Gestecks bedeutet dies: Ich bin frei, gebunden oder ganz einfach: Nicht mit mir! In diesem Zusammenhang ist Musik und Tanz zu nennen. Der Klang von Muschelhörnern leitet in Polynesien Festlichkeiten ein. Tanzdarbietungen werden von Frauen oder Männern veranstaltet und versinnbildlichen ein Geschehen – so wie bei wohl allen Naturvölkern.

4. Das Grundnahrungsmittel der Polynesier war seit jeher Poi auf der Basis pflanzlicher Stärke. Hiezu kam Kokosraspel, Gemüse, Fisch und gelegentlich Fleisch. All das wurde im Imu/Umu, dem Erdofen, zwischen heißen Steinen gegart. Kawa ist das klassische Getränk der Polynesier, hergestellt aus der Wurzel der gleichnamigen Pfefferpflanze; es wird unter Beachtung besonderer Zeremonien getrunken und entfaltet eine narkotische Wirkung. Es gab Kannibalismus in der Südsee – höchstwahrscheinlich ein trauriges Überbleibsel des Untergangs von Rutas Mu!

5. Die Sprache der Polynesier ist je nach Archipel etwas verschieden, wobei das Hawaianische wohl das klangreichste Idiom überhaupt ist, wie ich an einem Beispiel zu zeigen versuchte. Das Polynesische ist von der Silben-anhängenden „Bahasa Indonesia" völlig verschieden und die einzigartige Rongo-Rongo-Schrift hat ebenfalls nichts mit dem indonesisch-malaischen Kulturgut zu tun!

6. Was die besonderen Fähigkeiten der Polynesier betrifft, brauchen wir nicht lange zu suchen, denn die über die endlose Weite des Stillen Ozeans verstreuten Südseeinseln implizieren es. Der Pazifik ist nämlich, wie jedes Weltmeer, keineswegs friedlich, weshalb es ganz besonderes Geschick erfordert, gerade diesen unermeßlichen Ozean mit zerbrechlichem Gefährt zu befahren. Deshalb sind die Völker der Südsee die perfektesten Seefahrer unseres Planeten! Mit ihren Auslegerbooten, betakelt mit den charakteristischen Dreieckssegeln aus Pandanus-Geflecht (den Blättern des Schraubenbaums), durchpflügen sie „ihr Weltmeer", und dies am liebsten unter den richtungsweisenden Sternen des klaren, weiten Himmels (Rangi Roa!) unter dem Kreuz des Südens!

Indonesien:

1. Die „Orang Malayu", die „herumschweifenden Menschen" der malaischen Halbinsel und Indonesiens sind die typische venusische Rasse im Sinne der nach-atlantischen Wanderungen. Zufolge ihrer astrologischen Zuordnung verkörpern sie die beiden Aspekte des genannten Planeten: Im unerlösten Daseinsbereich zeigen sie einen extrem ausgeprägten erotischen Aktivitätsdrang; in der sich erlösenden Form manifestieren sie das Künstlerische und die Freude an der Ästhetik im Kunsthandwerk.

Anthropologisch zeigen diese Bewohner der malaischen Inselwelt ein leicht mongolisches Aussehen, haben straffes, schwarzes Haar und sind von brauner Hautfarbe, während ihr Knochenbau sie den zierlichsten Völkern der Erde zuweist. Man stelle sich diesen totalen Gegensatz an einem Beispiel vor: Ein Indonesier durchstreift – nehmen wir an auf Borneo mit Pfeil und Bogen auf der Jagd – den Dschungel seiner Tropeninsel. Andererseits visualisieren wir einen Polynesier; lassen wir ihn einen Hawaianer sein, groß und kräftig wie ein Riese, der sich, mit Keule und Helm bewehrt, zu einer Stammesfehde rüstet, wie dies noch vor wenigen Jahrhunderten gang und gäbe war. Den zarten Malaien könnte der stattliche Polynesier leicht mit einer Hand am Kragen packen und an den nächsten Ast hängen!

2. Die ursprüngliche Götterwelt war die des Hinduismus, wie sie heute noch auf Bali lebendig ist. Ein Zeugnis hievon sind die hinduistisch-buddhistischen Tempelbauten auf Java, deren bekanntester Borobudur ist. Erst später verschaffte sich der Islam Eingang in das indonesische Inselreich. All die genannten Religionen (Hinduismus, Buddhismus und Islam) waren in Polynesien unbekannt, da – wie gesagt – ein Sonnenkult gepflegt wurde, bis christliche Missionare aller möglicher Glaubensrichtungen dem ein Ende setzten.

3. Die Kunst Indonesiens ist so fein differenziert, wie die Menschen selbst. Alles wird nach Möglichkeit ästhetisch ausgestaltet, wobei alle Bereiche des künstlerischen Schaffens ausgeschöpft werden: Es gibt Malerei, Bildhauerei in Stein und Holz, traditionellen Tanz, Schattenspiele, eine bodenständige Musik (Gamelan), sowie geschmackvolle Blumen- und Früchte-Arrangements, dargeboten in hübschem Flechtwerk als Opfergaben in den Tempeln Balis. Übrigens wird in ganz Indonesien und anderen Teilen Südostasiens ein Kleidungsstück getragen, der Sarong, dessen in einer besonderen Technik bedruckte Stoffe weltbekannt sind: Der/die Batik – sehr zum Unterschied von den genannten Baststoffen (Tapa) Polynesiens! Somit blüht das Kunsthandwerk, das auch Metallarbeiten in Silber, Messing und Kupfer kennt. Daß es diese reiche Palette in solcher Form in Polynesien nicht gab, haben wir gesehen. Polynesien kannte keine Metalle, wobei die ersten Besucher aus Europa für einen Eisennagel viel einhandeln konnten!

4. Ganz Südostasien lebt bekanntlich von einem Grundnahrungsmittel, dem Reis. Er war in Polynesien unbekannt – das sagt eigentlich alles: Würde ein Volk auf seiner Wanderung nicht einen

Vorrat seiner wichtigsten Ernährungsgrundlage mitführen und im Zielland kultivieren?

5. Die Sprache Indonesiens, Bahasa Malayu bzw. Bahasa Indonesia, ist – wie schon angedeutet – eine agglutinierende, d.h. es werden Affixe an den unveränderten Wortstamm (davor oder danach) angehängt. Nur einzelne Wörter sind dem Polynesischen ähnlich, mit dem sonst keine Gemeinsamkeiten bestehen.

6. Seefahrt in tropischen bzw. subtropischen Gewässern schafft selbstverständlich Analogien: Ähnlicher Bootsbau, die gleiche Art der Verwendung von Pflanzenfasern für Segel und Takelage usw. Die Indonesier befahren naturgemäß die Gewässer ihrer asiatischen Inselwelt genauso, wie die Polynesier den Pazifik! Doch das offene Meer, in das sich die malaischen Menschen schon in grauer Vorzeit hinauswagten, war der Indische Ozean (mit der Besiedlung Madagaskars). Eine oder die andere Auswanderungswelle schuf den besagten „Lapita-Kulturkreis", den die Völkerkunde, auf ein paar Tonscherben (mit dem Locus typicus auf Fidschi) gestützt, als Beweis für die Herkunft der Polynesier aus Südostasien annimmt. Daß dies unhaltbar ist, hoffe ich, dargelegt zu haben!

Riesenformen im Natur- und Menschenreich

- Funde, die es nicht geben dürfte.
- Einst gab es Riesen auf Erden.
- Reptos, Dracos und UFOs.
- Saurier: Kein göttlicher Bauplan?
- Mutation + Selektion = Die Totgeburt des Darwinismus.
- Ist die Erde der Echsen das Erbe der Echsen?

Da traf ich einen Hamburger, der sich im dortigen Hafen auskannte, worauf ich sofort einiges wissen wollte: Welche Höchstlast können die größten Kräne an der Mole heben? Er meinte, 300 Tonnen, dies aber erst nach etwa einwöchiger Vorbereitung durch Spezialisten; soweit die Nachricht von der „Waterkant". Doch der „Unvollendete" in Assuan (siehe Abb. Seite 272) wiegt mehr als das Dreifache, ebenso wie der Riesenbrocken von Baalbek!

Wenn auch unsere hochgepriesene Technik mit diesen Steinkolossen nicht fertig würde, was die Transportfrage beträfe, die Archäologie hat damit, wie gesagt, keine Probleme. Um den genannten Obelisken zu bewegen, könne man einfach so an die 10.000 Sklaven einsetzen – weil für 20.000 Hände soviel Platz zum Anfassen wäre! Um die Große Pyramide zu errichten, setzte man einfach Hebevorrichtungen ein – weil in Ägypten zu deren Anfertigung soviel Holz zur Verfügung stand! Oder man schüttete eine Rampe auf, um den Pyramidenbau hochzuziehen – weil sich 2,5 Millionen Gesteinsblöcke (mit einem Durchschnittsgewicht von 2,5 Tonnen) so leicht über eine Rampe aus Lehmziegeln oder gar Wüstensand ziehen lassen!

Wie auch immer, die Archäologie ist um „wissenschaftliche" Erklärungen nie verlegen. Ist das Thema zu heikel, wird es ganz einfach als „tabu" (ein polynesisches Wort!) erklärt. Oder man macht einen ernsthaften Forscher lächerlich und tut ihn in Acht und Bann. Im Notfall bleibt immer noch die Lüge!

Vor allem war es der deutsche Meteorologe Dr. W. Thüne, der die Co_2-Lüge als elenden Schwindel entlarvte, der lediglich der Atom-Lobby dienen soll: die Erde ist kein geschlossenes System à la Treibhaus! In seinem Buch („Freispruch für CO_2!", Edition Steinherz, Wiesbaden, 2002) schreibt der Wetterfachmann bezüglich der Wissenschaft, deren Ehrlichkeit wir doch nicht in Frage stellen würden (wörtliches Zitat, S. 224–225):

„Nach dem Bekenntnis des Präsidenten der Max-Planck-Gesellschaft zur Förderung der Wissenschaften, Prof. Dr. Hubert Markl anläßlich der EXPO 2000 in Hannover am 13.7.2000 heißt es, daß ‚Lüge und Betrug integrale Bestandteile des Forschens, also der Wissenschaft seien!' "

Dies ist doch endlich einmal ein ehrliches Wort! Es hilft uns, die folgenden Beispiele an fossilen Funden im richtigen Licht zu sehen: Die Artefakte und/oder die Fossilien, die es nicht geben dürfte. Mit anderen Worten: Archäologie – wie Wissenschaft Unwissen schafft.

Um Beispiele aus der Archäologie zu zitieren, möchte ich eine kritische Darstellung zweier Fachgelehrter (M. A. Cremo und R. L. Thompson) heranziehen: Das Werk der beiden erschien erstmalig 1994: „Verbotene Archäologie" (Bettendorf-Verlag, München). Als sehr umfangreiche Neubearbeitung erschien es 2006 im Kopp-Verlag, Rottenburg. Bereits im ersten Buch treffen die Autoren

Feststellungen, die der Schulweisheit nicht gut in den Ohren klingen, denn deren Gesamtbefund sagt sinngemäß das Folgende aus:

Anatomisch heutige Menschen haben schon lange vor der Zeit, welche die dogmatische Wissenschaft ihnen zubilligt, auf Erden gelebt.

Laut Meinung der beiden Sachbuchautoren ist die Wissenschaft der Archäologie durch folgende Arbeitsmethoden belastet: Vorgefaßte Meinungen bestimmen, welche Beweise annehmbar sind und welche nicht. Eine andere Vorgehensweise stellt der Unterdrückungsprozeß dar: „Die Akzeptanz eines Fundes oder einer Idee ist umso geringer, je weiter diese von der herrschenden Lehrmeinung wegführen!" (Wörtlich aus Buch 1, S. 42).

Ein Beispiel aus Kanada führt vor Augen, wie mit wissenschaftlichem Beweismaterial umgegangen wird, falls dieses nicht in das orthodoxe Denkschema paßt. 1950 wurden nördlich des Huron-Sees Artefakte entdeckt, die viel zu alt waren, um in das allgemein „genehmigte" Lehrgebäude bezüglich der Besiedlungsgeschichte Nordamerikas zu passen. Der Entdecker wurde von seinem Arbeitsplatz (dem Nat. Museum Kanadas) entlassen und die Veröffentlichung seiner Forschungsergebnisse verhindert! Außerdem verschwanden die aufgefundenen Artefakte und damit die Beweisstücke. Doch der pseudowissenschaftliche Wahnsinn erfährt noch eine wesentliche Steigerung, wenn das wahr sein sollte, was der Buchautor L. Bürgin in „Geheimakte Archäologie" (Bettendorf-Verlag, München, 1998, S. 146) über das Smithsonian Institut schreibt. Die genannte Institution habe eine ganze Ladung ungewöhnlicher Artefakte absichtlich im Atlantik versenkt, da diese nicht in den Kram der Schubladen-Wissenschaft paßten! Wie ein Hohn ließt sich hiezu die folgende Beschreibung dieser Forschungsstätte: Die Stiftung des J. Smithson (1754–1829), gegründet 1846 mit Sitz in Washington, macht sich laut Satzung folgendes zur Aufgabe: „Die Vergrößerung und Verbreitung von Wissen", wobei besonders Untersuchungen völkerkundlicher Art gefördert werden sollen. Es wurden Museen mit der Sammlung amerikanischer Altertümer eingerichtet. Angeschlossen wurde ein „Bureau of Ethnology", das die Völkerkunde und Archäologie der Indianer Nordamerikas zum Gegenstand streng wissenschaftlicher Forschung macht. – Kann Wissen noch mehr in Unwissen verdreht werden?

Anschließend entnehme ich der Arbeit von Cremo-Thompson

ein paar Beispiele archäologischer Funde, die so gar nicht in das klassische Konzept der etablierten Wissenschaft passen. Hiebei schreite ich von jüngeren Exempeln zu immer älteren, wobei ich gleichzeitig auf die Tabelle geologischer Epochen verweise (siehe Seite 119). Hinweis: In diesem Zusammenhang kann ich nicht umhin, Zeitangaben zu erwähnen; dies mögen die Anthroposophen mir verzeihen!

Pliozän: Argentinien

Der Paläontologe C. Ameghino fand 1912 bis 1914 an der Meeresküste bei Miramar Skelettreste von Toxodon, einer ausgestorbenen südamerikanischen Huftierart. In zwei Fällen steckten steinerne Pfeil- oder Lanzenspitzen im Gebein dieser Tiere, was auf Jäger schließen läßt, welche diese Toxodontia des Pliozän (vor 2–3 Millionen Jahren) bejagten.

Miozän: Portugal

Senhor C. Ribeiro war ab 1857 Leiter des Geologischen Dienstes von Portugal. In den Jahren 1860–1863 führte er Forschungen in einem Flußabschnitt des Rio Tejo durch, der 35–40 km nordöstlich von Lissabon liegt. Die Ergebnisse dieser Geländearbeit wurden 1871 veröffentlicht und beinhalten folgendes: Es handelte sich um Untersuchungen von Steinwerkzeugen aus dem Tertiär. Der Genannte fand in Schichten des Miozän – Pliozän offensichtlich von Menschen bearbeitete Felssplitter aus Feuerstein und Quarzit. Diese Fundstücke erregten ein großes Interesse des 1880 in Lissabon tagenden Internationalen Kongresses für prähistorische Anthropologie und Archäologie. Die Fachgelehrten bestimmten eine eigene wissenschaftliche Kommission, deren Mitglieder die Artefakte und deren Fundstellen einer direkten Begutachtung unterziehen sollten. Man begab sich zur Ortschaft Carregado, weiter ins Dorf Otta und zum 2 km entfernten Monte Redondo sowie dem Espinhaço de Cão.

Die Wissenschaftler fanden dort ihrerseits entsprechende Beweisstücke, welche die Arbeitsergebnisse des Geologen Ribeiro völlig bestätigten, ja es wurde während der besagten Exkursion sogar ein weiteres Artefakt vor Zeugen in situ entdeckt. Eine genaue Altersbestimmung ergab: Früh-Miozän/Burdigal bis Spät-Miozän/Torton. Daher die Schlußfolgerung: Es müssen auf heute portugiesischem

Gebiet vor mindestens 5 Millionen bis maximal 25 Millionen Jahren Menschen gelebt haben! Ribeiros Entdeckungen umfassen Steinwerkzeuge, wie sie von allen Forschern heutzutage als echt von Menschenhand bearbeitet anerkannt werden: Alter Miozän!

Bezüglich des Gesagten heißt es bei Cremo & Thompson (Buch 1, S. 229 u. 245): „Damit ist der unerschütterliche Beweis für die Existenz von Feuerstein-schlagenden Wesen zu Ende des Miozäns geliefert!" Und nun die Kernaussage:

„Sollte auch nur ein einziges Beweisstück für die Existenz von miozänen oder früh-pliozänen Werkzeugmachern akzeptiert werden, begänne das ganze, sorgfältig aufgebaute Bild der menschlichen Evolution sich aufzulösen!"

Eozän – Oligozän: Kalifornien

In der Sierra Nevada wurden ein menschliches Skelett, einzelne Knochen sowie Artefakte unter den folgenden geologischen Gegebenheiten gefunden: Über dem Grundgebirge liegen alttertiäre Schotter, darüber folgt eine Deckschicht andesitischer Lava miozänen Alters, die einen Tafelberg bildet. Die genannten Schotterablagerungen darunter werden als Oligozän bis hinunter ins Eozän reichend eingestuft. In diesen ging ab 1849 Bergbau um, da sie goldführend sind: Die „Goldseifen" unter dem Tuolumne-Tafelberg. Doch nicht nur „Nuggets" fanden die Bergleute: Es wurde ein vollständiges menschliches Skelett zutage gefördert sowie auch einzelne Menschenknochen und Artefakte, darunter mehrere steinerne Mörser. Die Fundstelle lag in 60 Metern Tiefe nahe über dem anstehenden Fels. Um 1880 verbürgte der angesehene Geologe J. D. Whitney für die Echtheit dieser paläo-anthropologischen Funde, nachdem er vor Ort nachgeforscht hatte. Das Alter des Skeletts einschließlich aller anderen aufgesammelten Objekte wird mit Eozän – Oligozän angegeben.

Kreidezeit: Frankreich

Aus einer Kalksteinformation der Kreidezeit soll in Frankreich 1978 ein Metallrohr geborgen worden sein; es liegen keine weiteren Angaben vor.

Jura: Turkmenien

In jurassischen Schichten Turkmeniens wurde 1983 ein menschlicher Fußabdruck zusammen mit dem eines riesigen, dreizehigen

Dinosauriers entdeckt. Dies erinnert an die endlose Kontroverse um ähnliche Spuren im Flußtal des Paluxy in Texas![48]

Trias: Nevada

In Nevada, also im Hinterland von Kalifornien, wurde 1922 eine Schuhsohle in triassischem Gestein entdeckt. Das Auffallende an dem gut beschriebenen Fund war der perfekte Erhaltungszustand, wobei sogar die Nähte der Sohle dieser Fußbekleidung ganz deutlich sichtbar waren!

Oberkarbon: USA

Funde aus folgenden Staaten: Pennsylvania, Iowa, Kentucky, Oklahoma und Illinois.

Aus einem Kohleflöz des Oberkarbon, das in den USA dem oberen Pennsylvania-System entspricht, wurde aus 27 Metern Tiefe ein menschliches Skelett ans Tageslicht gefördert (Buch 2, S. 547). Desgleichen geschah 1862 in Illinois. Ebenfalls aus dem Oberkarbon stammt ein polierter Gesteinsblock, der in einem Kohlebergwerk 1897 in Iowa gefunden wurde. Dieser wies Gravuren von mehreren menschlichen Gesichtern auf. Sehr genau wurde folgender Fund (1938) untersucht: In Schichten einer Sandsteinformation des Oberkarbons in Kentucky wurden Fußspuren entdeckt, die eindeutig einem menschlichen Wesen zuzuschreiben sind, das sich dort am Sandstrand entlangbewegte. Diese versteinerten Abdrücke wurden von der Wissenschaft als „verrückt" abgetan (Buch 2, S. 547).

Es wurde 1912 aus Oklahoma berichtet, daß aus einem Brocken Steinkohle beim Zerschlagen ein Eisenbecher herausfiel. Ebenfalls um Kohle aus dem Oberkarbon handelt es sich bei dem folgenden, erstaunlichen Fund: In Illinois zerbrach 1891 ein Stück Steinkohle, worauf eine kleine Goldkette herausfiel!

Besonders die letztgenannten Funde passen selbstverständlich absolut nicht in das Weltbild des Darwinismus. Aber – soweit diese älter als Trias-Jura sind – auch nicht unbedingt in das der Anthroposophie! Am einfachsten wäre es, dies ETs „in die Schuhe zu

48 Hiezu der bekannte Paläontologe M. A. Cremo: „... Since that time, I have seen additional research, new research, that convinces me the Paluxy prints are in fact human footprints and that they belong to Cretacious period."

schieben", die schon seinerzeit auf Erden herumspaziert wären, so mit Goldkettchen um den Hals...[49, 50]

Nachdem ich einige Funde, die es nicht geben dürfte, aufgelistet habe, sei meine Feststellung „einst gab es Riesen auf Erden" einer Betrachtung unterzogen. Hiezu dient u.a. ein längst in Vergessenheit geratener Bericht über rätselhafte Volksstämme Indiens, die gleichermaßen der Erinnerung der heutigen Bewohner entschwunden sind.

Wenn wir jetzt nochmals der HPB begegnen, so hat dies nichts mit „Wurzelrassen", also Menschheits-Epochen (M-E) zu tun. Es handelt sich hingegen um eine Beschreibung völkischer Splittergruppen, die dem Untergang geweiht waren, was gut zu unserem Archäologie-Report paßt, da sie aufzeigt, wieviel Kenntnis über Volkstum bereits unwiederbringlich verloren gegangen ist. HPB bezieht sich auf eine oder die andere Gruppe solcher Völkchen, die sie selbst auch nur mehr durch Erzählungen während eines Indien-Aufenthaltes kennenlernen konnte. Ihre Schilderung betrifft die „Blauen Berge" (die 2.636 m hohen Nilgiris) im Gebiet des ehemaligen Madras in Südindien um das Jahr 1818.

Uns wird also eine Welt vor Augen geführt, wie sie vor rund 190 Jahren in einem damals weit weniger dicht besiedelten Indien bestand, als ethnische Minderheiten sich noch gegen den all-indischen Bevölkerungsdruck behaupten konnten. Da zumindest einer dieser „rätselhaften Volksstämme" (so der Buchtitel, Fourier-Verlag, Wiesbaden, 1908) Bezug zu Lemuria/Rutas Mu gehabt haben mag, erscheint die folgende, kurze Beschreibung gerechtfertigt.

Die Blauen (nil) Berge (giri) gehören zu den westlichen Ghats,

49 Es gibt mehrere Örtlichkeiten, an denen antiker Bergbau auf Gold umgegangen ist, z.B. Schächte, wie in der Hauszeitschrift „Optima" des Bergbaukonzerns A.A.C. (Johannesburg) erwähnt wird. Es handelt sich um die bekannten Gold-Lagerstätten des Transvaal mit den Gold-Konglomeraten des Witwatersrandes.

50 Es war von Steinwerkzeugen die Rede, die in den Ablagerungen längst vergangener geologischer Epochen gefunden wurden, was das einstige Bestehen einer Steinzeitkultur beweist. Das bedeutet jedoch keineswegs, daß nicht auf Erden gleichzeitig eine Hochkultur längst entwickelt war! Ähnliches kennen wir heute, wo neben unserer Zivilisation immer noch gewisse Völkerschaften ein primitives Dasein fristen, wie z.B. die Buschmänner in der Kalahari-Wüste des südlichen Afrika, die praktisch ohne Wasser überleben müssen!

die hier durch fast senkrechte Felswände zerklüftet sind. Zufolge der Höhenlage herrscht daselbst ewiger Frühling und einst bedeckten (sub-)tropische Urwälder die Südseite des Gebirges. Die Bewohner dieser in Höhenlagen paradiesischen Bergwelt waren nicht weniger als fünf Stämme, von denen einer durch sein stolzes Erscheinungsbild hervorragte. Hingegen bezeichnet HPB die ersten drei der in der Folge Genannten als „Tiermenschen":

1. Die Erullaras – Höhlenbewohner am Fuß der Berge.
2. Die Mullu-Kurumbas von affenartigem Aussehen als kleine, häßliche Zwerge, die in Bäumen lebten. Sie waren der Schwarzen Magie fähig!
3. Die Kochtaras, welche gleich den beiden ersteren lebten, doch zu geschickten Handwerkern ausgebildet werden konnten.
4. Die Baddagas als das zivilisierteste der bisher genannten Völkchen, die Ackerbau betrieben.
5. Die Todas, die sich grundlegend von all den anderen unterschieden und welche die eigentlich Rätselhaften waren! Diesen gilt jetzt unser Interesse, denn deren Eigenart kann sich nur aus einem Ursprung in einer früheren M-E erklären!

Diese Todas waren von weißer Hautfarbe, besaßen ein ausgeprägtes Profil, klassische Gesichtszüge und waren hochgewachsen. Bezüglich deren Erscheinung heißt es bei HPB: Solche Gestalten gleichen den von den alten Griechen dargestellten Göttern, gekleidet in römische Togen. Die Würde der langhaarigen Greise mit den weißen Bärten! Das Haar dieser eigenartigen Bergbewohner war glänzend schwarz, die Augenfarbe braun oder blau. Die Schönheit der Menschen des Völkchens der Todas! Deren sittliche Vollkommenheit: Keine Lüge, kein Stehlen, kein Blutvergießen, keine Waffen! Deren Nahrung waren Waldbeeren und Büffelmilch, doch kein Fleisch und auch keine Landwirtschaft; aber Büffel als Kultobjekt.

Es gab einen „heiligen Büffelstall", zu dem nur die Priester dieses Volkes Zugang hatten und wo diese nachts geheime Zusammenkünfte abzuhalten pflegten. Die hiebei verwendete Geheimsprache ist nie bekannt geworden sowie eine nicht entzifferte Schrift. Diese Priesterkaste lebte im Zölibat, das Volk in Polyandrie. Sämtliche Todas beherrschten die Weiße Magie, weshalb sie bereitwillig Kranke heilten. In der Zusammenfassung von HPBs Niederschrift heißt es:

Die Todas waren das geheimnisvollste Volk ganz Indiens; sie sind rätselhaften Ursprungs, wenn sie sagen, ihre Ahnen seien aus dem Osten nach Indien eingewandert – aus Rutas Mu? Sie sind daher nicht die Arier, die von Norden kamen. Bezüglich ihrer Herkunft befragt, sagen die Todas: „Unsere Vorfahren waren nur doppelt so groß wie wir!“

Dies impliziert die Frage: Gab es noch größere Menschen in der Urzeit der Vorväter der Todas? Vielleicht Riesen?[51]

Hiemit kommen wir zu den Gräberfunden, die HPB in diesem Zusammenhang erwähnt. Um 1840 wurden in den Nilgiris Grabmäler entdeckt, die als Grabkammern wie eine Gruft mit Gewölben gebaut waren. Diese bargen metallische Schmucksachen und vieles andere mehr. Doch es fanden sich auch Tonfiguren ungewöhnlicher Gestalt, gleich Urformen von Reptilien, womit wir beim nächsten Thema sind.

51 Ein Geschlecht von Riesen ist nicht nur der Sage wohlbekannt! Hünengräber gibt es zu tausenden im Altai und auch in der Mongolei. Es sind dies bis zu 8 m hohe, aus Steinen aufgeschichtete Grabhügel von 5 bis 200 Metern Länge, wobei das Grab selbst (oft ausgeraubt) in 6–7 Metern Tiefe liegt. Riesenskelette wurden von japanischen Archäologen auf Nan Madol gefunden: es soll solche auch auf anderen Südseeinseln gegeben haben. **Der Maya-Codex Troanus** beschreibt das „Land der Lehmhügel“ wie folgt: **Der Inselkontinent Mu oder Rutas Mu war dicht bewaldet und von schrecklichen Sauriern und Riesen bewohnt.** Dieses Land lag im Pazifik und ging zugrunde (siehe Abb. Seite 257). So berichtet der Ethnologe K. Kohlenberg („Enträtselte Vorzeit“, S. 415). Und was haben die von fanatischen Anhängern des Islam schwerst beschädigten, aus dem Felsen gehauenen Statuen verschiedener Größe zu Bamian in Afghanistan anderes dargestellt, als die Körper der Wesen vergangener M-E, darunter Menschen von Riesenwuchs!

Reptos, Dracos und UFOs

Fast allen Völkern der Erde sind Drachensagen geläufig! Doch warum über Lebewesen berichten, welche die Menschheit angeblich nie zu Gesicht bekommen hatte? Haben wir sie wirklich nie gesehen, diese schuppigen Drachen? Mythen besitzen bekanntlich einen wahren Kern, und in diesem Fall heißt er: Dinosaurier! „Wir“ haben sie nicht nur immer wieder erblickt, unsere Ur-Ur-Ur-Väter lebten zur gleichen Zeit und mußten mit der ständigen Bedrohung durch diese Monster fertigwerden! Doch wo finden sich die „Beweise“ für diese kühne Behauptung?

Es gab einen Wissenschaftler, der darum wußte, daß die ähnlich lautenden Sagen der Völker sich um mehr als nur ein Körnchen Wahrheit ranken: Edgar Dacqué. Der Betreffende (1878–1945) war Paläontologe und lehrte an der Universität in München. Sein besonderes Gedankengut war die teleologische Evolutionstheorie, also die zielgerichtete Entwicklung: Der Mensch als Urform und Ziel, wobei die Tierarten als Stufen auf dem Weg aufzufassen sind. Diese Zielgerichtetheit der Menschheitsentwicklung ist die genaue Antithese zum ziellosen Würfelspiel des Darwinismus mit Mutationen (Zufallstreffern!) und nachfolgender Selektion. Sich daher nicht zum (Neo-)Darwinismus bekennend, verlor Dacqué schließlich seine Lehrerlaubnis als Universitätsprofessor. Doch seine Werke sind uns erhalten geblieben, in denen er eine Synthese zwischen biblischer Schöpfung und darwinistischer Abstammungslehre anstrebt:

„Urwelt, Sage und Menschheit“ (R. Oldenbourg-Verlag, München, 1927) und im selben Verlag: „Aus der Urgeschichte der Erde und des Lebens“ (München, 1936, sowie über die Seelengeschichte des Menschen, 1938). Die Absage dieses Fachgelehrten der Geologie-Paläontologie an den Darwinismus findet sich in dem genannten Werk („Urgeschichte“..., S. 199):

„... der Mensch hat sich nicht etwa im Urzustand aus affenartigen Säugetierwesen abgespalten, um danach erst aus dem Vierfüßertum heraus Mensch zu werden; sondern er selbst, seine eigene Urform, war von jeher durchaus menschenartig. Dabei erscheint es gar nicht ausgeschlossen, daß er in früheren Erdzeitaltern allerhand Verwandlungen seiner Gestalt durchlaufen hat.“

Man glaubt, R. Steiner zu lesen! Auch über das Alter der Menschheit macht der Paläontologe Äußerungen, die durchaus von einem Anthroposophen stammen könnten, wenn er schreibt („Urwelt"..., S. 76):

Wir dürfen erwarten, schon im Spät-Paläozoikum den Menschenstamm als solchen zu finden: „Ein Wesen, das sich ... durch gewisse geistige und seelische Besitztümer von der übrigen Tierwelt unterschied." S. 92–93: **Das Auftreten des Hauptmenschenstammes in der permo-triassischen Zeit: Der stirnäugige Urmensch.**

Auch in Bezug auf die Mythologie weiß Dacqué ein kräftiges Wörtchen zu sagen; wie schade, daß dies bei der „Schulweisheit" nach wie vor auf taube Ohren stößt! Das vom Menschen der Vorwelt lebend Geschaute lebt in den Sagen weiter; Dacqué wörtlich („Urwelt"..., S. 107 u. 112): **„Wir haben somit in den alten Drachen- und Lindwurmsagen unverkennbar eine echt mesozoische Tierwelt vor uns mit ihrem auch paläontologisch feststellbaren biologischen Formencharakter, die wir nun als etwas vom Menschen Erlebtes hinnehmen wollen, nachdem wir keinen unüberwindlichen Grund mehr haben, uns der damaligen Existenz des Menschen oder eines Menschenwesens zu widersetzen."**

Noch etwas von Interesse möchte ich aus Dacqués Schriften erwähnen, nämlich seine Auffassung über den – von der Mehrheit der Geologen bisher negierten – ehemaligen Kontinent im Pazifik. In seinem Buch (Urwelt, S. 177–178) heißt es: **„... sich im Pazifik ein polynesischer Landkomplex erhalten hat, der dem Menschen erreichbar war! Dort allein ist der Platz für jenen alten, geologisch erwiesenen Kontinent, der erst in spät-mesozoischer Zeit den Fluten zum Opfer fiel. Der Wohnsitz der ältesten Menschheit."**

Haben wir die Gedankengänge von Prof. Dacqué, dem Paläontologen und Naturphilosophen, nun verinnerlicht, so können wir uns auf die Suche begeben, um Anhaltspunkte für eine tatsächliche Koexistenz von Mensch und Saurier zu finden. Aus Literatur und eigener Anschauung schlage ich hiezu folgende Orte vor, wo wir fündig werden können:

1. Die Sammlung eines Farmers in Acámbaro, Mexiko.
2. Die nicht minder umfangreiche Sammlung des Dr. Cabrera in Ica, Peru (siehe Abb. Seite 268, 269).
3. Die Darstellungen im Museum der Luftwaffe Perus in Lima.
4. Die bereits genannten Grabfunde in den Nilgiris, Indien.

ad 1) Acámbaro liegt genau auf 20° Nord nordwestlich von Ciudad Mexico. 1944 entdeckte der Grundbesitzer Waldemar Julsrud dort Keramikfragmente, die ein Regen ausgewaschen hatte. Auf dessen Geheiß erfolgten durch Landarbeiter Ausgrabungen vor Ort. Daraufhin wurden in 1,20 bis 1,50 m tiefen Verstecken, die meist zwischen 20 bis 40 Einzelstücke enthielten, bis 1952 etwa 33.500 Tonfiguren gefunden. Diese zeigen u.a. Plastiken von Menschen zusammen mit Dinosauriern. An diesen mittels Holzfeuers gebrannten tönernen Gegenständen erfolgten 1954 wissenschaftliche Untersuchungen durch Fachleute des „Inst. Nacional de Antropologia e Historia“ unter einem Dr. E. Noguera, was die Echtheit dieser meist spannenlangen Fundstücke bestätigte. Weitere Forschungen fanden 1955 durch den amerikanischen Prof. Ch. Hapgood statt, wobei neuerliche Ausgrabungen noch weitere solche Artefakte aus Ton zutage förderten.

Der Sohn des genannten Farmers verwahrte die Sammlung des Vaters in 14 Räumen seines Hauses, die seit 2002 in einem Museum der besagten Stadt bestaunt werden kann. Unter den Exponaten befinden sich auch Darstellungen von Kämpfen zwischen Mensch und Saurier, einschließlich des Gefressen-Werdens von unglücklichen Menschenopfern! (Bei E. Cayce lasen wir von der Bedrohung einer einstigen Menschheit durch wilde Tiere!)

ad 2) Die Gesteinsgravuren, wie sie ein Dr. Cabrera zusammengetragen hat, sind mir wohlbekannt, da ich diese zwei Wochen lang in Ica studieren konnte. Wieder zurück in heimatlichen Gefilden, verfaßte ich hierüber einen Artikel, welcher in der damaligen Zeitschrift „Esotera“ veröffentlicht wurde (Heft 3, S. 226–236, März 1985, Jg. 36, H. Bauer-Verlag, Freiburg i.B.). Aus diesem Beitrag zur Kenntnis einer unbekannten Kultur gebe ich nun eine möglichst kurze Zusammenfassung.

a) Fundort: Das Städtchen Ica (360 km südlich von Lima), sowie das Dorf Ocucaje (40 km südlich von Ica), liegen in der Atacama-Wüste als Flußoasen an der Pazifikküste Perus. Im Umfeld des genannten Dorfes soll sich der unbekannte Fundort der Gesteinsgerölle befinden, welche die Ritzzeichnungen aufweisen, die das diesbezügliche Museum in Ica so bekannt gemacht haben.

b) Geschichte der Funde: Die ersten Gerölle mit Zeichnungen darauf wurden nach einer Flut des Ica-Flusses 1961 aufgelesen. Von da an erfolgte die Sammeltätigkeit des Dr. Cabrera, bis er schließlich über 11.000 dieser vulkanischen (Andesit-)Gerölle zusammengetragen hatte, von faustgroß bis zum Umfang eines Kühlschranks und 500 kg Gewicht. Zwei Museen sind in diesem Zusammenhang zu nennen: Das „Museo de las Piedras Grabadas" des Dr. Cabrera (siehe Abb. Seite 269) in Ica, welches ausschließlich Gesteinsgerölle mit Ritzzeichnungen aufweist, sowie das „Museo Aeronautico del Peru" in Lima-Miraflores, das noch zu erwähnen sein wird.

c) Grabfunde: Piedras grabadas wurden 1966 als Grabbeigaben in einem etwa 2000 Jahre alten Mumiengrab von Parácas (etwas nördlich von Ica) entdeckt. Dies wäre das Mindestalter der Steingravuren.

d) Darstellungen auf den Geröllen: Der Inhalt der figürlichen Mitteilungen ist folgender:

– Gestirne, Planeten und Landkarten.

– Pflanzen und Tiere, wie sie der Paläontologie bekannt sind.

– Menschenähnliche Wesen mit eigenartigen, an Federschmuck erinnernden Kopfbedeckungen, sowie Anhängseln, die an Schlangen gemahnen.

– Dinosaurier-artige Reptilien, ähnlich den bekannten des Mesozoikums. Diese werden von den genannten menschlichen Wesen mit Fernrohren beobachtet und auch angegriffen (wohl symbolisch mit Dolch und Hacke, siehe Abb. Seite 267, 268).

– Medizinische Szenen: Der Chirurg J. Cabrera kann es selbst beurteilen: Hier haben wir es mit hervorragenden medizinischen Kenntnissen zu tun! Es finden sich folgende Darstellungen: Organ-Transplantationen wie Herzverpflanzung, Verpflanzung einer Gehirnhälfte (!), aber auch Kaiserschnitt, Geburt u.a. Zu diesen Themenkreisen gibt es ganze Serien von Abbildungen.

e) Besonderheiten der Ica-Steine:

- Die Qualität der Ritzzeichnungen.
- Die Menge der Darstellungen.
- Die sich wiederholende Symbolik darin.
- **Die Einzigartigkeit von Szenen, welche Kämpfe gegen Dinosaurier darstellen. Es gibt etwa 150 Zeichnungen mit Dinos.**

f) Die Theorie des Dr. Cabrera: Der Arzt schätzt das Alter der Gravuren auf runde 70 Millionen Jahre, da er die folgenden Dinosaurier zu erkennen glaubte: Stegosaurus, Tyrannosaurus und Triceratops. Bezüglich Symbolik: z. B. das Blatt im Mund / Maul: Je nach vorhandener Lebenskraft zeigt es nach oben oder unten.

Cabrera sieht in den Ica-Gesteinsgravuren eine Botschaft, übermittelt von einer hochentwickelten Menschheit! Deren Heimat: Die Plejaden, wohin sie vor einer herannahenden Katastrophe flüchten!

g) Kritik an Cabrera: Als meines Wissens einzige wissenschaftliche Institution untersuchte die Akademie der Wissenschaften in Moskau die Gesteinsgravuren, von denen ihnen vier Exemplare vorlagen. Technische Versuche ergaben, daß sich diese Ritzzeichnungen mit einem geeigneten Bohrgerät ohneweiters gleichartig nachmachen lassen, wobei die Tiefe der Rillen von etwa einem Millimeter eingehalten wurde. Was den Inhalt der Tierdarstellungen betrifft, erhob sich Kritik von Seiten der Paläontologie: Eine der Zeichnungen zeigt einen (heute umbenannten) Brontosaurus der Jura-Kreidezeit, doch mit den dreieckigen dorsalen Knochenplatten des Stegosaurus, was nicht sehr glaubwürdig ist!

h) Gegenargumente:

Annahme eins: Es handelt sich um neuzeitliche Schöpfungen, was aus dreierlei Gründen nicht haltbar ist:

- Es steht in Widerspruch zu den Funden in den etwa 2000 Jahre alten Gräbern.
- Abgesehen von den finanziellen und technischen Unmöglichkeiten, können die einfachen Bewohner dieser wüstenhaften Küstenregion nicht über das in den „echten Zeichnungen“ zum Ausdruck gebrachte Wissen verfügen.
- Sollte Cabrera aus Geltungssucht irgend einer Gruppe den Riesenauftrag erteilt haben, diese Gravuren nach Vorlagen anzufertigen, stellt sich die Frage nach den Kosten, dem Materialtransport (bis zu 500 kg bei manchem der großen Brocken!) als auch der Geheimhaltung. Man bedenke: Es sind 11.000 solcher Gesteine mit Ritzzeichnungen allein aus dem Besitz Cabreras bekannt!

Annahme zwei: Die Gesteinsgravuren seien weder neu noch uralt, sondern entstammen einer Vor-Inka-Kultur. Trepanationen sind zwar u.a. aus dem alten Peru bekannt, doch chirurgische Eingriffe unter Austausch ganzer Gehirnhälften dürften jedoch wesentlich mehr medizinisches Können erfordern! Und woher wäre die Kenntnis um die Saurier gekommen?

Annahme drei: **Die Gravuren sind uralt und zeigen die Begegnung menschlicher Wesen – irdischer oder außerirdischer Herkunft – mit den Riesenechsen des Mesozoikums.** Diese Behauptung findet in folgender Tatsache ihre Bekräftigung: Es gibt nicht nur Ritzzeichnungen; größere Gerölle zeigen Darstellungen, die als Halbreliefs (siehe Abb. Seite 268) ausgeführt sind, wobei der Hintergrund abgetragen ist, sodaß das Dargestellte klar hervortritt. Wer hätte solch eine künstlerische Arbeit bezahlen wollen? Das wohl schönste dieser Exponate hat der Arzt mit der „Iberia" nach Madrid als Geschenk an das spanische Königshaus schicken lassen. Würde er das im Fall auch nur des Verdachts einer „Fälschung" getan haben?

Und doch muß ich Cabrera, dem ich mehrmals begegnet bin, beschuldigen, eine unverzeihliche Unterlassungssünde begangen zu haben. Warum hat er in all unseren Gesprächen nie bekanntgegeben, woher diese abertausende Artefakte wirklich kamen? Dies ist umso schwerwiegender, da sich diesem Peruaner eine einmalige Gelegenheit bot: als nämlich ein Landsmann von ihm Generalsekretär der Vereinten Nationen war.[52] Mit diesem hätte er in Verbindung treten können, um den Fundort (angeblich eine Höhle an der Pazifikküste bei Ocucaje) unter internationalen Schutz zu stellen und doch der Wissenschaft (hoffentlich der echten!) Zutritt zur Erforschung zu gewähren. Dies hätte allen suchenden Geistern weitergeholfen und damit auch der unwissenden Menschheit gedient.

ad 3) Im schon erwähnten Museo Aeronautico in der Hauptstadt Lima (siehe Abb. Seite 267) findet sich eine Abbildung, die ich hier wiedergebe. Darauf sind – ganz im Stil der Ica-Steine – menschliche Wesen auf Flugkörpern mit Fernrohren zu erkennen, als auch solche, die mit scharfer Waffe Riesenechsen zu Leibe rücken.

ad 4) Mit dem Hinweis auf die bereits genannten Grabbeigaben in den Nilgiris Südindiens (Figuren, die als Saurier gedeutet werden können), schließe ich diese Auflistung der Fundorte von Artefakten, die solche Monster zeigen, ab. Wir haben uns nun mit Dinosauriern befaßt und werden uns jetzt wohl wem zuwenden? Dinosauriern!

Wenn ich einen Bildatlas des Tierlebens zur Hand nehme und darin blättere, erfreue ich mich der Schönheit und Vollkommenheit der neuzeitlichen Fauna auf Erden. Betrachte ich jedoch die Abbildungen der Rekonstruktionen der zahllosen Formen der Dinosaurier, so kommt mir das Grausen: Stachel hier, Panzerplatten dort, als

52 Javier Pérez de Cuéllar hatte das Amt des Generalsekretärs der Vereinten Nationen von 1982–1991 inne.

Keulen ausgebildete Schwänze, spannenlange Zähne, scharf wie geschliffener Stahl, und dergleichen mehr (siehe Abb. Seite 267)! Das sollen Schöpfungen sein, die nach göttlichen oder zumindest Plänen einer höheren Intelligenz geschaffen wurden? Nein, das kann nicht sein, da stimmt etwas nicht! Solche Ungetüme, Freßgiganten und Kampfmaschinen sind von anderer Art; hier spielt offensichtlich Genmanipulation eine Rolle. Wie heißen doch die beiden Thesen des Darwinismus: Mutation und Selektion!

Nun behaupte ich, daß da Außerirdische am Werke waren, die Gentechnologie einsetzten, um gezielte Genveränderungen zu kreieren. Danach wählten sie das in ihrem Sinn veränderte Erbgut aus, um gewisse Lebensformen zu erzeugen, die sie für irgendwelche finstere, uns unbekannte Pläne einsetzten – vielleicht, um auf anderen Planeten eine unwillkommene Population in Schach zu halten. Dies ist also meine Auffassung, wie die Irrlehre des Darwinismus von nagativen ETs oder/und Dunkelmächten im Dienste Satans in unsere Welt gesetzt wurde: Als zielgerichteter Einsatz von Mutation und nachfolgender Selektion, um ein abstoßendes Gezücht von genmanipulierten Muttertieren in die Welt zu setzen, die ihrerseits scheußliche Ausgeburten hervorbrachten. Dieses Konzept von Mutation – Selektion wurde (über morphogenetische Felder) den Hirnen der Darwinisten eingegeben, doch haben diese Atheisten offenbar nie begriffen, daß Zufallsmutationen in den allermeisten Fällen nur Lebensunfähiges hervorbringen können: Der Sturz ins Chaos!

4. Das Ende des Spiels

Mutation + Selektion = Die Totgeburt des Darwinismus

Der Darwinismus[53] geht davon aus, daß Materie die Fähigkeit besäße, sich selbst zu programmieren. Innerhalb einer gewissen Bandbreite ist dies tatsächlich der Fall. Man hat mittels eines Zufallsgenerators Punkte in ein gleichseitiges Dreieck einzeichnen lassen, wobei sich herausgestellt hat, daß nach einer entsprechend großen Zahl von Punkten, diese ihrerseits kleine gleichseitige Dreiecke innerhalb des vorgegebenen großen einzeichneten. Vor allem jedoch kennen wir aus dem Mineralreich die Tatsache, daß sich die Ionen einer gesättigten Lösung zu geometrisch regelmäßigen Gebilden anordnen: den Kristallen. Doch damit ist auch die Grenze der Selbstorganisation am Beispiel der Mineralwelt erreicht. Die genannte Bandbreite kann nicht überschritten werden, denn es gilt das kosmische Gesetz: Geist über Materie (was der Quantenphysik bereits bekannt ist)! Der „Stoff" kann sich aus sich selbst heraus niemals zu einer höheren Lebensform, einem höheren Bewußtsein, programmieren. Dies ist das die Materie beherrschende Gesetz, an dem der Darwinismus bereits

53 Zum Thema Darwinismus gibt es ein Buch, das besser ungeschrieben geblieben wäre. Der Titel stimmt, doch der Rest ist von geologischem Unwissen geprägt: H. J. Zillmer, „Darwins Irrtum" (Langen-Müller-Verlag, München, 1998). Baumeister Zillmer versteht so wenig von Geologie, daß er nicht einmal begriffen hat, daß im Zuge der Gebirgsbildung in vielen Fällen ältere Gesteinsschichten über jüngere verfrachtet wurden, von seinen Vorstellungen über die Bildung von Erdöl, Kohle und Erzen sowie den Eiszeiten ganz zu schweigen! Schon Goethe erahnte das Wesen der Auffaltung von Gesteinsformationen zu Gebirgen, wenn er Mephistopheles im zweiten Teil des Faust sprechen läßt:
„... so daß gar bald der Länder flache Kruste,
so dick sie war, zerkrachend bersten mußte.
Nun haben wir's an einem anderen Zipfel:
Was ehemals Grund war, ist nun Gipfel."

dann scheitert, wenn er den Ursprung jeglichen Lebens erklären soll!

Daß in der Schöpfung absolut gar nichts läuft, ohne die ständig neuen Ideen Gottes[54], haben inzwischen auch namhafte Wissenschaftler längst eingesehen.

So war der Naturwissenschaftler und Priester Teilhard de Chardin einer der bekanntesten Forscher, der sich gegen den Darwinismus aussprach. Um das Jahr 1930 nahm er an den Ausgrabungen des Sinanthropus (einer „Vormenschenart" im Sinne des Darwinismus) in China teil. In seinem Buch „Aufstieg zur Einheit. Die Zukunft der menschlichen Evolution" (Walter-Verlag, Freiburg und Olten, 1974) heißt es (S. 121):

„... den Anspruch erheben, das Wirken des Schöpfers nutzlos zu machen, die Entwicklung des Lebens auf einen rein immanenten Vorgang der Natur zu reduzieren und zu beweisen, daß das Höhere aus sich selbst aus dem Geringeren hervorgehen kann. Allzuviele Evolutionisten haben tatsächlich diesen schweren Irrtum begangen, ihre wissenschaftliche Erklärung des Lebens für eine metaphysische Lösung der Welt zu halten!"

Der bekannte Alpen-Geologe (Geologie der Ostalpen) A. Tollmann schreibt in seinem, zusammen mit seiner Frau verfaßten Buch „Das Weltenjahr geht zur Neige" (Böhlau-Verlag, Wien, 1998, S. 445–457) u.a.:

„Die Vorstellung, daß das äußerst sinnvolle komplexe Geschehen in der Natur nur durch völlig ungerichtete, zufällige und dann auslesende Mutationen, also ohne jegliches Wirken von Geist – Seele erreicht werden könnte, ist bei näherer Prüfung der vielfach extrem komplizierten Strukturen und Verhaltensweisen reichlich naiv!"

Auch der Nobelpreisträger Konrad Lorenz[55] steht dem Darwinismus kritisch gegenüber, formuliert es jedoch etwas vorsichtiger, da er wohl auf seine Fachkollegen von der Biologie Rücksicht nehmen

54 Līlā als Spiele Gottes in Satya Loka, der Gotteswelt der Veden.

55 Der Biologe und Verhaltensforscher Konrad Lorenz (1903–1989) setzte seinem Leben folgende Meilensteine: 1940 Inhaber eines Lehrstuhls für Psychologie in Königsberg. 1949 Beginn der Studien bezüglich vergleichender Verhaltensforschung im ererbten Anwesen in Altenberg an der Donau, N.Ö. 1973 Verleihung des Nobelpreises für die Erfolge obiger Arbeit. Im selben Jahr Erscheinen des Buches: „Die acht Todsünden der zivilisierten Menschheit." 1983 Herausgabe des Buches: „Der Abbau des Menschlichen".

wollte. In seinem Buch „Die Rückseite des Spiegels" (1973) betont er, daß auf jeder Entwicklungsstufe des Lebendigen Neues auftritt, was aus der tieferen Stufe in keiner Weise ableitbar ist!

Darwin selbst (1809–1882) bekennt in einem seiner Briefe: „Ich muß sagen, ich kann unmöglich begreifen, daß dieses gewaltige und wunderbare Universum und daß wir Menschen mitsamt dem Bewußtsein unserer selbst durch Zufall entstanden sein sollen; und das scheint mir das Hauptargument für die Existenz Gottes zu sein!"

Es waren die Neo-Darwinisten, die dann päpstlicher als der Papst wurden! Und jetzt, was ich selbst zu diesem Thema sagen möchte: **Der Darwinismus in seiner gottlosen Form beinhaltet die Unverantwortlichkeit, dem Menschen den Glauben an die sinnvolle Zielgerichtetheit des Daseins zu nehmen!**

Machen wir abschließend den Versuch, die beiden gegensätzlichen Standpunkte von Evolutionisten und Kreationisten[56] auf den Wahrheitsgehalt ihrer Aussagen hin zu prüfen, um das Positive aus den zwei Auffassungen herauszuarbeiten. Das Ergebnis will ich dann zu einer Synthese zusammenfassen.

Die Evolutionisten scheitern an ihrer Unkenntnis des göttlichen Gesetzes, daß Geist über die Materie herrscht, und nicht umgekehrt Materie schließlich Geist hervorbringt! Denn der Mensch kommt ursprünglich aus der geistigen Sphäre, steigt herab in die Materie (Involution) und rückentwickelt sich zu seiner geistigen Heimat (die Evolution im spirituellen Sinn!). Daher führt der Gedankengang der Evolutionisten letztlich zum Atheismus, denn ein schöpferischer Gott ist in deren geistig verarmten Weltbild gar nicht mehr vonnöten! Des Menschen Gottesfunke springt bei dieser sterilen Denkweise, so scheint's, direkt aus dem Kieselstein, den die Urmenschen zum Feuermachen anschlugen!

Die Kreationisten gehen damit fehl, daß sie das Wesen Gottes falsch interpretieren: Gott ist reiner Geist, dessen Schöpferkraft alles geistig durchdringt und sich nicht mit der Schaffung von Materie abgibt; weder mit feinstofflicher und schon gar nicht mit grobstofflicher Substanz! Im Vedischen kommt dies klar zum Ausdruck:

56 Evolutionisten: Darwinisten und Neo-Darwinisten. Kreationisten: Die daran glauben, daß Gott die Erde so schuf, wie wir diese heute kennen – und das vor etwa 4.000 Jahren.

Krishna, in seinem Aspekt als Vishnu, läßt den Brahmā aus seinem Nabel wachsen, dessen Aufgabe es ist, die Welten-schöpferischen Gedanken des Vishnu ins Stoffliche umzusetzen. So schafft Brahmā, auf seiner Lotosblüte sitzend, meditativ die materielle Welt, während er selbst in der feinsten Stofflichkeit verbleibt. Nach Ablauf eines bestimmten Zeitabschnittes tritt der Halbgott Shiva auf den Plan, um diese stoffliche Welt zu zerstören, worauf vorerst nur die Gotteswelt (Satya Loka) als ewige, zeitlose Manifestation seines Geistes bestehen bleibt. Brahmā schläft dann, bis ein neuer Zyklus einsetzt, worauf das Spiel in eine neue Phase tritt.

Zurück zu dem allzu vereinfachenden Weltbild der Kreationisten. Würde Gottvater einen grobstofflichen Planeten schaffen, so müßte dieser ganz bestimmt eine perfekte Schöpfung sein – per Definition der Attribute des Alleinen! Auf solch einem vollkommenen Gebilde könnten dann selbstverständlich nur vollendet entwickelte Wesen leben, sonst paßte die Schwingung des kosmischen Körpers und seiner Bewohner nicht zusammen (wie gegenwärtig bezüglich Erde und Menschheit!) – ein unhaltbarer Zustand im Weltraum! Und noch eine Überlegung: Solch ein von Gott selbst geschaffener Planet würde notwendigerweise von ewigem Bestand sein müssen – eine zeitlose Erde in einem zyklisch vergänglichen Kosmos – ein Unding!

Schon mit dem bisher Gesagten konnten wir die Unhaltbarkeit des Paradigmas der Kreationisten beweisen, welches das Alter der Erde mit rund 4000 Jahren festlegt. Was sagt die Naturwissenschaft dazu? Nehmen wir hiezu ein Beispiel, wie es in den österreichischen Alpen leicht nachprüfbar ist, wozu ich ein bißchen in die Geologie hineingehen muß. Im mesozoischen Meer, genannt Tethys, hatte sich Kalkschlamm abgelagert, der sich zu dem Sedimentgestein „Dachsteinkalk" verfestigt hat. Dieser erreicht in dem genannten Bergmassiv eine sogenannte Mächtigkeit von 1.200 Metern. Seine Entstehungsweise als einstige Ablagerung in einem Ozean ist durch das Vorhandensein von Meeresmuscheln (der Dachstein-Bivalve Megalodus triqueter) sowie durch Riffbildungen mit Korallenresten nachgewiesen. Hier liegt gewaltiges geologisches Geschehen, in Stein verewigt vor, wobei sich dieses 1.200 m dicke Schichtpaket niemals in wenigen Jahrtausenden gebildet haben kann! Daher ist der von den Kreationisten angegebene Zeitrahmen purer Unsinn!

Welche Schlußfolgerung ist also zwingend? Daß keiner der beiden extremen Standpunkte der Wirklichkeit entsprechen kann! Es sind diametrale Gegensätze, die uns da als Wahrheiten aufgetischt werden: Ein geistloser Atheismus auf der einen Seite – Evolutionisten! Ein lächerliches Phantasiegespinst auf der andern – Kreationisten! These und Antithese stehen sich somit wie unvereinbar gegenüber. Wer wagt die Synthese? Natürlich der „geosophisch" Denkende!

Hiezu verwenden wir von den Evolutionisten die Erkenntnis, daß eine gewisse Entwicklung im Tierreich aus sich selbst heraus tatsächlich stattfindet, indem sich eine Art an eine ökologische Nische ihres Lebensraumes anpaßt. Das bekannteste Beispiel hiezu sind die „Darwin-Finken" mit ihrer Mini-Evolution. Auf der vulkanischen Inselgruppe, den Galapagos, gibt es 13 endemische Finkenarten, die sich aus gemeinsamen Vorfahren entwickelt haben, angepaßt an die verschiedenen örtlichen Futter-Angebote.

Durch diese jeweils begrenzte Weiterentwicklung im Tierreich werden Erfahrungen im feinstofflichen Bereich der Gruppenseele der betreffenden Tierpopulation gespeichert. Mit dieser Betrachtungsweise verlassen wir die wissenschaftliche Sicht des Wirkens der Natur, um die folgenden Vorgänge im Feinstofflichen zu erahnen. Dieser in der Akasha-Chronik (dem morphogenetischen Feld) abgespeicherten Ergebnisse unzähliger Tierleben einer bestimmten Art, bedienen sich nun die Schöpfergötter/Elohím und gehen daran, Blaupausen für den nächsten Entwicklungsschritt der Art bzw. Spezies zu erstellen.

Der Sprung von einer Lebensform zur nächst höheren ist jeweils ein Schöpfungsakt, und niemals das Ergebnis von Mutation und Selektion im Sinne des Darwinismus! Der Schöpfer schafft mit Seinem Willen durch Seine hohen Geschöpfe: Dies ist der Vorgang des ewigen Schaffens. Somit habe ich das Wesen des Göttlichen in mein Konzept der Genesis einfließen lassen, womit auch der allzu berechtigten Forderung der Kreationisten nach der schöpferischen Kraft Gottes Genüge getan wurde. Das Geist-Seelewesen „Mensch" gab es schon immer. Das Körperhafte mußte als stoffliche Hülle erst nach und nach geschaffen werden, und zwar in von den „Schöpfergöttern" dem feinstofflichen Wesen Mensch eingeprägten Entwicklungsstufen, welche die Natur ausgestaltete. Somit hoffe ich, der Wahrheit auf der Spur zu sein!

Ist die Erde der Echsen das Erbe der Echsen?

Der Tierstamm der Reptilien erlebte im Mesozoikum seine Blütezeit, wobei alle Lebensräume (Land, Wasser und Luft) erobert wurden. Dies änderte sich schlagartig, so dachten die Geowissenschaftler, als L.W. Alvarez 1980 seine Impakt-Theorie veröffentlichte: Der Einschlag eines kosmischen Körpers hätte beinahe alles Leben auf Erden ausgelöscht! Eine weltweit nachweisbare Tonschicht mit einem unverhältnismäßig hohen Anteil eines Platinmetalls brachte hiezu den Nachweis, denn dieses Iridium findet sich in „Weltraumgeschoßen" in wesentlich höheren Mengen, als in irdischem Gestein. Solch ein Asteroid verdampft im Augenblick des Eindringens in den Bereich der Erde zufolge seiner unvorstellbar gewaltigen Einschlagswucht, worauf die sofort entstehende Staubwolke dessen Atome rings um die Erde verteilt. So konnte dieser „Iridium-Horizont" schlüssig erklärt werden.

Aber sie starben nicht den gnadenvollen plötzlichen Tod, diese Riesenechsen! Inzwischen vermutet man ein eher langsames Dahinsiechen durch Giftgase, die der gigantische Vulkanismus zu Ende der Kreidezeit in die Erdatmosphäre ausspie, wobei besonders die Effusionen im Dekkan-Plateau Indiens genannt werden. Der Impakt des Weltraumbummlers „gab den Reptos nur den Rest", und nicht nur diesen! Soweit die nüchternen Erkenntnisse der Wissenschaft, doch die Metaphysik blickt tiefer in die Welt der Ursachen: Die Ordnungswächter des Planeten lenkten das Geschoß aus dem All gezielt auf die Erde, um die aberranten Fehlentwicklungen der Dinosaurier (siehe Abb. Seite 267) von unserem Planeten hinwegzunehmen. Es gibt keinen Zufall dieses Ausmaßes im kosmischen Geschehen und der Todesbote von weit draußen sollte der Erde zu-fallen. Die betroffenen Wesenheiten zogen sich daraufhin mit ihren Energiekörpern auf deren Heimatplaneten zurück. Kamen sie später von Alpha Draconis wieder?

Wie schon mehrfach festgestellt, verweist die Geologie dieses Ereignis an die Grenze Kreidezeit – Tertiär und gibt ihm einen fiktiven Zeitrahmen von 60 bis 65 Millionen Jahren. Nun habe ich bereits mitgeteilt, daß die Mikro-Paläontologin in den USA, Dr. Mary Schweitzer (siehe Seite 54), im Femur eines jungen Tyrannosaurus rex der Kreidezeit noch lebensfähige Blutzellen nachweisen konnte!

Hat diese Wissenschaftlerin recht, so ist das angegebene Alter lediglich Theorie, was es meines Erachtens sowieso ist, denn: Nach jedem Weltereignis begann das irdische Leben auf einer neuen Zeitschiene; die planetare Uhr war auf null zurückgestellt! Und was machten unsere Reptos/Dracos seither? Sollten sie in der Tat zurück sein?

Die Rückkehr der „Drachen" hat tatsächlich stattgefunden, so behauptet jedenfalls der Enthüllungsautor D. Icke. Doch der Reihe nach: Verfolgen wir das Dasein dieser Reptilien von deren ältester Erwähnung bei den Mayas als „schreckliche Saurier", die das Leben der Menschen im „Land der Lehmhügel" bedroht hatten. Wie gestaltete sich dieses Dasein auf dem gemeinsamen Planeten Erde nun weiter? Unter Heranziehung aller mir zugänglichen Informationen, möchte ich das Thema „Mensch und Saurier" folgendermaßen auflisten:

1. Die Zeit der Herrschaft der Reptilien auf Erden: Es ist die Epoche von Rutas Mu, dem Mesozoikum der Erdgeschichte. Mensch und Saurier lebten gleichzeitig, wie im Maya-Codex Troanus erwähnt ist. Es kam zu Kämpfen zwischen den beiden Populationen, was seinen Ausdruck folgendermaßen fand:

- In den Tonfiguren von Acámbaro, Mexiko.
- In den Gesteinsgravuren von Ica, Peru.
- In den Aussagen von E. Cayce über die Bedrohung der Menschheit durch „wilde Tiere" (was allerdings zeitlich ganz aus dem Rahmen fällt.) Mit dem Impakt zur Zeit der Kreide-Tertiärgrenze verschwinden die Dinosaurier von der Erde.

2. In den Veden tauchen die „Drachen" wieder auf: „Schuppige Nagas", die als Teil einer UFO-Flotte am sonnendurchfluteten Himmel Indiens dahingleiten. Es ist die Zeit von Atlantis, zu der es dann auch zu einem Atomkrieg kommt, wie in den vedischen Epen (Māhābharata und Rāmāyana) beschrieben. Nicht nur, daß die kämpfenden Parteien über Flugkörper verfügten, wie sie in der Sanskrit-Literatur genau erörtert sind, die Nagas/Dracos machten sich wieder auf Erden bemerkbar: In Richtung zu Hominiden hin entwickelt und über eine Hochtechnologie verfügend, wie wir aus anderer Quelle erfahren:

3. Die Anunnaki der Sumerer bzw. Nephilim der Hebräer (siehe Z. Sitchin, Seite 371) waren nichts anderes als eine reptiloide Rasse, die durch ihre Machtkämpfe untereinander den Erdlingen des Zweistromlandes schwerst zu schaffen machten. Auf den Keilschrifttafeln des Gilgamesch-Epos lesen wir von der sterbenden Bevölke-

rung der sumerischen Stadt Uruk, über die eine radioaktive Todeswolke hinwegzog: „Blaß machte das Antlitz der üble Wind!“

4. Während der genannte Altphilologe die seinerzeitigen Untaten der Anunnaki („die vom Himmel kamen“) beschreibt, begibt sich der englische Autor und Entschleierer der Geheimnisse D. Icke auf die Spur der Reptiloiden von heute. Fazit: Die Reptos/Dracos sind wieder bzw. noch immer da!

Liebe Leserschaft, erschrecken Sie bitte nicht, wenn wir nun deren Kriminalgeschichte folgen, aber es ist wirklich erschütternd, was Icke herausgefunden hat („Das größte Geheimnis“, Teil 1 u. 2, Mosquito-Verlag, Potsdam, 2004). Diese Außerirdischen betrachten nämlich die „Erde der Echsen“ als ihr Erbe, das sie antreten wollen – im Hier und Jetzt!

Wie kam es dazu? Die Reptilien beherrschten unseren Planeten während des gesamten Mesozoikums, d.h. die geologischen Epochen von Trias, Jura und Kreidezeit hindurch. Zufolge der orthodoxen Auffassung der Naturwissenschaft wären dies runde 3 x 60 = 180 Millionen Jahre! Dann setzte der Einschlag des kosmischen Geschoßes dem ein Ende, worauf nur „Kleinformen“ (wie z.B. unsere heutigen Krokodile) auf der Erde ihr Dasein fristen. Zum Vergleich zu diesen jetzt lebenden Reptilien sei der Tyrannosaurus rex der Jura-Kreidezeit genannt: Er hätte sieben Tonnen Lebendgewicht auf die Waage gebracht, bei Körpermaßen von L = 12 m, H = 5 m und mit Zähnen von 15 cm Länge!

Wer dann auf die Erde zurückkam, waren diese reptiloiden Anunnaki, deren Erscheinen Z. Sitchin mit etwa 400.000 Jahren vor der Gegenwart ansetzt. Dann mag sich auch das ereignet haben, was für die Menschheitsentwicklung so einschneidend werden sollte. Die genannten unliebsamen Reptos waren nämlich Meister der Gentechnologie und wendeten dieses Können auch prompt am Menschen an: Sie reduzierten den Strang unserer DNS-Helix von zwölf auf bloß zwei Helices. Dies nahm der Menschenrasse bis auf weiteres die Möglichkeit des spirituellen Aufstiegs, worauf wir die Sklaven dieser reptiloiden Eindringlinge wurden, und diese Echsen sind bereit, die Erde als ihr angestammtes Erbe zu übernehmen. Die vorgegebene Zeitspanne hiezu währt noch bis 2012, aber nicht länger! Doch wie sieht diese gegenwärtige Endzeit aus?

An der hintergründigen Dominanz der Reptos über die Menschheit hat sich nichts geändert, im Gegenteil! Erst zu dem genannten

Jahr wird die wieder vervollständigte DNS die immer noch vorherrschende Unwissenheit des „Homo sapiens sapiens“ dem höheren Bewußtsein auf der Neuen Erde weichen. Bei der völligen Rekonstruktion der menschlichen DNS handelt es sich um deren feinstoffliche Urform im Astralkörper, die dann in unserem neuen, wesentlich feineren Körper wirksam werden wird.

Wie ernst zu nehmen diese akute Bedrohung durch humanoide Reptilformen ist, zeigt sich daran, daß ein Versuch, einen dreidimensionalen Planeten in die fünfte Dimension zu heben, von solchen Repto-Geschöpfen vereitelt wurde. Hinter unserer geheimen Weltregierung stehen die Draconier. Zufolge A. Risi („Machtwechsel auf der Erde“, Govinda-Verlag, Neuhausen, 1999, S. 464–465 mit Ergänzungen aus der Neuauflage), befahlen diese Echsenwesen den Illuminati, die Erde total zu verwüsten, um die Menschheit in die Knie zu zwingen, worauf diese Dracos den Planeten für ihre Zwecke übernehmen würden. Doch der „Intergalaktische Rat“ ordnete an, daß die reptiloiden Kreaturen der Finsternis die Erde zu verlassen hätten – was sich vielleicht bereits vollzieht?

Somit tobt der Kampf nicht nur um Mutter Erde, sondern sogar um die Schlüsselstellung in unserer Galaxie. Währenddessen schläft der größte Teil der Menschheit weiter und träumt von materiellen Scheinwerten, unwissend, was sich über dem Himmel und im Untergrund abspielt: In der Tiefe der Erdkruste bestehen riesige, künstlich geschaffene Höhlensysteme (schon seit den Zeiten von Atlantis?), in denen ganze Städte aufgebaut wurden (wie z.B. die Anlagen von „Area 51“ in Nevada), die miteinander durch befahrbare Tunnel verbunden sind. Die hiezu benötigten „Strecken-Vortriebs-Maschinen“ schweißen sich, Atomkraft-getrieben, mühelos durch den härtesten Fels.[57]

---

57 Künstliche unterirdische Anlagen, ja ganze Städte, verbunden durch Tunnels – all das wurde mit modernster Technik (Atomkraft!) aus dem Fels durch Schmelzen des Gesteins herausgehöhlt. So verwirklichten die Dunkelmächte Geheimprojekte, ohne durch große Mengen an Abraum die Aufmerksamkeit der ahnungslosen Bevölkerung obertags zu erwecken. In diesen oft mehrstöckigen Höhlensystemen leben Wissenschaftler, die mit „schwarzen Forschungen“ befaßt sind, und dies in Zusammenarbeit mit Repto-Wesen. Doch das Schaurigste daran ist, daß hier besonders Kinder als Versuchskaninchen dienen, an denen die grauenvollsten Experimente durchgeführt werden! Das Geschilderte ist bei A. Risi nachzulesen: „Machtwechsel auf der Erde“ (Govinda-Verlag, Neuhausen, 1999, S. 431ff). Dieser

Solche Technologie kommt von den ETs und A. Risi stellt in diesem Zusammenhang fest: „Diese Echsen leben in einer sehr hohen, jedoch negativen Schwingung." Sie sind kaltblütig, emotionslos und auf Erden durch ihre „drakonischen Strafen" berüchtigt. Diese Alpha Draconier (vom gleichnamigen Heimatstern) ernähren sich von Schwingungen der Angst, die sie auf der Erde durch gezielte Ereignisse verbreiten, sowie von fleischlicher Nahrung. Durch ihre Machenschaften schufen sie neuerlich eine Schwingungsfrequenz der Jetztzeit, die der letzten Phase von Atlantis entspricht. Sind sie wirklich Satans Schöpfung? Das besonders Teuflische an ihnen ist, daß sie menschliches Aussehen annehmen können, um ihre Umgebung zu täuschen. Und dies ist die Kernaussage von D. Icke: Diese Reptos/Dracos leben in der unteren vierten Dimension und sind des „shape-shifting" fähig, also des Wechsels von reptilischem zu menschlichem Aussehen und umgekehrt! Wie aber sehen solche Wesen nach ihrem Evolutionssprung vom Dinosaurier zum reptiloiden Hominiden aus?

Hierüber gibt, abgesehen von D. Icke, der amerikanische Prof. D. Horn Auskunft („Götter gaben uns die Gene", Silberschnur-Verlag, Güllesheim, 1997, S. 344–352). Nach 14 Jahren quittierte er seine Universitäts-Lehrtätigkeit, da es ihm nicht länger möglich war, den atheistischen Schwachsinn des Neo-Darwinismus ex cathedra zu vertreten. In dem genannten Buch beschreibt er die Reptos/Dracos folgendermaßen: Deren Größe bewegt sich zwischen 1,80 und 2,10 Metern, wobei der Körper gänzlich von Schuppen bedeckt ist. Das Gesicht erscheint wie eine Mischung von Mensch und Reptil, also humanoid („Troodon", siehe Seite 375). Sie sind hochintelligent! Ihre Augen erscheinen uns katzenartig mit senkrechten Pupillen und dunkel. Der Blick ist durchdringend und kalt, wie es ihrer Emotions- und Gefühlslosigkeit entspricht. Deren weibliche Wesen sind wie Menschenfrauen „ausgestattet", doch es entwickelt sich keine Mutter-Kind-Beziehung! Sie besitzen je drei Finger und Zehen, sowie einen gegenüberstellbaren Daumen. Beim Sitzen dürfte sie ihr Schwanz stören (deshalb verfügen gewisse Tycoons für ihre geschwänzten

---

schweizer Schriftsteller schreibt (S. 463): „Draco-Rassen ... da sie Luzifers erste Schöpfung sind ... Nun sind die Dracos dabei, die Erde zurück zu erobern ..."

Repto- bzw. Draco-Gäste über eine eigene Sitzgarnitur. Zitat von J. v. Helsing: „Hände weg von diesem Buch!“, S. 136).

Für die Raumfahrt[58] sind diese Echsen bestens geeignet, da sie die Fähigkeit zum Winterschlaf besitzen und zeitmäßig freizügiger sein können: Sie leben Jahrtausende! Zur Wärmeaufnahme befinden sich auf deren Rücken empfindliche Organe, mit denen sie ihre Körpertemperatur auf dem für sie angenehmen Wert zu halten vermögen. Hiemit bin ich abschließend bei einer eher kuriosen Mitteilung angelangt, die eine reptiloide Frau betrifft. Jetzt habe ich Sie, liebe Leserschaft, neugierig gemacht, ein weibliches Wesen von Alpha Draconis vorzustellen!

Also hier ist sie, die Dino-Dame mit dem unaussprechlichen Namen. Sie geisterte, auf der Suche nach neuzeitlichen menschlichen Verhaltensmustern, so auf der Erdoberfläche Schwedens herum und stellte sich 1999 einem Interview, veröffentlicht in J. Conrad, „Ursprünge“ (Bignose-Verlag, Worpswede, 2004). Der genannte Sucher nach dem Ursprung der Dinge trifft eine wichtige Unterscheidung. Ihm zufolge gäbe es zwei verschiedene Arten Reptiloide: Dracos als negative außerirdische Reptiloide sowie Reptos als friedliche innerirdische Reptiloide. Glücklicherweise haben wir es in diesem Fall doch nicht mit der bösartigen stellaren, sondern mit der friedlichen irdischen Abart zu tun, wie sie unter absoluter Geheimhaltung (?) seit Urzeiten in Höhlen des Erdinneren – angeblich – lebt.

Diese unterirdischen Hohlräume befänden sich, so heißt es, in Tiefen von 2.000 bis 8.000 Metern. Das bedingt Aufzüge, Entlüftungsschächte und vor allem leistungsfähige Klimaanlagen sowie künstliches Sonnenlicht in Form von UV-Strahlung. Diese technischen Einrichtungen betreibt ein atomares Kernfusions-Kraftwerk. In den Höhlen werden pflanzliche Nahrung sowie Pilzkulturen gezüchtet und auch Schlachtvieh gehalten. Fleisch sei ein unabdingbarer Bestandteil ihrer Kost, sagt die Frau. Sie äußert sich aber auch

58 Die erste Raumfahrt in nach-atlantischer Zeit:
Deutsche Flugscheiben, die seit 1934 konstruiert wurden, vollführten die erste Mondlandung 1944, doch das eigentliche Ziel lag im Sternensystem Aldebaran. Der maßgebliche Konstrukteur war Prof. Dr. W. O. Schumann, nach dem auch die „Schumann-Frequenz“ als Eigenschwingung des Erdkörpers benannt ist. Obige Angaben entstammen einem Vortrag des Genannten aus dem Buch von Hannes Holey:
„Bis zum Jahr 2012.“ (Ama-Deus-Verlag, Fichtenau 2000, S. 426).

noch weiter (S. 87–144): „Wir sind einheimische Erdlinge und leben seit Jahrmillionen auf diesem Planeten – es ist unser Planet!“

Wie sieht nun dieses Geschöpf aus, das ein Höhlendasein führt und doch die ganze Erde beansprucht? Und wieder begegnen wir den gleichen Körpermerkmalen:

Sie besitzt die Attribute einer Menschenfrau, doch die Fortpflanzung erfolgt mittels weichschaliger Eier von rund 40 cm Durchmesser. Der Säugling hingegen wird wie bei einer „normalen“ Frau gestillt. Auch unsere Dino-Dame ist in ihrem Wärmehaushalt sehr von der (Sonnen-)Einstrahlung der Umgebung abhängig. Zur Erreichung des Temperatur-Optimums besitzt solch ein reptiloides Wesen die schon erwähnten Schuppen entlang des Rückgrates, wo diese Repto-Frauen sehr empfindlich sind: Also bitte nicht aufs Kreuz legen! Die Männer verfügen über eine gefährliche Waffe, das sind lange, scharfe und spitze Nägel an den fünf (nicht drei!) langen, dünnen Fingern. Die blendend weißen Zähne sind der Fleischnahrung wegen stark ausgebildet. Was die Körperfarben betrifft, herrschen Grüntöne vor: die Hautfarbe ist grünlich, die Augen sind grün und die Haarfarbe grün-braun.

Interessant ist vor allem die Entwicklungsgeschichte dieser innerirdischen Rasse, wie sie die Dino-Dame wiedergibt: Nach dem Weltgeschehen zur Zeit des Impakts gab es Überlebende, die sich von zweibeinigen, raubtierhaften Dinosauriern (z.B. von der Art des Troodon der Kreidezeit) zu Hominiden-Reptos entwickelten – auf Erden! Es überlebte also eine bipede Form der Saurier unter Entwicklung einer verbesserten Gehirnstruktur und von Händen mit Fingern und Daumen. Soweit die Eröffnungen der Frau aus der Unterwelt. Nun habe ich diese Geschichte für den Fall wiedergegeben, daß sie doch ein Körnchen Wahrheit[59] enthält. Aber ich muß berechtigte Kritik anmelden, denn manches ist zu unglaubwürdig!

1. Die alte Frage an den Darwinismus: Wo sind die Fossilien der Zwischenformen vom Saurier zu den hominiden Reptos?
2. Bezüglich der Kern-Fusion: Wo wurde diese Technik entwickelt – unterirdisch? Und woher nahm man die hiezu erforderlichen Rohstoffe?

59 „In bunten Bildern wenig Klarheit, viel Irrtum und ein Fünkchen Wahrheit“. (Goethe)

3. UFOs sollen oberirdisch versteckt sein, wo Satelliten bereits jeden Winkel auf der Erde „ausleuchten“ können?
4. Dermaßen Sonnen-abhängige Wesen führen ein Leben in der Tiefe der Erde? Warum haben sie während solch einer langen Entwicklungsperiode nicht die Erdoberfläche erobert?
5. Ein schwerwiegender Einwand von Seiten der Geophysik: In der Erdkruste herrschen – je nach geothermischer Tiefenstufe – bereits ab 2.500 Metern Tiefe etwa 160° C! Und Ströme heißer Luft aus den Entlüftungsschächten würden die Infrarot-Sichtgeräte der Militär-Satelliten sehr bald geortet haben!

Nach obiger Version der Siedlungsgeschichte unseres Planeten hausen unsere nächsten Nachbaren also direkt unter uns, nur ein paar Stockwerke tiefer. Doch unsere nahesten Verwandten leben ein bißchen weiter entfernt, nämlich im Sternbild des Siebengestirns, den Plejaden. Es sind dies sehr menschenähnliche Wesen, die zu biblischen Zeiten gar großen Gefallen an den Menschentöchtern fanden! Doch vergessen wir nicht: Was diese ETs auch immer hier beanspruchen mögen, unsere Frauen oder den ganzen Planeten: Es ist unsere Mutter Erde, die vor Urzeiten in den Kosmos rief: „Mein Haus ist leer!“

So tauchten wir Menschen als erfahrungswillige Geist-Seelewesen in die fluidale Sphäre der Urerde, um mit diesem Planeten am Anbeginn der irdischen Zeit einen Bund fürs Leben zur gemeinsamen Entwicklung zu schließen. Daher ist die Erde UNSER Planet, auf die wir das alleinige Heimatrecht besitzen – ohne Reptos, Dracos und UFOs!

Das Spiel der Negativen ist aus!

Geosophie: Das vernunftmäßige Erfassen der Beziehung Erde – Mensch

Wenn wir uns an die schon genannten Begriffe Theosophie und Anthroposophie erinnern, haben wir zusammen mit dem hier im Titel von mir neu eingeführten Terminus schon drei Fachausdrücke, die einer kurzen Erläuterung bedürfen. Theosophie („Gottesweisheit“) wurde, vor allem durch die unermüdliche Federführung ihrer

Gründerin HPB (1875), eine okkulte Lehre von der Entstehung der Welt (Kosmogonie) und den mythischen sieben „Wurzelrassen" der Menschheit, welchen die Erde durch Äonen als Heimstatt zu dienen bereit war. Die Anthroposophie war sozusagen die Antwort Rudolf Steiners (1913) auf die ins hinduistisch-buddhistische Gedankengut abdriftende Theosophie. Auch die Anthroposophie („Weisheit vom Menschen") fußt bekanntlich auf der Annahme von den genannten sieben Menschheits-Epochen (M-E), was Steiner durch seine Fähigkeit zur medialen Vision bzw. Einblick in die Akasha-Chronik weiter ausbaute. Das Hauptanliegen dieses genialen, in alle möglichen Bereiche des Lebens eindringenden Charakters war die Vergeistigung des Menschen.

Für unsere Themenkreise ist Steiners geistige Schau der gemeinsamen Evolution von Erde und Mensch besonders interessant. Es ist dies ein Weltbild, dem der schon genannte deutsche Geologe D. Bosse ein von der Fachwelt hoffentlich viel beachtetes Werk anthroposophisch-naturwissenschaftlicher Art gewidmet hat (siehe Seite 14).

Geosophie will die *gegenwärtige* Beziehung Erde-Mensch erforschen. Bevor ich an verschiedenen Beispielen erklären werde, was gemeint ist, möchte ich einige Ideen festhalten, wie ich diese Symbiose Mensch und Mutter Erde auffasse: Im Anfang waren Planet Erde und Mensch fluidale, feinstoffliche Wesenheiten, die ein gemeinsames, weitgestecktes Ziel hatten: nämlich, sich über die Erfahrung der Grobstofflichkeit weiterzuentwickeln. Also erfolgte der Abstieg in die Materie als Lernprozeß mit nachfolgendem Ausstieg aus der Stofflichkeit, um zurück in die höheren Seinswelten aufzusteigen. Diesen Weg gehen Erde und Mensch gemeinsam, wobei er über die schon mehrfach genannten sieben Stufen führt. Zwei ganz verschiedene Bewußtseinsformen wandern also ein Stück durch Raum und Zeit zusammen, das Geist-Seele-Wesen Planet Erde und der Mensch, dessen Geist-Seele eine dem Planeten analoge Schwingung (Resonanz) aufweist. Damit habe ich versucht, das grundlegend Gemeinsame am Wesen dieser beiden äußerlich so verschiedenen Bewußtseinswelten zu umreißen.

Doch auch strukturell ist der Mensch genauso aufgebaut wie Mutter Erde! (Es ist diese Aussage eine Schützenhilfe, die ich „zufällig" bei HPB fand!). Und nun zu den Beispielen, welche obige Aussagen bekräftigen sollen: die Analogie Erde – Mensch. Worin manifestieren sich also diese Entsprechungen?

- In der Eigenschwingung unseres Planeten, auch Schumann-Frequenz oder „Herzschlag der Erde“ genannt, dem eine bestimmte Herzfrequenz des Menschen entspricht.
- In den Chakras des menschlichen Körpers, denen ebensolche Energiewirbel (an der Oberfläche?) unseres Planeten entsprechen müßten, deren einer in der Großen Pyramide zentriert wäre.
- Darin, daß der gesamte Erdkörper Organe besäße, die denen des menschlichen Körpers in etwa analog wären, z.B. ein Herz etc.
- Zufolge dieser Entsprechungen müßte unser Planet darüber hinaus feinstoffliche Körper aufweisen, wie sie auch dem Menschen eigen sind: Astralkörper, Energieleib etc. sowie eine Geist-Seele-Einheit als Kern der Persönlichkeit.

All diese Beziehungen zu erforschen, betrachte ich als Aufgabe der Geosophie, der Weisheit von der Erde, die sich qualitativer Aussagen befleißigt – sehr zum Unterschied von den quantitativen Messungen der herkömmlichen Wissenschaft, die meines Wissens nur einen einzigen Fall von Analogie-Ketten kennt, nämlich das Periodische System der Elemente. Ein „Senkrechtes Weltbild“ ist der Lehre ex cathedra fremd, weshalb die Welt der geistigen Ursachen des planetaren Geschehens vorerst verschlossen bleibt; nicht mehr lange! Rudolf Steiner hat einen Weg gewiesen, doch nur wenigen Forschern war es möglich, ihm zu folgen. Hiemit wieder zurück beim Thema, möchte ich eine Grenze zwischen Geosophie und Anthroposophie ziehen. Letztere befaßt sich u.a. mit der Zukunft des Menschen auf Erden, indem sie die Weiterentwicklung der M-E betrachtet, also die beiden letzten der sieben irdischen Entwicklungsstufen.

Die Geosophie blickt in dieser Endzeit nur bis zur kommenden Umwandlung von Erde und Mensch, um sich auf der Neuen Erde als **die künftige, multidimensionale Wissenschaft vom Bau sowie der Entwicklung unseres Planeten und des Lebens darauf** zu etablieren. Bezüglich dieser Höherpotenzierung gibt es schon jetzt genügend zu erforschen, um es in seinen möglichen Auswirkungen zu erkennen: Schönes, aber auch Häßliches, dassen Ursachen in des Menschen Fehlverhalten gegenüber kosmischen Gesetzen liegen. Nur die Unwissenheit der Menschheit ermöglicht es den Dunkelmächten, ihre Herrschaft über den Planeten so allumfassend auszuüben (Atomkraft, Mobilfunk, www, ELF-Wellen und HAARP), während Satan im Hintergrund zum Teufelstanz aufspielt.

In dieser Endphase der Wendezeit, d.h. bis sich die Neue Erde mit ihrer positiven Schwingung von Planet und Mensch auf die höhere Frequenz eingestellt hat, stehen der Natur eine ganze Palette an Möglichkeiten zur Verfügung, um den Wechsel herbeizuführen, wie vor allem durch (Anmerkung: Die notwendige Reinigung betrifft Erde und Mensch!):

1. Ein Weltbeben nie dagewesener Stärke.
2. Vulkanausbrüche, besonders des Yellowstone-Giganten (siehe Seite 137) in Wyoming, USA, mit weltweiten Folgen.
3. Tsunamis, hervorgerufen z.B. durch das Abrutschen der Westflanke des Cumbre Vieja auf La Palma, Kanaren. Selbstverständlich hätte eine riesige, ins Meer gleitende polare Eisscholle die gleiche Wirkung! Der Eispanzer Grönlands und der Antarktis als Beispiel!
4. Methangas-Eruptionen am Tiefseeboden mit dadurch ausgelösten Flutwellen. Ein ehemaliges solches Ereignis wurde an der Küste Norwegens nachgewiesen.
5. Das Kippen des Golfstroms mit nachfolgender Eiszeit auf der Nordhalbkugel.
6. Die Möglichkeit eines Polsprungs, also einer Veränderung der Lage der Erdachse, begleitet von fürchterlichen Orkanen und Tsunamis.
7. Ein sich dem Nullwert näherndes Magnetfeld des Planeten könnte Mensch und Tier orientierungslos in Raum und Zeit herumirren lassen!
8. Ein Impakt-Szenario als großtmögliches, unabwendbares Naturereignis.
9. Eine Bevölkerungsexplosion, die wie eine Lawine über die Erde geht und lediglich einen geplünderten Planeten zurückließe.
10. Und schließlich durch die heutige Menschheit als „Irrläufer der Evolution“ selbst verursacht: Die Auswirkungen zerstörerischer Machenschaften verführter Menschen, mißbraucht von der Dunkelmacht, die bereits zu Zeiten von Atlantis das Böse wollten:

Damals errichteten die Negativen einen riesigen „Kristall-Obelisken“, der mittels seiner ausgestrahlten Energie (aufgrund der reflektierten Impulse) alle unter Kontrolle hatte. Das heutige Gegenstück hiezu heißt HAARP, nämlich das „High Frequency Active Auroral Research Project“. Dieses globale Experiment wurde in der Zeitschrift „Raum und Zeit“ unter dem Titel beschrieben: „Ein Wahnsinnsprojekt aus USA bedroht uns alle!“ Die Veröffentlichungen hiezu erfolgten in den Heften Nr.: 83/1996, S. 5–15; 85/1997, S. 45–57; 87/1997, S. 17–24 und 127 von 2004, S. 29.

HAARP, der Ionosphären-Strahler, ist ein künstlich geschaffener Spiegel in der Ionosphäre, ein Reflektor elektromagnetischer Wellen, erzeugt von einem Wald von Antennen. Diese Sendeanlage besteht seit Jahren bei dem Ort Gakona in Alaska. Die Ionosphäre umgibt die Erde gleich einem Hohlspiegel. Sie erstreckt sich von etwa 60 bis 1.000 km Höhe. In ihr sind die Gase der Atmosphäre durch die Weltraumstrahlung mehr oder weniger stark ionisiert. HAARP bewirkt eine thermische Beeinflussung durch Kurzwellen-Impulse, wobei die Ionosphäre in etwa 200 Kilometern Höhe aufgeheizt wird. Mittels dieses künstlichen Ionosphären-Spiegels kann die reflektierte Energie genau fokussiert werden, worauf sie als ELF-Wellen auf die Erdoberfläche zurückgeworfen wird. Somit bedeutet HAARP das Senden von Kurzwellen-Impulsen und das Empfangen des Echos von ELF- oder Längstwellen.

HAARP wird mit Erdgas aus Alaska betrieben. Dies bedeutet den Mißbrauch eines nicht erneuerbaren Rohstoffes für ein teuflisches Projekt, denn: HAARP ist eine Energieschleuder von bis zu 100 Milliarden Watt Leistung. Durch die daraus erzielten ELF-Wellen lassen sich lebende Systeme, das menschliche Bewußtsein, sowie die Erdoberfläche mit dem Leben darauf beeinflussen. Es gibt praktisch nichts, was man damit nicht machen könnte, wie folgt:

1. HAARP bewirkt durch die ELF-Wellen eine Störung der Orientierungs-Mechanismen von Tieren nicht nur in der Luft (von Vögeln, Bienen u.a.), sondern dringt auch in die Weltmeere ein, wo es die Ortungsorgane / Peilsysteme der Meeressäuger verletzt und diese qualvoll verenden läßt.[60]

60 Bei einer „Lautstärke“ von 180 dB wird das Gehörorgan und damit das Orientierungsvermögen der Meeressäuger zerstört, wie an unerklärlicherweise gestrandeten Wal- und Delphin-Populationen nachgewiesen werden konnte. Die amerikanische Marine ist jedoch imstande, Wellenstärken von bis zu 235 dB ins Meer zu senden, was der Lautstärke zweier gleichzeitig startender Kampfflugzeuge entspricht! Hiezu eine Kurznotiz in der österreichischen Kronen-Zeitung vom 28.7.2003: „Der Tod der Wale und Amerikas Sicherheit“: „Letzte Woche strandeten vierzehn seltene Schnabelwale an der Küste der Bahamas. Direkt vor der Forschungsstation von Meeresbiologen spielte sich eine mehrtägige Tragödie ab, denn die seltenen Lebewesen verstarben qualvoll. Die Forscher stellten im Zuge der Autopsie

2. HAARP ermöglicht die Bewußtseins-Manipulation großer Teile der Erdbevölkerung.
3. HAARP gibt die Möglichkeit der elektromagnetischen Induktion von Krankheitsmustern in biologische Systeme.
4. HAARP schafft die Möglichkeit der Unterbindung drahtloser Nachrichtentechnik sowie der thermischen Zerstörung elektromagnetischer Datenträger bzw. elektronischer Bauteile.
5. HAARP macht es möglich, zunehmend Erdbeben auszulösen – mit globalen Folgen.
6. HAARP bewirkt die Änderung des weltweiten Wettersystems.
7. HAARP kann zur Beeinflussung/Beeinträchtigung fundamentaler Biorhythmen eingesetzt werden.
8. HAARP: Die Möglichkeit, Menschen oder eine ganze Stadt durch die Induktion spezifischer Elektro-Enzephalogramm-Reizmustern in den Wahnsinn zu treiben.
9. HAARP böte die Möglichkeit, Hologramme zur Irreführung der Bevölkerung in die Erdatmosphäre zu projizieren.
10. HAARP als die Menschen-gemachte Möglichkeit, einen Polsprung auszulösen.

Man fragt sich, was verfolgen die satanischen Kräfte mit dieser Schaffung eines elektromagnetischen Waffensystems zur Vernichtung biologischer Lebensabläufe? Das Ziel kann doch „nur" in der Übernahme des Planeten Erde durch die Dracos liegen!

Wir, die Erdenbewohner, müssen uns der möglichen bzw. wahrscheinlichen Konsequenzen klar werden:

Die Beeinträchtigung der Ionosphäre in der Art des HAARP-Projektes stellt ein absolut unkalkulierbares Risiko dar, dessen Folgen niemand vorhersehen kann und die nicht umkehrbar sind!

Der Kampf um Mutter Erde könnte also sehr knapp ausgehen! Die schon genannte geistige Wesenheit Thoth nimmt hiezu folgendermaßen Stellung, wie aus einer medialen Durchgabe zu entnehmen ist („Projekt Menschheit" von K. Simoné, S. 304, 308 u. 311):

---

fest, daß die Wale Hämatome in Ohren und Gehirn hatten, die Trommelfelle waren zerfetzt. Die Wale litten also an Orientierungslosigkeit und „retteten" sich an die nächste Küste, die ihnen ins Blickfeld kam. Schuld am Tod der Schnabelwale sei die US-Navy, so die Wissenschaftler, deren Hochleistungs-Sonar mit bis zu 240 Dezibel (!) fremde U-Boote aufspürt."

„Diese Strahlung ist so hochfrequent, daß sie unserer Gehirntätigkeit schweren Schaden zufügt. Die Hochfrequenz-Strahlung ist einer todbringenden Seuche vergleichbar: Der Krieg gegen die Menschheit!“ Dies ist das „Dritte Weltgeschehen“.

Des Teufels letzter Tanz

Zu dem HAARP-Projekt kann und muß jeder denkende Mensch die allerschärfste Kritik anmelden, was ich hiemit tue:

1. Der Bezug zu Atlantis: Laut E. Cayce wurde die Atlantis-Katastrophe, welcher der letzte Rest des Inselreiches im Nordatlantik zum Opfer fiel, dadurch verursacht, daß ein Übermaß an kosmischer Energie angezapft worden war, was ein unberechenbares Naturereignis auslöste.

Dort oben in Alaska findet zur Zeit dasselbe statt: Eine gigantische elektromagnetische Strahlung wird zum Himmel geschickt, was das Energiesystem der Atmosphäre jederzeit zum Kippen bringen könnte – mit katastrophalen Folgen für alles Leben auf Erden! War es in Atlantis ein Übermaß an Entnahme und gespeicherter freier Energie aus dem Weltraum, so ist es jetzt eine willkürliche Einstrahlung elektrischer Energie in das heikle Gleichgewicht der höheren Schichten der irdischen Lufthülle.

2. Die unvorstellbare Verantwortungslosigkeit bezüglich des unter 1) Gesagten, kann als Beweis dafür gelten, daß das Negative seine totale Herrschaft auf Erden angetreten hat, wie für die Endzeit vorhergesagt. Daß es anscheinend gleichgültig ist, in welchem Zustand sich Mutter Erde bald befinden würde, ginge es so weiter, drückt dem Projekt HAARP den Stempel außerirdischer Dominanz auf: Den Dracos würde auch ein (weiterer) wüstenhafter Planet als Stützpunkt willkommen sein! Siehe 5)

3. Man muß sich vor Augen halten, daß unser kostbarer, nicht erneuerbarer Rohstoff Erdgas in Alaska dafür eingesetzt wird, um eine Dauerleistung von angeblich 100 Milliarden Watt (!) zu erzeugen, die ausschließlich zur Zerstörung der Erde und unseres Lebensraumes eingesetzt wird. Übrigens: Ein Al Gore machte sich weltweit für eine Drosselung des CO_2-Ausstoßes stark, doch von HAARP hat er wohlweislich nichts verlauten lassen. Da sag mir einer, daß er davon nichts wüßte!

4. Die Dunkelmächte setzen wissentlich böse Taten in der Annahme, damit letztlich einem guten Zweck zu dienen. Doch dies ist ein grundlegender Irrtum: **Böses gebiert stets nur das Böse,** bis es sich schließlich selbst vernichtet. Am Beispiel HAARP kann nie etwas anderes das Ergebnis sein, als immer noch mehr vorsätzliche Zerstörung; es ist das Übel an sich!

5. Sind in unserem Sonnensystem nicht schon genügende Himmelskörper der gänzlichen Zerstörung oder zumindest der Auslöschung der uns sichtbaren Lebenssphäre ihrer Oberfläche anheimgefallen? Von dem einstigen Planeten zwischen Mars und Jupiter blieb nur der Asteroidengürtel übrig und der Mars wurde in seiner grobstofflichen Form ebenfalls unbewohnbar. Doch die Erde, wenn auch angeschlagen, darf dieses Schicksal nicht erleiden. Diesmal wird der Aufstieg unseres Heimatplaneten in die 5. Dimension vonstatten gehen – wir brauchen kein zweites Atlantis! Wie auch immer unsere positiven Helfer dies bewerkstelligen mögen, wir seien bereit und sind aufgefordert, trotz des Wissens um HAARP, den Glauben an eine Neue Erde nicht zu verlieren! Alaska ist des Teufels letzter Tanz und er wird sich nur kalte Füße holen!

Verweilen wir noch etwas bei der Schwingung der Gehirnwellen. Ich machte die Bemerkung, Erde und Mensch müßten in ihren Schwingungsfrequenzen zueinander in Resonanz stehen. Nun wurden mir weitere Informationen hiezu zugänglich: J. Calleman, „Der Maya-Kalender – die Transformation des Bewußtseins“ (EU-Umwelt-Akademie-Verlag, Rosenheim, 2007). Darin wird die Eigenschwingung des Erdkörpers folgendermaßen angegeben (in Hertz):

Schwingungsfrequenzen der Erde im Vergleich zum Menschen:			
Innerer Erdkern 40,0	Beta-Wellen	Mensch	Wachzustand 14–40
Äußerer Erdkern 13,5	Alpha-Wellen		Meditation 8–13
Erdkruste/ Erdmantel-Grenze 7,5	Theta-Wellen		Traum und Trance 4–7
	Delta-Wellen		Tiefschlaf 1–3

Bei dem genannten Maya-Forscher heißt es weiter:

Die Evolution des menschlichen Bewußtseins ist unmittelbar mit dem Herzschlag von Mutter Erde verbunden. Der innere Eisenkern der Erde ist kristallin. Es ist dies der am meisten strukturierte Teil der Erde. Es besteht eine Entsprechung zum menschlichen Gehirn in Form der Beta-Wellen von ebenfalls 40 Hertz. Dies bedeutet geistige Konzentration und strukturiertes Denken: kristallklar! Dann besteht eine Resonanz mit dem Erdkern von Mutter Erde! – Dies ist Geosophie!

Obige Erwähnung des menschlichen Gehirns wirft die Frage auf, ob es auf unserem Planeten Wesen gibt, die über eine größere Gehirnkapazität verfügen als der „Homo sapiens sapiens"? Hiebei schließe ich Sternenwesen und Außerirdische von unserer Betrachtung aus, da dies zu weit führen würde; nur (mehr oder weniger) auf Erden beheimatete Geschöpfe sollen in Erwägung gezogen werden – und schon stellt sich mir die Frage: Sind die bereits erwähnten Meeressäuger überhaupt als „irdisch" zu betrachten? Es heißt, diese kämen von einem anderen Planetensystem, um in der Weite unserer Weltmeere die Erfahrung der Unbeschwertheit, aber doch in einem grobstofflichen Körper lebend, zu machen: das Dasein in einer endlich begrenzten Wasserwelt, und trotzdem in der fluidalen Sphäre eines unauslotbaren Raumes, zu genießen. Sehen wir uns diese außergewöhnlichen, dem Wasserleben total angepaßten Meeresbewohner namens Delphinus delphis einmal genauer an.

Delphine: Des Meeres und der Liebe Wellen sowie Schallwellen sind ihr Element

Da könnte die Frage auftauchen, was haben diese Meeresbewohner mit unserem Anliegen Geosophie – also dem Bewußtsein der Erde in Verbindung mit dem des Menschen – zu tun? Doch, sehr viel, denn die Delphine kamen auf diesen Planeten, um mit ihren Heilkräften dort zu helfen, wo es am notwendigsten ist: Beim Menschen und seiner angeschlagenen Welt!

Delphine sind dem Wesen des Menschen sehr ähnlich, wenn sie auch dem aquatischen Leben voll angepaßt sind. Doch ein großer Unterschied besteht! Delphine sind akustisch, der Mensch hingegen bekanntlich visuell orientiert. Delphine verfügen über eine eigene Sprache, die nur mit der des Menschen vergleichbar ist, denn auch deren Ausdrucksmöglichkeit ist hoch-komplex. Die Gehirnentwicklung muß nämlich ein Mindestmaß erreichen, um ein Sprachvermögen auszubilden. Dies wurde, außer beim Menschen, nur in der Evolution der sogenannten „Meeressäuger" erzielt und überschritten. Das Gehirn des Delphins ist bis zu 40% größer als das des Menschen und ebenso kompliziert gewunden. Der Neo-Cortex überdeckt 98% der Gehirnrinde des Delphins; das ist mehr als beim Menschen!

Das Orientierungssystem der Delphine ist ein Echo-Sonar (Unterwasser-Ortungsgerät), wobei eine sogenannte „Melone" am Kopf wie eine Art Linse wirkt, die den Echo-Peilstrahl bündelt. Delphine senden und empfangen auf sechs Kanälen gleichzeitig! Die hiebei zur Anwendung kommenden Tonfrequenzen besitzen eine Bandbreite, welche die des Menschen um das Zehnfache übertrifft: 20 bis 20.000 im Vergleich zu 20 bis 200.000 Hertz. Demzufolge verfügt der Delphin über eine Geschwindigkeit seines Kombinationsvermögens, die wesentlich höher ist als die des Menschen. So können Delphine in einer Tonfolge senden und empfangen, die etwa zehnmal schneller ist, als der Mensch zu reagieren imstande wäre!

Delphine legen eine große Achtsamkeit dem Leben gegenüber an den Tag und sind von großer Friedfertigkeit gekennzeichnet, wie ihr Benehmen in einer „Schule" von Artgenossen beweist. Eine allgemein geübte und besonders liebevolle Mutter-Kind-Beziehung mag wohl die Grundlage dieser Verhaltensweise sein. Das steht in krassem Gegensatz zu den Reptos/Dracos, denen Mutterliebe fremd ist, was deren gestörte Umweltbeziehung prägt. Bezüglich Mutter und Kind möchte ich eine Mitteilung erwähnen, die ich in dem (sehr mangelhaft ins Deutsche übertragenen) Buch „Die Blume des Lebens" fand (D. Melchizedek, Bd. 1, Koha-Verlag, Burgrain, 2000, S. 194). Dies betrifft die Leichtigkeit einer Unterwassergeburt, wobei das werdende Wesen vom Fruchtwasser ins Wasser gleitet, ohne dem Schock der groben Materie ausgeliefert zu sein. Säuglinge und Kleinkinder können auf dem Boden von Schwimmbecken schlafen, wobei sie etwa alle zehn Minuten an die Wasseroberfläche kommen, um durchzuatmen – wie Delphine! Solche Kinder sind außergewöhnlich intelligent und werden Homo dolphinus genannt. Weiß unser Unterbewußtsein um dieses enge Verhältnis Delphin – Mensch?

Wir von Atlantis erachteten Delphine als dem Menschen ebenbürtig und behandelten sie dementsprechend als Partner, deren Sprache und Wesen wir verstanden. Delphine stehen wahrscheinlich auf einer geistig höheren Entwicklungsstufe als der Mensch! Diese Könige des Meeres werden als Boten der fünften Dimension auf die Neue Erde zurückkehren.

Das uns schon bekannte Geistwesen Thoth („Projekt Menschheit“, S. 266–271) äußert sich über das Thema wie folgt: Delphine, mit ihrer unbeschreiblichen Liebe, erfüllen unsere Ozeane mit den ihnen eigenen heilenden Schwingungen. Ihre (Gruppen-)Seele entstammt jener Sternenregion, die wahre Meister der Heilung erschuf: den Plejaden. Die Anwesenheit der Delphine auf Erden ist von allerhöchster Wichtigkeit, denn der Zeitpunkt des Übergangs in die nächst höhere Schwingungsfrequenz der Erde rückt nahe. Für diese Wende ist die heilende Kraft der Delphine in unseren Weltmeeren unabdingbar! – Und ich stelle hiezu die Frage: Wie soll die ganze Erde gereinigt werden?

Siehe, ich mache alles neu …

Uns allen ist klar, daß vor der Neuerrichtung eines Bauwerks ein Grundstück entsprechend vorzubereiten ist: Besonders altes Gemäuer muß entfernt werden usw. Nun wurde Mutter Erde durch die menschliche Mißachtung der Natur völlig verschmutzt – wobei ich nur auf die über 400 zur Zeit in Betrieb befindlichen Atommeiler hinweisen möchte! Doch weder grobstofflicher Unrat noch niedrig schwingendes Bewußtsein wären für die Neue Erde tragbar: Unser blauer Planet und die kommende Menschheit müssen in jeder Beziehung gereinigt sein, bevor sich diese sechste M-E auf Erden etablieren kann. Darum sagte ER, der Meister: Alles neu! Dann werden Erde und Mensch ein sich ergänzendes, höheres Schwingungsmuster aufweisen, ganz im Sinn einer geosophisch bewußten Erde-Mensch-Beziehung! Nun sollten wir uns fragen, wie wird dieser Prozeß der Katharsis ablaufen?

Betrachten wir die Weltlage von heute, erkennen wir, daß die Zeichen auf Sturm stehen. Dies hat so zu sein, denn das jetzige Ende eines großen Zeitzyklus muß in den Untergang dieser total verirrten Zivilisation münden. Es wäre eine seelisch-geistige Katastrophe, wenn die angesagten Kataklysmen nicht einträten! Das Vedische kennt eine zerstörerische Kraft, die jedesmal nach Vollendung eines Entwicklungszyklus in Tätigkeit tritt. Es ist dies der Welten-Zerstörer „Shiva", der in etwa einem Satan (der unser Hier und Jetzt voll im Griff hat – siehe HAARP!) vergleichbar ist. In seinem schon mehrfach zitierten Buch „Die Kristallstädte von Lemuria" (S. 177–178) läßt der Autor D. v. Oppeln den genannten Halbgott des indischen Pantheon auf die folgenden Fragen entgegnen: Warum bebt die Erde, warum brennen die Wälder, warum reißen Stürme die Häuser nieder, warum ertrinken die Menschen in den Fluten? Warum willst Du das, Shiwajah? Seine Augen waren wild vom Zorn des Weltenzerstörers, als er antwortete:

„Ich will das nicht. Schau doch selbst! Sie haben die Welt der Schönheit zu einer Welt der Schmerzen gemacht!" Und der Finstere bließ wieder zum Sturm, und der Sturm fegte über die Welt, und der Sturm ist im Herzen der Menschen!

Jetzt haben wir von den Naturkatastrophen gehört und auch von den wilden Herzen der Menschen war die Rede. Es ist nur allzu naheliegend, dies auf die Gegenwart zu beziehen. Was sagt unser bekannter Verhaltensforscher Konrad Lorenz hiezu? („Die acht Todsünden der zivilisierten Menschheit", Piper-Verlag, München, 1973, S. 30–31 u. 94):

„Endloses Wachstum als ein Prozeß der ‚schöpferischen Zerstörung'. Die Industrie-Nationen haben sich in einen Teufelskreis hinein manövriert, in dem sie ständig wachsen müssen, wenn sie nicht pleite gehen wollen!" Und weiters:

„Die totale Seelenblindheit für alles Schöne, die heute rapide um sich greift, ist eine Geisteskrankheit, die schon deshalb ernst genommen werden muß, weil sie mit einer Unempfindlichkeit gegen das ethisch Verwerfliche einhergeht!"

Setzen wir nun unser Gespräch mit der Erde fort und versuchen herauszufinden, wie sich die Reinigung unseres Heimatplaneten abspielen könnte. Geistig gesehen, muß jeder entwicklungswillige Mensch von sich aus zu gewissen Erkenntnissen über Gott und die Welt kommen. Im stofflichen Bereich ist es die Erde selbst, die sozusagen die Initiative zu ihrer Befreiung von der angesammelten Schlacke ergreifen muß; und dies wird sie, denn schon das gesamte Planetensystem wartet auf ihren Aufstieg über die 4. in die 5. Dimension! Gibt es Hinweise bezüglich solch eines Vorgangs der globalen Säuberung? Und wieder habe ich hiezu kurz die Geologie zu bemühen (und damit vielleicht die Geduld meiner Leserschaft zu strapazieren?). Aber da kommt mir noch etwas in den Sinn: Die vier Reiter der Apokalypse („Enthüllung").

Hiebei symbolisiert der rote Reiter das luziferische Aufbegehren des Menschen gegen die Gesetze Gottes. Hinter dem schwarzen Reiter lauert das ahrimanisch-satanische Prinzip der Seelenkälte (K. Lorenz sagte: Seelenblindheit). **Und wenn das fahle Pferd über die Erde galoppiert, wird das Denken des Menschen gespensterhaft, worauf der Tod mittels der dämonischen Intelligenz die gesamte Erde mit Absterbeprozessen durchsetzt – und dies ist nichts anderes als HAARP!**

Der weiße Reiter hingegen kündigt den Wiederaufstieg des menschlichen Denkens in die göttliche Vernunft an. Wenn Er erscheint, stürzen die Mächte des Dämonischen in den „Feuerpfuhl". Es ist dies eine Art Vulkankrater, dessen Schlacke als mondartiger Körper ausgeschieden wird. Erst nach dieser Bannung Satans kann die Erde in ihr neues Äon eintreten: Siehe, ich mache alles neu!

Hiezu möchte ich feststellen, daß der Esoterik wohl bekannt ist, daß mit der Höherschwingung eines Planeten jedesmal ein Mondaustritt verbunden ist. Dies könnte sich nur im Pazifik ereignen, wo noch heute der Rand der Narbe des seinerzeitigen Mondaustritts in Form des zirkumpazifischen Feuerrings sichtbar ist und die größte Fläche dünner ozeanischer Kruste vorliegt.

Womit die Geosophie neuerlich esoterisches Wissen und Geologie vereint hat.

Der Maya-Kalender: Die „Lange Zählung" und das Ende der Zeitzyklen

Bevor wir uns den verschiedenen Kalendersystemen der Maya zuwenden, möchte ich Fragen betreffs der „Neuen Erde" klären. Wie mag unser blauer Planet nach der unumgänglich notwendigen Reinigung von Erde und Mensch beschaffen sein? Dies läßt sich nur mit dem Begriff „halbmateriell" beschreiben: nicht mehr so grobstofflich, sondern eher transparent. Auch der Mensch wird sozusagen etwas „durchsichtiger", d.h. die Gedanken der Mitmenschen werden telepathisch erfaßbar sein, was für jedermann unbedingte Gedankenkontrolle notwendig macht! Selbstverständlich wird sich auch der Ablauf der Zeit ändern, was den Zeitbegriff der Geowissenschaftler neuerlich ad absurdum führt.

Die Aufnahme von Nahrung wird ein Vorgang sein, von dem wir bezüglich unseres Überlebens nicht mehr abhängig sind, denn uns steht dann jederzeit kosmische Speise in Form von „Prana" zur Verfügung: Lichtnahrung genügt, um uns bei Kräften und vor allem hochschwingend zu erhalten. Unser Bewußtsein wird wesentlich näher der angestrebten kosmischen Bewußtheit sein, als in dieser düsteren Welt des Hier und Jetzt. Ja, die Erde ist gegenwärtig von mehr Dunkelheit eingehüllt denn je, nur sehen wir dies mit unseren grobstofflichen Sinnen nicht. Wir werden in eine lichtvolle Welt eintreten, und dies ist die wirklich frohe Botschaft! Wer aber wird auserwählt sein, in diese aufzusteigen? Auch diese Frage ist im Prinzip beantwortbar: Diejenigen, welche sich mindestens für die Hochschwingung in den Ring ab 4,4 rekrutieren. Nun, diese Feststellung bedarf wirklich einer Erklärung!

Mutter Erde ist – Gott sei Dank! – nicht nur von Dunkelsphären umgeben, sondern in den höheren Regionen sehr wohl von nach oben zunehmend heller werdenden Zonen der lichten Astralwelt. Diese werden in „Ringe" eingeteilt, die – je höherschwingender –, desto strahlender sind. Sehen wir uns diese Kugelschalen-förmigen Bereiche einmal etwas näher an. Es sind dies die Lebensräume der Menschen, welche ihren grobstofflichen Körper abgestreift haben, was irreführenderweise als „Tod" bezeichnet wird. Diesem folgt nämlich keineswegs ein „Ruhe in Frieden", statt dessen ein sehr wohl aktives Dasein voller geistiger Lernprozesse und Aufstiegsmöglichkeiten!

Also schauen wir mit Staunen, wo unsere Lieben jetzt weilen, je nach dem Bewußtseinsstand, den sie beim Übergang ins „Jenseits“ besaßen bzw. bis wohin sie sich seither hochgearbeitet haben: Näher, mein Gott, zu Dir!

Aus der geistigen Welt stammen die folgenden Mitteilungen über die 7 x 7 Sphären der Astralwelt, wie sie von Menschenwesen, welche die Erde zeitweise oder für immer verlassen haben, bewohnt werden. Ich kürze diese Darstellung, um nur das Wesentliche verschiedener Ringe/Sphären hervorzuheben. Der Versuch, sich selbst in diese Astralwelt einzuordnen, scheint mir ein fragliches Beginnen, denn die Abgrenzungen der einzelnen Bereiche sind aus unserer Sicht mit vielen Irrtümern der Selbsteinschätzung behaftet. Den Horror der untersten Ringe wollen wir uns ersparen: Es ist dies eine Art „Hölle“ mit all ihren Lastern, Leidenschaften, Kriegen und Morden. Die umgebende Natur wechselt analogerweise von heißer Wüste (entsprechend ungezügeltem Triebleben) bis zu im Eis erstarrten Polarlandschaften (als Entsprechung zu Gefühlskälte) und Trugbildern (Geisteskrankheiten zugeordnet).

Bei 1,7 befinden wir uns im Reich der „wilden, grimmigen Menschenfresser“, wobei ich glaube, dies sei die einzige Sphäre, welche zur Zeit nicht besetzt ist. Aber auch die Fanatiker der verschiedensten Glaubensbekenntnisse kommen nicht viel besser weg. Naturforscher, die Gott leugnen, landen in 3,1, gefolgt von sich abgrenzenden Bezirken des Hochmuts und des Dünkels. Eine Heilanstalt für geistig Umnachtete befindet sich auf 3,6, während 3,7 eine Ausgangsebene für Wiedergeburt auf Erden darstellt. Erst ab dem Ring 4,1 ist Reinkarnation kein Thema mehr. Die Astralwesen leben hier bereits in einer herrlichen Umwelt!

Ring 4,4 ist eine Sphäre der Wissenschaft mit den entsprechenden Bildungszentren, während 4,6 Region der Friedensstifter ist, die in himmlischer Umgebung leben. Die Ringe 5,1, 5,2 und 5,3 stellen einen Bezug zur Venus mit schöner Natur und mildem Klima dar. Von hier aus können Entdeckungsreisen zu anderen Planeten unternommen werden.

Die Ringe 5,4, 5,5 und 5,6 sind Sphären der Musik, Menschenliebe und Moral. Hier sind alle uns bekannten Kunstschaffenden zu Hause. Es besteht die Aufstiegsmöglichkeit zur vollkommenen Schönheit des Geschaffenen. Mit 5,7 ist eine gewisse Vollkommenheit erreicht!

Entwicklungsstufe 6,1 hat Bezug zum Jupiter. Ab hier folgen die Sphären reiner, guter Geister der Liebe, des Glaubens und der Güte. 6,6 ist die Heimat der Geistwesen der Vernunft. Auf 6,7 erfolgt die Vereinigung aller reifen Geister für den weiteren Aufstieg. Im Ring 7,1 erfolgt die Verbindung mit der Sonne in einer Welt beglückender Vollkommenheit. Es besteht Reisemöglichkeit zum Urlicht (Satya Loka). – Die Dualseelen finden einander hier wieder.

7,7 als der höchste Ring der Astralwelt; für diesen reif zu werden bedeutet den Abschied von Erde und Planeten mit Eintritt in den Sonnenkreis. – Doch wir alle können uns glücklich schätzen, wenn wir es diesmal schaffen, in die 5. Dimension von Erde und Mensch aufzusteigen, um im fluidalen Bereich weiterzuleben! Dort besteht für jedes Astralwesen, die wir dann sind, das Folgende an Annehmlichkeiten bzw. Möglichkeiten im Riesenreich der Astralwelt:

1. Allumfassende Liebe zu empfinden, sowie absolute Offenheit der Umwelt gegenüber an den Tag zu legen.
2. Keinen „Tod" mehr zu erfahren, sondern nur einen harmonischen Übergang in höhere Welten.
3. Die Herrschaft über das Klima des betreffenden Planeten bzw. Himmelskörpers zu besitzen.
4. Prana als (Licht-)Nahrung genügt.
5. Ortsveränderungen sind durch Willenskraft erzielbar.
6. Es gibt Sexualität als das Verschmelzen zweier Astralkörper mit in Resonanz zueinander stehender Schwingung als orgastisches Erlebnis.
7. Wünschen erschafft eine harmonische Umgebung.
8. Ein direkter Umgang mit der geistigen Welt ist gegeben.

Die andeutungsweise erwähnten Sphären umgeben die Erde als Astralwelten ringförmig. Dasselbe gilt für den Energiekörper des Planeten, an dessen äußerem Rand die Erde ihren Umlauf um die Sonne vollzieht. Doch da besteht noch eine Sphäre, und diese befindet sich nach wie vor in Weiterentwicklung. In Entsprechung zum Menschen wäre diese als Mentalkörper des Planeten zu bezeichnen. Allgemein bekannt ist sie unter dem Namen:

Die Noosphäre, das geistige Feld der Erde. Über diese nimmt der Mensch Einfluß auf das Leben des Planeten und die Ereignisse geologischer Natur.

Diese Geist-Sphäre repräsentiert das letzte Stadium der geologischen Geschichte des Planeten vor dem Omega-Punkt 2012. Es kann als das „qualitative Finale“ der geistigen Entwicklung der gegenwärtigen Menschheit bezeichnet werden, welche im Hervortreten des

Homo noosphaericus

gipfelt. Mit anderen Worten: Bis zum Quantensprung von 2012 wird der aufstiegsbereite Anteil der Menschheit ein geistiges Niveau erreichen, das die obige Bezeichnung „Mensch der geistigen Welt“ verdient!

Ereignisse in unserer grobstofflichen Welt haben Ursachen auf der geistigen Kausal-Ebene. Dort beherrschen drei Axiome die stoffliche Schöpfung:

- Geist über Materie;
- es gibt keinen „Zufall“ und
- der Zeitablauf ist zyklisch.

Nachstehend begegnen wir dem Begriff „Zeitzyklus“ und wissen um dessen Unterteilung in ein Goldenes, Silbernes, Kupfernes und Eisernes Zeitalter.[61] Da bemerken wir etwas Eigenartiges: Die kulturelle Entwicklung sollte doch vom Primitiven zum Höheren fortschreiten und trotzdem stellten die Weisen des alten Hellas den goldenen Zeitabschnitt an den Anfang. Auch bei HPB lesen wir: „Die Mythen nahezu aller Völker setzen an den Anfang der menschlichen Geschichte ein Goldenes Zeitalter von Gesittung und Verfeinerung, und nicht eines von Wildheit und Barbarei!“

Also beginnt ein Zyklus mit dem Aufbau einer Hochkultur. Dies bedeutet, daß entwicklungswillige Menschen tatkräftig am Aufblühen ihres Kulturkreises mitwirken, wobei sie geistig-seelisch einen hohen Reifegrad erreichen können. Daraufhin verlassen diese auf-

61 Hesiod, der griechische Dichter (um 700 v.d.Ztw.), schrieb in seiner Darstellung „Werke und Tage“ über die jeweils vier Zeitalter: Golden war das Geschlecht der sprechenden Menschen und sie lebten wie Götter, denn ihre Herzen waren ohne Kummer, Plagen und Jammer. Silbern war ein zweites, viel geringeres Geschlecht, das die Götter später schufen. Es war dem des Goldenen Zeitalters weder gleich an Gestalt noch an Gesinnung! Aus „Erz“ erschuf Zeus, der Vater, nun ein anderes Geschlecht von Menschen: Ein drittes (nachdem die anderen untergegangen waren) aus „Erz“, dem silbernen ungleich. Auch ihre Waffen waren aus „Erz“, denn schwärzliches Eisen war noch unbekannt. Ein Eisernes ist jetzt das Geschlecht. Niemals am Tage ruhen sie von quälender Mühe und Jammer! – Der maßlos frevelnde Täter steht bei ihnen viel höher in Ehren (Politiker!) und nirgends ist Abwehr des Unheils!

steigenden Meister die Erde, um sich höheren Aufgaben zu widmen. Sie entrinnen dadurch dem Rad der Wiedergeburt: keine Inkarnation mehr auf niederen Planeten!

Was zurückbleibt, sind weniger hoch entwickelte Wesenheiten, die aus karmischen Gründen neuerlich in einen irdischen Zyklus eintreten müssen. Wieder arbeiten sie am Aufbau einer der folgenden Hochkulturen mit und reifen daran. Doch die bereits Aufgestiegenen fehlen, weshalb das Goldene Zeitalter unwiederbringlich verloren ist; das Silberne nimmt seinen Lauf. Nach dem Durchschreiten weiterer Zivilisationen und des Kupfernen Zeitalters, endet der Zyklus schließlich mit dem Eisernen Zeitalter. Hiebei verließen die besten Kräfte und entwickeltsten Geister die Spirale, um aufzusteigen. Was bleibt, ist der Bodensatz der nicht aufstiegswilligen Menschen, die für den sich nunmehr höher schwingenden Planeten (die Neue Erde) nicht reif sind; sie müssen wieder auf einem der grobstofflichen Weltkörper inkarnieren. Den Quantensprung in ein neues Goldenes Zeitalter machen sie nicht mit! Diesen gesamten Vorgang von Höherschwingung oder Ausscheiden aus dem sich ständig drehenden Rad nenne ich „Zeit-Zyklen-Zentrifuge".

Doch wir im Hier und Jetzt sind nicht nur solche Sitzenbleiber in den Klassen dieser planetaren Lebensschule! Unter uns befinden sich u.a. die zahlreichen Helfer und Warner, welche auf die Erde kamen, um der Menschheit bei dem großen Sprung nach vorne beizustehen. Obiges erklärt, warum eine Zivilisation immer tiefer sinkt, während sich die kosmische Spirale der geistigen Entwicklung eines Planeten(-Systems) und eines Teils seiner Bewohner dennoch immer höher schraubt: Auf die Involution in die Materie folgt die Evolution/Entwicklung zurück in das Geistige!

Mit jeder Weltkatastophe[62] (Lemuria: Sintbrand; Atlantis: Sintflut und Gegenwart: Sintbeben) **ändert sich das Schwingungsfeld des Planeten, womit sich alles nachfolgende Geschehen auf einer neuen Zeitschiene abspielt. Dieser gewaltige Riß im Dasein des Planeten ist gleichzeitig auch der Endpunkt mancher bisheriger**

62 Der Autor G. Hancock („Die Spur der Götter", Lübbe-Verlag, Bergisch Gladbach, 1995) zitiert den amerikanischen Prof. Ch. Hapgood wörtlich bezüglich dessen Kataklysmentheorie (S. 543): **„Die zyklische, fast totale Vernichtung der Menschheit ist ein Teil des Lebens auf diesem Planeten. Sie hat sich schon viele Male ereignet und wird sich auch in Zukunft wiederholen!"**

Lebensform unter Manifestation neuer Schöpfungen in der Tier- und Menschenwelt nach göttlichen Bauplänen.

Mit jedem welterschütternden Kataklysmus würde sich die Uhr (die Schumann-Frequenz) unseres Planeten „Terra“ also auf einen anderen Wert eingestellt haben, um entsprechend der geänderten Lebensfrequenz einem neuen Rhythmus zu folgen. Der Zeitablauf entspricht nur unserem Gefühl, wie die Hektik der Gegenwart beweist! Er ist veränderbar, was das Montauk-Experiment auf Long Island, New York, bezüglich Zeitreisen vielfach bestätigt hat. Doch in unserer Zivilisation ist der Glaube an das lineare Fortschreiten der Zeit zum unantastbaren Dogma erhoben worden! Die Erschaffung der Illusion von Raum und Zeit wie wir sie wahrnehmen, erfolgte durch die Schöpfergötter, die sogenannten „Elohím“. Die Zeit ist nur ein Maßstab, um uns innerhalb der gegenwärtigen Seinsebene zurechtzufinden. Sobald wir dann in die 5. Dimension eintreten, wird uns ein neues Zeitgefühl beschert werden und wir könnten das Bestehen von Parallelwelten in ihrer Synchronizität erkennen.

Wir alle wissen um ein Volk, das als „Meister der Zeit“ bezeichnet wird: Die Maya. Deren Kalendersysteme sind eng mit dem Azteken-Kalender verknüpft, weshalb ich diesen einleitend betrachten möchte. Buddhistische Schriften behaupten, am Ende eines jeden Weltzeitalters würde das Leben auf Erden fast gänzlich durch eines der vier Urelemente zerstört. Die gleiche Aussage ist im Kalenderstein der Azteken dargestellt. Dies geht aus dem Codex Vatico Latinus hervor, als auch aus einem spanischen Manuskript aus dem Jahr 1558, das diesen etwas unhandlichen Kalender beschreibt: eine Basaltplatte von 24 Tonnen Gewicht bei einem Durchmesser von 3,60 Metern. Er hat die Beobachtung des Sternbildes der Plejaden zur Grundlage, welche alle 52 Jahre den Zenit überschreiten, was auch als Kulmination bezeichnet wird. Die Darstellungen ringsum den Sonnengott Tonatiuh sind als Symbole der vergangenen vier Welten zu deuten; deren Namen in der Náhuatl-Sprache sind folgende, wobei die Entsprechungen zu den M-E offensichtlich sind:

1. Nahui Ocelotl: Die Jaguar-Sonne, wobei Jaguare dieses Zeitalter der Riesen durch Auffressen derselben beendeten. Diese Symbolik bleibt unverständlich.
2. Nahui Ehecatl: Die Sturm-Sonne. Der Windgott beendete dieses Zeitalter durch eisige Nordwinde.

3. Nahui Quiahuitl: Die Feuer-Sonne. Vulkanismus mit Feuerregen brachte dieses Zeitalter zu Ende.
4. Nahui Atl: Die Wasser-Sonne: Eine große Flut war das Ende.
5. Ollin Tonatiuh: Die Erd-Sonne, die Sonne der Bewegung: Die Erdbeben der Gegenwart.

Die Ähnlichkeit mit dem Maya-Kalender betrifft vor allem den rituellen Kalender zu 260 Tagen sowie den normalen Kalender mit 360 plus 5 Tagen. Erforscht wurden diese Zusammenhänge zufolge der Entdeckung des Troano-Codex (Madrid, 1864) durch Brasseur de Bourbourg (1814–1874), dem französischen Ethnologen, der auch in Zusammenhang mit dem Codex Cortesianus genannt wird. Beide Codices berichten von einem schrecklichen Weltgeschehen, in dem eine riesige Insel durch Feuer (Vulkanismus) unterging. Wer von uns dächte da nicht an Rutas Mu! Der Troano-Codex, dessen Alter auf 2000 Jahre vor d.Ztw. datiert wird, wurde von dem französischen Arzt Le Plongeon (1826–1908) übersetzt. Die wissenschaftlichen Arbeiten der beiden Gelehrten ermöglichten es, die Inschriften auf den zahlreichen Maya-Bauwerken zu entziffern, wobei sich all diese auf das Kalendersystem beziehen.

Der Maya-Kalender gilt als der älteste und beste der Welt. Er setzt mindestens 10.000 Jahre der Beobachtung voraus, um diese Genauigkeit der Daten zu erzielen! Hiezu ein Beispiel: Erst durch die modernen optischen Geräte wurde es der Astronomie möglich, die exakte Länge des Sonnenjahres mit 365,242 Tagen zu bestimmen. Den Mayas war dieser Wert jedoch schon längst bekannt! Für die Wissenschaft ein Rätsel, für uns hingegen, die wir nun mit dem bisherigen Inhalt dieses Buches vertraut sind, nichts Besonderes: Außerirdische begleiteten die Flüchtlinge aus Rutas Mu nach Südamerika (Tiahuanaco) und bis ins spätere Maya-Land, wobei Belehrungen einen Teil der Hilfe der ETs darstellten.

Die Mayas hatten drei Kalender in Gebrauch: Einen das tägliche Leben betreffend (1), einen zur Festlegung der Fälligkeit religiöser Handlungen (2), sowie einen zwecks Vorhersage kommender Ereignisse (3). Zufolge deren Wichtigkeit bezüglich unseres Schicksalsdatums 2012, ist es meines Erachtens notwendig, die Zusammenhänge dieser Kalender in etwa zu begreifen.

(1) Der Erstzunennende hieß Haab; dessen Zählung waren 18 Monate zu je 20 Tagen, während einem 19. Monat fünf weitere Tage zugerechnet wurden: 18 x 20 = 360 + 5 = 365 Tage. Die letztgenann-

ten fünf Tage galten als unheilvoll, da sich angeblich die Götter an diesen zurückgezogen hatten (oder waren es die Erntesteuern, die an diesen Tagen fällig waren?).

(2) Der Tzolkin als der heilige Kalender mit der klassischen Zählung von 13 Monaten zu je 20 Tagen: 13 x 20 = 260 Tage.

In der Darstellung dieses Kalenders findet sich: Ein Zentrum namens Hunab Ku, dem Zeichen des Schöpfergottes der Maya. Des weiteren: ein innerer Ring mit den acht I-Ging-Symbolen; ein äußerer Ring mit den Glyphen der „20 solaren Ströme", sowie ein weiterer Ring mit den Zahlen der 13 „Töne der Schöpfung".

(3) Das Tun ist ein Kalender der Schöpfungszyklen mit Marksteinen der Prophetie. Auch er umfaßt einen Zeitraum von 360 Tagen und stellt die Schöpfung in Form einer Pyramide dar, bestehend aus neun Lagen/Schichten zu je 13 Unterabteilungen. Letztere symbolisieren die sieben Tage und sechs Nächte der Schöpfung: 7 + 6 = 13.

Die Beziehung der beiden erstgenannten Kalender zueinander ist die, daß sie alle 52 Jahre zur Übereinstimmung kommen; mathematisch ausgedrückt: 52 ist deren kleinster gemeinsamer Nenner:

52 x 365 (Haab) entspricht 73 x 260 (Tzolkin); was bedeutet dies astronomisch? Alle 52 Jahre erscheinen die Plejaden am gleichen Punkt am Horizont. Etwa alle 26.000 Jahre (ein Weltjahr!) vollendet unser Planetensystem einen Umlauf um die Zentralsonne in den Plejaden namens Alcyone. Der große Maya-Kalender-Zyklus zu 5125 Jahren begann im Jahr 3113 v.d.Ztw. und endet am 21.12.2012: 5125 - 3113 = **2012**.

21.12.2012: Dies ist das Ende der gegenwärtigen „Langen Zählung" von 5125 Jahren.

Der 21.12.2012 als die Zeit-Schnittstelle, der Quantensprung des Erwachens! Vorher diente der Begriff „Zeit" als Maß von Quantität. Ab dem genannten Zeitpunkt wird „Zeit" vor allem Inhalt bedeuten, also Qualität - was in Hellas als „Kairos" (zum Unterschied von „Chronos") bekannt war. Die Lehre, welche sich mit dieser Qualität der Zeit befaßt, ist die Astrologie. Sie wird von der orthodoxen Wissenschaft nicht anerkannt - ich hingegen kann die Geowissenschaft insofern nicht akzeptieren, als man lange Zeiträume (geologische Epochen!) „linear" messen will, wo doch die Zeit zyklisch verläuft!

Zu dem genannten Zeitpunkt

- **wird sich unser Sonnensystem in einer Ebene mit dem Zentrum der Galaxis befinden;**
- **erfolgt ein entscheidender qualitativer Sprung in der Evolution des Lebens auf der Erde;**
- **vollzieht die menschliche Gesellschaft eine nie dagewesene Wende zur galaktischen Ausrichtung: Die Neue Erde als Mitglied der Galaktischen Gemeinschaft!**

Das uns schon bekannte Geistwesen Thoth, welches maßgeblich am Bau der Großen Pyramide beteiligt war, kommentiert dies wie folgt („Projekt Menschheit", S. 311):

„Die Sonne Eures Planetensystems steht an jenem Datum in direkter Übereinstimmung mit dem Zentrum der Milchstraße. In dem Augenblick, an dem die Sonne diesem Zentrum direkt gegenübersteht, wird sich der Zusammenschluß mit Eurer Heimat-Galaxie offenbaren. Hier, an jenem Punkt im galaktischen Zyklus, wird Euer Zeitalter der Dunkelheit beendet. Die Frequenz Eures Heimatplaneten erhöht sich deutlich, während ein neues Zeitalter hier geboren wird. Mit dieser Geburt hebt sich das Bewußtsein der irdischen Wesenheiten entscheidend: Das Schwingungsniveau erhöht sich mindestens um ein Fünffaches!"

Nachdem wir soviel Zeit aufgewendet haben, um über die Zeit der Endzeit Aussagen zu machen, ist es Zeit, an den Schluß zu denken. Hiezu fasse ich die Überlegungen, welche mir als die wichtigsten erscheinen, zusammen.

Uns allen ist der Begriff Wiedergeburt oder Reinkarnation geläufig. Hiebei bildet die Geist-Seele den Kern der Persönlichkeit. Dieser verbindet sich in wiederholten Erdenleben mit einem jeweils neuen Körper, um durch solche Erfahrungen geistige Wahrheiten zu erlernen. Ursächlich mit dem Konzept der Wiedergeburt ist das Gesetz des Karma verknüpft: Was der Mensch im Laufe vieler Leben auf Erden gesät hat, erntet er und muß somit den Ausgleich des kosmischen Gleichgewichtes wieder herstellen.

Dem Negativen begegnen wir heutzutage auf Schritt und Tritt. Unser Lernprozeß ist hiebei, diesem Übel der niederen Schwingung urteilsfrei, ja mitleidsvoll zu begegnen. Oder noch besser: sogar zu verzeihen. Umwandlung und nicht anmaßende Verneinung, ist die Waffe des Meisters!

Seit undenklichen Zeiten zieht sich der rote Faden der Versklavung der Erdenbewohner durch die Menschheitsgeschichte. Es wurde unsere DNS manipuliert, man hat Generation um Generation in Kriege gehetzt, unseren Heimatplaneten an den Rand des Ruins getrieben und vor allem unsere Jugend wissentlich mit falschen Werten indoktriniert. Denn die heranwachsende Menschheit sollte bis heute nicht erkennen, daß wir geistiger Natur sind und ein riesiges Entwicklungspotential besitzen. Diesem zur geistig-seelischen Reife zu verhelfen, wird **der kommende Quantensprung der Menschheit** dienen. Danach werden wir ein Dasein führen, das geprägt ist von

SAT-CIT-ANANDA –
Ewiger Weisheit und Glückseligkeit.

Die Spur der Zeit:
Einander ablösende Zeitschienen

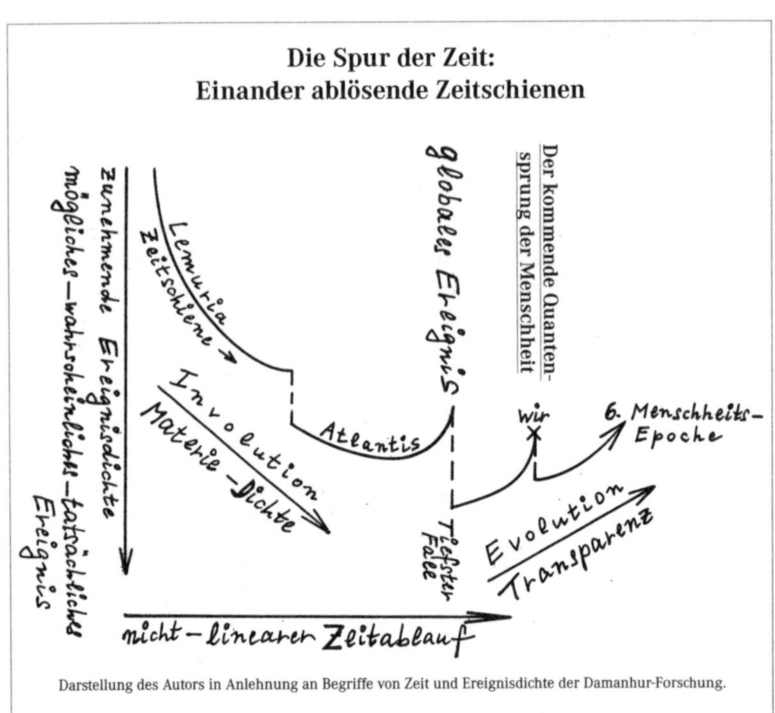

Darstellung des Autors in Anlehnung an Begriffe von Zeit und Ereignisdichte der Damanhur-Forschung.

Danksagung

Ein Werk wie dieses hat eine lange Geschichte. Schon vor Jahrzehnten begann ich, Veröffentlichungen zu sammeln und ein Archiv über Themen wie Atlantis anzulegen. Reisen und der Besuch von einschlägigen Seminaren, eigene Erwägungen und Kombinationen, sowie der Gedankenaustausch mit Gleichgesinnten, ergänzten das sich in mir ausformende Weltbild über die Vorgeschichte der Menschheit. Das Studium des mir glaubwürdig erscheinenden Teils des reichlichen Angebots an Atlantis- und Themen-verwandter Literatur vervollständigten meine Erkenntnisse über vergangene Hochkulturen. Doch erst eine kritische Analyse der geologischen Gegebenheiten ließ es mir zur Gewißheit werden: Es hatte im Laufe erdgeschichtlicher Epochen sehr wohl Atlantis und Lemuria bzw. Rutas Mu tatsächlich als Trittsteine auf dem langen Weg der Menschheitsentwicklung gegeben. Die entsprechenden seinerzeitigen Lebensräume lassen sich – **geologisch glaubwürdig** – in das heute akzeptierte System der Plattentektonik einordnen.

Nun lag es an mir, Mitarbeiter zu finden, die genügend Glauben an meine Überzeugung – Atlantis etc. als Realität – besaßen. Vor allem mußte ein Verleger gefunden werden, und es wäre mancher gewesen, der solch ein heute zunehmend aktuelles Thema in sein Verlagsprogramm aufgenommen hätte. Jedoch in Erinnerung an die seinerzeitige gute Zusammenarbeit bezüglich der Herausgabe meines Azoren-Bildbandes, war es auch diesmal Herr Herbert Weishaupt mit seinem Verlag in Gnas (bei Graz, Stmk.), dem ich für sein neuerlich erwiesenes Verständnis betreffs meiner Sonderwünsche hiemit ganz besonders herzlich danke. Dieses Buch wäre ohne die Hingabe und das Können dieses Verlegers nicht in dieser Form zustande gekommen!

Mein Dank an E.B. steht fürwahr auf einem anderen Blatt, so umfassend ist er. Wir korrigierten die jeweils anfallenden Textabschnitte gemeinsam und ich erhielt Anregungen bezüglich weiterführender Literatur aus spirituellen Quellen, zu denen ich sonst nicht Zugang gefunden hätte, da diese Schriften gar nicht am Buchmarkt erhältlich sind. Aber da bestand noch ein ganz wesentlicher Aspekt dieser Beziehung, der meiner Arbeit immer wieder erfrischende Impulse verlieh: Der Kontakt zwischen Geisteskameraden, der in tieferen

Einsichten und neuen Ideen seinen Ausdruck fand. Somit wurde E.B. ein Teil dessen, was jetzt in Buchform vorliegt!

Für den fachlichen Gedankenaustausch mit dem Geologen Herrn D. Bosse bedanke ich mich hiemit förmlich. Dieser hätte sich leicht ausbauen lassen, was jedoch an einer gewissen Mentalität scheiterte!

Leider gab es weitere unvermeidliche Enttäuschungen bei der Suche nach wichtig erscheinenden Informationen, wobei mir besonders der „Fall E. Muldashev" in Erinnerung ist. Durch viele Monate hindurch bemühte ich mich – auch mittels einer Dolmetscherin – mit dem Genannten zu einem persönlichen Gespräch zu kommen. Abgesehen von einem längeren Ferngespräch mit diesem Augenarzt, wurden all meine Anfragen jedoch von ständigem Schweigen aus Ufa (fast am Ural gelegen!) „beantwortet".

Erst während der Abfassung des Textes wurde mir klar, wie sehr ich schon durch Jahrzehnte – allerdings unwissentlich – die Darstellung des Themas Atlantis und Lemuria/Rutas Mu in mir vorbereitet hatte. Ich beziehe mich hiebei auf meine 12-jährige Tätigkeit auf den Azoren mit dem Ziel der Veröffentlichung eines Bildbandes über diese liebliche Inselwelt. Doch unbewußt war dies bereits die Suche nach Atlantis!

Auch meine fast zweijährige Südseereise betrachte ich heute desgleichen als das Erforschen der letzten Reste von Rutas Mu, wie sie als Inseln und Atolle in der blauen Weite Ozeaniens liegen. Aber da war ja außerdem noch mein Leben auf Hawaii: Wie viele Informationen über Polynesien konnte ich doch da mitten im Pazifik für mich verbuchen, die den Inhalt dieses Buches über Atlantis und Lemuria bereicherten. Und da will ich abschließend bekennen: Der suchende Mensch wird an seine (selbstgewählten) Aufgaben durch höhere Mächte herangeführt!

Somit bedanke ich mich sowohl bei den vielen, hier unmöglich zu erwähnenden, hilfreichen Mitmenschen für das Gelingen dieser Arbeit, deren Ziel die Wahrheitsfindung ist, als auch – und nicht zuletzt – bei meinen immer so einsatzbereit mir zur Seite stehenden Schutzgeistern für deren Beistand und die Inspirationen zur Vollendung dieses, meines Lebenswerkes:

Dr. Heinrich Kruparz

Literaturhinweise

Alper, F.: „Erkenntnisse aus Atlantis“, Reichel-Verlag, 2003.

Andrews, Shirley: „Atlantis – Insights from a lost Civilisation“, Verlag Llewellyn Worldwide, Woodbury, Minnesota.

Andrews, Shirley: „Studying the Past to Survive the Future. Atlantis & Lemuria“, Verlag Llewellyn Worldwide, Woodbury, Minnesota.

Apelt, O. (Hg.): „Platon – Sämtliche Dialoge“, Felix Meiner Verlag, Leipzig, Nachdruck Hamburg 1988.

Bauval, R. / Gilbert, A.: „Das Geheimnis des Orion“, List-Verlag München, 1994.

Berlitz, Charles: „Das Bermuda-Dreieck“, Zsolnay-Verlag, Wien 1975.

Berlitz, Charles: „Der achte Kontinent“, Zsolnay-Verlag, Wien 1984.

Blavatsky, Helena Petrowna: „Die Geheimlehre“, Verlag Esoterische Philosophie 1999.

Blavatsky, Helena Petrowna: „Rätselhafte Volksstämme“, Fourier-Verlag, Wiesbaden 1908.

Bock, E.: „Apokalypse“, Urachhaus-Verlag, Stuttgart 1982.

Bosse, D.: „Die gemeinsame Evolution von Erde und Mensch“, Verlag Freies Geistesleben, Stuttgart 2002.

Bürgin, L.: „Geheimakte Archäologie. Unterdrückte Entdeckungen, verschollene Schätze, bizarre Funde“, Bettendorf-Verlag, München 1998.

Calleman, J.: „Der Maya Kalender und die Transformation des Bewußtseins, EU-Umwelt-Akademie-Verlag, Rosenheim 2007.

Cayce, E.: „Das Atlantis-Geheimnis“, Heyne-Verlag, München 1988 und 1990.

Chardin, Teilhard de: „Aufstieg zur Einheit. Die Zukunft der menschlichen Evolution“, Walter-Verlag, Freiburg und Olten 1974.

Conrad, J.: „Ursprünge“, Bignose-Verlag, Worpswede 2004.

Cremo, M.A. / Thompson, R. L.: „Verbotene Archäologie“, Bettendorf-Verlag, München 1994.

Dacqué, Edgar: „Aus der Urgeschichte der Erde und des Lebens“, R. Oldenbourg-Verlag, München 1936.

Dacqué, Edgar: „Das verlorene Paradies. Zur Seelengeschichte des Menschen“, R. Oldenbourg-Verlag, München 1938.

Dacqué, Edgar: „Urwelt, Sage und Menschheit“, R. Oldenbourg-Verlag, München 1927.

Delor, A.: „Kampf um Atlantis“, Info-Verlag, Frankfurt 2004.

Dvorak, J.: „Satanismus“, Heyne-Verlag, München 2000.

Fieber, M.: „Die Santiner – Eine Menschheit vom Sternbild Alpha Centauri“, Bergkristall-Verlag, Bad Salzuflen 2004.

Filchner, W. (Hg.): „Zur toten Stadt Chara Choto“, Verlag Neufeld und Henius, Berlin 1925.

Franz, H.G.: „Das alte Indien“, Bertelsmann-Verlag, München 1990.
Haich, E.: „Einweihung“, Aquamarin-Verlag, Grafing 2007.
Hancock, G.: „Die Spur der Götter“, Lübbe-Verlag, Bergisch Gladbach 1995.
Hausdorf, H.: „Die Rückkehr der Drachen“, Herbig-Verlag, München 2003.
Heyerdahl, Thor: „Aku Aku“, Ullstein-Verlag, Wien 1957.
Heyerdahl, Thor: „Fatu Hiva“, Bertelsmann-Verlag, Gütersloh 1974.
Heyerdahl, Thor: „Zwischen den Kontinenten“, Bertelsmann-Verlag, Gütersloh. 1975.
Holey, Hannes: „Bis zum Jahr 2012“, Ama-Deus-Verlag, Fichtenau 2000.
Horn, D.: „Götter gaben uns die Gene“, Silberschnur-Verlag, Güllesheim 1997.
Icke, D.: „Das größte Geheimnis“, Teil 1 u. 2, Mosquito-Verlag, Potsdam 2004.
Ilg, H. / Schaffer H. P.: „Die Bauten der Außerirdischen in Ägypten“, Bergkristall-Verlag, Bad Salzuflen 2004.
Klitzke, Axel: „Pyramiden – Wissensträger aus Stein“, Govinda-Verlag, Zürich 2006.
Kohlenberg, K.F.: „Enträtselte Vorzeit“, Langen-Müller-Verlag, Wien 1974.
Kruparz, Heinrich: „Azoren – Paradies an den Toren Europas“, Weishaupt Verlag, Gnas 2001.
Kruparz, Heinrich: „Südsee – Traum und Wirklichkeit“, Steiger-Verlag, Innsbruck–Berwang, 1986.
Kukal, Z.: „Atlantis in the Light of Modern Research“, Elsevier-Verlag, Amsterdam 1984.
Lorenz, Konrad: „Die acht Todsünden der zivilisierten Menschheit“, Piper-Verlag, München 1973.
Melchizedek, D.: „Die Blume des Lebens“, Bd. 1, Koha-Verlag, Burgrain 2000.
Muck, Otto: „Alles über Atlantis“, Knaur, Lizenz Econ-Verlag, Wien 1976.
Muldashev, E.: „Das Dritte Auge und der Ursprung der Menschheit“, B. & S.-Verlag, Berlin 2001.
Oppeln, Dietrich von: „Die Kristallstädte von Lemuria“, Falk-Verlag, Seeon 1998.
Oppeln, Dietrich von: „Lemuria – Land des Goldenen Lichts“, Falk-Verlag, Seeon 2004.
Posnansky, Arthur: „Tiahuanaku. Eine prähistorische Metropole in Südamerika“ (3 Bände), Reimer-Verlag, Berlin 1914.
Ramaswamy, Sumathi: „History at Land’s End: Lemuria in Tamil Spatial Fables“ (Journal of Asian Studies, Vol. 59, Nr. 3, August 2000).
Rauprich, H.: „Cheops“, Aurum-Verlag, Freiburg, 1982.
Reich, W.: „Das ORANUR-Experiment“, Zweitausendeins-Verlag, Frankfurt 1997.
Risi, A.: „Machtwechsel auf der Erde“, Govinda-Verlag, Neuhausen 1999.
Ritter, Th.: „Die Palmblatt-Bibliotheken“, Kopp-Verlag, Rottenburg 2006.
Sherwood, J.: „Das jenseitige Land“, Ansata-Verlag, Interlaken 1991.
Simoné, Kerstin: „Pforten von Atlantis“, Smaragd-Verlag, Woldert 2007.

Simoné, Kerstin: „Thoth“ – Projekt Menschheit“, Smaragd-Verlag Woldert 2006.

Sitchin, Z.: „Der 12. Planet“, Kopp-Verlag, Rottenburg 2003.

Spalding, B.: „Leben und Lehren der Meister“ (5 Bände), Drei-Eichen-Verlag, München 1985.

Sterneder, H.: „Der Wunderapostel“, Esotera Taschenbuch, H. Bauer-Verlag, Freiburg, 1991.

Szalek, B.Z.: „The Axis 27° N – 27° S as a Geographic Proof for the Dravidian Interpretation of the Easter-Isand and Mohenjo Daro Inscriptions“, Zeitschrift Migration & Diffusion, Odyssee-Verlag, Wien, Bd. 1, Nr. 1, Jänner bis März 2000.

Thöni, Martin: „Westtibet. Reise in ein verborgenes Land“, Weishaupt Verlag, Gnas 1999.

Tollmann Alexander / Tollmann Edith: „Das Weltenjahr geht zur Neige“, Böhlau-Verlag, Wien 1998.

Tollmann, Alexander / Tollmann, Edith: „Und die Sintflut gab es doch“, Droemer-Knaur-Verlag, München 1993.

Weidner, Gisela: „Offenbarung der Zukunft bis zur Wiederkehr Jesu Christi“, Eigenverlag, Wien 1988.

Zillmer, H. J.: „Darwins Irrtum“, Langen-Müller-Verlag, München 1998.

Zink, D.: „The Stones of Atlantis“, Prentice-Hall, New Jersey 1978.

Zeitschriften-Hinweise befinden sich im Text.

Stichwort-Verzeichnis

Hans Först

Tibet

Reiseführer

ISBN 978-3-7059-0152-0
13,5 x 20,5 cm, 432 Seiten, 202 teils farbige Abb., Brosch., 4. Aufl./Neuauflage, € 28,90

Franz Bätz

Berg der Götter

Religionen am Kailash

ISBN 978-3-7059-0038-7
13,5 x 20,5 cm, 144 Seiten, 30 teils farb. Abb., Brosch., € 21,70

Franz Bätz

Heilige Berge, Tempelstädte und Asketen

Der Jainismus – eine lebendige Kultur Indiens

ISBN 978-3-7059-0049-3
14 x 21,5 cm, 176 Seiten, 65 Abb., geb., € 28,90

Franz Bätz

Geheime Kräfte

Eine Reise ins innere Licht

ISBN 978-3-7059-0095-0
14 x 21,5 cm, 232 Seiten, 10 Abb., geb., € 21,70

Martin Thöni

Westtibet

Reise in ein verborgenes Land

ISBN 978-3-7059-0076-9
23,5 x 30,5 cm, 192 Seiten, 230 Farbfotos, geb., € 49,90

Willi und Hilde Senft

Hunza

Legendäres Volk ohne Krankheit an der Seidenstraße zwischen Karakorum und Hindukusch

ISBN 978-3-7059-0118-6
21,5 x 30 cm, 176 Seiten, 190 Farbabb., geb., € 49,90

Hans Först

Tibet – Feste und Zeremonien

ISBN 978-3-7059-0177-3
23,5 x 30,5 cm, 280 Seiten, 240 Farbabb., geb., € 59,–

Weishaupt Verlag, A-8342 Gnas 27

TEL innerhalb Österreichs: 03151-8487, FAX 03151-84874
TEL vom Ausland: +43-3151-8487, FAX +43-3151-84874
e-mail: verlag@weishaupt.at
Internet: www.weishaupt.at

Dr. Heinrich Kruparz:
Universität Wien, weiterführendes Studium an der Montan-Universität Leoben. Auslandstätigkeit vornehmlich in Südafrika, Brasilien, Indonesien und Neuguinea. Nach abschließender Lehrtätigkeit fotografisch auf den Azoren tätig. Buchveröffentlichungen: Nepal, Indonesien, Südsee und Azoren-Bildband. Naturphilosophie als vorläufiger Abschluß.

Heinrich Kruparz

Azoren – The Azores

Paradies an den Toren Europas – Atlantic Paradise Rediscovered

ISBN 978-3-7059-0122-3, 21,5 x 30 cm, 192 Seiten, 190 Farbabb., geb., € 49,90
Text German and English, portugiesischer Text als pdf-Datei kostenlos zum Downloaden (**www.weishaupt.at**)

Legende zur Karte des pazifischen Raumes: Zeugen einer versunkenen Hochkultur im Raum des Stillen Ozeans.

1) Cuenca, Ecuador:
Dieses herrliche Land, das sich von der Pazifikküste über die Hochanden bis in das Amazonas-Tiefland erstreckt, weist gleich drei archäologische Besonderheiten auf: Zwei Höhlensysteme, voll von ungehobenen (?) Schätzen einer unbekannten „vorsintflutlichen" Kultur, sowie das ehemalige Museum des Paters Crespi – heute in der dortigen Bank untergebracht.

2) Peru – Küste und Festland:
In den Küstengewässern vor Peru wurden tief unter dem Meeresspiegel eine oder mehrere beschriftete Säulen entdeckt, die einer unbekannten, versunkenen Zivilisation zuzuschreiben sind. Peru selbst ist das geradezu klassische Land megalithischer Zeugen (Sacsayhuamán, Cuzco etc.) einer rätselhaften Vor-Inca-Kultur.

3) Tiahuanaco, Bolivien:
Hinter diesem Namen verbirgt sich eine Ansammlung gewaltiger Anlagen, gebaut aus dem Vulkangestein von Puma Punku. Einstmals war diese Hafenstadt am Pazifik gelegen, heute befindet sie sich in der Nähe des Titicaca-Sees. Besonders rätselhaft sind die abgedeckten Unterkünfte, als würde eine Gefahr aus der Luft zu erwarten gewesen sein! Desgleichen unentschlüsselt: die kalenderartigen Darstellungen am sogenannten „Sonnentor".

4) Die Osterinsel, Rapa Nui:
Die Völkerkunde weiß keine glaubwürdige Erklärung für die beiden Rätsel dieses Eilands: Wer schuf die steinernen Riesenstatuen, die Moai? Und welchem Kulturkreis sind die Schriftzeichen der Rongo-Rongo-Tafeln zuzuschreiben, die ihr Gegenstück in den Glyphen im Industal finden: Mohenjo Daro – doch diese Schrift ist bereits lesbar und übersetzt.

5) Pitcairn:
Die von den ersten Seefahrern unserer Epoche mutwillig zerstörten Steinmonumente deuteten auf einen kulturellen Zusammenhang mit der Osterinsel hin.

6) Rapa Ití:
Hier finden sich „Festungsbauten", die in Bezug auf die kleine Insel sinnlos erscheinen, nimmt man nicht ein größeres Hinterland an.

7) Die Inselgruppe der Marquesas:
Dieser Archipel ist voll rätselhafter Zeugen einer urzeitlichen Megalithkultur, wie z.B. von der Insel Nukuhiva bekannt wurde. Hier befinden sich im Tal von Taipivai die Steinmonumente von Paeke, welche die folgenden gigantischen Maße aufweisen: Es handelt sich um eine Terrasse von 100 x 20 Metern, die aus glatt polierten Steinblöcken von 4,5 x 3,0 Metern gefügt ist.

8) Die Malden-Insel:
Von diesem einsamen Inselchen werden die Reste aller möglicher Megalithbauten beschrieben: Tempelplattformen mit den Ruinen vieler steinerner Strukturen, von denen mit Basalt gepflasterte Straßen in alle Richtungen in den Ozean führen.

9) Das Königreich Tonga:
Auf der Insel Nuku 'Alofa steht der sogenannte „Trilithon", eine Art Torbogen übermenschlicher Größe sowie eine megalithische Mauer.

10) Nan Madol:
Hier erreicht des Unerklärliche (abgesehen von der Osterinsel) seinen Höhepunkt: Abertausende Basaltsäulen sind in Blockhaus-Bauweise übereinander geschichtet, riesige Komplexe in Stein bildend, die sich unter dem Meeresspiegel fortsetzen.